桥渡设计原理与实践

叶东升　章　敏　范北林　编著

黄河水利出版社

内 容 提 要

本书对桥渡设计原理作了较全面的论述，其中包括绪论、河道水力学基础、泥沙运动力学基础、河床演变概论、河道整治方法、桥渡壅水及导治建筑物、桥涵孔径设计、桥渡冲刷计算等内容，还在书中介绍了桥渡的河工模型试验及数学模型计算方法。在此基础上，为便于读者在具体工程中运用桥渡设计原理，书末还专门列举了典型桥渡设计的实例。

本书可供广大道路、桥渡、河工与水工专业的设计、规划、科研人员以及高等院校师生参考。

图书在版编目(CIP)数据

桥渡设计原理与实践/叶东升，章敏，范北林编著.—郑州：黄河水利出版社，2004.1

ISBN 7-80621-732-0

Ⅰ.桥… Ⅱ.①叶… ②章… ③范… Ⅲ.桥跨-设计 Ⅳ.U442.5

中国版本图书馆 CIP 数据核字(2003)第 094604 号

出 版 社：黄河水利出版社

地址：河南省郑州市金水路 11 号 邮政编码：450003

发行单位：黄河水利出版社

发行部电话及传真：0371-6022620

E-mail：yrcp@public.zz.ha.cn

承印单位：黄河水利委员会印刷厂

开本：787 mm×1 092 mm 1/16

印张：19.125

字数：442 千字 印数：1—2 500

版次：2004 年 1 月第 1 版 印次：2004 年 1 月第 1 次印刷

书号：ISBN 7-80621-732-0/U·9 定价：39.00 元

前　言

一位著名学者曾经指出，河流桥渡的密度可以反映某地区的文明和发达程度。人们在一些傍河而建的发达城区内，一座城市的跨河桥梁高达数十架。因此，桥渡设计工作有着广泛的前景，而该工作所依据的理论基础即是桥渡设计学。

桥渡设计属于基础科学与工程技术之间的边缘学科，不仅有桥梁学、水文学、河床演变学、水力学及河流动力学等学科的内容，而且还有自身形成的学科知识。其主要任务包括：选择最佳桥位和孔跨布置；推算决定桥长、桥高和基础埋深；开展桥渡壅水计算；布设必要的治导防护工程。此外，随着人们防洪减灾意识的不断增强，在这部分工作中，还要涉及桥渡对防洪的影响等相关内容。

本书作者的工作单位分别位于黄河、淮河及长江流域。多年来，在解决大江大河桥渡设计及防洪影响等有关课题中，以桥渡设计的基本原理为基础，不断实践和探索，取得了一些经验和体会，因而编写并出版了这本书。

本书力求全面介绍桥渡设计过程中所需要的基本知识。其中包括河道水力学基础、泥沙运动力学基础、河床演变概论、河道整治方法、桥渡壅水及导治建筑物、桥涵孔径设计、桥渡冲刷计算等七个方面，最后再以太澳公路黄河特大型桥渡设计为例，对桥渡设计原理与实践进行了系统的阐述和详细的剖析。

本书不仅内容新颖、概念清晰、论述详细明了，而且还颇具实用性及创新性。可供广大道路、桥渡、河工与水工专业的设计、规划、科研人员以及高等院校师生参考。我们深信，本书的问世，对于桥渡学的丰富完善将具有很高的价值，在学术和工程实用上也会有很大意义。

本书由叶东升、章敏、范北林共同执笔。其中，叶东升编写绪论、第七～八章；章敏编写第一～三章；范北林编写第四～六章；最后由叶东升统稿。在出版发行过程中，马广州、王辉、王严平等同志给予了大力支持，本书由清华大学王光谦教授及黄河水利科学研究院张俊华教授级高级工程师主审，马怀宝、王丽、孔丽参加了校核工作，在此谨致谢意。

应该指出的是，桥渡设计不但涉及面广，而且又随现代工程实践和相关学科的发展不断修正和改变。因此，本书在材料取舍、内容阐述等方面，疏漏不当甚至错误之处在所难免，敬请读者批评指正。

作　者

2003 年 5 月

目 录

绪 论

铁路与公路是国民经济的大动脉,实施西部大开发战略,加快西部道路建设意义重大,势在必行。近期推出的国家重点公路规划,是交通部继“五纵七横”国道主干线系统布局规划之后,为适应我国现代化建设在新世纪作出的又一重要公路规划。即使在内陆省份,道路建设也是近几年基础建设的重中之重。例如,自古就有“九州腹地,十省通衢”之说的河南省,是中华民族的发祥地之一,在中国的政治、经济、文化上始终占据重要地位。河南地处中原,在全国交通运输的大格局中起着承东启西、连接南北的枢纽作用。随着地区社会经济的发展和国家西部开发战略的实施,河南将承担越来越重的交通运输压力。根据河南省社会经济发展的总体战略目标以及公路交通发展战略,未来河南省的公路网将建成以省会郑州为中心连接省内其他中心城市的以“三纵三横四辐射”为骨架的公路快速系统。

在道路工程设计、施工中,铁路与公路跨越水域的研究历来为人们所关注。跨越水域的方式有船渡、隧渡、冰渡、空渡和桥渡等多种形式。桥渡是其中最主要也是最常用的形式。

桥渡包括桥梁或涵洞自身、治导工程、河滩上的引近路堤和必要的防护工程。桥渡设计不同于桥渡建筑物的设计,作为一门技术或学科,它旨在找出用桥(涵)跨越河流、人工水道和其他各种水域的最佳方案。其主要任务是:选择最佳桥位和孔跨布置;推算决定桥长、桥高和基础埋深;开展桥渡壅水计算;布设必要的治导防护工程,包括桥头引道路堤的布设和防护。实际上,随着人们防洪减灾意识的不断增强,在这部分工作中,还要涉及桥渡对防洪的影响等相关内容。桥渡设计是桥梁设计的前期工作。

从桥渡与洪水(主要指设计洪水)及河流(主要指河流性质,也就是河道演变特点或河流的稳定性)的关系来看,可将桥渡分为三类:

(1)高跨桥。受河岸两岸地形的影响,桥渡一孔跨越河流洪泛宽度。桥下净空大于设计要求,且桥位处河床稳定,桥下主流与岸线、洪泛线稳定,河流对桥渡建筑物无不良影响。山区峡谷河段上常有这类桥渡。在较小的山区开阔河段或受两岸地形限制的平原顺直河段上,也有可能遇到这类桥渡。通常所说的按地形或线路高程决定桥高、桥长的跨河桥渡皆属此类。这类由两岸地形决定的高跨桥的特点是桥渡对设计洪水无压缩或压缩很小,基本上不改变或很少改变河段的天然水流状态,无需用水力计算决定桥的长度和高度。长度是按两岸地形或线路标高决定的。桥孔孔径是仅需检验河流通过百年洪水时的自然流状是否受到桥渡干扰、桥下净空是否等于大于设计标准,因而无需计算(孔径设计用的)设计流速。

(2)水力设计桥(简称水力桥)。这类桥渡压缩了河流的洪泛宽度,洪水流量相对集中,桥前水位升高,形成漏斗形有侧向收缩的下降水面。跨越平原地区稳定性和次稳定性的各类河流的桥渡多属此类。这类桥渡的特点是由于河流比较稳定,桥渡对河流可进行适当的压缩。也就是说，桥渡明显地改变洪水的流动状态，对洪水的宣泄形成干涉或阻碍。因此，桥梁的长度和高度必须满足能顺畅宣泄设计洪水而不会导致河流朝着不利于其自身与周围环境(包括桥渡)的方向演变。也就是说，这类桥梁的桥长、桥高和基础埋置深度都必须按桥渡勘测设计规范上的规定进行水力设计，故称之为水力设计桥。其计算方法可按水力学均匀流概念，用断面平均流速代表桥下水流的水力特征，而桥孔内这一断面平均流速就是设计桥孔的设计流速。

(3)河形桥(河势桥)。平原游荡型河流和山前区河流，河床很宽，即使是百年一遇的洪水，也达不到在全河范围内均衡过流的水流状态。均衡的意义是指相同组成的河床，洪水时通过强度(或单宽流量)大致相当，可按水力学均匀流的概念，用平均流速代表这股均匀流的水力特性。全断面(或桥下断面)可以用断面平均流速，代表桥下水流的水力特性。由此可见，在洪水时断面上不能均衡过流的河流上，不能按水力学概念用设计流速推算桥孔长度，而只能根据河流的平面外形(现有河宽、两岸堤距)、河势和河床演变的特点来估算，故称这类桥为河形桥或河势桥。

当然，河流的天然状态和桥渡的实际情况是多种多样的，总会遇到一些通过水力计算不好解决的问题。如一河多桥的桥位和孔径布置、复杂条件下桥渡的泄洪能力和桥前壅水、桥墩台的冲刷和防护、导流工程的布置和设计以及沿河路堤的冲刷和防护等。但这些问题都可利用水工或河工桥渡模型试验较好地解决。

为了使桥孔安全地通过设计洪水，桥梁不但要有足够的长度和桥下过水面积，还必须保证墩台基础有足够的埋置深度，以免因水流冲刷而遭受破坏。河流对桥渡最不利的影响有两方面，一是平面的岸线迁移，二是竖向的河床冲刷。只有不稳定的河流才有可能对桥渡产生猝不及防的岸线迁移，出现水毁，而河床冲刷则是每条河流都有的自然现象。对河床冲刷而言，影响因素众多，难以较准确地预估，加之随着水文现象的变化，其对桥渡的破坏多具突发性和偶然性，极易造成危及生命财产的破坏。因此，桥渡冲刷计算是桥渡设计中最重要和最难完善解决的课题。在具体的桥渡设计中，必须合理地确定河床冲刷深度和预计河床的天然演变，为确定桥梁墩台的深度提供依据。

广义的一般冲刷除指因桥墩存在而引起的墩身周围的局部冲刷以外，各种原因造成的桥下河床降低都包含在内。桥墩附近所发生的最大冲刷深度，应是二者之和。目前对冲刷深度的计算，一般先算出可能的一般冲刷，再用一般冲刷后的水流条件计算可能的局部冲刷，二者相加即为总冲刷深度。以此给出冲刷线，定出桥墩的基础埋深。

局部冲刷仅仅是指桥墩阻水所引起的墩周河床变形。虽然桥墩基础埋深决定于河床的最大冲深，它是前述河床变形的综合结果，然而如何求得桥址断面上的最大可能冲刷深度，到目前为止仍是一个很有意义的科研课题。

在实际生产中，国内外计算冲刷的方法很多。目前，铁路、公路各部门对桥下冲刷计算的处理方法是：假定一般冲刷与局部冲刷是分别进行的，先算出最大的一般冲刷深度，而后在这个深度上继续计算局部冲刷，待局部冲刷充分发展，河床高程不变，冲刷就停止了，以此作为最大冲刷深度。同时假定产生最大冲刷深度的设计流量持续时间足够长。这里需要强调的是，这仅是一种“处理桥渡冲刷的办法”，而不能理解为实际情况下的桥渡冲刷就是这样一先一后地相继进行着。

通常，铁路或公路桥渡的位置受到两岸线路的约束，被限制在河流的某些区段内，桥位必须在这些区段内寻找，但仍然要尽量避免在需要修建昂贵治导工程的地点建桥。

在稳定性河流上，河槽的平面形态和横断面没有明显的变化，桥位选择主要取决于河槽的宽度和河滩流量与总流量之比。在此种河流上修建桥渡工程，首先应选主河槽最窄且河滩流量最小之处。

在次稳定性河流上选择桥位是比较困难的，除在极少数的地方，河滩全部用桥梁跨越外，都需要用不同程度的治导工程来稳定桥孔内的河槽。因此，首先要选择最小治导工程就能控制河槽的地方。通常选择有岩石露头或不可冲土质，或有人工构筑物的河岸限制或部分限制其下游一段距离内河槽的侧向移动，从而减少对治导工程的需要。有时也可在现有河槽处于受控状态的河段作为桥位。在这里河槽大致围绕一个节点摆动，所需的治导工程最少；这类节点往往出现在弯曲型河流形态的过渡段。桥位选在河湾或过渡段而现有河道状态对控制河槽位置又无能为力时，就必须修建治导工程。在河湾处，特别是在河湾的凹岸侧，河槽窄，但较深；在过渡段，河槽宽，但较浅。因此，只有全面考虑了河槽的几何特点、需要的治导工程量和桥梁构造类型等因素后，才能最后选定最佳桥位。

跨越不稳定河流的桥渡，总是需要庞大的治导工程控制桥下河床。如果不稳定河道位于冲积扇，就需用较长的线路穿越冲积扇顶部与上游河段的交点，这种措施可能比跨越不可避免的需要强大治导工程的冲积扇更为经济合理。

由于以上原因，山区斜交桥设计时呈现无所适从的状态。在成昆线龙川河四十多座斜交桥，凭调研估计确定的冲刷深度，施工单位认为缺乏科学依据，把基底标高作了不同程度的提高，而运营单位又感到不安全，采取混凝土铺砌，仅一座中小型桥就耗资数百万元。

在许多新线的选线定线中，如果要求正交过河，则将增加很多隧道和填挖方量；如果采用斜交方案，既可节约工程投资，又可使线路顺直和缩短运营里程。但对斜交桥渡的孔径、壅水、最大单宽流量、流速损失、冲刷计算等，尚缺乏正确的方法。如果用现有的方法计算，则冲刷系数大都超过了公路及铁路工程水文勘测设计规范的规定：当河床容许冲刷时，桥梁的孔径计算不宜超过规范所列容许冲刷系数值；桥下河床不容许冲刷时，可采取铺砌防冲办法。大中型桥不宜采取铺砌防冲办法，除非采用特大跨度桥梁，否则将无法遵循规范的规定，只有通过水工模型试验，才能解决问题。前苏联 1972 年桥渡勘测设计规程中规定，当桥位斜交角度大于 25°时，都要进行模型试验。

应该指出，我国由于幅员辽阔、河流众多，进行了大量的局部冲刷试验和系统的墩形系数试验，并利用大量的天然观测资料建立了整套的计算公式。有不少科研部门为解决生产实际问题，做了为数甚多的桥墩、沉井和沉井施工冲刷等试验，取得了众多科技成果，并有专著问世，如 1993 年张红武等撰写的《河流桥渡设计》(中国建材工业出版社出版)及 1995 年刘有录撰写的《桥渡》(黄河水利出版社出版)等，标志着我国在桥渡设计领域取得了巨大成就，目前处于国际领先水平。至于国外也曾出版过类似专著，其中，有代表性的是美国学者 J.N. 布拉德利所著的《桥梁河道水力学》(Hydraulics of Bridge Waterways, by Joseph N. Bradley, U. S. Department of Transportation Federal Highway Administration, 1973)，郑华谦、陆浩根据美国运输部联邦道路管理局 1973 年版本译出中译本，1980 年在人民交通出版社出版发行。另一本有代表性的专著《桥渡水力设计》(Hydraulic factors in bridge design, R.V.Farraday F.G.Charlton, Hydrauiics Research Station Limited Wallingford)是英国学者R.V.法德拉、F.G.卡尔通等1983年出版的(中译本由中国铁道出版社1992年出版,阚译、康笃材、王群、卢金利、黄崇佑、冯建平翻译)。尽管国外河流演变规律没有我国河流复杂,所研究的深度也有较大差距,但是,这类专著还是颇有特色的,仍有较大的参考价值。

需要承认的是,桥渡设计属于基础科学与工程技术之间的边缘学科,不仅需要桥梁学、水文学、河床演变学、水力学及河流动力学等学科的知识,而且还需要丰富的实践经验,其中的环节众多,相关问题的研究难度极大,涉及范围广,开展深入研究必须掌握足够的原型观测资料及正确的模拟方法。因此,在解决重大工程的相关课题中,还必须以桥渡设计的基本原理为基础,结合实际、不断创新,在解决实际工程问题中进一步丰富学科的内容。

第一章　河道水力学基础

第一节　二维均匀紊流及其半经验理论

在水力学中，将液流运动划分为紊流与层流两种形态。在紊流中，又视边壁相对粗糙度的大小分为光滑区、粗糙区（或阻力平方区）以及介于三者之间的两个过渡区。实际上，紊流是自然界中普遍存在的流动现象，河道水流多为紊流，且多属阻力平方区紊流。其最基本的特征是流场中任一点的流速和压力等物理量都是随时间呈不规则地脉动。例如，任一时刻的流速的三个分量分别可以表示为

$$u_x = \overline{u}_x + u'_x$$

$$u_y = \overline{u}_y + u'_y$$

$$u_z = \overline{u}_z + u'_z$$

式中：u_x、u_y、u_z 分别为相对空间坐标 x、y、z 的瞬时流速 u 的三个分量；$\overline{u}_x$、$\overline{u}_y$、$\overline{u}_x$ 分别为时均流速 $\overline{u}$❶的三个分量；u'_x、u'_y、u'_z 分别为脉动流速 u'相应的三个分量。

由于紊流涉及的许多问题十分复杂，从理论上直接求各质点的瞬时运动情况尚不现实。因此，1885 年，Reynoled 将紊流分成时均流和脉动流两部分，得出紊流时均流动的运动方程。我们采用柱坐标，可将恒定流条件下的表达式写为

$$\begin{aligned} & v_r \frac{\partial v_r}{\partial r} + \frac{v_\theta}{r}\frac{\partial v_r}{\partial \theta} + v_z \frac{\partial v_r}{\partial z} - \frac{v_\theta^2}{r} \\ & = -\frac{1}{\rho}\frac{\partial p}{\partial r} + \left[\frac{\partial}{\partial r}\left(\frac{A}{\rho}\frac{\partial v_r}{\partial r}\right) + \frac{1}{r^2}\frac{\partial}{\partial \theta}\left(\frac{A}{\rho}\frac{\partial v_r}{\partial \theta}\right) + \right. \\ & \left. \frac{\partial}{\partial z}\left(\frac{A}{\rho}\frac{\partial v_r}{\partial z}\right) + \frac{A}{\rho r}\frac{\partial v_r}{\partial r} - \frac{2A}{\rho r^2}\frac{\partial v_\theta}{\partial \theta} - \frac{A v_r}{\rho r^2}\right] \end{aligned} \tag{1-1}$$

$$\begin{aligned} & v_r \frac{\partial v_\theta}{\partial r} + \frac{v_\theta}{r}\frac{\partial v_\theta}{\partial \theta} + v_z \frac{\partial v_\theta}{\partial z} - \frac{v_r v_\theta}{r} \\ & = -\frac{1}{\rho}\frac{\partial p}{\partial \theta} + \left[\frac{\partial}{\partial r}\left(\frac{A}{\rho}\frac{\partial v_\theta}{\partial r}\right) + \frac{1}{r^2}\frac{\partial}{\partial \theta}\left(\frac{A}{\rho}\frac{\partial v_\theta}{\partial \theta}\right) + \right. \\ & \left. \frac{\partial}{\partial z}\left(\frac{A}{\rho}\frac{\partial v_\theta}{\partial z}\right) + \frac{A}{\rho r}\frac{\partial v_\theta}{\partial r} - \frac{2A}{\rho r^2}\frac{\partial v_\theta}{\partial \theta} - \frac{A}{\rho}\frac{v_\theta}{r^2}\right] \end{aligned} \tag{1-2}$$

$$\begin{aligned} & v_r \frac{\partial v_z}{\partial r} + \frac{v_\theta}{r}\frac{\partial v_z}{\partial \theta} + v_z \frac{\partial v_z}{\partial z} \\ & = -g - \frac{1}{\rho}\frac{\partial p}{\partial z} + \left[\frac{\partial}{\partial r}\left(\frac{A}{\rho}\frac{\partial v_z}{\partial r}\right) + \frac{1}{r^2}\frac{\partial}{\partial \theta}\left(\frac{A}{\rho}\frac{\partial v_z}{\partial \theta}\right) + \right. \end{aligned}$$

---

❶ 为简便计，本书除特殊情况外，时均符号一般均省去不写。

$$\frac{\partial}{\partial z}\left(\frac{A}{\rho}\frac{\partial v_z}{\partial z}\right)+\frac{A}{\rho r}\frac{\partial v_z}{\partial r}\Big] \tag{1-3}$$

此外,紊流连续方程式相应表示为

$$\frac{1}{r}\frac{\partial v_\theta}{\partial \theta}+\frac{\partial v_r}{\partial r}+\frac{v_r}{r}+\frac{\partial v_z}{\partial z}=0 \tag{1-4}$$

以上诸式中:r、θ 和 z 为流场中某点的柱坐标;v_r、v_θ 和 v_z 为相应的流速分量,即法向、切向及垂向分速(习惯上又称法向、切向分别为横向、纵向);p 为压力;ρ 为密度;A 为紊动动力黏滞系数(或称紊动动力交换系数);ν_T 为紊动运动黏滞系数(或称为紊动运动交换系数)。其中

$$A=\rho\nu_T \tag{1-5}$$

显然,以上是假定了沿各个方向的紊动动力系数不变。

由于紊流问题的复杂性,在研究明渠水流的有关课题时,不得不将水流简化为二维流动,从而得出半经验的理论解。当然,也不能视二维流动仅是学术上的假定,实际中的河渠水流特别是冲积河流的宽深比(B/H)往往很大,其过水断面中间部分的水流运动特征与二维区域的水流运动特征相差甚小。根据 H. Bazin 的水槽试验资料,可给出存在二维流区的条件为

$$B/H\geqslant 5 \tag{1-6}$$

则中间二维流区宽度为

$$B_0=B-5H \tag{1-7}$$

美籍华人周文德将条件式(1-6)改写为 $B/H\geqslant 5\sim 10$,显然,较前者这是一个更为严格但也更不确切的条件。胡春宏、惠遇甲根据试验研究,认为 $B/H=5$ 基本上可作为二维流区存在的限制条件。应该注意的是,这仅意味着此时过水断面的中心线附近(而不是全部河宽)的水流的流动近似符合二维条件。只有宽深比从 5 增加,才能使中间部分存在的二维流区所占的容重有所增加。但无论宽深比多么大,由于边壁影响产生的非二维流区总是存在的。

一般来讲,河岸糙度往往比河底糙度小,此时,二维区的实际范围比由式(1-7)计算的更宽一些,张红武对边壁影响宽度 B_* 进行了理论探讨,得出如下表达式:

$$B_*=4.7H\left(\frac{n_\omega}{n_b}\right)^2 \tag{1-8}$$

式中:n_b、n_ω 分别为河底及边壁糙率。

不难看出,边壁影响范围将随着比值 n_ω/n_b 的减少而减少,随着 n_ω/n_b 的增大而增大。由上式可以确定出边壁影响明显的区域在整个过水宽度内所占的比例。

对二维均匀流切应力沿垂线呈线形分布,表达式如下:

$$\tau=\tau_0(1-z/h) \tag{1-9}$$

式中:h 为水深;τ_0 为床面切应力,可由下式计算:

$$\tau_0=\gamma Jh \tag{1-10}$$

式中:γ 为水流容重;J 为河床比降。

近代流体力学假定

$$\tau = \tau_1 + \tau_2 \tag{1-11}$$

式中：τ_1 是由水流黏滞性产生的，称为黏滞切应力，其值为

$$\tau_1 = \mu \frac{\mathrm{d}u_x}{\mathrm{d}z} \tag{1-12}$$

式中：μ 表示水流动力黏滞系数。

τ_2 是由水流紊动产生的，称为紊动切应力，其值为

$$\tau_2 = -\rho \overline{u_x{}' u_z{}'} \tag{1-13}$$

上式中，负号表示 $u_x{}'$ 和 $u_z{}'$ 的符号总是相反的。

实际上 Reynolds 的时均紊流方程式仍未封闭，尤其是为了确定紊动切应力，许多学者进行了大量的研究，提出了一些半经验理论，其中最为著名的有 Boussinesq 假定、Taylor 涡量传递理论、Karman 相似理论、L. Prandtl 的动量交换理论及 $K—\varepsilon$ 模型等，其中以 Boussinesq 假定的形式最为简单，他假定紊流应力与黏性应力类似，因而比拟水流中

$$\tau_2 = \rho\nu \frac{\mathrm{d}u}{\mathrm{d}z} \tag{1-14}$$

紊流中的剪切应力可写成

$$\tau_2 = \rho\varepsilon \frac{\mathrm{d}u}{\mathrm{d}z} \tag{1-15}$$

式中：ν 为运动黏滞系数；ε 为紊动动量交换系数。

与 Boussinesq 假定略有不同，Parandtl 是把紊流运动与分子扩散运动相类比，认为紊流是由许多流体质点相结合成的流体团运动。流体团在一定距离内(该距离为混合长)，本身保持整体不变，即在输运过程中，它所具有的量不变(如质量、动量等)，流体团到达新的位置后才与当地流体团具有的量相混合。若假设 a 层某液体微团可以自由运移到 b 层，且移动过程中不会碰撞，运输距离为 l_1，则 x、z 方向的脉动流速 $u_x{}'$、$u_z{}'$ 绝对值的时均值可分别表示为

$$\overline{|u_x{}'|} = l_1 \frac{\mathrm{d}u_x}{\mathrm{d}z} \tag{1-16}$$

$$\overline{|u_z{}'|} = k_1 l_1 \frac{\mathrm{d}\overline{u_x}}{\mathrm{d}z} \tag{1-17}$$

令

$$\overline{|u_x{}' \cdot u_z{}'|} = k_2 \overline{|u_x{}'|} \cdot \overline{|u_z{}'|} \tag{1-18}$$

将式(1-16)及式(1-17)代入式(1-18)，紊动切应力的表达式即能由式(1-14)和式(1-15)改写为如下形式：

$$\tau_2 = k_1 k_2 \rho l_1^2 \left(\frac{\mathrm{d}\overline{u_x}}{\mathrm{d}z}\right)^2 \tag{1-19}$$

式中：k_1、k_2 为比例系数，令 $l^2 = k_1 k_2 l_1^2$，则上式为

$$\tau_2 = \rho l^2 \left(\frac{\mathrm{d}\overline{u_x}}{\mathrm{d}z}\right)^2 \tag{1-20}$$

式(1-20)即为 Prandtl 掺长模数表示的紊动切应力公式。

由于分子运动与紊流脉动存在着本质上的差别，分子运动的动能是自身固有的，与宏观运动无关，所以 Prandtl 的掺长理论在物理上隐含着严重的缺陷。但在现有模式中，惟有 Prandtl 的掺长理论在工程实际中得到了广泛应用。这主要是由于该理论提出比较早，积累了丰富的经验，根据这些经验可以选择合适的掺长分布，从而能正确地预测剪切紊流中的速度分布。正因为如此，一些有实用价值的研究成果多以 Prandtl 掺长理论为基础，故本书中不少内容的研究和探讨仍是以 Prandtl 的掺长理论为基础的。

第二节　紊流时均流速分布

流速分布受过水断面形状及其纵向变化、边壁粗糙程度、因弯道离心力而中泓偏离以及桥墩、水闸等建筑物的影响，故有随边界条件不同而变化的性质。应该承认，全面考虑各种影响因素，对全断面的流速分布用一个通用形式加以描述是极困难的。因此，多限于讨论恒定、均匀、二维紊流中的时均流速分布规律。

一、对数型流速分布公式

流速分布与水流切应力密切相关。在紊流流速很小的固体边壁附近，由脉动流速产生的附加切应力很小，而流速梯度却很大，故此处黏滞切应力起主导作用，该流层流态属层流，称之为黏性底层。其厚度可用下式表示：

$$\delta_0 = \frac{N\nu}{u_*} \tag{1-21}$$

式中：N 为一无量纲数；ν 为水流运动黏滞系数；u_* 为摩阻流速，它与边壁切应力 τ_0、水力半径 R 及水力坡度 J 的关系式为

$$u_* = \sqrt{\tau_0/\rho} = \sqrt{gRJ} \tag{1-22}$$

此外，式(1-21)中，ν 为运动黏滞系数，对于水，ν 与水温 T(以℃计)存在如下经验关系：

$$\nu = \frac{0.017\,75}{1 + 0.033\,7T + 0.000\,221T^2} \tag{1-23}$$

在远离边壁的流区，因流体中微团的相互掺混、碰撞，动量发生传递，结果使得流速分布趋于均匀化。

由于紊流理论尚不能直接用来解决实际问题，因此现有的公式都是半经验或经验性的。其中，应用最为广泛的是基于 Prandtl 掺长模式的对数型流速分布公式。

由于式(1-20)中的 l 仍是未知量，故 Prandtl 进一步假定

$$l = \kappa z \tag{1-24}$$

式中：κ 为卡门常数，清水试验资料得其值为 0.4。再同时假定边壁附近的黏滞切应力 τ_1 可被忽略，即

$$\tau_0 = \tau_2 \tag{1-25}$$

于是，将式(1-20)代入上式，并引入式(1-22)及式(1-24)，即能解出

$$\frac{u_m - u}{u_*} = \frac{1}{\kappa}\ln\frac{h}{z} \qquad (1\text{-}26)$$

式(1-26)即为著名的 Prandtl 时均流速亏值公式，式中 u_m 为水面流速。

由图 1-1 表示的 J. Nikuradze 的试验资料不难看出，Prandtl 关于掺长的假设式(1-24)仅在边壁区与实测点据符合，而 $\tau_0 = \tau_2$ 的假设在紧靠边壁的流区又不能成立，因此对数型流速分布公式(1-26)的理论推演尚欠严密。其次，床面粗糙时由该式计算出的近底流速将会出现负值的错误。此外由式(1-26)求得的流速梯度(一阶导数)不等于零，从而导引出在水面处流速不是极值的矛盾。

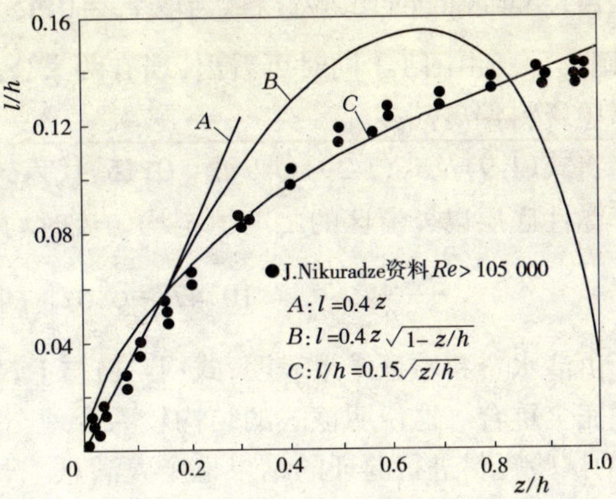

图 1-1　掺长公式与实测资料的比较

二、张红武流速分布公式

事实上，Prandtl 的掺长模型的合理性在很大程度上取决于对掺长 l 的物理含义的理解。我们认为，掺长主要表征涡体垂向运移过程中能够保持原有流动特征的距离，其大小应取决于所处流场的运动特性，在各向异性的流区中，微团垂向运移中能够保持原有流动特征的距离要小些，而在远离边壁的近似存在着局部各向同性涡体的流区中，这种距离可能大一些。为了进一步确定掺长的表达式，我们引入"涡团模式"。认为在恒定、均匀二维紊动流场中，任一点都存在一个具有固定角速度 $\overline{\omega}$ 的涡团($\overline{\omega}$ 对应的轴线为通过涡团中心且与流向垂直的水平轴 y)，其当量直径等于此处涡体垂向运移过程中能够保持原有流动特征的距离，即掺长 l。于是，仿照确定刚体转动动能的方法，可求出质量为 m 的涡团绕 y 轴转动的动能为

$$W_m = \frac{1}{2}K_1 m\left(\frac{l}{2}\right)^2\overline{\omega}^2 = \frac{K_1}{8}ml^2\overline{\omega}^2 \qquad (1\text{-}27)$$

式中：K_1 为转动惯量系数，若视涡团为球体，其值等于 2/5。

与掺长分布相应，涡团动能也具有上大下小的分布趋势，因而后者应与所在位置的势能 W_h 存在正比关系。即

$$W_m = K_2 W_h = K_2 mgz \qquad (1\text{-}28)$$

式中：K_2 为比例系数；z 为从河底算起的水深坐标；g 为重力加速度。

由式(1-27)及式(1-28)，可解得

$$\frac{l}{h} = c_n\sqrt{\frac{z}{h}} \qquad (1\text{-}29)$$

式中：h 为水深。

$$c_n = \frac{1}{\overline{\omega}}\sqrt{\frac{8K_2 g}{K_1 h}} \qquad (1\text{-}30)$$

式中：$\overline{\omega}$ 为涡团角速度；K_1 为转动惯量系数；K_2 为比例系数；c_n 可称为涡团参数。

由J. Nikuradze的试验资料，当取 $c_n = 0.15$ 时，式(1-29)与尼古拉兹的实测点据吻合(见图1-1)。由图1-1同时可看出，现有两家公式 $l = \kappa z$ 和 $l = \kappa z\sqrt{1 - z/h}$ 在广大流区中与试验资料偏离甚多。

将式(1-9)及式(1-29)(取 $c_n = 0.15$)代入式(1-20)，同样忽略 τ_1 影响后，即可求得适用于黏性底层以外流区的二度恒定均匀流时均分布公式

$$\frac{u_{\max} - u_x}{u_*} = 10.47 - 6.67\left[\sqrt{\left(1 - \frac{z}{k}\right)\frac{z}{h}} + \arcsin\sqrt{\frac{z}{h}}\right] \tag{1-31}$$

由清水资料验证结果表明，式(1-31)与J. Nikuradze的试验点据构成的速度亏损曲线几乎完全重合。这说明该式的结构较为合理。另外，利用Donch(1926年)和Lanfer(1950年)的试验资料进行验证的结果也令人满意。

为了进一步将式(1-31)表示为其他形式，并求出水面及河底流速的计算公式，现引入谢才公式，即

$$v = C\sqrt{RJ} \tag{1-32}$$

式中：C 为谢才系数，工程界一般采用曼宁公式计算，即

$$C = \frac{1}{n}R^{1/6} \tag{1-33}$$

式中：n 为糙率系数。

由式(1-32)及式(1-22)不难求出 v 与 u_* 的关系式为

$$u_* = \frac{\sqrt{g}}{C}v \tag{1-34}$$

将上式代入式(1-31)，并沿水深积分，可求出垂线平均流速 v_{cp}，进而求出水面最大流速 $u_{\max}$ 及河底流速 u_d 分别为

$$\begin{cases} u_{\max} = v_{cp}\left(1 + 2.62\dfrac{\sqrt{g}}{C}\right) \\ u_d = v_{cp}\left(1 - 7.85\dfrac{\sqrt{g}}{C}\right) \end{cases} \tag{1-35}$$

从而进一步将流速公式表示为

$$u_x = v_{cp}\left\{1 - 7.85\frac{\sqrt{g}}{C} + 6.67\frac{\sqrt{g}}{C}\left[\sqrt{\left(1 - \frac{z}{h}\right)\frac{z}{h}} + \arcsin\sqrt{\frac{z}{h}}\right]\right\} \tag{1-36}$$

此外，Prandtl曾建议紊流流速分布用下式表示：

$$\frac{u_z}{u_{\max}} = \left(\frac{z}{h}\right)^m \tag{1-37}$$

式中：指数 m 与雷诺数 Re 有关，当 $Re < 10^5$ 时，$m = 1/7$，即

$$\frac{u_z}{u_{\max}} = \left(\frac{z}{h}\right)^{1/7} \tag{1-38}$$

式(1-38)称为流速分布的七分之一次方定律，沿垂线积分，将上式改写为如下形式：

$$u = \frac{8}{7}v_{cp}\left(\frac{z}{h}\right)^{1/7} \tag{1-39}$$

指数公式与对数公式一样,水面处的流速梯度不等于零。经大量天然资料分析后认为,相对于对数公式,式(1-30)与天然资料较为接近。而且该式形式简单,近壁流区也能近似使用,具有较大的使用价值。

我们知道,卡门常数 κ 并非常数。文献[11]利用前苏联河流资料开展的系统研究结果表明,即使是清水或少沙河流,κ 值也是变化的(一般在 0.30~1.04 范围内变化),并认为,除紊流理论尚不严密等原因外,天然河流过水断面形状的影响也是显著的。由式(1-30)可以看出,涡团参数 c_n 在天然河流中将会有一定的变化范围也是不足为奇的。作为初步研究,我们首先考虑水流含沙浓度对涡团参数的影响,因为相对于其他影响因素而言,含沙量的影响是主要的。侧重于天然河流资料,分析得到的涡团参数 c_n 与含沙量 S_V(以体积百分数计)的关系式为

$$c_n = 0.15\left[1 - 4.2\sqrt{S_V}(0.365 - S_V)\right] \tag{1-40}$$

将式(1-9)、式(1-22)及式(1-29)代入式(1-40),可导出适用于除黏性底层以外流区的二维恒定均匀流的时均流速分布公式为

$$\frac{u_{max} - u}{u_*} = \frac{\pi}{2c_n} - \frac{1}{c_n}\left[\sqrt{\left(1 - \frac{z}{h}\right)\frac{z}{h}} + \arcsin\sqrt{\frac{z}{h}}\right] \tag{1-41}$$

式中:u_{max} 为水面最大流速;u 为水深 z 点处的流速。

引入平均流速 v 及谢才公式,可由式(1-41)进一步导出下式(C 为谢才系数):

$$\frac{u}{u_*} = \frac{C}{\sqrt{g}} - \frac{3\pi}{8c_n} + \frac{1}{c_n}\left[\sqrt{\left(1 - \frac{z}{h}\right)\frac{z}{h}} + \arcsin\sqrt{\frac{z}{h}}\right] \tag{1-42}$$

可引用式(1-40)以考虑浑水浓度的影响,利用大量天然河流的资料(其中有精度很高且完整系统的无定河专门观测资料,包括高含沙水流资料),对式(1-42)进行了验证(部分验证结果见图 1-2)。可以看出,式(1-42)可以描述天然河流的浑水流速分布规律。

我们研究后发现,对数流速分布公式(1-26)若采用如下公式修正卡门常数 κ,其计算结果与实测点据相当符合,即

$$\kappa = 0.4 - 1.68\sqrt{S_V}(0.365 - S_V) \tag{1-43}$$

附带说明的是,公式(1-42)的另一个优点是它能够适用于一些与紊动内在结构有关的课题研究。例如参照 Rouse 含沙量分布公式的推导方法,将对数流速分布公式(1-26)由式(1-42)替代,可以得出如下结构形式合理的悬移质含沙量分布公式(已将反正切值换算成弧度值):

$$S = S_a \exp\left[0.237\,2\frac{\omega}{u_*}\left(\arctan\sqrt{\frac{h}{z} - 1} - \arctan\sqrt{\frac{h}{a} - 1}\right)\right] \tag{1-44}$$

式中:S_a 是取 $z = a$ 为参考点时的含沙量;ω 为沉速。

此外,周东火博士采用泛函分析中的 Fourter - Stieljes 积分变换方法,将紊流场转化为此类变换,然后再将变换后的变量进行分离,由此从基本方程求出沿垂向(或横向)的分布。运用该方法可解释雷诺应力的产生机理,并导出二维均匀流流速分布及紊动强度分布的表达式。显然,对于明渠流的研究是一个很有希望的进步。

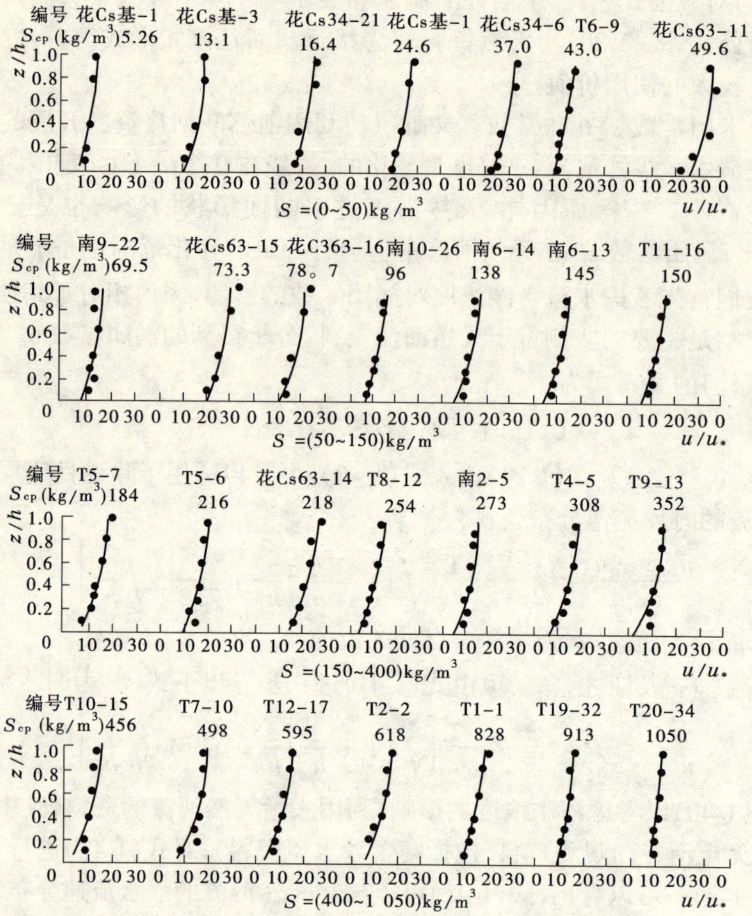

图 1-2　天然多沙河流流速分布与计算结果比较

三、其他类型的流速分布公式

(一)抛物线型流速分布公式

Basin 及 Boussinesq 以试验资料为基础,得到如下二次曲线形式的流速垂线分布公式:

$$u = u_m - m\sqrt{hJ}\left(1 - \frac{z}{h}\right)^2 \tag{1-45}$$

式中:u_m 为水面流速;m 为介于 22～24 之间的经验数值。

对于二度均匀流,假设紊动黏性系数为定值,也可以从理论上导出上式。

(二)椭圆曲线型流速分布公式

A. B. Караущев 提出了如下经验公式:

$$u = u_m\sqrt{1 - P\left(1 - \frac{z}{h}\right)^2} \tag{1-46}$$

式中:$P = Mv_{cp}^2/Cu_m^2$,v_{cp}为垂线平均流速,M 是与谢才系数 C 有关的经验常数。

当 $10 \leqslant C \leqslant 60$ 时

$$\begin{cases} P = 0.57 + \dfrac{3.3}{C} \\ M = 0.7C + 6 \end{cases} \tag{1-47}$$

当 $60 \leqslant C \leqslant 90$ 时

$$\begin{cases} P = 0.022\,2C - 0.000\,197C^2 \\ M = 48 \end{cases} \tag{1-48}$$

根据初步分析和比较，发现椭圆形公式不适用于细沙河流。另外，经验数值过多，不便使用。

（三）指数型流速分布公式

早在 20 世纪 20 年代，Karman 和 Prandtl 根据因次分析的概念，分别提出了如下形式的指数流速分布公式：

$$u = u_{\mathrm{m}}\left(\frac{z}{h}\right)^m \tag{1-49}$$

沿垂线积分，可将式(1-49)改写为如下形式：

$$u = (1 + m_0)v_{\mathrm{cp}}\left(\frac{z}{h}\right)^m \tag{1-50}$$

式中：指数 m 与雷诺数及相对粗糙度有关，一般情况下，$m = 1/5 \sim 1/18$。当 $Re < 10^5$ 时，$m = 1/7$，即

$$u = \frac{8}{7}v_{\mathrm{cp}}\left(\frac{z}{h}\right)^{1/7} \tag{1-51}$$

上式称为流速分布的七分之一次方定律。

1983 年，张红武采用大量天然和室内资料比较分析后得知，相对于修正前的对数型流速分布公式，式(1-51)与实际较为接近，该式形式简单，且在近壁流区也能近似使用，故有较大的使用价值。陈永宽的研究结果表明，在含沙量较高的水流中，指数流速分布公式具有较对数公式为高的精度，并指出指数 m 随含沙量的增加而有所增大。惠遇甲等学者 20 世纪 90 年代的研究结果也给出了类似的结论。

值得说明的是，对于指数 m 与含沙量之间关系的研究，现有成果所取的含沙量范围较小（小于 $50\mathrm{kg/m^3}$），而且没有给出确定的办法，因此影响对指数流速分布规律的全面认识。为此，张俊华、王严平对指数 m 与含沙量之间的关系开展了系统的研究。他们首先收集了黄河花园口、无定河丁家沟、渭河南河川及大量水槽实测资料，其中包括大量高含沙水流资料，具有较好的代表性。然后，根据垂线各点实测流速值，由下式求出相应于 z 处的 m_i 值：

$$m_i = \frac{\ln \dfrac{u_i}{u_{\mathrm{m}}}}{\ln \dfrac{z}{h}} \tag{1-52}$$

求出各点的 m_i 值后，即可求出垂线平均 m 值。

根据求出的 m 值，可绘出 m 与体积含沙量 S_{V} 的关系（$S_{\mathrm{V}} = S/\gamma_{\mathrm{S}}$，$S$ 为含沙量，γ_{S} 为泥沙容重）。由此可以看出：①即使清水或含沙量很小，m 值也有较大的变幅，一般情

况下 $m=1/6\sim1/9$，平均情况 $m=1/7$；②从较为分散的点群分布看，m 值随含沙量增减亦呈一定的规律变化。当体积含沙量 $S_V<0.095$，即含沙量 $S<250\text{kg/m}^3$ 时，m 随含沙量增加而增加；当 $S_V=0.095\sim0.19$，即 $S=250\sim500\text{kg/m}^3$ 时，m 值变化不大，平均情况下 $m\approx1/4$；当 $S>500\text{kg/m}^3$ 后，m 值随含沙量增加而减小；当 $S=1\ 200\ \text{kg/m}^3$ 时，m 值竟与清水相当。

通过进一步拟线，m 值随 S_V 增加而变化的平均情况，亦即图中实现可由以下经验关系描述：

$$m=\frac{0.143}{1-4.2\sqrt{S_V}(0.46-S_V)} \tag{1-53}$$

采用相同资料及类似方法，可求出对数流速分布公式相对应的卡门常数 κ，点绘 κ 与 S_V 之间的关系图，所得规律与张红武等的研究结果类同，亦即 $\kappa/\kappa_0=1-4.2\sqrt{S_V}(0.365-S_V)$，以该式与式(1-53)相比，不难看出，其变化趋势同 m 随 S_V 而变化的趋势相近，特别是当 $S_V<0.095$ 时(黄河下游历年实测最大含沙量均小于此值)，m 与 κ 有如下定量的关系：

$$\frac{m}{m_0}=\frac{1}{\kappa}\text{ 或 }m=\frac{1}{7\kappa} \tag{1-54}$$

从这一角度看，考虑含沙量影响对指数流速分布公式、对数流速分布公式修正后，两个公式可通过式(1-54)相互联系。

采用其他资料，对修正后的指数流速分布公式进行验证的部分结果，见图 1-3。由此看出，即使含沙量有较大的变化范围(包括高含沙水流资料)，如果采用式(1-53)确定式(1-50)中的指数 m，指数流速公式与实测资料颇为符合，对解决有关问题是很有意义的。

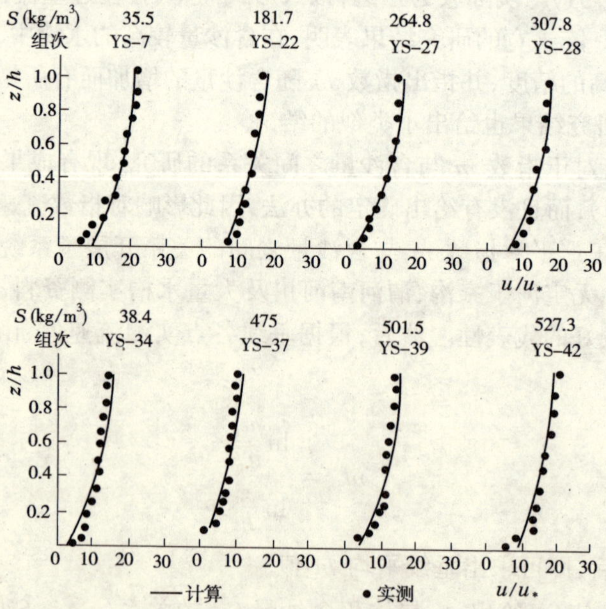

图 1-3　水槽资料对修正的指数流速分布公式的验证

由式

$$v_{cp} = \frac{u_m}{h}\int_0^h (z/h)^m \mathrm{d}z = \frac{u_m}{1+m} \tag{1-55}$$

及式(1-53)解得

$$\frac{v_{cp}}{u_m} = \frac{1-4.2\sqrt{S_V}(0.46-S_V)}{1.14-4.2\sqrt{S_V}(0.46-S_V)} \tag{1-56}$$

可以看出,随着含沙量增减,上式右端将出现变化。这既从流速分布公式的角度证明了 С. И. Моисеенко"垂线流速与水面流速之比值随含沙量而变"这一早在 1914 年就已得出的认识是正确的,又在水文测验中,由表面流速(浮标法)推求平均流速时,也有较大的参考价值(考虑含沙量大小对率定系数进行修正)。

如果设流速分布曲线上的流速与断面平均流速相等的点的位置为 z_c,则将 $u = v_{cp}$、$z = z_c$代入式(1-56),并同式(1-55)联解,得

$$z_c = h[1/(1+m)]^{1/m} \tag{1-57}$$

从式(1-54)求不同含沙量时的 m 值,以及表 1-1 列举出的由式(1-54)求出的 z_c/h 值可以看出,随着含沙量增加,平均流速点的位置有所上移;但含沙量很高时,该点位置反而降低;在接近清水时,$z_c/h = 0.393$。同时发现,尽管 S 的变化幅度由一般挟沙水流一直到高含沙水流,但 z_c/h 的增减是有限的增减,基本位于 0.4 附近。

表 1-1　含沙量 S 与相对水深 z_c/h 关系

$S(\mathrm{kg/m^3})$	0	26.5	53	106	212	424	848	1 200
m	0.143	0.176	0.194	0.221	0.261	0.288	0.214	0.146
z_c/h	0.393	0.398	0.401	0.405	0.411	0.415	0.404	0.393

因此,从现有水文测速精度而言,多沙河流中即使出现高含沙水流,也可以采用相对水深 $z_c/h = 0.4$ 处的流速,近似代表垂线的平均流速。

再由指数流速公式求流速梯度,得

$$\frac{\mathrm{d}u}{\mathrm{d}z} = \frac{m(1+m)v_{cp}}{h}\left(\frac{z}{h}\right)^{m-1} \tag{1-58}$$

可看出,指数 m 越大,流速梯度 $\mathrm{d}u/\mathrm{d}z$ 越大,流速分布越不均匀,表明 m 大小可以表征挟沙水流流速分布的均匀程度。当 S 从 0 增加到 250kg/m³ 时,流速分布变得愈来愈不均匀,但当含沙量更大,特别是超过 500kg/m³ 后,反而变得愈来愈均匀了。由此反映出,高含沙量水流中涡体掺混作用相当显著。由文献[15]点绘的关系图来看,当 $S <$ 200kg/m³ 时,m 值或变化较小,或达到某含沙量值后,又随 S 增加迅速减小,亦即当 $S >$ 200kg/m³ 与 $S <$ 200kg/m³ 时,流速图形变化规律迥然不同。因此,可将 $S = 200\mathrm{kg/m^3}$ 作为一般挟沙水流与高含沙水流的分界标准。附带指出,当 $z = h$ 时,$\mathrm{d}u/\mathrm{d}z \neq 0$,因此指数流速分布公式与对数流速公式一样,都存在水面附近流速不是极值的理论缺陷。

第三节　紊动强度的分布

脉动流速有大小、正负之分。人们习惯用脉动流速的均方根来表示紊动强度。河流

的纵、垂向紊动强度是紊动流场中最主要的特征之一。目前,在这方面已出现具有较大实用价值的理论成果。其中张红武的二维明流紊动强度公式,结构型式简单,具有较大的参考价值,特作如下介绍。

大量实测资料表明,视 u_x'、u_z' 及 l_1 为随机变量,则由 Prandtl 掺长理论得

$$|u_x'| = l_1 \frac{d\bar{u}_x}{dz} \tag{1-59}$$

$$|u_z'| = k_1 l_1 \frac{d\bar{u}_x}{dz} \tag{1-60}$$

由于脉动流速分布 u_x'、u_z' 均遵循高斯分布定律,故 $|u_x'|$、$|u_z'|$ 的分布为

$$f(|u_x'|) = \frac{2}{\sqrt{2\pi}\sigma_u}\exp\left(-\frac{u_x'^2}{2\sigma_u^2}\right) \tag{1-61}$$

$$f(|u_z'|) = \frac{2}{\sqrt{2\pi}\sigma_v}\exp\left(-\frac{u_z'^2}{2\sigma_v^2}\right) \tag{1-62}$$

式中:σ_u、σ_v 分别代表纵、垂向脉动流速的均方根,即紊动强度。

由式(1-59)和式(1-61)及计算概率分布函数的公式,可求出 l_1 的分布公式为

$$\Phi(l_1) = \frac{2\frac{d\bar{u}_x}{dz}}{\sqrt{2\pi}\sigma_u}\exp\left[-\frac{\left(\frac{d\bar{u}_x}{dz}\right)^2 l_1^2}{2\sigma_u^2}\right] \tag{1-63}$$

其数学期望为

$$l_{1m} = \sqrt{\frac{2}{\pi}}\frac{\sigma_u}{d\,\overline{u_x}/dz} \tag{1-64}$$

同理,由式(1-60)、式(1-62),可求出 l_1 的分布公式为

$$\Phi(l_1) = \frac{2\frac{d\bar{u}_x}{dz}}{\sqrt{2\pi}\sigma_v}\exp\left[-\frac{k_1^2\left(\frac{d\bar{u}_x}{dz}\right)^2 l_1^2}{2\sigma_v^2}\right] \tag{1-65}$$

及

$$l_{1m} = \sqrt{\frac{2}{\pi}}\sigma_v\left(k_1\frac{d\bar{u}_z}{dz}\right)^{-1} \tag{1-66}$$

则由式(1-64)及(1-66)联解得

$$\sigma_u = \sigma_v / k_1 \tag{1-67}$$

由于 l 的数学期望 l_{1m} 与式(1-19)中的 l_1 相同,忽略 τ_1 后,可将式(1-64)、式(1-66)分别代入式(1-19),并与式(1-9)联解,可以分别解出

$$\sigma_u = u_*\left[\frac{\pi}{2k_1k_2}\left(1-\frac{z}{h}\right)\right]^{0.5} \tag{1-68}$$

及

$$\sigma_v = u_*\left[\frac{\pi k_1}{2k_2}\left(1-\frac{z}{h}\right)\right]^{0.5} \tag{1-69}$$

由式(1-67)可以看出,对于各向同性紊流,$1/k_1 = 1$;对于实际的紊动流场,一般属各

向异性，则 $1/k_1$ 应小于 1。随着相对水深 z/h 的增大，壁面的制约作用逐渐减弱，流体的紊动往往由各向异性逐步接近于各向同性，亦即 k_1 应随 z/h 而变。此外，在近壁流区，粗糙度 Δ 使纵向紊动强度减弱。同时，由于受连续性的制约，垂向紊动强度相应增大，所以 k_1 应是 z/h 及 z/Δ 的函数。张红武进一步分析了该函数的具体形式，并采用 H. Reichardt 在矩形风洞中的测量结果，确定有关的系数和指数，得出

$$\frac{1}{k_1} = 1.15\left(\frac{h}{z}\right)^{0.28}\left[1-\exp(-z/\Delta)\right]^{-1} \tag{1-70}$$

及

$$k_2 = 0.64 \tag{1-71}$$

将以上两式代入式(1-68)及式(1-69)，即可得到同时适用光滑及粗糙壁面的紊动强度分布公式，即纵向紊动强度

$$\sigma_u = 1.68\left(\frac{h}{z}\right)^{0.14}\sqrt{\frac{(1-z/h)}{1+e^{-z/\Delta}}}u_* \tag{1-72}$$

垂向紊动强度

$$\sigma_v = 1.461\left(\frac{z}{h}\right)^{0.14}\sqrt{\left(1+e^{-z/\Delta}\right)\left(1-\frac{z}{h}\right)} \tag{1-73}$$

式(1-72)及式(1-73)形式简单，与试验资料也较为符合(见图 1-4)，由于推导过程中忽略了黏滞切应力，故而上述公式只适用于黏性底层以外的流区。但由图 1-3 的验证结果表明，垂向紊动强度公式(1-73)在紧靠边壁的流区也能近似适用，这一点对于研究紊流与位于壁面的泥沙的相互作用具有重要的意义。

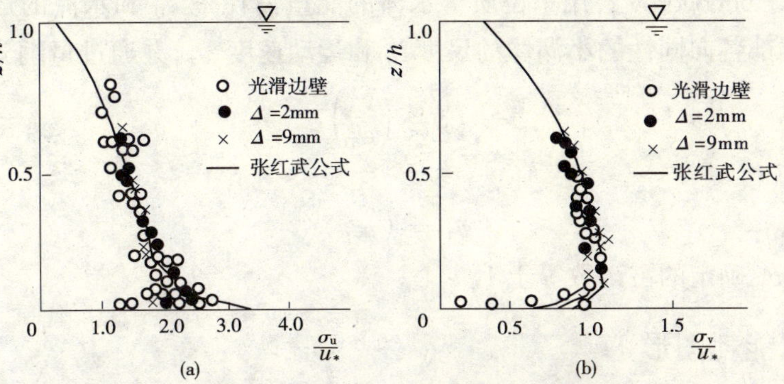

图 1-4　紊动强度分布公式与 Grass 试验资料的比较

第四节　水流的能耗图形

在一般水力学中，将过水断面上诸点本来不等的能量，采取横断面平均的方法使其一致化，只是分析了一维水流能量沿程变化的规律，而未涉及过水断面上水流能量的分布以及传递机理和能耗过程。此外，研究水流挟沙运动，也非一维水流能量关系所能解决，故本节将扼要介绍有关能量耗散方面的内容。

一、紊动旋涡

对于一般明渠水流，在靠近河底边界的黏性底层中，平面上具有与顺流的低速带和高速带相同的带状结构，低速带随时均流动向下游进行的同时，马蹄形旋涡发生拉伸变形，使简单的旋涡变为错综复杂的涡量场。但低速流带经一段路程的缓慢升举后，突然向上层的高速流体喷射，与此相应，高速流体趁机俯冲而下，在低速流带过程中，还同时形成旋涡（因受空间的限制，尺度较小），该处流速梯度大，结果旋涡上下形成一个向上的压差，压差又使旋涡上升。在上升过程中，旋涡尺度逐渐增大，但这种大尺度、高转速的旋涡体极不稳定，遂将溃解为次一级较小的涡体，次一级涡体仍不稳定，因而继续分解。如此逐渐分解，直到不能再分的最小涡体为止。这种最小尺度的涡体所相应的雷诺数已处于临界雷诺数值。达到这种状态以后，流体运动的能量将通过黏性直接发散，并转化为热能，旋涡也随之扩散消失。

大尺度的旋涡在溃解演变过程中基本上不伴随直接的能量消耗。由于在同样的旋涡强度下，旋涡涡体尺度愈小，其频率愈高，因此大旋涡的溃解过程也即是低频涡体向高频涡体的演化过渡过程。同时紊流的惯性作用，趋向于将能量传递到高频的涡体范围。

产生于近底流区的大尺度旋涡的紊动是各向异性的，而在远离边壁的区域，小涡体紊动的紊流特征值可能不随坐标的旋转或反射而变化，此时紊动已处于准各向同性的性质。因此，不同形式的紊流均有趋向于建立各向同性紊流的性质，涡体的溃解和能量的传递过程也是各向异性的紊流逐渐转化成各向同性紊流的过程。

水流边界条件及水流几何尺寸只决定初期紊动的形态和尺度，而对局部各向同性紊动没有影响。Kolmogorov 曾用单位质量水体的能量消耗率 ε_0 和水流的运动黏滞系数 ν 来定义这些局部各向同性的小涡体的尺度 l_0 和运动速度 v_1，并通过量纲分析，得出

$$l_0 = \left(\frac{\nu^3}{\varepsilon_0}\right)^{1/4} \tag{1-74}$$

及

$$v_1 = (v\varepsilon_0)^{1/4} \tag{1-75}$$

由 l_0 与 v_1 确定的雷诺数等于 1。

二、清水能耗图形

明渠水流阻力所反映的是水流的势能转化为热能的全过程，对于二维均匀流，这个全过程可由以下方程式表示：

$$\frac{\mathrm{d}(u_x\tau)}{\mathrm{d}z} = \tau\frac{\mathrm{d}u_x}{\mathrm{d}z} + u_x\frac{\mathrm{d}\tau}{\mathrm{d}z} \tag{1-76}$$

从能量角度出发，上式应改写为

$$-u_x\frac{\mathrm{d}\tau}{\mathrm{d}z} = \tau\frac{\mathrm{d}u_x}{\mathrm{d}z} - \frac{\mathrm{d}(u_x\tau)}{\mathrm{d}z} \tag{1-77}$$

式(1-77)中各项都有明确的物理意义。左边项代表流层的单位水体在单位时间中为克服能量损失所提供的势能（由于 τ 随 z 的增大而减小，故前面加负号）；右边第一项表示

在当地消耗的能量。这两项沿水深变化并不一致，前者在水面最大，在河底为零；而后者在水面为零，在河底最大。因此，除沿垂线上某一点外并不相等。在该点之上，前者大于后者，供过于求，故有一部分多余的能量从本流层中传出；而在该点之下，前者小于后者，供不应求，故将一部分能量从其他流层传入。这个传出或传入的能量，其数量即为式(1-77)中右边的第二项 $-d(u_x\tau)/dz$，可视此项为单位时间内单位水体向河底传递能量的速率，亦即当地能量传递率。河底附近流速梯度大，因而通过 $u_x\tau$ 的梯度传递到近壁区的能量也很多，在那里产生紊动，首先变化为水团的旋涡，紊动动能则表现为各级旋涡的能量。涡体上升，同时逐渐溃解为小旋涡体，直至分解成最小一级的涡体，最后由黏性摩阻而转化为热能散失掉。因此，紊动能量的损失是与紊动产生的涡体相联系的。

三、挟沙水流能耗图形

冲积河流中都有泥沙运动，因而其阻力特性就与上述定床清水时有所不同，从边界情况来看，主要表现为以下几种阻力：

(1)沙粒阻力 τ'。冲积河床上的泥沙颗粒对水流的阻滞作用将产生一种肤面阻力。应该注意，不能把这种肤面阻力理解为“固体边界对液体的摩擦阻力”，因而液体与固体边界有附着作用，会紧贴固体表面，而不会在固体表面上“滑动”。另外，从概念上讲，沙粒阻力还应包括绕经沙粒的流线分离而产生的形状阻力，无论沙波存在与否，绕过沙粒的流线总有可能分离。

(2)沙波阻力 τ''。随着水流条件的改变及泥沙的运动，河床表面会形成各种不同的沙波，它们就像淹没于水中的障碍物，对水流产生一定的形体阻力，这种阻力即为沙波阻力。水位涨落及沙波消长都会影响沙波阻力相对于全部阻力的容重。

(3)推移阻力 τ_d。水流为了维持推移质的运动，要消耗一部分能量。将由于推移质运动所引起的阻力称为推移阻力。

(4)河岸阻力 τ_n。一般讲，河岸的组成物质及其宏观形态与河底不同，有必要单独考虑。

根据阻力叠加原理，上述诸阻力单元与动床综合阻力 τ_f 的关系可表示为

$$\tau_f = k_1\tau' + k_2\tau'' + k_3\tau_d + \tau_n \tag{1-78}$$

式(1-78)中引入修正系数 k_1、k_2、k_3 是考虑到 τ'、τ''及 τ_d 存在着相互重叠或干扰的影响。

阻力的叠加应是各个有效值的矢量和。τ'与 τ''的双重影响往往导致相互抵消的结果，亦即：虽然沙波背水面的回流区导致沙粒阻力减少，但流经下游另一沙波的迎水面上，紊动的增强又将引起 τ''的增加，因此系数 k_1 和 k_2 的值都接近 1，这大概是以往文献从不引入系数的原因。而 k_3 则不然，床面剪切力是促使底沙推移的最主要动力之一；换言之，床面剪切力的反作用力——有效沙粒阻力 $k_1\tau'$几乎包括了 τ_d 的绝大部分，甚至从实用意义上讲，人们往往认为前者全部包括了后者。不过，从学术上讲，由于推移质运动的特殊性，推移质阻力难以被沙粒以及沙波阻力完全包含，例如推移质的颤动及跳跃颗粒与床面的碰撞作用对床面阻力产生的影响就属这种情况。此外，从床面剪力并非是导致底沙推移的惟一动力考虑，也易理解上述观点。

从水体内部来看，为维持悬移质运动也要消耗能量，这种能量属于紊动能的范畴，因为挟沙水流只是在紊动能通过黏性发散转为为热能过程中较一般水流增添一个新内容——一部分紊动能通过维持泥沙的悬浮转化成热能，亦即悬浮水中泥沙是挟沙水流将紊动能转化为热能的一个特有途经。

在传统水力学中，阻力主要是反映边界粗糙度的糙率 n 值来反映的。应当承认，动床水力摩阻特性远较清水复杂得多，因而尽管这一方面的研究成果较多，但能够直接用来解决实际问题的计算公式并不多见，故需进行深入细致的研究。

很多资料表明，糙率与水流中的含沙量有关，当含沙量较小时，糙率较大，随着含沙量的增加，糙率减小。从直观上解释，可以认为是水流在挟带大量悬移质泥沙时，在河床附近将形成含沙浓度较高的底层，而该底层起着"润滑、减阻"作用。在水槽试验中也曾观察到挟沙水流近底层的流速减缓，而其余流区的流速依然较大，并观察到水沙混合的局部流速梯度大于清水的局部流速梯度，很明显，大量的泥沙颗粒减弱了掺混作用。张瑞瑾教授将悬移质存在造成的阻力系数和能量损失的改变，归结为紊动强度减弱，并称之为"制紊作用"。为什么悬移质会对水流产生这种"制紊作用"呢？我们曾对此进行了探讨。首先指出，所谓"制紊"是对悬移质而言的，若对悬沙和底沙运动不加区别地泛谈挟沙水流的能耗问题，可能容易导致概念上的混乱。

众所周知，含有悬沙的流场同时存在着一定的含沙浓度和含沙量梯度，对于前者，第一，造成了悬沙水流中的涡体比清水中的容重大，即使尚存在与相应的清水涡体相符的动量，其运转速度也要降低；第二，造成挟沙流体的黏性增大，涡体必然因受较大的黏性阻力而降低其运转速度(其中体现于表征水流紊动强度的雷诺数减小)。至于后者，无论从内因还是外因上都将影响涡体的运转速度。从内因上讲，涡体运动在紊动能转化为热能的过程中，起了媒介作用，因而在某种意义上，可以认为涡体运转的直接能源是紊动能；水流为维持含沙量梯度的存在须付出一部分紊动能，那么，涡体的运转速度将因能源的减小而降低。从外因上讲，涡体时刻受着含沙量梯度的制约，就任一涡体而言，向上脉动时挟带着比当地含沙量较多的泥沙，自然有下沉的趋势；而向上脉动时比当地的含沙量少，又必然趋于"上浮"。

综上所述，含有悬移质的流场存在着遏制涡体运动的作用。而水流紊动的强弱正是通过涡体的运转表现的，故悬移质的存在，产生制约紊动的作用，是显而易见的。

紊动减弱则意味着有效势能的减弱，因为处于悬浮与沉降这一矛盾的水流与泥沙是相互作用的，这种作用导致了水流内部结构的变化，进而影响有效能量的变化及分配过程。此外，还可从水流的剪切力这一角度分析。紊流中的切力 τ_{ij} 由黏性和紊动两部分组成，亦即

$$\tau_{ij} = \mu\left(\frac{\partial \bar{u}_i}{\partial x_j} + \frac{\partial \bar{u}_j}{\partial x_i}\right) - \rho \overline{u_i' u_j'} \tag{1-79}$$

固然，悬沙水流因黏性系数 μ 的增大而使黏性切力(即上式右端第一项)增加，但紊动切应力 $-\rho\overline{u_i' u_j'}$ 却因涡体的运转速度 u_i'、u_j' 的降低而减小。而广大流区的黏性阻力远远小于紊动造成的阻力，故综合影响的结果，τ_0 应较清水时小。实际上还不尽如此，黏性的增大对水流的影响具有两重性，除以上已经谈到的外，还会引起与 v/u_* 成正比的黏性底

层厚度 δ 有所增加，而 δ 的增加往往可能减小水流的阻力损失。

在传统力学中，阻力主要是用边界的糙度来反映的，如用糙率 n 值代表边界的粗糙度。天然河道的糙率除受上述因素影响外，还与其他很多因素有关，例如河床沙、石粒径的大小和级配，沙波的形成或消失，河道弯曲程度，横断面形状的不规则性，深槽中的潭坑，滩地上的草木，河槽中的冲淤以及整治河道工程等。这些复杂的因素不仅沿河道的长度变化，而且在同一河段上也随水位变化而不同。糙率 n 随水位的变化规律取决于河道的具体情况，某些河段的糙率随水位升高而增大，某些河段的糙率随水位的升高而减小。例如由黄河、淮河等河流的某些河段的实测资料分析结果可知，糙率因水位不同而变化的趋势基本上是一致的，在低水位时，糙率一般都比较大，随着水位升高糙率减小，当糙率减小到某一最小值后，又随水位上升而增大。糙率随水位变化的上述规律可解释如下：低水位时，水深小，河槽中的泥沙的相对粗糙度和沙波的相对影响比较大，阻力大；低水位时河水蜿蜒曲折，增大了水流阻力；整治建筑物对水流流态的影响往往在低水位时更为突出，阻力较大。由于上述诸因素形成了较大的综合阻力，所以低水位时糙率较大。水位升高后，泥沙的相对粗糙度和沙波的相对高度都随之减小，阻力也就减小；同时，河道的主流趋向中泓，河槽曲折对水流的阻力也较小；由于水深大，河工建筑物对水流的阻碍作用也相对较小。因此，综合阻力减小，糙率也随之减小。水位再升高至水流漫滩后，由于滩地上草木或农作物等增加了水流的阻力，因此糙率又有所增大。

由于影响河道糙率的因素比较复杂，所以工程中常常采用河道的实测水文资料来推求糙率。实测方法如下：河段的长度为 Δl_2，测得其首末断面水位为 z_1 和 z_2，相应的流量为 Q_1 和 Q_2，并在实测的断面图上量得首末过水断面面积 A_1 和 A_2，应用谢才公式(1-32)及曼宁公式(1-33)，并取各水力要素的平均值 $\overline{R}$、$\overline{Q}$、$\overline{J}$，得

$$n = \frac{1}{\overline{v}}\overline{R}^{2/3}\overline{J}^{1/2} \tag{1-80}$$

式中：$\overline{v} = \overline{Q}/\overline{A}$，$\overline{Q} = (Q_1 + Q_2)/2$，$\overline{A} = (A_1 + A_2)/2$；$\overline{R} = (R_1 + R_2)/2$；$\overline{J} = (z_1 - z_2)/\Delta l_2$。

应用式(1-80)即可求得该段的糙率值。

附带指出，冲积河床与水流相互作用是以泥沙运动为纽带的。泥沙运动不断改变河床周界颗粒的粗细和排列等一系列状况，导致了河床的不断调整。泥沙运动为随机事件，故河床调整过程应是一个随机过程，因而动床阻力自然也具有随机性。文献[24]通过对水流、河床与泥沙运动之间相互作用、相互影响的内在机理的分析，针对冲积河流中两类代表性较强的河段，建立了模拟动床糙率随机变化的概率模型，得到推移质以滚动为主要运动形式的粗沙河床（这种情形往往发生在冲积河流的上游段）的糙率分布密度公式（取张有龄糙率公式系数 $A=19$）

$$\varphi(n) = 2.386\frac{A^3\sqrt{g}n}{\sqrt{2\pi}u_*}\exp\left[-1.58\left(\frac{0.447A^3\sqrt{g}n^3}{u_*} - 1\right)^2\right] \tag{1-81}$$

对于冲积河流下游段且床沙属非黏性的河床，其糙率分布密度公式为

$$\varphi(n) = 13.29\frac{\sqrt{g}A^3n^2}{\sqrt{2\pi}u_*}\exp\left(-\frac{2.455A^6gn^6}{u_*^2}\right) \tag{1-82}$$

上述两式对于了解动床阻力的随机变化性质及进一步开展随机水力学的研究具有较大意义。

上文有关方面已经涉及张有龄糙率公式，即

$$n = \frac{D^{1/6}}{A}$$

式中的系数 A 的取值实际上应与床沙级配、形状及排列有关。通常非均质沙在水流自然排列下，以床沙粒径 D_{50} 作代表粒径，按张有龄方法，取 $A=19$；按李昌华方法，取 $A=20$，但 D_{50} 的指数取 1/5；按 A. Strickler 方法，取 $A=21$；对莱茵河的卵石河床，$A=24$；Meyer、Peter 等认为，非均质沙床面较粗，取 D_{90} 为代表粒径，取 $A=26$；钱宁整理黄河下游一些实测资料时，取 D_{65} 为代表粒径，取 $A=19$。

综上所述，对指数公式，当取 $y=1/6$，并以 D_{50} 为代表粒径时，如颗粒形状规则，排列紧密，则糙率较小，应取较大的 A 值。例如，可取 $A=23\sim24$；如颗粒比较有规则，则糙率大，可取 $A=19\sim20$。

1959 年，钱宁及麦乔威从 Manning－Stricker 公式出发，得出宽浅河道的综合阻力公式，即

$$V = \frac{A}{D_{65}^{1/6}} h^{2/3} J^{1/2} \tag{1-83}$$

式中：D_{65} 为床沙组成以重量计小于 65% 的粒径；J 为坡度，对于均匀流，J 相当于能坡。

对于 A 值，被认为是与影响沙波发展消亡有关的因素。在流速较低、泥沙运动强度小、相应的 $\Phi = \frac{\gamma_s - \gamma}{\gamma}\frac{D_{50}}{R_b J}$ 较大时，由于沙波阻力或其他河槽形态阻力的作用，参数 A 比较小。随着 Φ 的减小和水流的加强，沙波阻力渐渐减小，A 值也相应增加。黄河下游花园口河段沙波测验的资料表明(见图 1-5)，当 Φ 接近 0.4～0.5 范围时，床面沙波趋于消失。从关系图中也可以看到，待 Φ 降低到这个范围时，A 值接近一个常数($A=19$)，与 Φ 无关。这时，曼宁系数只与床沙粒径有关，表现为只存在沙粒阻力。

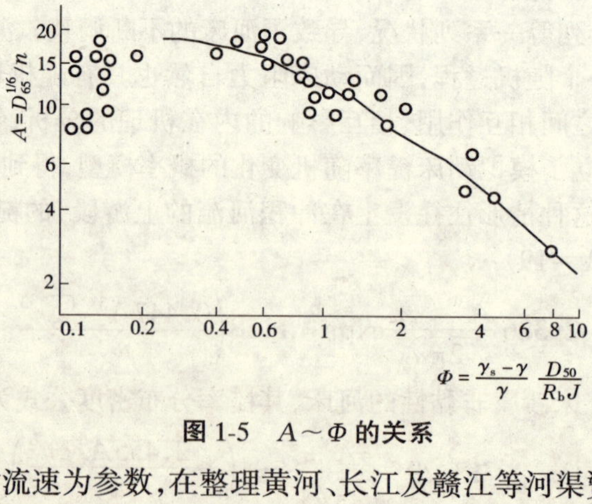

图 1-5　$A\sim\Phi$ 的关系

李昌华等以相对流速为参数，在整理黄河、长江及赣江等河渠资料时，点绘 A 与 v/v_c

之间的关系❶。长江科学院、水利水电科学研究院及武汉水利电力大学也进行过类似的工作,得到的总趋势大体相同。这项工作值得重视的地方是,它包含了从静平床开始的河床形态的各个阶段。同时,由于采用了 v/v_c 作参数,避免了用 Φ 作参数造成沙波增长与衰减的两个阶段,以及因 R_b 的变化可能不易明确划分的缺点,因此各个阶段在图上一目了然。根据武汉水利电力大学所整理的黄河资料,图中曲线上升到相当于静平床的 A 值之后还继续上升,而这一部分点据的含沙量一般都在 60kg/m³ 以上,表明问题是相当复杂的,图中曲线所反映的规律只是一种趋势,不可能很准确,这一点在大部分计算方法中都不同程度地存在着。

20 世纪 80 年代末,秦荣昱以 G.H.Keulegan 的阻力公式为理论根据,分析了包括部分黄河资料在内的实测点据,反求了综合糙度 K_s。他指出,在一般情况下,K_s 都大于 D_{65},在有沙波的情况下,K_s 一般比 D_{65} 大 1～3 个数量级并且随沙波消长而消长。他还引进了沙波的虚拟当量糙度概念,分析了它与沙波要素的关系,给出的计算方法也颇有意义。

王士强以 F.Engelund 的研究为基础,通过水槽试验和分析,提出了预报冲积河流床面阻力的计算公式。认为对于黄河下游这种宽深比很大的河流,床面阻力占据了河流总阻力的绝大部分。随着水流增强,冲积床面阻力系数具有由小到大的低能态、由大变小的过渡态及再由小变大的高能态 3 个规律不同的能态区域。黄河下游主槽,一般洪水时多处于阻力过渡区,大洪水时多处于高能态区,而滩面阻力则很多处于低能态区。

对于黄河下游,H 相当于整个床面的水力半径,再以 H' 代表沙粒水力半径,可将参数分别表示为 $\theta_* = \gamma HJ/[(\gamma_s-\gamma)D_{50}]$ 及 $\theta'_* = \gamma H'J/[(\gamma_s-\gamma)D_{50}]$。$\theta_*$ 的变化规律,对于低能态及天然河流中的过渡态,可采用下式计算:

$$\lg\frac{\theta_*}{\theta'_*} = k_1x - k_2x^2 + k_3x^3 \tag{1-84}$$

式中:$x=\lg(\theta'_*/0.04)$;k_1、k_2、k_3 为系数,其对数形式分别为

$$\lg k_1 = 0.513 - 0.123\lg D_* - 0.141\lg^2 D$$

$$\lg k_2 = 0.56 - 0.064\,7\lg D_* - 0.218\,3\lg^2 D$$

$$\lg k_3 = 0.017 - 0.034\,7\lg D_* - 0.272\,8\lg^2 D$$

以上三式中 $D_* = [g(\gamma_s/\gamma-1)v^2]^{1/3}D_{50}$

对于高能态区,采用如下阻力公式:

$$\begin{cases}\theta_* = 0.04(\theta'_*/0.04)^A & (\theta_* \leqslant 1)\\ \lg\theta_* = A\lg\left(\dfrac{\theta'_*}{\theta'_1} + \lg G\dfrac{\theta'_*}{\theta'_1}\right) & (\theta_* \geqslant 1)\end{cases} \tag{1-85}$$

式中:$A=1.4/\lg(\theta'_1/0.04)$;$G=1+4.874\exp(-0.79D_*)$;$\theta'_1=0.68+0.32\exp(-0.1D_*)$。

对于黄河下游,当流速 v 大于临界流速 $v_k = 55\sqrt{gD_{50}}$ 时,水流阻力进入高能态区。

❶ 李昌华,刘建民.冲积河流阻力.南京水科院研究报告,1963

实际计算中对天然河流不必判别能态，按式(1-84)和式(1-85)分别计算水深，两者中较大者即为真实预报值。θ'_*内的沙粒水力半径 H'可由 $v/\sqrt{gH'J}=1/\kappa\ln(11H'/K'_s)$沙粒阻力公式计算确定，$K'_s$ 一般为 D_{65}，当 $D_{65}<0.11\text{mm}$ 时，取 $K'_s=0.5D_{65}$，κ 为卡门常数，一般取 0.4，高含沙量时减小。

由王士强采用实测资料的验证结果来看，上列公式与实际较为符合，而且在他的数学模型中得到应用。只是由于公式形式过于繁杂，其中众多的系数和指数经验性太强，实用价值受到了很大限制。

动床阻力的研究，无论在理论上或在实际上均具有重要意义。尽管这一方面的文献相当多，但离问题的彻底解决还有很大的距离，特别是缺乏能专门适用于黄河下游且形式较为简便的糙率计算公式。为此，为配合开展黄河输沙规律及黄河泥沙数学模型的研究，黄科院开展了糙率问题研究。

首先，将垂线平均流速 v 表示为

$$v=\frac{1}{h}\int_0^{\delta_*}u\mathrm{d}z=\frac{1}{h}\int_0^{h}u\mathrm{d}z+\frac{1}{h}\int_{\delta_*}^{h}u\mathrm{d}z \tag{1-86}$$

式中：δ_*为引入的摩阻厚度，对于粗糙区，δ_*取当量粗糙厚度 Δ。

对于光滑区，δ_*为黏性底层厚度，对于过渡区，δ_*由以下计算式确定：

$$\delta_*=\Delta-0.36\Delta\sqrt{\sin(3.4\delta/\Delta-0.24)} \tag{1-87}$$

引入张红武的如下公式：

$$\frac{u}{u_*}=\frac{C}{\sqrt{g}}-\frac{3\pi}{8c_n}+\frac{1}{c_n}\left[\sqrt{\frac{z}{h}-\left(\sqrt{\frac{z}{h}}\right)^2}+\arcsin\sqrt{\frac{z}{h}}\right]$$

代入式(1-86)，同时引入谢才公式等基本水力学公式。积分并按照数值替代原理，整理后即可得出曼宁糙率系数 n 计算公式(黄河河道宽浅，$R\approx h$)为

$$n=\frac{c_n\delta_*}{\sqrt{g}h^{5/6}}\left\{0.49\left(\frac{\delta_*}{h}\right)^{0.77}+\frac{3\pi}{8}\left(1-\frac{\delta_*}{h}\right)\left[\sin\left(\frac{\delta_*}{h}\right)^{0.2}\right]^5\right\}^{-1} \tag{1-88}$$

式(1-88)用于黄河时，河滩上 δ_* 即为当量粗糙度，可根据滩地植被等腰三角状况，由《水力学手册》查得(对于黄河下游宽河道，应根据浅滩、高滩状况，将当量粗糙度分得更细一些)；而在主槽，通过河工模型试验，发现黄河沙波尺度及沙波流速对水流摩阻特性有较大的影响。黄河泥沙，抗冲性差，沙波极易形成，水流强度(以佛汝德数 Fr 表示)并不很大时，沙波尺度即已较大，此时沙波波速较小，业已形成的沙波相对水流而言，是凸出的障碍物，阻碍水流前进(沙波下游有旋涡产生，当涡旋强度较大时，沙波可能在水流作用下减小甚至消失)，综合结果使得河道糙率较大。随着水流强度增加，沙波高度可能增加，但由于沙波波速的增加，便于使得沙波对水流的摩阻作用并不一定增加。而当水流强度 Fr 更大时，相当于水流对沙波存在“削皮”作用。因沙波高度减小，此时沙波波速增加，这两方面都促使向沙波对水流作用变小的趋势发展，河道糙率将随之减小。但当 Fr 达到更大数值后，床面出现逆行沙波，糙率还可能增大。

限于目前的研究水平，对上述复杂的影响及程度只综合考虑。根据动床模型试验结果，赵连军、张红武建立的摩阻厚度 δ_*与佛汝德数 Fr 等因子之间的经验关系为

$$\delta_* = D_{50}\{1 + 10^{[8.1-1.3Fr^{0.5}(1-Fr^3)]}\} \tag{1-89}$$

根据数值替代原理,上式还可表示为

$$\delta_* = D_{50}10^{10[1-\sqrt{\sin(\pi Fr)}]} \tag{1-90}$$

经采用黄河铁谢、花园口、夹河滩、高村、孙口各站大量实测资料,其中也包括了高含沙洪水期的资料($S_{min}=0.5\text{kg/m}^3$, $S_{max}=486\text{kg/m}^3$),对糙率公式(1-88)进行系统的验证,其结果令人满意,各站资料与计算值的相关系数一般都大于0.83。因此,以上公式可以较好地模拟黄河下游河道糙率的变化规律。黄科院最近提出的黄河河道数学模型之所以既能模拟黄河一般洪水的水沙传播、水位变化、河床冲淤过程,又成功地复演了高含沙洪水的水沙运动及河床变形,其原因之一就是引入了上述糙率计算方法。此外,该方法已被推广到海河、淮河等其他流域的河流计算之中。

尚需提出,近两年胡春宏、惠遇甲撰写的《明渠挟沙水流运动的力学和统计规律》(科学出版社出版)中,关于具有沙垄形态的床面阻力的研究成果,也颇有理论与实用价值。

第五节　河湾的水流结构

水流方向的任何改变都会伴随着产生离心惯性力。作曲线运动的弯道水流,在重力及离心力的共同作用下,形成一系列水力现象。弯道水流运动规律的研究,在水利工程学的许多领域中,占有重要的位置,例如在治河工程、港口修建、引水防沙、桥墩防冲及改善河道航运等方面都得到了广泛的应用。

一、弯道水面形态

当水流由直流段进入弯道后,由于离心力的存在而使自由水面的平衡状态遭到破坏,由试验可知,进入弯道即有从凸岸向凹岸倾斜的横比降 J_r 出现(主要是通过凸岸水位降低来实现),直至弯段出口处仍有一定数值,出弯后又迅速消失。因此,从纵剖面看,凹岸的水位线常形成上凸曲线,凸岸的水位线常形成下凹曲线(故在弯道上段,水面纵比降往往大于凹岸,在下段凸岸小于凹岸);而从横断面看,水面是凹高凸低,成一凸曲线,整个水面为一扭曲面。

以二元恒定缓流为例,在弯道水流中取距离曲率中心为 r 处的一个底面积为1×1,高为 h 的微小水柱,分析其横向受力情况(见图1-6)。

(1)离心力:

$$F_1 = a_0 P\frac{v_{cp}^2}{r}\times\frac{1}{2}(2h + J_r)$$

(2)两侧水压力之差:

$$\Delta P = \frac{1}{2}\rho gh^2 - \frac{1}{2}\rho g(h + J_r)^2$$

$$= -\rho ghJ_r + \frac{1}{2}\rho gJ_r^2$$

$$\approx -\rho ghJ_r$$

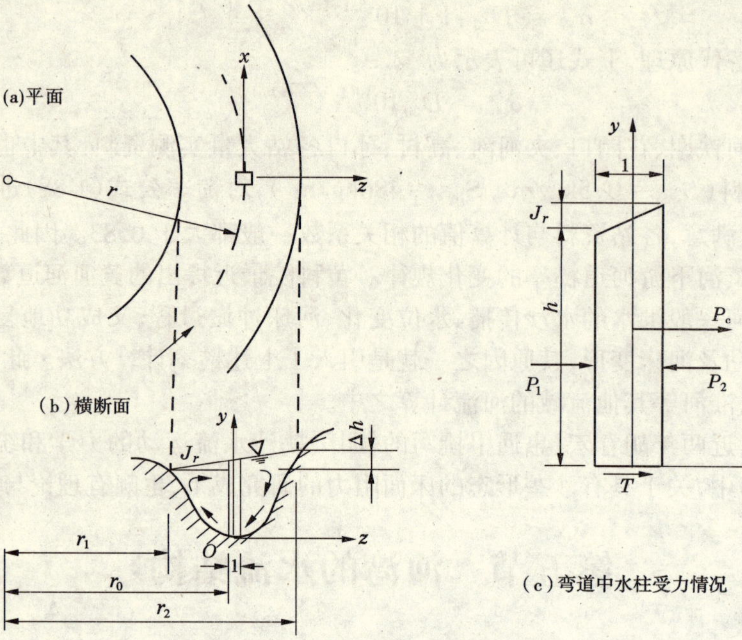

图 1-6　弯道环流及水柱受力图

(3)河底之横向阻力 τ_{r_0}。按照达朗贝尔原理列出平衡式,不难得到

$$J_r = a_0 \frac{v_{cp}^2}{gr} + \frac{\tau_{r_0}}{\rho gh} \tag{1-91}$$

若忽略上式右端第二项,即得一般常用的横比降计算公式

$$J_r = a_0 \frac{v_{cp}^2}{gr} \tag{1-92}$$

式中:a_0 为流速分布系数,可依纵向流速分布公式求得。

如采用公式(1-36),则得

$$a_0 = \frac{1}{v_{cp}^2}\int_0^1 u^2 d\left(\frac{z}{h}\right) = 1 + 5.75\frac{g}{C^2} \tag{1-93}$$

则

$$J_r = \left(1 + 5.75\frac{g}{C^2}\right)\frac{v_{cp}^2}{gr} \tag{1-94}$$

罗索夫斯基依照对数公式导出的公式形式为

$$J_r = \left(1 + \frac{g}{\kappa^2 C^2}\right)\frac{v_{cp}^2}{gr} \tag{1-95}$$

计算横向水面曲线需将式(1-92)沿横向积分(此处取 $J_r = \mathrm{d}z/\mathrm{d}r$),即

$$z = z_1 + \int_{r_1}^{r} a_0 \frac{v_{cp}^2}{gr}\mathrm{d}r \tag{1-96}$$

式中:z_1 及 r_1 分别为凸岸水面高程和曲率半径。

同时又求出两岸的水面高差(通常为超高)

$$\Delta z = \int_{r_1}^{r_2} a_0 \frac{v_{cp}^2}{gr} \mathrm{d}r \tag{1-97}$$

式中：r_2 为凹岸曲率半径。

实际上，常见河湾的曲率半径 r_0 多为河宽 B 的 2～4 倍，纵向流速沿河宽的分布变化对超高的影响并不那么明显，我们的试验结果可以说明这一点，且对于水深沿河宽变化不大的情形，在理论上也能得到证明。因此，我们不妨取 v_{cp} 等于断面平均流速 v，积分式(1-97)，并将式(1-93)代入得

$$\Delta z = \left(1 + 5.75 \frac{g}{C^2}\right)\frac{v^2}{g}\ln\left(\frac{r_2}{r_1}\right) \tag{1-98}$$

另一种更简便的做法是采用弯段水流轴线的曲率半径 r_0 及断面平均流速 v 分别代替式(1-97)中的 r 和 v_{cp}，则得

$$\Delta z = a_0 \frac{v^2}{gr_0}(r_2 - r_1) \tag{1-99}$$

在 r_0/B 较大时，依上式估算超高值是完全可以的。

上述公式计算出的 Δz 为沿程中的最大值。因为横比降的沿程变化，仅在缓流充分发展的部位才达到最大值。根据我们的试验研究，全弯段的横比降应表示为

$$J_r = f\left(\frac{\theta}{\varphi_0}\right) J_{r_0} \tag{1-100}$$

式中：φ_0 为弯角；θ 为所在断面与进口断面的夹角，$f(\theta/\varphi_0)$ 可表示为

$$f\left(\frac{\theta}{\varphi_0}\right) = a_1\left(\frac{\theta}{\varphi_0}\right)^2 + b_1\left(\frac{\theta}{\varphi_0}\right) + c_1 \tag{1-101}$$

式中：a_1、b_1 及 c_1 需由试验资料确定，根据张红武的试验资料，得 $a_1 = 2.6$，$b_1 = 2.9$，$c_1 = 0.2$。刘焕芳根据更为广泛的资料对这些系数进行了率定，将式(1-101)表示为

$$f\left(\frac{\theta}{\varphi_0}\right) = -2.4\left(\frac{\theta}{\varphi_0}\right)^2 + 2.4\left(\frac{\theta}{\varphi_0}\right) + 0.4 \tag{1-102}$$

刘焕芳根据水面纵比降之间的关系，导出了描述弯道内水面纵比降变化规律的计算公式，并以此为基础得到了弯道内任意一点的水面高程计算公式，以实测内外岸水面线及自由水面等高线资料进行的验证结果表明，理论与实际基本相符。

二、弯道中纵向流速的分布

（一）纵向垂线平均流速

一般讲，在顺直进口段，纵向垂线平均流速沿河宽呈对称形分布，入弯后凸岸流速稍增，而凹岸稍减，至某一部位后，又出现相反的调整，流速分布趋于平均，随之最大垂线平均流速又渐渐移向凹岸。出弯后的水流，在相当长的距离内，最大流速仍靠近外侧河岸(见图 1-7)。

为了得出流速分布的函数表达式，有人采用有势涡旋的假定，即垂线平均流速与曲率半径成反比(所谓面积定律)；也有人视水流为强制旋体，即流速与半径成正比，如此等等。现在看来，这类公式都难以描述实际的流速分布。张红武等根据大量试验成果，将弯道中

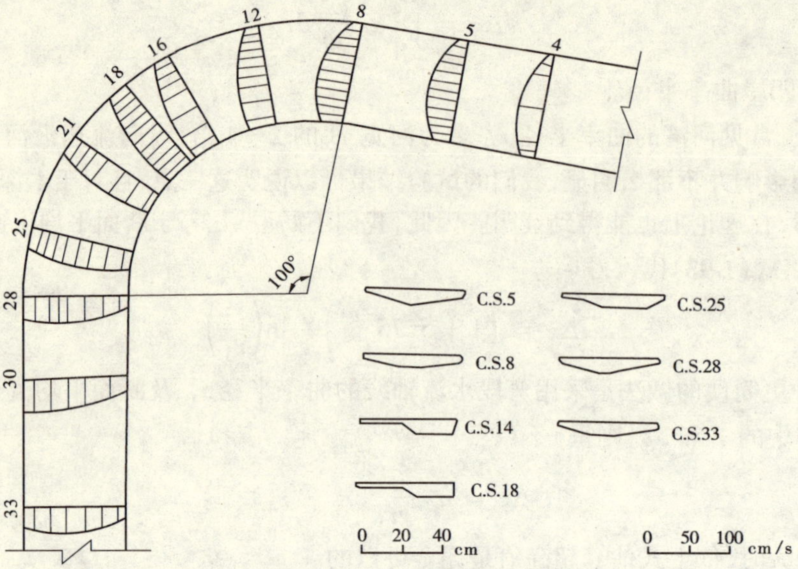

图 1-7 弯道纵向垂线平均流速的分布

纵向垂线平均流速的分布以下式概括表示：

$$v_{cp} = v\left(\frac{r_0}{r}\right)^{\cos\theta} \tag{1-103}$$

我们的研究结果还表明，河岸边界条件（尤其是断面形态、弯角及粗糙度等）和来水条件对河湾中的流速分布产生很大的影响，因而弯道纵向垂线平均流速分布的理论研究是一个相当棘手的课题。刘焕芳根据弯道水流运动方程和计算水面纵比降变化规律的公式，推导出的弯道水流纵向垂线平均流速分布公式具有较大的参考价值。

（二）水流动力轴线

水流动力轴线又称主流线，一般指沿程各断面最大纵向平均流速所在点连线的水平投影。因此，知道了纵向流速的分布，自然能够了解水流动力轴线的变化特征。即一般在弯道进口段甚至弯道上游的过渡段偏靠凸岸；进入弯道后，主流则逐渐向凹岸过渡；到弯顶附近偏离凹岸；自此以下相当长的距离内，仍靠近凹岸。

主流最初靠近凹岸的部位称作"顶冲点"，该位置的确定对于工程实际具有较大的意义。

天然河流及其模型试验的资料表明，主流线尚随流量而变。因为水量增减影响惯性的大小，进而引起主流线曲率半径的大小有所变动，即大水时"居中"、小水时"傍岸"；且与此相应，水流对凹岸的顶冲点，也随之变为大水"下挫"、小水"上提"。

单宽流量沿河宽的分布往往与河岸的断面形态较为接近，似能在一定程度上反映水流与河床边界相互作用、相互适应的辩证关系。因此，我们倾向于取诸断面上最大单宽流量所在平面位置的连线作为水流的动力走向。单宽流量可以反映断面上单位底面积、高为 h 的水柱所具有的动量大小，而表征水流运动强度的动量，更能直接地反映水流对河床的动力作用。

(三)纵向流速剖面

试验表明,弯道上纵向流速剖面沿程及沿河宽都发生着变化。在弯顶以前,流速基本上是由底部向表面增加,而到弯顶之后,底部流速渐渐增大,到了弯道尾端,出现了最大流速靠近河底的分布图形,他还指出,弯道中纵向流速的表面流束在弯道的后半部转移到底层,而底层的低速流束则转至表层。

相对而言,指数公式比对数公式较能符合弯顶附近的纵向流速分布公式,因为此处的流速剖面比均匀流更均匀一些。为适应流速梯度较小的分布,罗索夫斯基常取卡门常数等于0.5。

三、环流流速分布

(一)形成机理及环流强度

由现有的室内试验不难发现弯道水流表流指向凹岸、底流指向凸岸的特有的运动状态,即所谓的螺旋流运动。为进一步了解横向环流产生的原因,现仍在弯道中取单位底面积,高为 h 的水柱来分析其横向受力情况(见图 1-8(a))。可以看出,作用于单位水体上的离心力 $\rho u^2/r$,自河底向水面增加(见图 1-8(b)),而由水面横比降所引起的同一单位水体在向心方向的压力差 $\rho g J_r$,沿水深不变,故两者合成形成一力矩(见图 1-8(c)),生成表流流向凹岸、底流流向凸岸的横向环流(见图 1-8(d))。

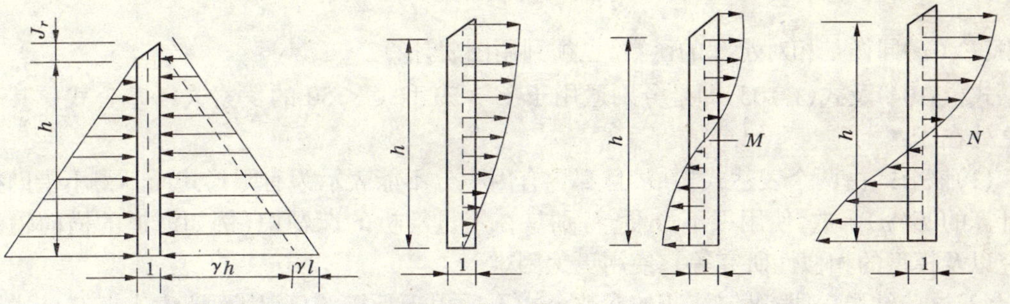

图 1-8　弯道单位水体上力的分布及流速分布

作为习惯,人们常定义环流流速的大小 v_r 为环流的绝对强度,v_r/v_{cp}为环流相对强度,并以 v_r/v_θ 为环流旋度。

环流强度及旋度沿水深各点发生着变化。一般讲,在水面和河底处大,而在水深中部小。试验发现,当糙率变大后,水面处的环流强度并无大的变化,而在底部则不然,特别是非常粗糙时,河底处的环流明显减小。

沿河宽不同垂线的环流强度和旋度是不同的。在深槽及主流附近,环流得以充分发展,而到了浅滩处,环流强度迅速降低,在凸岸区域则更小。

环流强度沿流程的分布是极为复杂的。在弯道进口处,流线开始微弯,此处可测出环流的存在,随后流线逐渐弯曲,环流强度逐渐增大。对于一般河湾,弯顶附近的环流已发展得相当充分,且直至弯段出口处,环流强度也无明显的衰减,水流出弯后,虽然离心力消失,但由于惯性作用,环流仍有一定的强度,可以影响到下游相当长的距离,试验还发现,

当 H/r_0 增大时，不仅进出口处的环流强度增加，而且环流能够充分发展的部位还随着流量的大小而在弯顶附近"下挫"和"上提"。

(二)环流分布的理论计算

自 1870 年 J. Thompson 在试验中发现弯道水流同时存在着纵向和横向流动以来，很多学者进行了卓越的研究。其中罗索夫斯基（И. Л. розовский）和波达波夫（М. В. Лоталов）的成果，在一般教科书中常被当作经典公式加以介绍。但是通过理论分析及专门的试验研究，发现已有公式和理论渐渐暴露出这样或那样的缺陷。例如，罗索夫斯基在 1950 年基于纵向流速对数分布规律，推得了下列著名的公式：

$$v_r = \frac{1}{\kappa} v_{\text{cp}} \frac{h}{r}\left[F_1(\eta) - \frac{\sqrt{g}}{\kappa C} F_2(\eta)\right] \tag{1-104}$$

式中：v_r 为弯道横向流速；v_{cp}为纵向垂线平均流速；h 为水深；C 为谢才常数；r 和下文的 q、z 为流场中的柱坐标；κ 为卡门常数；$F_1(\eta)$和 $F_2(\eta)$为相对水深（$\eta = z/h$）的函数，须利用专门图配合计算。

经实测资料对照后，罗索夫斯基等人认为，取 $\kappa = 0.5$ 后时，上式在河床糙率较小的情形较为适用，而在粗糙床面却难以反映出试验中发现的在近底处横向流速的减小。于是，1957 年他又提出了适用于粗糙床面的、但经验色彩较浓的计算公式：

$$v_r = 4 v_{\text{cp}} \frac{h}{r}\left[F_1(\eta) - 2\frac{\sqrt{g}}{C} F_3(\eta)\right] \tag{1-105}$$

式中：$F_3(\eta)$同样是相对水深的函数，也须利用图表计算。

式(1-104)及式(1-105)即是分别适用于 $C \geqslant 50$ 和 $C < 50$ 的罗索夫斯基公式。其不足之处在于：

(1)该公式由两个表达式构成，且都含有因积分不能表示为有限形式而不得不借助插图计算的 $F(\eta)$函数，使用很不方便，特别是在定量解析的课题中（例如河道的横向输沙研究以及模型的相似性研究等），使用更为困难。

(2)试验结果表明，纵向流速的对数公式不适用于近壁流区，因而罗索夫斯基公式用于环流作用相当重要的河底附近，会出现令人失望的数值。

(3)罗索夫斯基认为，河底粗糙时，河床附近的横向切力方向不可忽略，因此他对原来的水面比降公式进行了修正，然后利用"粗糙床面上作用力的方向必与流向亦即流速的方向相同"这一违背一般力学概念的物理图式（曲线运动着的质点所受外力的方向不可能与速度方向相同），得出如下修正系数

$$a_1 = f\left(\frac{\kappa C}{\sqrt{g}}\right)\frac{g}{\kappa^2 C^2} \tag{1-106}$$

然后取 $f(\kappa C/\sqrt{g}) = 1.9$，而由 $f(\kappa C/\sqrt{g})$的函数图可见，仅当床面光滑时，$f(\kappa C/\sqrt{g})$才可近似取为 1.9，至于所讨论的粗糙情况，$f(\kappa C/\sqrt{g})$变化很大。结果，由此得出的公式也不符合实际，因此罗索夫斯基最后不得不直接作如下假设：

$$a_1 = 0.8\frac{g}{\kappa C^2} \tag{1-107}$$

即使如此，公式(1-105)与实测资料仍有一定的差距。

在前人已有成就的基础上，我们从理论上和试验上对河湾的副流运动特性进行了研究。

近代对于河流副流的研究，多以雷诺方程为基础。由式(1-1)，可将弯道水流运动方程表示为

$$v_r \frac{\partial v_r}{\partial r} + \frac{v_\theta}{r}\frac{\partial v_r}{\partial \theta} + v_z \frac{\partial v_r}{\partial z} - \frac{v_\theta^2}{r} = -gJ_r + \frac{1}{\rho}\frac{\partial \tau_r}{\partial z} \tag{1-108}$$

式中：τ_r 为横向切应力，常被表示为

$$\tau_r = \rho v_T \frac{\partial v_r}{\partial z} \tag{1-109}$$

对于诸变量均与 θ 无关的轴对称水流，方程式(1-108)中 $\partial v_r/\partial\theta = 0$，若再考虑天然河流中 h/r 较小时，v_r 和 v_s 相对于 v_θ 为较小量，那么式(1-108)简化为

$$gJ_r - \frac{v_\theta^2}{r} = \frac{1}{\rho}\frac{\partial \tau_r}{\partial z} \tag{1-110}$$

在实际中，所谓的轴对称水流仅发生在河湾中环流充分发展的部位。因此，上式的适用性受到了限制。

为求解方程式(1-110)，仿照 L. Prandtl 的处理方式，将 τ_r 表示为

$$\tau_r = \rho l_{\mathrm{b}}^2 \frac{\partial v_\theta}{\partial z}\frac{\partial v_r}{\partial z} \tag{1-111}$$

式中：l_{b} 与 Prandtl 的掺长 l 具有类似的物理含义(取 $l_{\mathrm{b}} = 0.195\sqrt{z/h}$)。

为使最后的环流计算公式不至于因结构繁杂而失去使用价值，以沿整个水深都基本适用的指数流速分布公式(1-38)来代替式(1-36)，与式(1-111)、式(1-29)及式(1-94)一同对式(1-110)求解，并利用如下条件确定积分常数，即边界条件式(1-112)和连续条件式(1-113)：

$$\tau_r \big|_{\eta=1} = 0 \tag{1-112}$$

$$\int_0^h v_r \mathrm{d}z = 0 \tag{1-113}$$

最后导出如下计算横向流速沿垂线分布的公式：

$$v_r = 86.7\frac{v_{\mathrm{cp}}h}{r}\left[\left(1 + 5.57\frac{g}{C^2}\right)\eta^{1.857} - 0.88\eta^{2.14} + \left(0.034 - 12.5\frac{g}{C^2}\right)\eta^{0.857} + 472\frac{g}{C^2} - 0.088\right] \tag{1-114}$$

利用大量实测点据，对上式进行了系统的检查，并与现有的几家公式进行了比较。结果表明，对于光滑河床(见图 1-9)，公式(1-114)及罗索夫斯基公式(1-104)与试验资料比较符合，而波达波夫和马卡维耶夫的两个公式偏大甚多；对于粗糙河床(图 1-10)，公式(1-114)与实测点据颇为接近，能够反映出粗糙河床附近环流变化的真实规律，而前人的公式，除罗索夫斯基的修正公式(1-105)较为接近外，均明显偏大或偏小。

对于环流的沿程变化，人们最感兴趣的是出弯后的环流衰减。当水流出弯进入直流

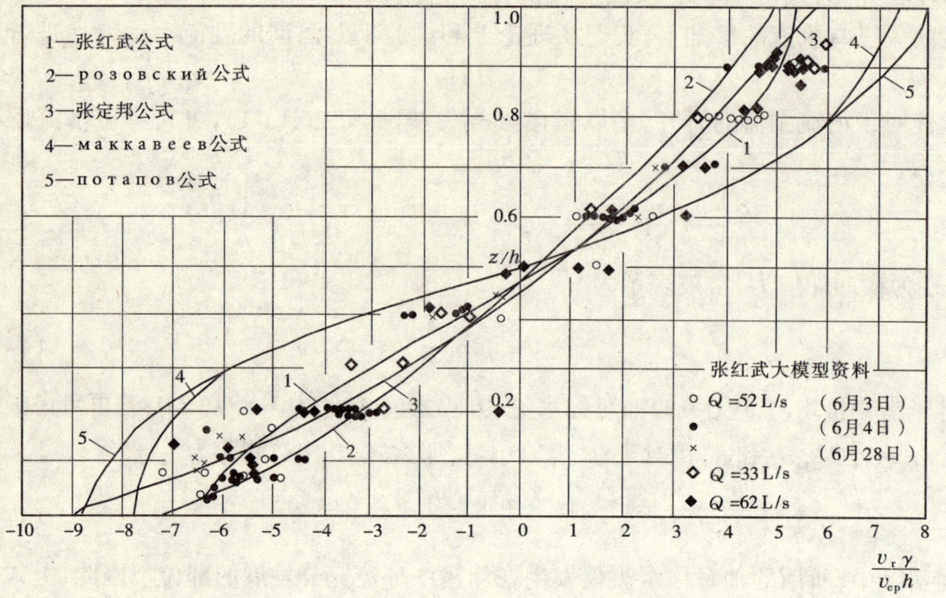

图 1-9　环流分布公式与光滑床面试验点据比较

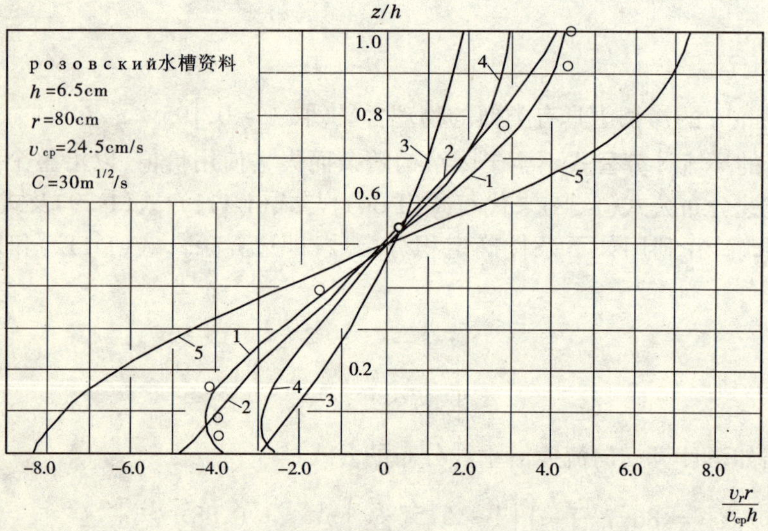

图 1-10　环流分布公式与粗糙床面试验点据比较

段后，由于失去了离心力的作用，横比降消失（$x = r\theta$，$v_x = v_\theta$），故方程（1-108）可简化为

$$v_x \frac{\partial v_r}{\partial x} = \frac{\partial}{\partial z}\left(v_r \frac{\partial v_r}{\partial z} \right) \tag{1-115}$$

罗索夫斯基作了一些假定和粗糙的处理后，解得

$$v_r = v_{rc} \exp\left(\frac{-\sqrt{g}x}{Ch} \right) \tag{1-116}$$

式中：v_{rc}为弯道出口断面的横向流速。

我们参照分离变量法，与式(1-114)一同对式(1-115)求解，得出水面及河底的环流沿程分布公式分别为(足标"π"、"d"分别表示水面与河底)

$$v_{r\pi} = v_{rc\pi}\exp\left(\frac{5.75\frac{g}{C^2} - 0.306}{6.572 - 200.6\frac{g}{C^2}}\frac{x}{h}\right) \tag{1-117}$$

及

$$v_{rd} = v_{rcd}\exp\left(\frac{5.75\frac{g}{C^2} - 0.640\ 6}{443.86\frac{g}{C^2} - 8.634}\frac{x}{h}\right) \tag{1-118}$$

图 1-11 的验证结果表明，相对于式(1-116)，公式(1-117)及式(1-118)与实测资料更为符合，且又能反映出底层环流比表层环流衰减更快的真实性。

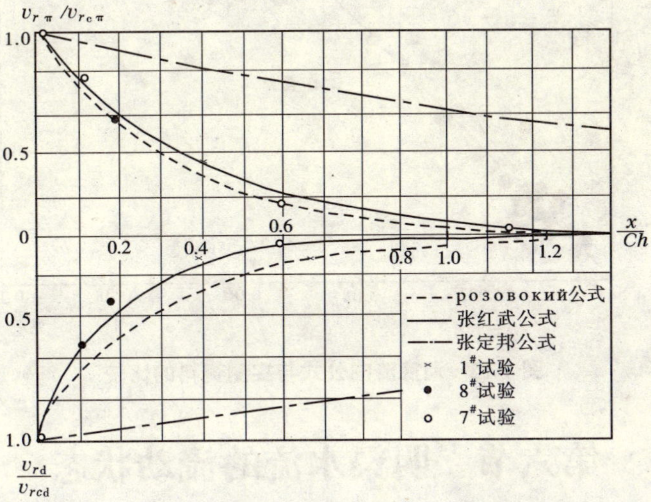

图 1-11　出弯后环流沿程分布公式与试验资料比较

若以环流强度尚存原来的 10% 作为标准，可由式(1-117)及式(1-118)求出此时流程坐标 x 的算术平均值 x_{cp}，即所谓的环流衰亡长度，亦即

$$x_{cp} = \left(40 - 1\ 541\frac{g}{C^2}\right)h \tag{1-119}$$

此外，对于河湾河底水流的流向，可以下式表示：

$$\varphi = \tan^{-1}\left|\frac{v_r}{v_\theta}\right|_d \tag{1-120}$$

式中：φ 为河底流向与纵向流动的夹角。

利用式(1-42)及横向流速公式(1-114)，可分别求出河底纵向、横向流速的表达式，然后代入式(1-120)，即得河底流向的计算公式：

$$\varphi = \tan^{-1}\left[\left(\frac{h}{r}\right)\frac{7.552 - 388.4\dfrac{g}{C^2}}{1 - 7.12\dfrac{\sqrt{g}}{C}}\right] \tag{1-121}$$

上式与实测点据较为符合(见图 1-12),而且适用范围很广。

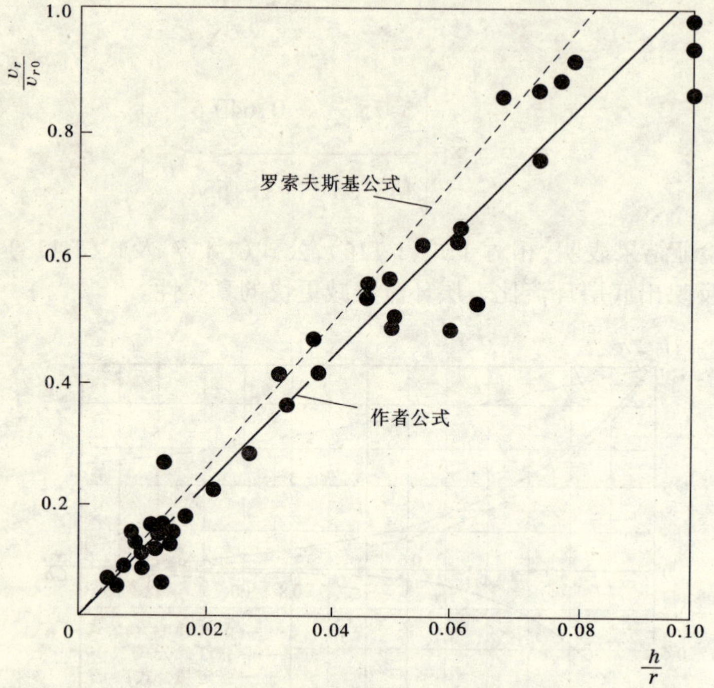

图 1-12　河底流向公式与实测资料的比较

第六节　明渠水流的流动状态

明渠水流又称无压流,它具有和大气接触的自由表面。与有压流相比,明渠水流具有独特的水流流态,一般有三种流态,即缓流、临界流和急流。

明渠水流不同的流动状态实际上反映了水流受干扰物干扰后有不同的影响。因此,有必要进一步了解缓流和急流这两种状态水流的本质,并建立这两种水流状态的判断标准。

一、急流、缓流及干扰微波的波速

在山区河道或陡槽中的水流,由于底坡陡峻,因而水流湍急,流速较大,遇到底部有大块孤石或其他障碍物时,水面在障碍物顶上或稍向上游隆起,但障碍物对上游较远处的水流并不发生影响,这种水流状态称为急流。在平原上的河渠,由于底坡平缓,因而流速较小,遇到渠底有阻水的障碍物时,在障碍处水面跌落,而在其上游则普遍壅高,一直影响到上游较远处,这种水流状态称为缓流。

明渠水流受障碍物干扰和连续不断地搅动水流所产生的干扰在性质上是一样的。搅动明渠水流,使之形成波动,这个波动以一定的波速向四周传播,如果波速大于水流断面平均流速,则干扰波就会向上游传播,同时也向下游传播,这种水流为缓流。因此,可以用干扰波的波速与水流断面平均流速之比来判别急流和缓流。

对于平底矩形棱柱形明渠,设渠中水深为 h,水面宽度为 B,如果用竖直平板以一定速度向左移动,在平板左侧便形成一个干扰波,其波高为 Δh,在重力作用下,这个波将以波速 v_ω 向左传播。由于水流摩阻力的作用,波在传播过程中,将逐渐衰减乃至消失。

干扰波向左传播,波形到达之处带动渠中水体发生运动,如取运动坐标,即把坐标取在波峰上,坐标随波移动,则对坐标而言,波是静止不动的,而水流则以波速 v_ω 向右移动。相对于这个移动坐标而言,水流是作恒定均匀流运动的,在忽略摩擦阻力的条件下,以水平渠底为基准面,选取较为靠近波峰前的水流断面 1 和波峰 2,建立能量方程式和连续方程式:

$$h + \frac{\alpha_1 v_\omega^2}{2g} = h + \Delta h + \frac{\alpha_2 v_2^2}{2g} \tag{1-122}$$

$$h v_\omega B = (h + \Delta h) v_2 B \tag{1-123}$$

取 $\alpha_1 = \alpha_2 = 1$,将以上两式联解,整理后得

$$v_\omega = \pm\sqrt{gh\left(1 + \frac{\Delta h}{h}\right)^2 \Big/ \left(1 + \frac{\Delta h}{2h}\right)} \tag{1-124}$$

当干扰波为微小波时,波高较小,则 $\Delta h / h \approx 0$,上式可简化为

$$v_\omega = \pm\sqrt{gh} \tag{1-125}$$

式(1-125)为矩形断面棱柱形明渠水流中的微波波速公式,它表明波速与水深的平方根成正比。

对于非矩形断面的明渠,静水中的微波波速可用类似的方法求得,即

$$v_\omega = \pm\sqrt{gA/B} = \pm\sqrt{gH} \tag{1-126}$$

式中:A 为过水断面面积;B 为水面宽度;H 为断面平均水深。

如果明渠中的水不是静止的,而是以流速 v 流动,则干扰微波传播的速度为

$$v_\omega' = v \pm v_\omega \tag{1-127}$$

式中:取正号时为微波顺水流方向传播的绝对波速;取负号时为微波逆水流方向传播的绝对波速。$v < v_\omega$ 时为缓流;$v > v_\omega$ 时为急流;如果 $v = v_\omega$,则 $v'_\omega = 0$,说明干扰微波将停驻在干扰发生的地方,它是缓流和急流的分界,这种水流称为临界水流。临界流的断面平均流速称为临界流速,用 v_k 表示,其值为

$$v_k = \sqrt{gh} \tag{1-128}$$

为了深入分析明渠水流问题,还可运用能量观点来分析明渠水流在不同流动状态下的区别。

二、断面单位能量、临界水深及临界底坡

明渠水流中任一过水断面的水流单位机械能可表示为

$$E = z + \frac{p}{r} + \frac{\alpha v^2}{2g} = h + z_0 + \frac{\alpha v^2}{2g} \tag{1-129}$$

式中:h 为断面最大水深;z_0 为断面最低点的位置高度;$\alpha v^2/2g$ 为断面的流速水头。

z_0 的数值仅取决于基准面的位置,而 h 与 v 则直接与水流运动状态有关,断面最大水流 h 与流速水头 $\alpha v^2/2g$ 之和,相当于以断面最低点为基准面时水流具有的单位机械能,故称为断面单位能量(又称断面比能),用 E_s 表示,则

$$E_s = h + \frac{\alpha v^2}{2g} \tag{1-130}$$

断面单位能量 E_s 实际上是与水流运动状态有关的一部分单位势能 h 与单位动能 $\alpha v^2/2g$ 之和,这样水流单位机械能也可表示为

$$E = E_s + z_0 \tag{1-131}$$

可见,水流的断面单位能量 E_s 与水流单位机械能是两个不同的概念。

当已知明渠的流量 Q 及明渠横断面的形状、尺寸时,则某一固定断面的过水面积 A 仅是水深 h 的函数,因流速 $v = Q/A$,所以 v 也是 h 的函数,则式(1-130)可写为

$$E_s = h + \frac{\alpha v^2}{2g} = h + \frac{\alpha Q^2}{2gA^2} \tag{1-132}$$

由上式可以看出,当断面形状尺寸以及流量一定时,E_s 仅仅是水深的函数,这个函数称为比能函数,函数所构成的图形称为比能曲线。若过水断面面积 A 是水深 h 的连续函数,当 $h \to 0$ 时,$A \to 0$,$\alpha Q^2/(2gA^2) \to \infty$,则 $E_s \to \infty$,比能曲线以 E_s 坐标轴为渐近线;当 $h \to \infty$ 时,$A \to \infty$,$\alpha Q^2/(2gA^2) \to 0$,则 $E_s \to h \to \infty$,这时比能曲线以 45°线为渐近线(见图 1-13)。

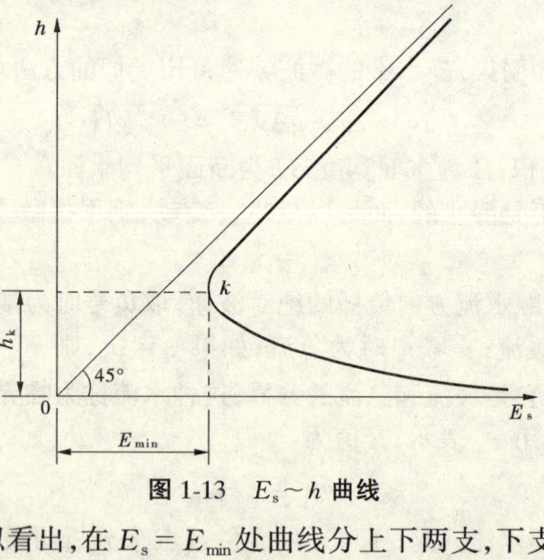

图 1-13　$E_s \sim h$ 曲线

从 $E_s \sim h$ 曲线可以看出,在 $E_s = E_{min}$ 处曲线分上下两支,下支的 E_s 值随 h 增大而减小,因此与上下两支相应的水流特性是不同的,它们的分界就是 $E_s = E_{min}$。

$E_s = E_{min}$ 时的水流状态,是两种水流的临界流动状态,相应的水深称为临界水深,用 h_k 表示,相应的流速为临界流速。曲线上支水深 $h > h_k$,相应的断面平均流速 $v < v_k$,其

流动状态属于缓流；曲线的下支，水深 $h<h_k$，相应的断面平均流速 $v>v_k$，其流动状态属于急流。临界水深可作为判别缓流和急流的标准。

当 $h=h_k$，$E_s=E_{min}$，对函数 E_s 取极限值时，其一阶导数等于零，由此可得临界流方程式

$$\frac{Q^2}{g}=\frac{A_k^3}{B_k} \tag{1-133}$$

把上式两端开方，写成如下形式：

$$\sqrt{\frac{Q^2 B_k}{gA_k^3}}=\frac{v}{\sqrt{gh}}=Fr=1 \tag{1-134}$$

式中：$Fr=v/\sqrt{gh}$ 是一个无量纲数，称为佛汝德数(Froude)。满足临界流方程式的水流，佛汝德数等于1，因此可用佛汝德数来判别明渠水流的流态，当 $Fr<1$，水流为缓流；当 $Fr>1$，水流为急流。佛汝德数是一个极其重要的判别数，将其形式改写为

$$Fr=\frac{v}{\sqrt{gh}}=\sqrt{2\left(\frac{v^2}{2g}\middle/h\right)} \tag{1-135}$$

由此可以看出，佛汝德数代表水流的平均单位动能与平均单位势能之比的二倍开平方，这就是佛汝德数的物理含义。

由水流边界转换的条件可导出临界水深 h_k 的计算式，对此可以参考一般的水力学教科书。

在断面形状、尺寸和糙率沿程不变的棱柱形明渠中，当流量一定时，渠中正常水深 h_0 与明渠实际底坡坡度 i 的大小有关，底坡越陡，则正常水深越小。若使均匀流水深恰好等于临界水深，此时对应的坡度称为临界坡度，用 i_k 表示。在这种情况下，水流除满足均匀流方程外，同时满足临界流方程，故临界底坡 i_k 可通过联解均匀流方程和临界流方程求得

$$i_k=\frac{gA_k}{C_k^2 R_k B_k} \tag{1-136}$$

上式为计算临界底坡的关系式。

临界底坡 i_k 值取决于流量、明渠断面形状和尺寸以及渠壁糙率。如 $i<i_k$，称为缓坡，在缓坡上如发生均匀流，则正常水深大于临界水深，即 $h_0>h_k$；$i>i_k$，称为陡坡，在陡坡上如发生均匀流，则正常水深小于临界水深，即 $h_0<h_k$。

最近，周东火博士采用泛函分析中的 Fourier-Stieljes 积分变化方法，将紊流场的变量进行变换和分离，由此从基本方程求解，可解释雷诺应力的产生机理，并导出二维均匀流流路分布及紊动强度分布的表达式，显然对于明渠流的研究是一个很有希望的进展。

参考文献

[1] H. Bazin. Recherches Hydrauliques, Mem. Divers Sa-vants, Sci Mathet Phys 19, Paris, 1865

[2] 胡春宏,倪晋仁.矩形明槽中断面紊流的流速分布.水利水运科学研究,1988(5)
[3] 张红武.河工模型变率及弯道环流的研究.见:黄委会水科所科研论文集(第一集).郑州:河南科学技术出版社,1989
[4] 夏震寰.现代水力学(第三册),工程力学丛书.北京:高等教育出版社,1992
[5] L. Prandtl.流体力学概论.郭永怀,等译.北京:科学出版社,1984
[6] 张红武,马继业,张俊华,等.河流桥渡设计.北京:中国建材工业出版社,1993
[7] J. Nikuradze, VDI36,1933
[8] 倪晋仁,王光谦,张红武.固液两相流基本理论及其最新应用.北京:科学出版社,1991
[9] 钱宁,万兆惠.泥沙运动力学.北京:科学出版社,1983
[10] 谢鉴衡主编.河流泥沙工程学(上册).北京:水利出版社,1981
[11] Г.В.热列兹拿柯夫.河流水文测验方法在水力学基础上的论证.水利部水文局译.北京:水利出版社,1956
[12] 张红武,张清,江恩惠,等.悬移质挟沙水流研究中的几个问题.见:全国泥沙基本理论研究学术讨论会论文集.北京:水利电力出版社,1992
[13] 陈永宽.悬移质含沙量沿垂线分布.泥沙研究,1984(1)
[14] 张俊华,王严平,尚爱亲,等.挟沙水流指数流速分布规律.泥沙研究,1998(4)
[15] 段红东,何华松,朱辰华,等.河流输沙力学.郑州:黄河水利出版社,2001
[16] 窦国仁.紊流力学.北京:高等教育出版社,1963
[17] 张红武,刘有录,等.紊流场中悬移质的颗粒组成.见:第四届国际流动精细模拟与湍流测量学术会议论文集(美国半球出版公司出版).1990
[18] 许念曾.河道水力学.北京:中国建材工业出版社,1994
[19] H. Reichardt, ZAMM31,1951
[20] A. J. Grass, Structual Factors of Turbulent Flow over Smooth and Rough Boundarise. J. FLU. Meeh Vol. 50, Pt, 2, 1971
[21] 武汉水利电力学院.河流泥沙工程学(上册).北京:水利出版社,1981
[22] 张红武.冲积河床糙率模拟问题的探讨.武汉水利电力学院学报,1986(3)
[23] 钱宁,麦桥威,洪柔嘉,等.黄河下游的糙率.泥沙研究,1959(1)
[24] 秦荣昱.冲积河渠床面阻力.泥沙研究,1959(1)
[25] 王士强.冲积河渠床面阻力试验研究.水利学报,1990(12)
[26] 张红武,江恩惠,刘月兰,等.黄河河道数学模型的研究.见:第二届全国泥沙基本理论研究学术讨论会论文集.北京:中国建材工业出版社,1995
[27] 刘焕芳.弯道水流结构沿程变化规律的研究:[学位论文].新疆:石河子农学院,1988
[28] 张红武,吕昕.弯道水力学.北京:水利电力出版社,1993
[29] 曾庆华.关于弯道的底沙运动问题.泥沙研究,1986(3)
[30] I. L. Rozovskil. Flow of Water in Bends of Open Channels. Academy of Sciences of the Ukrainian SSR. Institure of Hydrology and Hydraulic Engineering Kiev, 1957
[31] 张红武.河湾副流运动特性的研究.见:第七届亚太地区国际水力学会议论文集.1990
[32] 许正帆,梁在潮,李炜,等.水力计算手册.北京:水利出版社,1980

第二章 泥沙运动力学基础

在自然河流中，流水中常常挟带有大量的泥沙，而实际上绝大部分的河床及河岸也往往是由泥沙构成的。泥沙在河流中的运动基本可分为两种类型：一种是在河床附近沿着河床运动的，即推移质运动，它增加了靠近河底部分的能量消耗；另一种是分布在水流中做上下左右的不规则运动的，即悬移质运动，它改变了水流的紊动结构。泥沙的存在使水流流速沿垂线分布发生了改变，也使水流阻力发生了变化。研究泥沙运动规律是桥渡工程规划、设计工作必不可少的理论基础。

第一节 泥沙基本特性

通常所谓的泥沙，并不是指单独的泥沙颗粒，而是指无数不同大小、不同形状及不同矿质的泥沙颗粒的混合体。泥沙颗粒虽然并不胶结成一个整体，但是许多有关泥沙的性质却正因沙粒的集体存在而表现出来。

一、河流泥沙的来源

河流中的泥沙，就其来源而言，可分为两大类：一类来自流域地表的冲蚀，被冲蚀的土壤和沙石随地面汇集流入河中；另一类来自河床本身的冲刷，包括河岸的崩坍。在运动过程中二者有置换作用。从流域冲蚀下来的泥沙，一部分沉积在河床上，而原来河床上的泥沙，也有一部分为新来的泥沙所置换。当然，从河流形成的整个历史过程看，泥沙都是从流域地表冲蚀而来的。

岩石风化是产生泥沙最主要的来源。除此以外，生物的骨骼和介壳，火山爆发时喷发出的火山灰、火山渣、飞石，海底或温泉外流的岩浆，陨石通过大气层时的分解物都可能成为泥沙颗粒。

岩石的风化是一个统一的过程，其中包括机械的分离和化学的分解两个方面。这两种作用的重要性因时因地而有不同，一般都同时发生，而且相辅相成。例如岩石受机械作用而产生裂缝，使岩石内部和大气相接触，从而加速了化学作用，促成岩石进一步的风化。一般说来，化学分解的重要性更过于机械分离，特别是细颗粒泥沙主要是化学分解的产物。

(一)岩石的机械分离

岩石受机械作用分离成小块或颗粒。岩石的机械分离有三种最主要的形式：

(1)成块分离。岩石发生裂缝，然后沿缝隙崩解，形成小块岩石。

(2)成粒分离。由于个别矿粒之间缺少凝聚力，岩石因之分离成小粒泥沙。成粒分离只限于粗粒岩石，而以粗粒花岗岩为多。

(3)表层剥离。岩石受力后表层和内层分离，日久外层剥落，内层暴露变为外层，如此逐层剥离。

造成岩石分离的原因很多，主要有减轻荷重、温度变化、霜冻、结晶体成长、动植物所施外力和人类活动的结果、磨蚀等。在以上几种不同的机械作用里，以减轻荷重、霜冻和结晶体成长这三种作用比较重要。机械分离一般不是促成岩石风化的主要动力，只有在寒带或干燥地区当化学作用不很强时，它才占主要地位，使岩石风化成泥沙。

（二）岩石的化学分解

岩石受大气作用发生矿质的或化学的变化，称为岩石的分解。大气中一般含有氮气、氧气、二氧化碳、惰性气体以及含量不等的水分，在特殊情形下或在特殊地区，由于火山灰或工业尘烟的影响，还可能含有酸质。其中，氧气、二氧化碳以及酸质随雨水降落地面渗透表层泥土而与岩石相接触后，发生氧化、水化、加水分解以及溶解的作用，使岩石分解。此外，有机质的生物化学作用也可以造成岩石的风化。现分别介绍如下：

（1）岩石的氧化。岩石的氧化形态不一，有由有机体造成的（微生物活动），也有由非有机体促成的。最常见的岩石的氧化，如辉石、角闪石、橄榄石中的硅酸铁氧化分解。

（2）岩石的水化和加水分解。岩石的水化作用是指无水矿物质在吸附水分以后成为含水矿物，其中并不包括根本性的化学变化。最常见的例子如赤铁矿转变为褐铁矿和硬石膏转变为石膏。

（3）岩石的溶解。岩石的溶解是风化中最重要的作用之一。溶液的流动使风化区的化学环境不断改变，溶液的化学作用又特别强，溶解质离子化以后，更进一步促成溶液和固体间的盐基交换。

岩石受风化作用而减小体积以后，表面面积迅速增加。化学作用多发生在物体的相邻面，矿粒愈小，所受到的化学作用也愈强烈。在粒径减小到 0.005～0.20μm（1μm = 10^{-6}m）以下时，矿粒直接同其接触的液体相作用而形成胶体。胶体也可能由于微生物的腐化而产生。胶体的化学作用仅次于溶液；胶体分子通常都吸附水分子和各种不同的离子；这一类吸附质和岩石表面起作用，促成岩石进一步风化。

（4）生物化学作用。细菌和微生物的生物化学作用大大加速了岩石的风化。它们的躯体非常微小，可以进入岩石最细的裂缝中。腐生菌能利用二氧化碳把有机质分解成有机酸，促成碳酸钙和碳酸镁的溶解，造成泥灰岩、白云石和石灰岩的风化。

（三）岩石风化的速度

岩石的风化速度取决于造成风化作用的活动力与其抵抗风化的程度的对应关系。

化学分解作用的强度与当地的温度及湿度密切相关。在干燥地区，水分缺少，化学作用不可能活跃。严寒地带，不但温度过低，而且水分以固态存在，也不利于化学风化。在北极地区，就很少有黏土分布。岩石的机械分离作用也与水分有关。当岩石裂缝水不断交替冰冻及融化时，风化就会大大加快。由此不难看出，凡是温度过高、水分不可能冰冻，或是温度过低、水分冻冰后不可能融化的地区，都不利于岩石物理风化。温度和湿度这两个气候因素不但决定了风化的速度，而且也决定了机械分离与化学分解的相对重要性。

岩石抵抗风化的能力一方面取决于岩石本身是否存在弱点，另一方面则决定于岩石的矿质组成。如果岩石中存在很多裂缝、层理及断层，水分有可能沿这些缝隙深入岩石内部，风化作用就会加快。前面说过，岩石的风化是当岩石从地壳深层上升到地表时，由于物理化学环境的改变而引起的再调整过程。因此，岩石的矿质组成及化学组成与地表的物理化学条件愈不一致，风化作用就愈快。基性火成岩具有一氧化合物的性质，这种性质与地表氧化环境的矛盾特别尖锐，因此这种岩石的破坏速度也最快。酸性火成岩的化学分解就要慢一些，沉积岩则已经经过一次或一次以上的风化的锻炼，风化速度更低。除此以外，风化产物的外移率决定了有没有新的岩石面暴露，从而也会影响风化的速度。在矗立的山坡上，风化产物受重力作用迅速它移，表层岩石不断继续暴露，风化过程也因之要强烈得多。

（四）岩石的风化产物

岩石风化时，有一些矿质比较稳定，因风化而产生的变化不大，有一些矿质则完全失去它们的本来面目。如果按照岩石的相对风化稳定性来排列，依次为石英、白云母、钾长石、黑云母、含碱斜长石、角闪石、斜辉石、含钙斜长石、橄榄石。位置愈靠前，矿质的稳定性愈高。显然，矿质的相对风化稳定性决定于矿质的原始环境和风化环境的对比结果。

岩石矿质变化的最终结果常造成各种黏土矿质。黏土矿质的主要成分是含水硅酸铝，因其物理化学性质和内部结构的不同，可分为蒙脱石、水云母、高岭石等三大类。

蒙脱石类的黏土矿质是化学分解的初期产物，它的结晶是由很多互相平行的扁平的晶胞组成的。晶胞与晶胞之间可以吸收无定量的水分子，所以结晶格架非常活跃而且是非常亲水的。有时，吸收的水分子很多，而使相邻的晶胞失去联结力，形成更小的土粒。晶胞中的 Al^{3+} 可以为 Fe^{3+}、Fe^{2+}、Ca^{3+}、Mg^{2+} 等取代，形成蒙脱石类各种不同的矿物。黏土是由多种蒙脱石类矿物组成的。

水云母类黏土矿质的结晶格架与蒙脱石类相似，但晶胞间联结力较强，结晶格架没有蒙脱石类的那样活跃，亲水性也不如蒙脱石类。水云母类中最常见的矿物是伊利水云母，其组成中钾也为一主要元素。

高岭石类黏土矿质晶胞之间的联结力很强，不允许水分子进入晶胞之间，它的亲水性比水云母类还小，而且粒径粗大，甚至可形成粉粒。由于其晶胞侧面的断口仍能吸引水分子，形成水化膜，所以高岭土颗粒仍是亲水的。

一般说来，碱性或中性的地下水，在排水情况不良时，最适宜于促成蒙脱土的成长。高岭土则多半在排水情况良好时，为酸性地下水所造成。

三氧化二铁和三氧化二铝也是重要的风化产物之一。这两种新矿质在入夏气候转热的地区最易成长。此外，硅酸矿质受化学作用，其中二氧化硅形成胶质或溶液，并不变成石英。碳酸钙、碳酸镁则溶化于水中，然后再结晶沉淀他处。钠形成食盐大量溶于水中，最后注入海洋。

因岩石风化而产生的泥沙，除了一部分仍留在原地不动，成为土壤形成的开端，称为残积物以外，其余的不是溶解在水中，便是随着水流、波浪、冰川、风力及重力作用而他移。这部分经过相当距离以后又沉淀堆积，有部分固结而成沉积岩，然后再因风化作用而变成泥沙。

从流域地表冲蚀下来的泥沙数量，通常用每平方公里地面每年冲蚀多少吨数来衡量，称为侵蚀模数。从流域侵蚀下来的泥沙，经过河流搬运，沿途又有冲刷和沉积，大部分汇流入海；内陆河流则分散沉积在冲积平原和灌区，或者汇入湖泊洼地。

河流中的含沙量(通常以单位体积河水中泥沙的质量表示),反映了不同地区水土流失情况的不同,例如,黄河流域及北方一些河流含沙量很高,南方一些河流含沙量较低。含沙量与流量联系起来,就可以计算输沙率及输沙量。

河流泥沙的矿物成分,依流域地质条件而定,主要是氧化硅、氧化铝、氧化铁、氧化镁等以及其他一些成分。河流泥沙粗的和较粗的可作各种建筑材料,细粒泥沙常含有一定肥效和有机物质,引入农田,可以增加土壤肥力,应当采取措施,加以利用。

二、泥沙的粒径及级配

泥沙的粒径通常用“d”表示,但泥沙的颗粒形状十分复杂,有圆形、棱角形、片状、絮状等。一般来讲,颗粒大的泥沙多呈圆形、棱角形,而细颗粒的泥沙多呈片状、絮状,要确切地表示它的大小比较困难。对于不同的量测计算方法,粒径的含义也不相同。现有的表示方法有以下几种:

(1)等容粒径(d)。与泥沙颗粒的容积相等的球的直径称为等容粒径。设某一颗泥沙沙粒的容积为 $V_{容}$,则等容粒径 $d=(6V_{容}/\pi)^{1/3}$。很明显,这种方法在实际工作中是相当繁杂的,一般没有必要去测定每颗泥沙的粒径,况且对于无数粗细不等的沙粒组成,要这样做也是极难办到的。

(2)筛孔粒径。泥沙刚好能通过的筛孔大小,也就是用筛分法求得的粒径,不规则的泥沙具有长、中、短三轴,控制泥沙通过筛孔的直径是中轴粒径,即筛孔粒径与中轴粒径相等。这种方法在实际中操作简便,所以工程中使用较多。此法适用于中粗沙。

(3)沉速粒径。小于标准筛最小孔径的泥沙粒径,筛分法已无法应用,要用沉降速度的方法来测定。所谓沉速粒径是指与泥沙密度相同,在相同液体中沉降时,具有相同沉速的圆球粒径。细颗粒泥沙沉降速度与液体温度有关,所以沉降粒径因水温不同而异。

(4)算术平均粒径或几何平均粒径。大颗粒泥沙的粒径可用算术平均粒径来表示,量测泥沙颗粒的长、中、短轴的大小,其值分别为 a、b、c,则算术平均粒径 D_0 为

$$D_0 = \frac{1}{3}(a + b + c) \tag{2-1}$$

几何平均粒径

$$D_0 = \sqrt[3]{abc} \tag{2-2}$$

对于椭球体,体积为 $\pi abc/6$,而球体体积为 $\pi d^3/6$,令二者相等,即得式(2-2),因此椭球几何平均粒径与等容粒径相等。

等容粒径和平均粒径只适用于大粒径的泥沙,如卵石、砾石等。

河流中的泥沙不是均匀一致的,而是由大小不同的颗粒所组成,因此就要研究泥沙的群体性质。在实际问题中,通常是取一部分有代表性的沙样进行统计分析,并绘出该沙样的颗粒级配曲线,求出其统计特征值。

所谓级配曲线,实际就是粒径分布累计频率曲线,通常以泥沙粒径为横坐标,以沙样统计分析资料为纵坐标,绘出级配曲线。常用的方法是取一定重量的沙样,把大于标准筛最小孔径的泥沙进行筛分,求得通过或留在各种筛号的泥沙重量与沙样重量的比,小于标准筛最小孔径的泥沙用沉降分析,将测定结果在半对数纸上画出一条曲线,就是级配曲

线。

级配曲线的坡度愈陡，说明沙样的组成愈均匀。泥沙组成的均匀程度，可以用非均匀系数 $K_f=\sqrt{d_{75}/d_{25}}$ 来表示，K_f 愈大，沙样中的粒径变化愈大，说明愈不均匀。D_{75}、D_{25} 分别为占总沙样重量 75%及 25%的粒径。

从级配曲线可以找出代表该沙样的特征粒径，常用中值粒径 D_{50} 来作为沙样的特征粒径。中值粒径即是级配曲线上与纵坐标 50%相对应的粒径。它表示在该沙样中有 50%的泥沙大于这个粒径，50%的泥沙小于这个粒径。

另一个常用到的是泥沙平均粒径 d_{cp}，可用加权平均的方法求沙样平均粒径，其计算方法可由下式表示：

$$d_{cp}=\sum_{i=1}^{n}\Delta p_i d_i/\sum_{i=1}^{n}\Delta p_i \tag{2-3}$$

式中：d_i 为第 i 组泥沙的代表粒径，将一个沙样按大小分成若干组，定出每组上下界限粒径 d_{max} 及 d_{min}，则 $d_i=(d_{max}+d_{min})/2$；Δp_i 为 d_i 组泥沙在整个沙样中所占重量的百分比。

对于同一沙样，由于分组的方式和数目不同，得出的平均粒径 d_{cp} 的数值也会有所差异。

三、泥沙的容重与干容重

泥沙的容重 γ_s 是指沙粒实有质量与沙粒实有体积的比值。由于构成泥沙的母岩性质不同，泥沙的容重也略有差异，一般在 2 600～2 700kg/m³ 之间，实践中常近似地取其平均值 2 650kg/m³。有时习惯称 γ_s 为泥沙的比重，此时 $\gamma_s=2.65$。

泥沙的干容重 γ_0 是指沙样在 100～150℃的温度下烤干后的重量与原状沙样整个体积的比值。组成河床的泥沙或淤积的泥沙，实体之间都会有空隙，空隙中充满了水和空气。如果单位体积的原状沙样中，空隙所占的体积的百分数叫做体积空隙率 ε，则有 $\gamma_0=\gamma_s(1-\varepsilon)=\gamma_s S_V$，$S_V$ 是单位体积原状沙样中泥沙所占体积的百分数。由于空隙随泥沙的级配及淤积时间的长短而变化，所以 γ_0 变化的幅度也很大，可由 300kg/m³ 增至 2 200 kg/m³。一般说来，粒度越大，淤积时间越长，γ_0 越大。

影响泥沙干容重的因素很多，主要有粒径大小和组成、淤积历时和淤积深度，现分述如下。

(一)泥沙粒径大小和组成对干容重的影响

泥沙粒径越细，干容重越小，变幅越大。这是因为细粒泥沙在沉淀过程中呈蜂窝状结构，空隙较大，故干容重小。泥沙粒径粗时，干容重较大，其变幅较小。如官厅水库、塘沽新港等处资料，当 $D_{50}=0.05$mm 时，$\gamma_0=1\ 230\sim1\ 670$kg/m³；当 $D_{50}=0.005$mm 时，$\gamma_0=560\sim1\ 350$kg/m³。

(二)淤积历时对干容重的影响

来恩(E. W. Lane)和凯尔泽(V. A. Koelzer)提出水库淤积物干容重与时间关系的经验公式

$$\gamma_0 = \gamma_{01}' + B\lg t \tag{2-4}$$

式中：γ_0 为淤积 t 年后的干容重，t/m³；γ_{01}' 为淤积 1 年后的干容重，t/m³；B 为常数，t/m³，对砂土，$B=0$，对粉土，$B=0.016\sim0.090$，对黏土，$B=0.096\sim0.256$，此外 B 的取值与水库运用方式有关。

(三)淤积深度对干容重的影响

淤积深度越大，干容重 γ_0 也越大，变化幅度越小，这是因为上层淤积泥沙对下层泥沙施加压力，空隙减小，干容重增加。

除以上三方面的因素外，其他如排水条件、是否经过暴晒等也有影响。例如泥沙淤积体有机会露出水面在空气中暴晒，或排水条件较好，干容重都会增加。

泥沙的干容重对水库淤积计算，河道、闸坝前冲淤数量，闸坝承受淤积体压力，以及研究细粒泥沙的起动等问题，都有实际意义，但因涉及因素众多，问题复杂，目前还缺少普遍适用的计算方法。

应该指出，干容重的大小实际上反映着泥沙颗粒的密实程度，因此对于河床冲刷程度有较大的影响，在冲积河流桥渡设计时应引起高度重视。

四、泥沙的水下休止角

泥沙在静水中堆积成丘时，其斜坡与水平面之间夹角 φ 被称为水下休止角或安息角（又称水下摩擦角），其正切值即为水下摩擦系数 $f(f=\tan\varphi)$。

水下休止角是天然沙石较为重要的组合特性，不仅对于推移质移动等理论课题的探讨很有意义，而且在水库淤积、排沙底孔的冲刷漏斗、桥渡或丁坝局部冲刷以及抛石护岸、根石防护和河道截留等生产课题中，也具有较为密切的联系。再者，为解决上述课题若进行模型试验，由于沙石受重力沿斜坡分力的作用有下滑之趋势，因而应该在模型沙的选择中，尽量对水下休止角或水下摩擦系数的相似性有所考虑。

事实上，国内外学者对于颗粒的水下休止角的研究颇为重视，且已获得一些试验成果。例如：C. Mingniot 试验得出了沙与小砾石的水下休止角随粒径增大由 30°变为 40°；而密度为 1.40g/cm³ 的电木粉的水下休止角由 34°增至 46°；水下摩擦系数约与粒径的平方根成正比，且得出了泥沙密度减小时其水下休止角将增大的结论。泥沙的水下休止角与泥沙粒径的大小、形状及级配情况有关，国内学者张凤昆采用粒径范围为 0.20～4.37mm的泥沙进行试验，得出了水下休止角与粒径的关系式

$$\varphi = 32.5 + 1.27d \tag{2-5}$$

此外，熊绍隆通过试验得出了 $D_{50}=0.075\sim5.5$mm 的散粒体天然水下休止角的经验公式

$$\varphi = 36.45 + 4.294\lg D_{50} \tag{2-6}$$

张红武对天然沙石及其模型材料的水下休止角也进行过专门性的试验研究，获得了一些试验关系曲线及其经验公式。例如：

天然沙（$d=0.061\sim9$mm）

$$\varphi = 35.3d^{0.04} \tag{2-7}$$

卵石（$d=0.9\sim26$cm）

$$\varphi = 27.92 + 5.65\lg d \tag{2-8}$$

破碎石块（$d=0.15\sim50.8$cm）

$$\varphi = \frac{d}{0.0071 + 0.0237d} \tag{2-9}$$

上式可供桥墩或治导建筑物抛石防护时参考使用。

试验关于级配对于水下休止角影响方面的研究，也得到了一些初步认识。即泥沙粒配对水下休止角有一定的影响，非均匀系数愈大，休止角愈大，但当非均匀系数小于1.5后，所得水下休止角与均匀沙样的试验结果已无大的差异。

五、泥沙的沉降速度

因泥沙的容重大于水的容重，在水中泥沙颗粒将受重力作用而下沉。在开始自然下沉的瞬间，初速度为零，抗拒下沉的阻力为零，这时只有有效重力起作用，泥沙颗粒的下沉会具有加速度。随着下沉速度的增大，抗拒下沉的阻力也将增大，最终使下沉速度达到一个极限值，此时泥沙所受到的有效重力和阻力恰恰相等，泥沙颗粒以等速的方式继续下沉。

泥沙在静水中下沉时的加速运动历时是十分短暂的，粒径越细，加速段所经历的时间就愈短，当 $d=1$mm 时，还不到 0.05s，所以常常不加以考虑。泥沙在静止的清水中等速下沉时的速度，叫做泥沙的沉降速度，单位为 cm/s。粒径愈粗，沉降速度愈快。

泥沙的沉速与泥沙的颗粒大小、形状、容重和水的黏滞性及泥沙沉降时的运动状态有关，泥沙的沉降规律无疑对泥沙运动及有关工程问题具有重大意义。因此，沉降速度是泥沙的重要特征之一，沉速粒径测定的理论基础也基于此。

球体在液体中沉降有三种常见的状态，即层流沉降、过渡状态沉降和紊流沉降。图2-1表示球体沉降中的三种状态。球体作层流沉降时，流线紧贴球体，只受表面阻力的作用，如图 2-1(a)所示；球体作紊流沉降时，边界层分量，球的后部产生旋涡，阻力主要是形状阻力，如图 2-1(c)所示；图 2-1(b)所示为表面阻力与形状阻力都存在的过渡区。试验证明，球体在静水中沉降的流态与沙粒雷诺数 $Re_d=\omega d/\nu$ 有关，其中 ω 为沉降速度，d 为直径，ν 为液体的运动黏滞系数。当 $Re_d<0.5$ 时，球体作层流沉降；当 $Re_d>1\,000$ 时，球体作紊流沉降；当 $Re_d=0.5\sim1\,000$ 时，球体作过渡状态沉降。

球在水中的重力

$$G = \frac{\pi d^3}{6}(\gamma_s - \gamma) \tag{2-10}$$

球下沉时所受绕流阻力，可用牛顿阻力公式表示

$$W = C_d \gamma \frac{\pi d^2}{4} \frac{\omega^2}{2g} \tag{2-11}$$

作等速运动时重力和阻力相等，即

$$C_d \gamma \frac{\pi d^2}{4} \frac{\omega^2}{2g} = \frac{\pi d^3}{6}(\gamma_s - \gamma)$$

由此得

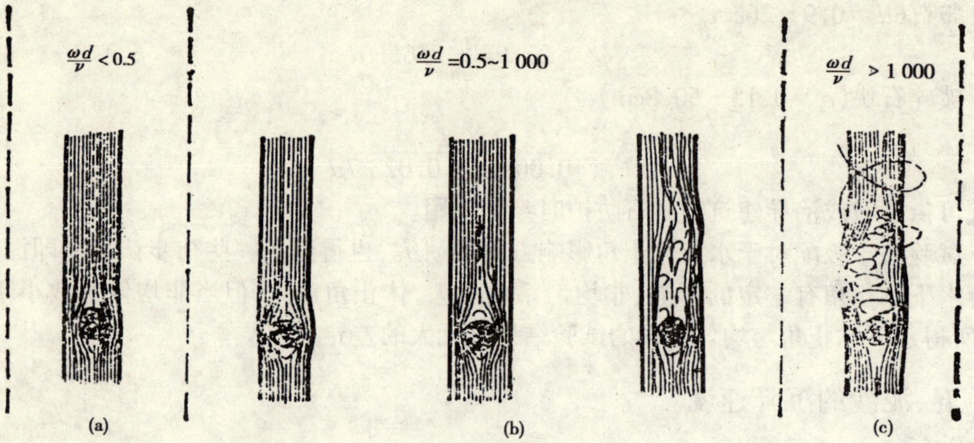

图 2-1　球体在静止液体中的沉降

$$\omega=\sqrt{\frac{4}{3}\frac{\gamma_s-\gamma}{\gamma}\frac{1}{C_d}gd} \tag{2-12}$$

式中：C_d 为阻力系数，随球体的形状及运动状态的不同而不同；d 为球的直径。

上式是球体在静止液体中沉降的普遍公式，阻力系数 C_d 随流态而变，因而不同流区有不同的沉降速度表达式。

（一）层流沉降

司托克斯（G. G. Stockes）曾应用黏滞流体运动方程及连续方程，解得液体绕小球缓慢流动时的绕流阻力

$$F=3\pi\omega d$$

将纳维埃——司托克斯方程式积分，得到球体作层流沉降时所受到的阻力，其阻力系数为

$$C_d=\frac{24}{Re_d} \tag{2-13}$$

以此代入式(2-12)，得

$$\omega=\frac{1}{18}\left(\frac{\gamma_s-\gamma}{\gamma}\right)g\frac{d^2}{\nu} \tag{2-14}$$

这就是著名的司托克斯定律，它表明层流区球体沉速 ω 与粒径 d 的平方成正比。

（二）紊流沉降

球体作紊流沉降时，阻力系数与 Re_d 无关，所受到的阻力主要是形状阻力，其所受阻力的大小不能用理论方法推求，只能根据试验。由试验得出紊流沉降时的阻力系数 $C_d=0.43$，代入式(2-12)，得

$$\omega=\sqrt{3.1\left(\frac{\gamma_s-\gamma}{\gamma}\right)gd} \tag{2-15}$$

（三）过渡区沉降

球体在过渡区沉降时，表面阻力和形状阻力都存在，力学结构比较复杂，只能依靠试

验探求这个数值。冈恰洛夫根据试验资料，得出

$$C_d = \frac{a}{Re_d^{1/2}} \tag{2-16}$$

式中：a 为无量纲系数。

代入式(2-12)，得

$$\omega = \frac{4}{3}\left(\frac{g}{a}\right)^{2/3}\left(\frac{\gamma_s - \gamma}{\gamma}\right)^{2/3}\frac{d}{\nu^{1/3}} \tag{2-17}$$

天然泥沙不是球体，作沉降运动时仍可分为层流、过渡区和紊流三种状态，但各分区分界的 Re_d 与球体不同，系数亦不一样。根据试验，在层流区内，沉速与形状无关，仍可用式(2-14)计算；而紊流区的阻力系数 C_d 可定为 1.2；在过渡状态下，各家分歧较大，例如冈恰洛夫整理阿尔汉格里斯基试验资料，为反映粒径和温度变化对黏滞性的影响，将式(2-17)中得的无量纲系数 a 表示为

$$a = 43.4\left[\lg 83\left(\frac{3.7d}{d_*}\right)^{1-0.037T}\right]^{-1.5} \tag{2-18}$$

式中：T 为水温，℃；d_* 为选定粒径 1.5mm，计算时 d 与 d_* 的单位应一致。

在我国影响最大的沉速公式还有张瑞瑾公式及窦国仁公式。张瑞瑾教授根据阻力叠加原则，并采用大量试验资料，得出了同时满足层流区、紊流区及过渡区的沉速公式

$$\omega = \sqrt{\left(13.95\frac{\nu}{d}\right)^2 + 1.09\frac{\gamma_s - \gamma}{\gamma}gd} - 13.95\frac{\nu}{d} \tag{2-19}$$

窦国仁同样采取了层流阻力叠加原则，得出了理论性更强但结构形式也更为繁杂的沉速公式。

窦国仁教授对过渡区阻力物理性质的探讨是很有意义的，只是在分离角的处理以及层流阻力表达式中引用 C. W. Ossen 的结果等方面，尚值得进一步商榷。对于后者，Ossen 已在一定程度上考虑了稳定惯性项的作用，因此窦教授关于过渡区阻力表达式在一定程度上对于紊动阻力有些重叠。

当水中含有盐、泥沙时，对泥沙的沉降都会有些影响，主要表现为絮凝现象的出现和泥沙颗粒之间的相互作用。限于篇幅，以下只介绍水中群体沉速的计算。

(四)群体沉速

在多沙浑水中，泥沙颗粒的沉降特性将发生很大变化，远较清水及低含沙浑水中情况复杂。此时泥沙颗粒下沉时不是彼此互不干扰以单颗形式下沉，而是彼此互有干扰，部分颗粒或全部颗粒成群下沉，其下沉速度称为群体沉速，其确定对于研究多沙河流的挟沙特性具有很大的意义。在黄河上，钱意颖、杨文海、赵文林等学者的研究是很有意义的，我们在 20 世纪 80 年代初曾在前人已有成果的基础上进行过初步研究，最近又采用大量实测资料加以改进，得出了一个更有使用价值的群体沉速计算公式。

在挟沙水流中某流段取一单位水体，并令由于颗粒的沉降而引起的同体积的向上运动速度为 v_ε，则根据连续律应为

$$S_V\omega = (1 - S_V)(v_\varepsilon - \omega) \tag{2-20}$$

解得

$$\omega = v_\varepsilon(1 - S_V) \tag{2-21}$$

由上式可知，当体积含沙量 $S_V=0$ 时(即清水或含沙量很小时)，$\omega = v_\varepsilon = \omega_0$($\omega_0$ 为清水沉速)。但当水流为浑水时，其运动黏滞系数 ν_m 不同于清水的运动黏滞性系数 ν，这种差异是造成 v_ε 小于清水沉速的原因。通过分析，可得出

$$v_\varepsilon = \left(\frac{\nu}{\nu_m}\right)^n \omega_0 \tag{2-22}$$

式中：n 为指数。

将式(2-22)代入式(2-21)，得

$$\omega_\varepsilon = \left(\frac{\nu}{\nu_m}\right)^n \omega_0(1 - S_V) \tag{2-23}$$

上式与万兆惠公式的最大区别在于公式中$(1-S_V)$的方次不是 2 而是 1，这是由于万兆惠假设了泥沙沉降所受的浮力是 $\gamma_m V_{体}$($V_{体}$ 为相应体积)造成的。严格地讲，只有颗粒细得能与水分子发生作用时，这种假设方能成立。即使从工程角度讲，该假设也只有在具有相当含量的细如粉末的颗粒使整个流体接近于均质流的情况下才近似成立。应看到，不存在严重的絮凝现象时，相对于清水颗粒单独运动的机会往往更多。若为均匀沙，颗粒间以等速相对沉降；若为非均匀沙，粗细颗粒在流场上的分布呈上细下粗的规律，周围颗粒直接施加浮力的可能是有限的，而且颗粒间的偶尔碰撞所导致的沉速降低并不意味着浮力的增大。综合来看，浑水内的浮力既不等于 $\gamma V_{体}$，也不等于 $\gamma_m V_{体}$。

为使 ω 的公式的计算结果可靠，必须引入一个合理的黏滞系数比(即 ν/ν_m)公式，由运动黏滞系数的关系可知

$$\frac{\nu}{\nu_m} = \frac{\mu\gamma_m}{\mu_m\gamma} = \left(1 + \frac{\gamma_s - \gamma}{\gamma}S_V\right)\frac{\mu}{\mu_m} \tag{2-24}$$

从现有的计算黏滞系数的公式来看，费祥俊公式及沙玉清公式较为适用，且形式简单。例如，沙玉清考虑了“滞限含沙律”的影响，引入泥沙的径厚比 d/δ_0(δ_0 为分子水膜厚度，一般取为 0.000 1mm)，得到的公式形式为

$$\frac{\nu}{\nu_m} = 1 - \frac{S_V}{2\sqrt{d}} \tag{2-25}$$

为使式(2-25)有更大的适用范围，并保证计算结果的合理性，我们对其所依据的西北水科所曹如轩的黄土资料及黄委会水科所试验资料进一步分析后，将其表示为

$$\frac{\nu}{\nu_m} = \left[1 - \frac{S_V}{2.25\sqrt{d_{50}}}\right]^{1.1} \tag{2-26}$$

式中：d_{50}为悬沙中径，mm。动力黏滞系数比公式为

$$\frac{\mu_m}{\mu} = \frac{1 + \dfrac{\gamma_s - \gamma}{\gamma}S_V}{\left[1 - \dfrac{S_V}{2.25\sqrt{d_{50}}}\right]^{1.1}} \tag{2-27}$$

大量资料验证结果表明，以上两式有很大的适用范围。

将式(2-26)代入式(2-23)，并考虑到沉降过程中一部分清水将依附沙粒同时下沉，根

据一些试验结果，在式(2-23)中的 S_V 之前引入一个约为 1.25 的系数(相当于增加了泥沙的有效浓度)，再采用群体沉降试验资料率定后，取式(2-23)中的 $n=0.38$，计算精度和适用范围都令人满意(见图 2-2)，其公式形式为

$$\omega = \omega_0\left[\left(1-\frac{S_V}{2.25\sqrt{d_{50}}}\right)^{3.5}(1-1.25S_V)\right] \tag{2-28}$$

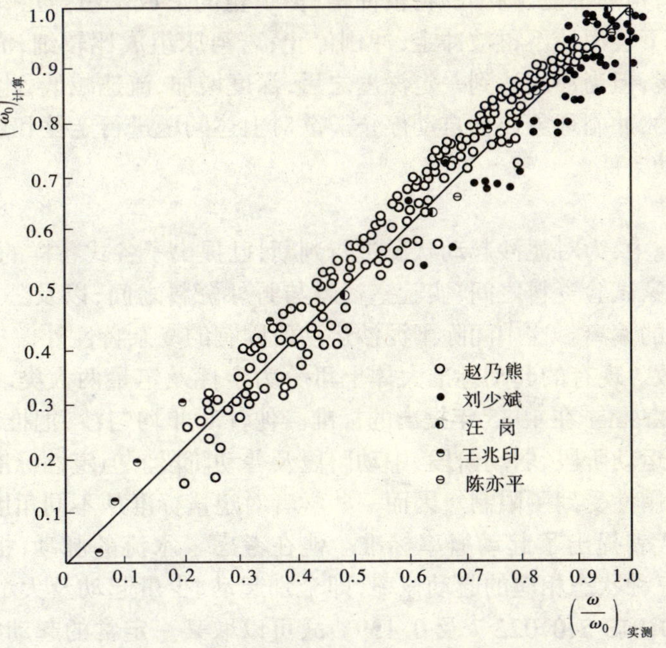

图 2-2 **群体沉速公式与实测资料的比较**

同时采用明兹资料及钱意颖的非均匀沙试验点据，对万兆惠公式、郭慕孙公式和庄一安公式以及式(2-28)进行检验，结果表明，式(2-28)确实有着显著的改进。

此外，夏震寰及汪岗对无黏性均质颗粒在细颗粒悬浮液中沉降的研究和马伍权、张淑英对于非均匀沙群体沉降规律的研究❶，也是颇有意义的。

第二节 推移质泥沙运动

在阐述推移质运动以前，有必要对泥沙运动的基本状态作一简要介绍。

泥沙的起动，一方面取决于水流条件，另一方面决定于泥沙特性。因此，在建立颗粒起动时所受外力的平衡关系式中，必然会出现反映泥沙刚动未动这一临界状态时的水力因素。泥沙在水流中的运动状态，根据对天然河道泥沙运动的观察，可以区分为推移质和悬移质两种类型。

当泥沙在水流的作用下，沿河床底面间歇性地跳跃、滚动或滑动前进时(其前进速度

❶ 马伍权，张淑英．黄河包头画匠营取水工程泥沙预沉试验研究．兰州铁道学院研究报告，1993

明显小于水流速度），这一类型的泥沙运动称为推移质运动。

一、泥沙的起动

了解在怎样的水流条件下某种形状的泥沙能够起动，是挟沙水流中的一个首要问题。例如，研究河床冲刷问题，就必须弄清楚泥沙的起动条件。如果河床由粗、细不均的泥沙组成，细的能起动，粗的不能，则细的将被冲走，留下粗的形成一覆盖层，待其达到一定厚度以后，即可保护下层泥沙不再被冲走，冲刷停止；若河床组成比较细，泥沙能全部起动，则冲刷将迅速发展，但当冲刷达到一定深度之后，深度增加，流速减低，此时水流条件不足以使泥沙继续起动，冲刷现象便会自动停止。欲对上述问题进行定性和定量的分析，就必须确定泥沙的起动条件。

（一）起动标准

在以往的研究中，为对泥沙起动状况进行判断，已提出了各式各样的起动标准。但人们不得不承认，各家试验资料之间，实验室资料与野外资料之间，以及公式与实测点据之间，常常存在较大的偏离。这中间除了泥沙运动所固有的复杂特性外，一个重要的原因就是起动标准不一致。现有的起动标准大体上可分为定性及定量两大类。在定性标准中，最为著名的当推 Kramer 在 1935 年提出的标准。他针对非均匀沙，把推移质运动分为四个阶段，即无泥沙运动阶段、弱动阶段、中动阶段及普动阶段。但定性标准主观性强，操作中随意性大，其实用性受到了限制。因而一些学者对定量标准从不同角度进行了研究。

以窦国仁为代表提出了起动概率标准。他在考虑了水流的脉动，提出了与 Kramer 推移质泥沙运动三种状态相应的起动概率，即个别起动、少量起动及大量起动，其相应的起动概率分别为 0.013 5、0.022 7 及 0.159。故可以取某一定常的起动概率作为判断泥沙起动的标准。但此标准未考虑泥沙颗粒在床面相对位置对起动标准的影响。

M.S. Yalin 将 $\varepsilon=\frac{m}{At}\sqrt{\frac{\rho D^2}{\gamma_s-\gamma}}$ 作为泥沙起动的标准，其中 m 为在时间 t 内从河床面积 A 范围内冲刷它移的泥沙颗粒数。对于各种粒径的泥沙应该取一个统一的运动强度 ε，因而在进行两种密度相同、粒径相差 10 倍的起动试验时，为使两组试验的 ε 值相同，粒径较粗的那一组试验的 m/At 必须较粒径较细的一组小 102.5 倍。

冷魁[1]以个别起动状态为起动临界条件，据此提出了均匀沙和非均匀沙以个别颗粒数计的判别标准。但此标准同样没有考虑颗粒在床面的相对位置对起动的影响。

美国水道试验站曾规定以推移质输沙率达到 $14cm^3/(m\cdot min)$ 作为起动标准；韩其为等标准内涵与此相似，他对水槽、野外沙质及卵石河床分别采用不同的无因次输沙率参数来作为起动标准。Taylor 等为代表于 1971 年提出的输沙率标准，他在平坦沙质床面的水槽中做了一些定量试验，得到泥沙在起动阶段的无因次输沙率资料，取无因次输沙率 $q_s/\gamma_s u_* D=0.02$ 作为起动标准（q_s 为推移质单宽输沙率）。

可见，研究者运用输沙率标准时，是寻求某种床沙条件下某级泥沙的起动条件。这样便产生了一个问题，即该起动条件应对应何种床面条件。

---

[1] 冷魁. 非均匀沙卵石起动流速及输沙率的试验研究. 武汉水利电力大学博士学位论文，1993

如在清水冲刷条件下各粒径级泥沙的输沙率随时间发生变化,在不同时刻就会得到不同的起动粒径。因此,以某一输沙率或无因次输沙率来确定起动标准有其不足之处。

Bagnold 认为,当水流强度和泥沙起动临界水流强度相等时,床面可动层的厚度为1.4 D_c(D_c 为代表粒径)。彭凯等提出的可动层标准为 $1.2D_c$。然而,在相同水流条件下,对不同的床沙级配,其标准是可变的。

(二)床面颗粒的受力分析

河床上的泥沙,一方面具有对运动的抗拒性,另一方面受水流作用又具有可动性。因此,在一种水流条件下,它会保持静止状态;在另一种水流条件下,它会随水流运动。

泥沙的起动条件是指床面上的泥沙开始发生运动的水流条件,这是泥沙刚动未动的临界水流条件。泥沙起动的水流条件可以由各种指标来表示,但不管用哪种指标,颗粒之所以开始运动,总是各种作用力综合的结果。因此,在阐述起动之前,先分析颗粒的受力情况。

床面上群体沙粒中某一颗沙粒的受力情况,有以下几种:

(1)有效重力 G。粒径为 d 的颗粒,所受的重力为 $a_1 d^3 \gamma_s$,其中 a_1 为颗粒体积形状系数,其在水下的有效重力 G 为

$$G = a_1 d^3 (\gamma_s - \gamma) \tag{2-29}$$

(2)水流推移力 F_x 和水流上举力 F_z。床面处水流经过沙粒附近时发生绕流,对沙粒产生作用力。此作用力可分为沿水流方向的推移力 F_x 和垂直方向的上举力 F_z。推移力又称拖曳力,根据绕流阻力理论,其大小可用下式计算:

$$F_x = C_x a_2 d^2 \frac{\rho u_d^2}{2} \tag{2-30}$$

式中:C_x 为推移力系数;a_2 为垂直于水流方向的颗粒面积系数;$a_2 d^2$ 为颗粒垂直于流向的投影面积;u_d 为作用于颗粒的床面流速。

水流上举力 F_z 也是颗粒上、下两方面绕流不对称的结果,与推移力无本质上的差别。因此,其大小也可表示为

$$F_z = C_z a_3 d^2 \frac{\rho u_d^2}{2} \tag{2-31}$$

式中:a_3 为颗粒水平投影面积系数;C_z 为上举力系数。

(3)颗粒间的反力及摩擦力。床面颗粒互相接触,周围颗粒通过接触面对所考虑的颗粒施加反力(沿接触面法线方向)和摩擦力(沿接触面切线方向)。这种作用力随颗粒的相互位置和排列方式而不同,颗粒的相互位置和排列方式千差万别,无明显规律。因此,对这种力难以作定量的描述和确定。

(4)颗粒间的黏结力。黏结力发生在颗粒之间,属于分子力的范畴。对一般粗颗粒讲,黏结力的作用很小,可忽略不计。但随着粒径的减小,黏结力逐渐加强,特别是黏性土壤颗粒间的黏结力十分重要。试验表明,黏土粒径愈细,起动反而愈难,这是黏结力在起主要作用的结果。黏土的黏结力是一个极其复杂的问题,影响黏结力的物理化学因素很多,如土质结构、矿物组成、密实度、亲水性能、塑性指数、有机种类和含量等,很难用简单的数学关系来表达。目前由于表面化学、胶体化学的发展,对这一问题虽有所研究,取得

了不少成果，但还没有系统到可以运用的阶段。

对于一般石英质泥沙细颗粒间由于存在吸着水和薄膜水不传递静水压强而引起的黏结力问题，张瑞瑾在20世纪50年代，窦国仁[1]、唐存本在60年代都曾作过研究，取得了一些成果。

泥沙的起动，一方面取决于水流条件，另一方面决定于泥沙特性。因此，在建立颗粒起动时所受外力的平衡关系式中，必然会出现反映泥沙刚动未动这一临界状态时的水力因素。

当水流作用于河床床面的沙粒或黏性土团粒的水动力达到某一数值后，若稍微再增大一点，将使沙粒或团粒由静止状态进入运动状态，则认为已达到泥沙起动的临界条件。从理论上讲，起动临界条件是研究泥沙运动的前提，因而是河流力学基本理论研究的重要课题之一。从工程实践上讲，起动临界条件即是河床发生冲刷的条件，这是稳定渠道设计和河道治理中的一个重要依据。因此，从人们开始研究泥沙运动以来，泥沙起动的研究始终得到众多学者的重视。

如果仔细观察泥沙起动过程，即可发现其现象的复杂性。在泥沙发生普遍运动以前，先有个别颗粒的颤动或抖动；然后在某些点，有少数颗粒离开原来的位置，运动了一段距离以后，又停止下来；接着，又有新的泥沙颗粒发生运动。即使对于均匀泥沙颗粒，也不是动则全动，不动则全不动，而是那些处于最不稳定地位的沙粒最先起动。如果我们把注意力集中某一局部地区，可以发现一个时段内看不见泥沙运动，而在另一时段内又有一些沙粒起动位移。所有这些现象都说明泥沙的起动具有随机性质，泥沙起动的随机性是由紊流脉动的随机性和泥沙颗粒形态、位置的随机性决定的。

流速进一步增大，床面上运动的泥沙数目增多，运动的距离也加大。而且除了滑动、滚动外，还出现了小距离的跳跃运动，并仍然可能有推移质和床沙交换的情形。倘若流速更大，则床面表层泥沙全部处于运动状态，泥沙跳跃的高度加大，被上升紊流旋涡卷起，进入水体之中，表现为悬移运动。

泥沙起动的定量描述是及其困难的，因为颗粒的初始运动总是各种复杂作用力综合作用的结果。应该承认，即使是散粒体泥沙，目前也很难以一个模式较为完整地反映床面颗粒的运动状况。为此，下面根据三种具有一定代表性的情形，分别概化出相应的受力模式。

（三）滚动模式

在床面颗粒较粗且水流强度不足以使它们悬浮的河段（这种情形往往发生在冲积河流的上游河段），推移质一般以滚动为普遍运动形式。此时，若水流强度降低，颗粒可能由滚动变为滑动，甚至静止，故以颗粒滚动的临界受力情况进行分析。河床沙粒受力如图2-3所示，作用在颗粒上的力有推移力 F_x、上举力 F_y、有效重力 W 以及垂向脉动流速产生的掀力 F_L。因受空间限制，垂向脉动流速相对于其他量小得多，为简化计，忽略 F_L。其余诸力表达式分别为

---

[1] 窦国仁. 泥沙运动理论. 南科所研究报告，1963

$$F_x = C_x a_1 d^2 \rho \frac{u_b^2}{2} \tag{2-32}$$

$$F_y = C_y a_2 d^2 \rho \frac{u_b^2}{2} \tag{2-33}$$

$$W = a_3(\rho_s - \rho) g d^3 \tag{2-34}$$

式中：C_x、C_y 分别为推移力及上举力系数；ρ_s、ρ 分别为颗粒和水的密度；d 为粒径；u_b 为作用于颗粒的纵向瞬时流速；a_3 为颗粒的体积系数；而 a_1 和 a_2 为 F_x 及 F_y 对应的颗粒有效作用面积系数，之所以加上“有效”两字，是考虑了颗粒所处的周围环境对相应力的作用面积的影响。

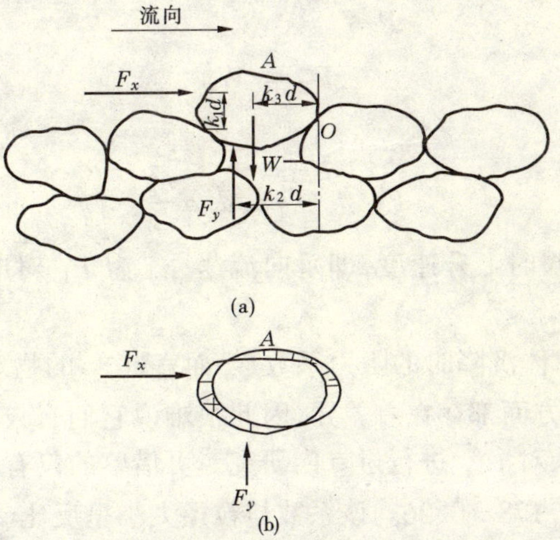

图 2-3　床面泥沙颗粒的受力情况

水流绕床面颗粒运动时，由于黏滞性作用，在边界附近引起非均匀流速场，或绕液体在流动轴线两侧不对称，这都会产生上举力。其实，推移力和上举力也可以看成是由于水流的不对称绕流所产生的阻力沿纵向和垂向的两个分力。

以 $k_1 d$、$k_2 d$、$k_3 d$ 表示 F_x、F_y 及 W 的相应力臂（绕图中的 O 点转动，k_1、k_2、k_3 为力臂系数），则颗粒由静止开始滚动的临界条件可表示为

$$k_1 d \cdot F_x + k_2 d \cdot F_y = k_3 d \cdot W \tag{2-35}$$

将式(2-32)～式(2-34)代入上式，得

$$u_b = \eta \sqrt{\frac{\rho_s - \rho}{\rho} g d} \tag{2-36}$$

其中

$$\eta = \left(\frac{2 k_3 a_3}{k_1 C_x a_1 + k_2 C_y a_2} \right)^{1/2} \tag{2-37}$$

参看谢鉴衡等、李保如及沙莫夫关于起动流速公式所依据的大量资料，取相应的统计平均值 $\eta = 1.30$，则式(2-36)为

$$u_b = 1.30 \sqrt{\frac{\rho_s - \rho}{\rho} g d} \tag{2-38}$$

(四)跃动模式

在冲积河流的下游段,沉积于床面的泥沙颗粒一般较细(这里不涉及黏性泥沙),其粒径基本与悬沙中的床沙同属一个范围。此处的底沙一旦起动,随机可能跳起,以跳跃为主要运动形式,且与悬沙明显存在着相互交换。于是,该床面泥沙颗粒的运动可概况为:床面泥沙颗粒由于上举力和颗粒间碰撞的作用而起跳;当跳升超过一个粒径的高程之后,上下绕流接近对称,上举力可忽略,颗粒只得凭借惯性上升,直至最大高度。在后半个阶段中,颗粒可有不同的遭遇,或被路经此地的紊动涡体卷走,加入悬移运动的行列;或在重力作用下逐渐下沉,继续留在推移运动中。因此,我们即以泥沙颗粒在仅靠惯性继续上升后的受力情况进行分析。此时,垂向仅受有效重力和紊动涡体的掀力 F_L 的作用。决定颗粒沉浮的临界条件为

$$F_L = W \tag{2-39}$$

F_L 的表达式为

$$F_L = C'_L a_4 d^2 \rho \frac{v_b^2}{2} \tag{2-40}$$

式中:v_b 为紊动涡体的瞬时上升速度,即垂向流速;a_4 为 F_L 对应的面积系数;C'_L 为掀力系数。

相对于 C_x、C_y 及球体沉降时的阻力系数 C_d 而言,C'_L 的物理含义在作用位置、相对运动形式及紊动特性等方面都存在着差异,因此很难说它们有较大的相似之处。由于试验手段的限制,迄今无人对 C'_L 进行过专门研究。可借鉴的仅有侯晖昌著作中所总结的经验:对于球体,$C'_L=0.178\sim0.26$。该系数与粒径大小呈反比(侯晖昌在处理有关床沙质的课题时,常取 $C'_L=0.22$)。这里的细颗粒跃动模式,取其上限值,这么做不影响方法的实质。将式(2-40)、式(2-34)代入式(2-39)得

$$v_b^2 = \frac{2a_3}{a_4 C'_L}\left(\frac{\rho_s - \rho}{\rho}\right)gd \tag{2-41}$$

若视颗粒为球体,即 $a_3=\pi/6$ 及 $a_4=\pi/4$,可通过修正 C'_L 的途径消除由此引起的误差。即由于泥沙的形状不规则,阻力系数有所增大。依照张瑞瑾在研究泥沙沉降规律时的成果:细沙阻力系数是相应粒径的球体的阻力系数的1.422倍,取 $C'_L=1.422\times0.26=0.370$,则

$$v_b^2 = \beta_1 d \tag{2-42}$$

其中

$$\beta_1 = 3.60\frac{\rho_s - \rho}{\rho} \tag{2-43}$$

(五)滑动模式

倘若单颗粒泥沙孤立于床面上,或散粒体粒度均匀,可以群体同时起动,则滑动起动是可能的。设某散粒体在紊流的作用下刚要沿床面运动时,它除受到水流推移力 F_x、上举力 F_y 及有效重力 W 的作用外,还要受到沿床面的摩擦力 F 的作用。

$$F = fN \tag{2-44}$$

式中：f 为水下摩擦系数，即 $f=\tan\varphi$，φ 为水下休止角；N 为床面反力。

考虑到散粒体位于床面时垂向脉动流速受到床面的制约，往往比纵向脉动流速小得多，因而可以将紊动涡体导致的垂直床面的掀力忽略，故

$$N \approx W - F_y \tag{2-45}$$

则

$$F = (W - F_y)\tan\varphi \tag{2-46}$$

当颗粒处于起动的临界状态时，有

$$F_x - (W - F_y)\tan\varphi = 0 \tag{2-47}$$

如果

$$F_x - (W - F_y)\tan\varphi > 0 \tag{2-48}$$

则颗粒沿床面移动。

将式(2-32)~式(2-34)代入式(2-48)可得

$$C_x a_1 d^2 \rho \frac{u_b^2}{2} - \left[a_3(\rho_s - \rho) g d^3 - C_y a_2 d^2 \rho \frac{u_b^2}{2} \right] \tan\varphi > 0 \tag{2-49}$$

当临界起动之时，可以解得

$$u_b^2 = K_c \frac{\rho_s - \rho}{\rho} g d \tag{2-50}$$

式中

$$K_c = \frac{2a_3 \tan\varphi}{C_x a_1 + C_y a_2 \tan\varphi} \tag{2-51}$$

其中水下休止角 φ 一般指静水时而言，即散粒体在静水中堆积成丘时，其斜坡与水平面之间的交角。

不难看出，由滑动模式推得的公式(2-50)与由滚动模式得出的公式(2-36)在形式上完全相同，只是其中的系数的物理含义有所差异。在水流作用下床面颗粒的运动往往是时而滑动时而滚动，甚至时而跃动。但是初始运动形式是滑动还是滚动呢？有些文献得到的结论是："总是滑动早于滚动。"其实这类证明多欠严密性，因而不能过早定论。根据作者的室内试验结果初步来看，泥沙颗粒起初运动为滑动还是滚动，取决于床面的光滑程度，即当床面很光滑时，颗粒滑动早于滚动(球形颗粒除外)，而当床面较为粗糙时，颗粒滚动早于滑动，且床面颗粒的运动形式多为滚动。

附带指出，水流的紊动特性直接影响泥沙的运动，泥沙运动不断改变河床周界颗粒的粗细和排列等一系列状况，导致了河床的不断调整。进一步讲，床面颗粒粒径大小及其分布密度是水流紊动特性决定的。我们曾分别以上述滚动及跃动两种模式为例，定量研究了紊动与床面颗粒组成的依存关系。由床面颗粒粒径的分布密度，可分别求出冲积河流上段和下段床面颗粒平均粒径及水流强度的关系分别为

$$D_m = 11.137 \frac{u_*^2}{\frac{\gamma_s - \gamma}{\gamma} g} \tag{2-52}$$

$$D_m = 0.336\,1 \frac{u_*^2}{\frac{\gamma_s - \gamma}{\gamma} g} \tag{2-53}$$

大量资料的验证结果表明，上两式与实际河流中的情况较为相符。此外，还可给出计算推移质级配的方法。

一般所谈的起动条件是从单个颗粒的起动得来的。但颗粒在床面的位置各不相同，而且水流的作用也呈随机性。因此，对于整个床面而言，颗粒动与不动也具有显著的随机性。随机过程不可能存在一个明确的起动标志，因而，需要利用概率论的方法研究泥沙的起动。我国学者韩其为对该课题的研究具有很高的水平。应该承认，限于目前的研究水平，即使采用了种种粗糙假定和简化处理，应用随机的或概率的方法去研究泥沙运动中的课题也是非常困难的。因此，沿用确定性的传统分析方法得到的起动流速公式，仍为工程设计提供了必要的参考和依据。在我国最常使用的有如下几个起动流速公式：

沙莫夫公式

$$v_c = 1.14\sqrt{\frac{\gamma_s - \gamma}{\gamma}gd}\left(\frac{h}{d}\right)^{1/6} \tag{2-54}$$

武汉水利电力学院公式（单位：kg·m·s）

$$v_c = \left(\frac{h}{d}\right)^{0.14}\left(17.6\frac{\gamma_s - \gamma}{\gamma}d + 0.000\,000\,605\frac{10 + h}{d^{0.72}}\right)^{1/2} \tag{2-55}$$

李保如公式（单位：cm·s）

当$\frac{vd}{\nu}\left(\frac{d}{R}\right)^{1/6} < 50$时

$$v_c = 55.8d^{0.1}\nu^{0.158}R^{1/6} \tag{2-56}$$

当$\frac{vd}{\nu}\left(\frac{d}{R}\right)^{1/6} = 50 \sim 300$时

$$v_c = 57.3d^{1/3}R^{1/6} \tag{2-57}$$

当$\frac{vd}{\nu}\left(\frac{d}{R}\right)^{1/6} = 300 \sim 1\,200$时

$$v_c = 36.8d^{0.774}\nu^{-0.294}R^{1/6} \tag{2-58}$$

当$\frac{vd}{\nu}\left(\frac{d}{R}\right)^{1/6} > 1\,200$时

$$v_c = 79.75d^{1/3}R^{1/6} \tag{2-59}$$

窦国仁公式

$$v_c = 0.32\left(\ln 11\frac{h}{\Delta}\right)\left(\frac{\gamma_s - \gamma}{\gamma}gd + 0.19\frac{gh\delta + \varepsilon_k}{d}\right)^{1/2} \tag{2-60}$$

式中：δ 及 ε_k 根据交叉石英丝试验成果定为

$$\delta = 0.213 \times 10^{-4}\,\text{cm}$$

$$\varepsilon_k = 2.56\,\text{m}^3/\text{s}^2$$

式中：当 $d \leqslant 0.5$mm 时，取 $\Delta = 0.5$mm；当 $d > 0.5$mm 时，取 $\Delta = d$。

沙玉清公式

$$v_c = \left[0.43d^{3/4} + 1.1\frac{(0.7 - \varepsilon)}{d}\right]^{1/2} h^{1/5} \tag{2-61}$$

式中：ε 为孔隙率，其稳定值约为 0.4，d 以 mm 计，v_c 以 m/s 计。

唐存本公式

$$v_c = \frac{1}{1+m}\left(\frac{h}{d}\right)^m \left[3.2\frac{\gamma_s-\gamma}{\gamma}gd + \left(\frac{\gamma'}{\gamma'_c}\right)^{10}\frac{C_e}{\rho d}\right]^{1/2} \tag{2-62}$$

式中：γ' 及 γ'_c 分别为泥沙颗粒的干容重及稳定干容重；$C_e = 2.9\times10^{-4}$ g/cm；m 为指数，对于一般天然河道，取 $m = 1/6$，而对于水槽试验，m 按下式计算：

$$m = \frac{1}{4.7}\left(\frac{d}{h}\right)^{0.06} \tag{2-63}$$

所列各公式中，沙莫夫公式适用于 $d > 0.15$mm 的较粗颗粒，由于形式简单，因而在解决粗沙河流的泥沙问题时应用较多。李保如公式中的 $\frac{vd}{\nu}\left(\frac{d}{R}\right)^{1/6}$ 是一个表征沙粒直径与壁区流层厚度比值或沙粒雷诺数的函数，考虑了壁区流层对床面沙粒的淹没影响，因此该式适用于黏结力的影响尚不占主导地位的细颗粒泥沙。尤其是该式经过了黄河河床质起动流速水槽试验资料的率定，对于黄河泥沙问题的研究具有较大的实际意义。其余几个公式，都是概括散粒体和黏性细颗粒泥沙的统一的起动流速公式，适用范围较广。

大量室内实测资料的检验结果表明，各个公式基本上都能与试验点据相符。由于泥沙起动的野外观测资料很难获取，因此哪个公式更能符合实际情况，迄今难以定论。从各个起动流速公式的推演过程来看，其中都引入了两个以上需要实测资料率定的系数，调整这些系数，即不难使公式的计算结果与那些水槽的实测资料相吻合。从而可知，现有的公式基本上都属于半理论、半经验的范畴。根据我们的经验可初步认为，现有公式用于天然河流（尤其是大江大河），其计算结果往往过于偏小。既然如此，在实际工作中，也可以侧重考虑公式形式的简便性，直接找出所要求粒径范围的起动流速公式。例如，作者在研究细沙河床的局部冲刷问题时，参考一些公式的结构形式，并通过粗略的量纲分析，得到的细沙起动流速分式（$d \leqslant 0.15$mm）为

$$v_c = 3.5\left(\frac{\gamma_s-\gamma}{\gamma}g\right)^{2/9}\frac{\nu^{5/9}}{\sqrt{d}}h^{1/6} \tag{2-64}$$

式中之所以引入运动黏滞系数 ν，是考虑到水温对泥沙的起动也有一定的影响。我们在室内试验中观察到，对于同一种模型沙（$D_{50} = 0.035\,5$mm），其起动流速随水温的升高而减小，随水温的降低而增大。这一现象似可通过李保如的观点来解释，即近壁区流层的厚度（一般表示为 $11.6\nu/u_*$）随水温的升高而减小（因为水温变化直接影响水的运动黏滞性系数，水温升高，则运动黏滞系数减小），从而减小了壁区流层厚度对泥沙颗粒的淹没影响，起动流速即相应减小。而水温降低后，壁区流层厚度增加，起动流速亦相应增大。

顺便说明，泥沙的起动是泥沙运动理论中最基本的问题之一，也是研究工程泥沙首先要遇到的问题。早在 1753 年郎姆斯提出泥沙起动流速与泥沙重量的 1/6 次方成正比，此后，各国学者相继进行了许多试验研究和理论探讨，提出了大量的计算泥沙起动的公式。尽管各家公式都通过了实测资料的验证或理论分析，但不同的公式间系数的离散度较大。采用不同公式计算结果相差较大，使人们在选择公式时，增加了一定难度，同时对有些现象不能做出合理的解释。出现问题的原因，有些学者将其归结为对起动标准的理解因人而异，有些归结为粗细颗粒间的相互隐暴作用，实质上是由对泥沙起动机理及其某些影响

因素还不完全清楚所导致的。

在欧美国家，不少学者习惯引入起动拖曳力来表征泥沙起动的临界水流条件，而且最广泛应用的是Shields曲线。应该指出，该曲线选取的坐标存在一定的问题，从表面上看有些规律，而实际上，横坐标即使是变化了500倍（从2倍加到1 000倍），纵坐标也至多变化两倍左右，只是比相同横坐标下的点群分散幅度大一些。显然Shields曲线的实用价值是有限的。

（六）沙波运动

当泥沙输移时，推移质颗粒还在河床表面作各种不同形式的集体运动，使床面形态也随着输沙强度的不同而时时都有改变。这种泥沙颗粒在床面的集体起动称为沙波运动。沙波运动是推移质运动的主要形式。

随着水流的加强，沙波运动及其相应的床面形态要经过沙纹、沙垄、平整、沙浪及急滩与深潭等几个发展阶段。

图2-4表示的是一般沙波的纵剖面。沙波表面附近的流态和沙波的纵剖面形态是紧密相关的。实际观测表明：沙波表面附近的水流速度不是均匀分布的，而是波谷处最小，在波峰处最大。水流越过波峰以后，常常发生离解现象，产生平轴环流。平轴环流黏结力发生在颗粒之间，属于分子力的范畴。对一般粗颗粒讲，黏结力的作用很小，可忽略不计。但随着粒径的减小，黏结力逐渐加强，特别是黏性土壤颗粒间的黏结力十分重要。试验表明，黏土粒径愈细，起动反而愈难，这是黏结力在起主要作用的结果。关于黏结力的问题，前面已经详细介绍过，这里不再赘述。

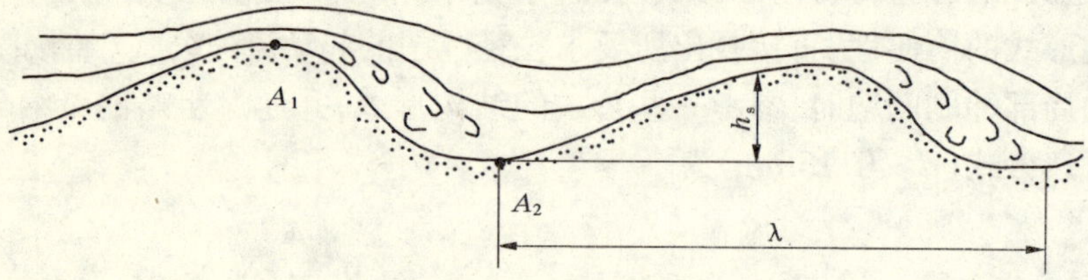

图2-4　沙波的纵剖面

沙波表面附近的流速分布状态与沙波的运动状态是息息相关的。流速较大的地方，泥沙运动得较快；流速较小的地方，泥沙运动得较慢；流速小于一定数值（与起动流速相应）的地方，泥沙将停止不动；流速成正值的地方，泥沙将沿水流向下游运动；流速成负值的地方，泥沙将逆水流向上游运动。图2-4中A_1和A_2两点既是水流的停滞点，又是泥沙的停滞点（瞬时的停滞点，随着时间过程而逐渐下移）。自A_2点向下游，在沙波的迎流坡坡面上，随着流速的增大，泥沙将由静止状态过渡到运动状态，并逐渐增大其运动速度。在波峰处，水流的速度达到最大值，泥沙的运动速度也达到最大值。越过波峰的泥沙为平轴环流所挟持，在沙波的背流坡坡面上，逆水流向上游运动，由于受重力作用的影响，将在A_1和A_2两个停滞点之间沉积下来。但也有部分颗粒较小的泥沙，越过波峰后，可能随水流跃进到A_2点以下一个沙波的迎流坡坡面上，继续向下游运动。

这样，我们便得出一幅极清楚的沙波运动图景：沙波的迎流坡坡面，属于冲刷区。由于这个区域里沙波表面附近的流速是沿程递增的，故就这个区域里的任何一处来说，来沙量将小于去沙量，因而发生冲刷。沙波的背流坡坡面，属于淤积区。这个区域为平轴环流所占领，泥沙基本上只进不出，故迅速淤高。沙波迎流面冲刷，背流面淤积的综合结果，形成整个沙波向下游“爬行”的运动趋势。如果水流是稳定的，则一系列的沙波将沿流向以缓慢的速度向前运动，而沙波的尺度（波高和波长）基本上保持不变。每一颗沙粒运行的速度略小于水流速度，是比较快的；但一颗沙粒运动后，要被埋藏很长一段时间才能重新开始运动，因此组成沙波的全部沙粒的平均运行速度（包括静止和运动的时间在内），也就是沙波的运行速度，是很慢的。

沙波运动对河流所产生的影响是很直接、深刻的。

（七）泥沙起动临界条件探讨

大多数学者在研究均匀沙时不考虑泥沙颗粒在床面的相对隐暴度，而只在研究非均匀沙时才考虑，这种观点存在一定的不足。如对均匀沙，当某泥沙颗粒完全暴露于河床表面与周围其他颗粒相嵌时，其起动临界条件明显不同；对非均匀沙，一些研究者只是在均匀沙所得结论的基础上加上修正系数。实际上，研究泥沙起动应同时考虑起动标准（水流的脉动）、床沙组成及颗粒在床面上的相对位置，即隐暴度等因素。对非均匀沙，还要考虑大小颗粒间的相互影响，且在起动公式中应反映出来。何文社最近从等效粒径的角度探讨了泥沙起动的临界条件。

河床表面的泥沙在什么样的水流条件下开始起动，这在物理概念上是非常清楚的，但在具体确定这个临界值时，却比较困难。因为，即使均匀沙，也不是要动都动，要不动都不动，对非均匀沙情况更为复杂。研究非均匀沙的起动，必须考虑泥沙颗粒在床面的位置、床沙组成、颗粒的相对隐暴度等因素。就床面上完全暴露的单个颗粒而言，起动时只考虑其本身粒径即可，对由大量泥沙组成的河床表面，由于泥沙颗粒相互间隐暴的影响，颗粒起动时较床面上完全暴露的单个颗粒要困难，如何来解决此问题正是本文研究的要点。

在水流条件一定时，尽管床面上泥沙颗粒的起动粒径不同，但从物体受力的角度看，此时在床面上起动的等效粒径应相同。要起动群体中的某个泥沙颗粒，从力学角度看，对其施加的外力必须大于此颗粒完全暴露时方可；从几何学角度来理解，相当于起动的颗粒粒径大于其本身，即水流条件所能起动的泥沙粒径大于或等于泥沙颗粒粒径本身，故称水流所能起动的粒径为等效粒径。

等效粒径是指具有一定隐暴度的泥沙颗粒，其起动时的临界条件与某粒径的泥沙颗粒完全暴露时的临界条件相等，则此粒径称为等效粒径。实际上是将具有一定隐暴度的泥沙颗粒换算为完全暴露时的单个颗粒的粒径。对床面群体颗粒中粒径为 d_i 的颗粒，由于相对隐暴度及大小颗粒的影响可用其等效粒径 d_i^* 表示如下[1]

$$d_i^* = d_i\left(1 + \zeta \frac{d_m}{d_i}\right) \tag{2-65}$$

式中：d_m 为床沙的平均粒径；d_i 为所研究的泥沙粒径；ζ 为所研究颗粒的相对隐暴度系数，对河床表面的非均匀沙其取值范围为 0～1，对均匀沙为 0.134～1[1]。

引用等效粒径后，对床面上完全暴露的单个颗粒（有效粒径）来说，只考虑三种基本力

[1] 何文社．非均匀沙运动特性研究．四川大学博士学位论文，2002

即可。根据前人的研究结论,泥沙颗粒起动时所受的力一般有水流拖曳力 F_D、上举力 F_L 及水下重力 W,其表达式与前述式(2-32)~式(2-34)类同,只是粒径及水流拖曳力、上举力及水下重力相应的面积系数的符号有所变化。

对非黏性泥沙采用上述滚动模式,可列出颗粒 d_i 的等效粒径 d_i^* 绕某支点滚动的平衡方程,整理得

$$u_b = \sqrt{\frac{2(\gamma_s - \gamma)\alpha_w L_w d_i^*}{\rho(C_D\alpha_D L_D + C_L\alpha_L L_L)}} \tag{2-66}$$

瞬时流速 u_b 与平均流速 $\overline{u}_b$ 及均方差 σ 具有如下的关系:

$$u_b = (1 + \beta\sigma)\overline{u}_b \tag{2-67}$$

式中:β 分别取 3、2、1,代表泥沙个别、少量及大量起动,其对应的起动概率分别为 0.001 35、0.022 7 和 0.159;σ 为均方差,其取值为 0.37。

平均流速与切应力的关系一般可表示为

$$\overline{u}_b = \alpha\sqrt{\frac{\tau}{\rho}} \tag{2-68}$$

式中:τ 为水流切应力;α 为系数。

将以上两式代入式(2-66),化简可得

$$\frac{\tau}{(\gamma_s - \gamma)d_i^*} = \theta_{c0}\left(\frac{1}{1 + \beta\sigma}\right)^2$$

式中:$\theta_{c0} = \dfrac{2\alpha_w L_w}{(C_D\alpha_D L_D + C_L\alpha_L L_L)\alpha^2}$,为泥沙起动最小希尔兹数,一般由实测资料率定,根据何文社的研究结果,θ_{c0} 为 0.089。

将有关参数代入上式,可得泥沙颗粒起动的临界条件为

$$\frac{\tau}{(\gamma_s - \gamma)d_i} = 0.089\left(\frac{1}{1 + \beta\sigma}\right)^2\left(1 + \zeta\frac{d_m}{d_i}\right) \tag{2-69}$$

取 $\beta = 3$、2,得泥沙个别及少量起动时的临界条件方程分别为

$$\frac{\tau}{(\gamma_s - \gamma)d_i} = 0.020\left(1 + \zeta\frac{d_m}{d_i}\right) \tag{2-70}$$

$$\frac{\tau}{(\gamma_s - \gamma)d_i} = 0.029\left(1 + \zeta\frac{d_m}{d_i}\right) \tag{2-71}$$

由上述少量起动临界方程,可进一步得均匀沙起动时的临界条件方程如下:

$$\frac{\tau}{(\gamma_s - \gamma)d_i} = 0.029(1 + \zeta) \tag{2-72}$$

对上式取 $\zeta = 0.134 \sim 1$,得泥沙个别起动时的 Shields 数为 0.023~0.040,少量起动时为0.033~0.058。文献[14]中收集的国内外 24 位学者对均匀沙的研究结果位于 0.023 1~0.071 6 之间。因原结论中没有反映起动标准的参数,估计在个别及少量起动状态之间。何文社的结论为 0.023~0.058,这基本包含了各家对均匀沙起动公式系数的取值范围。说明这些研究者所得结论都是正确的,差别在于不同研究者所考虑的泥沙颗粒在床面的相对隐暴度或起动标准不同。在没有明确颗粒的相对隐暴度或起动标准时,

无法得出已有公式中哪个公式更合理、更精确，但至少在其所选用的资料范围内均是合理的。

二、推移质输沙率

单位时间内通过某一横断面的推移质沙量，常用单宽输沙量 q_s 表示，其单位通常用 kg/(s·m)表示。

输沙率反映河流输送泥沙的能力，即在一定的水力、泥沙条件下，水流所能输送的泥沙数量。推移质泥沙在一般河道水流中占的比重一般不大，但它有时也会引起河床出现较大的冲淤变化。合理地确定输沙率，能对河床的冲淤变化作出定性和定量的分析。因此，有很多学者对决定输沙率的表达式感兴趣。自 20 世纪末 Du Boys 首次提出输沙公式以来，已有很多公式问世。但由于推移质输沙是关系着水和河床边界的十分复杂的现象，因此至今推移质输沙率公式都未能建立在严密的输沙力学基础上。各研究者采用不同的途径来解决这一课题，有纯经验的公式，也有基于某种物理概念的，例如基于水力学理论的，根据能量平衡观点的，应用因次分析方法或数理统计理论的等。

Meyer、Petter 等从事推移质输沙经验长达二十年之久，得出一个比较完整的推移质输沙率公式为

$$q_s = \frac{\gamma_s}{\gamma_s - \gamma}\left\{\frac{4\left[\left(\frac{n_b}{n'_b}\right)^{3/2}\gamma hJ - 0.047(\gamma_s - \gamma)d\right]}{(\gamma/g)^{1/3}}\right\}^{2/3} \tag{2-73}$$

式中：n_b 为河床曼宁糙率系数，$n_b = \frac{v}{h^{2/3}J^{1/2}}$；$n'_b$ 为河床平整情况下的沙粒曼宁糙率系数，$n'_b = \frac{26}{D_{90}^{1/6}}$，$D_{90}$ 为床沙组成中 90% 均较之为小的粒径。公式中的单位用 t－m－s。试验中各因素变化的范围是：$J = 0.000\,4 \sim 0.02$，平均粒径 $D = 0.4 \sim 30$mm，水深 $h = 1 \sim 120$cm，流量 $Q = 0.000\,2 \sim 4\text{m}^3/\text{s}$，$\gamma_s = 1.25 \sim 4.2\text{t/m}^3$。

另一类常被使用的公式以流速为主要参数，一般形式为

$$q_s = k_1 d\left(\frac{v}{v_c}\right)^3(v - v_c)\left(\frac{d}{h}\right)^y \tag{2-74}$$

式中：k_1 为系数；y 为指数，对于山区河流，$y = 1/4$。

此外，还有些学者应用统计分析的方法来推求推移质输沙率公式。迄今为止，已有很多学者通过这一途径加以研究，其中比较成熟的如 H. A. Einstein 的研究成果。限于篇幅，不再赘述。

关于推移质输沙率问题，虽然早就引起重视，提出的计算公式中，有些在生产实际中起了很大作用，但现有的计算公式，大都是根据室内水槽试验结果建立的，应用于天然河流冲淤计算时，尚不能完全符合实际。

最近，舒安平引用美国内布拉斯加州布拉拉河流实测资料，对国外应用较为广泛的七种典型的推移质输沙率公式进行验证比较。结果表明(见图 2-5)，采用爱因斯坦和科尔比公式计算得到的输沙率均较实测值偏低，应用恩格隆与汉森公式计算的结果则偏高，拉

尔森公式在两端偏离实测值较大;计算值与实测值吻合最好的是杨志达公式,其次是托发拉脱和阿克斯与怀特公式。杨志达挟沙力公式几经修改和完善,已成为国外公式中可靠性最强的一种,而且在我国也有一定的影响。造成其他公式计算值与实测值偏离的原因应归咎于所选取的资料范围、精度和公式本身结构不合理。另外,难以准确判断天然河流是否处在冲淤平衡状态也是其中的一个重要原因。

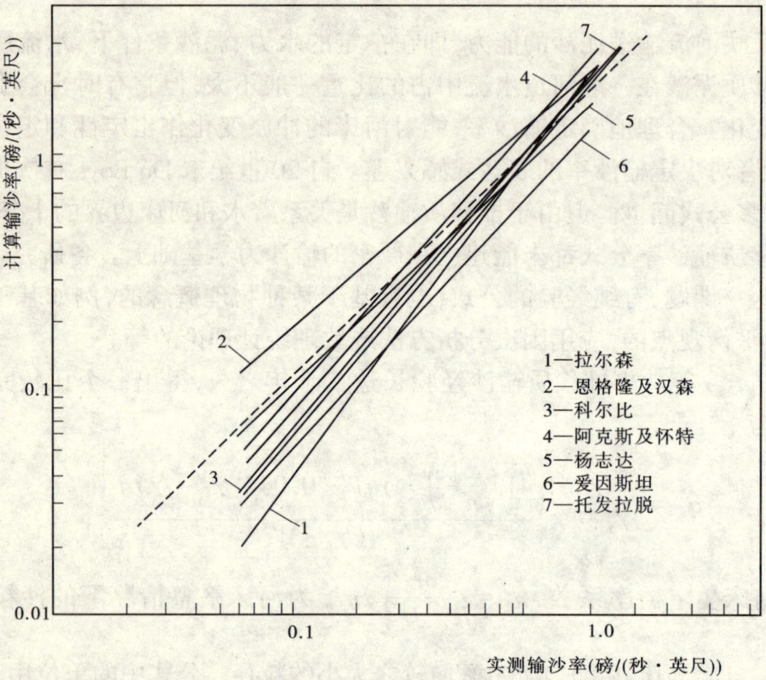

图 2-5 推移质输沙率公式的验证

应该承认,因为推移质输沙是关系着水流和河床边界的十分复杂的现象,上述输沙量公式都不是建立在严密的输沙力学基础上的,而是根据运动结构的典型化,以量纲分析和实测资料作为依据的,所以各输沙量公式之间的差别很大,特别当床面上有充分发展的形态以及河床糙率对输沙量的影响较大时。在这一点上,一般公式都用有效推移力或糙率的形式考虑了此问题,但处理方法各不相同,这是造成输沙量公式计算结果不一样的原因之一。另外,在水流强度大的地方,实测的推移质输沙量中总含有相当数量的悬移质,考虑不考虑这部分悬移质沙量是使计算结果不相同的另一个原因。各输沙量公式中由于参数值不同,其计算的输沙量的变幅是很大的,河床糙率变大输沙量减少是人所共知的。用各输沙量公式很容易算出输沙量随参数的变化,因各公式表示参数的方法不一样,所以要在同一条件下对各输沙量公式进行系统的比较是不可能的。

为了克服现有公式不能同时适用沙质及卵石河床情况且大多公式量纲不和谐的缺陷,张俊华、张红武、王严平从能量平衡观点出发,推导出新的推移质输沙率公式,我们在以下加以介绍。

单位床面上的水流功率(即单位时间内的势能损失)E 表示为

$$E = \tau_0 v \tag{2-75}$$

式中：τ_v 为床面剪切力；v 为流速。

这部分能量一部分用于床面泥沙的起动，一部分可能用于床面推移质泥沙的输移，相应的耗能 E_c 及 E_s 分别表示为

$$E_c = \tau_c v \tag{2-76}$$

$$E_s = \frac{\gamma_s - \gamma}{\gamma} q_s \tan\varphi \tag{2-77}$$

式中：τ_c 为泥沙起动剪切力；q_s 为单宽输沙率；γ_s、γ 分别为泥沙及水的容重；φ 为泥沙的水下休止角，φ 值的计算可采用张红武试验经验公式，例如：

天然沙（$d = 0.061 \sim 9$mm）

$$\varphi = 35.5 d^{0.04} \tag{2-78}$$

卵石（$d = 0.9 \sim 26$cm）

$$\varphi = 27.92 + 5.65 \lg d \tag{2-79}$$

破碎块石（$d = 0.15 \sim 50.8$cm）

$$\varphi = \frac{d}{0.0071 + 0.0237d} \tag{2-80}$$

若以 E' 表示除 E_c、E_s 以外的耗能量，则可列出如下能量平衡方程式：

$$E = E_c + E_s + E' \tag{2-81}$$

或

$$E - E_c = E_s + E' \tag{2-82}$$

考虑到问题的复杂性，E' 的形式尚难确切给出，故依照物理学常用的处理途径，将式(2-82)表示为

$$\eta(E - E_c) = E_s \tag{2-83}$$

将式(2-75)～式(2-77)代入上式可得

$$\eta(\tau_0 - \tau_c)v = \frac{\gamma_s - \gamma}{\gamma} q_s \tan\varphi \tag{2-84}$$

因

$$\tau_0 = \gamma RJ = \gamma \frac{v^2}{C^2} \tag{2-85}$$

$$\tau_c = \gamma RJ_c = \gamma \frac{v_c^2}{C^2} \tag{2-86}$$

式中：v_c 为起动流速；C 为谢才系数；R 为水力半径；J 为能坡。

则式(2-84)可整理为

$$q_s = \eta \frac{\gamma}{\gamma_s - \gamma} \cot\varphi \frac{\gamma}{C^2}(v^2 - v_c^2)v \tag{2-87}$$

参考钱宁、麦乔威及李昌华学者的研究，如不考虑沙波影响，一般河床质条件下谢才系数 C 可表示为

$$C = A\left(\frac{R}{D_{65}}\right)^{1/6} \tag{2-88}$$

对于式中 A 的取值，应根据实际情况来确定，若以 D_{65} 作为代表粒径时，颗粒形状比

较规则，排列较紧密，则糙率较小，应以取较大 A 值为宜；如颗粒形状比较不规则，排列比较松散，则糙率较大，应以取较小的 A 值为宜。

根据对水力摩阻特性的研究，A 可用如下经验公式表达：

$$A = 1.54\ln d + 28.48 \tag{2-89}$$

式中：d 的单位为 m。

为避免因引入式(2-88)而导致输沙公式量纲不和谐，故将式(2-88)表示为

$$C = 0.32A\left(\frac{R}{D_{65}}\right)^{1/6}\sqrt{g} \tag{2-90}$$

将上式代入式(2-87)，相应表示为

$$q_s = 9.8\frac{\eta}{A^2}\frac{\gamma}{\gamma_s - \gamma}\cot\varphi\frac{\gamma}{g}(v^2 - v_c^2)v\left(\frac{D_{65}}{R}\right)^{1/3} \tag{2-91}$$

如考虑沙波对 C 的影响，对式(2-85)右端前引入系数 k_s，则上式中右端前亦相应出现$1/k_s^2$，即

$$q_s = 9.8\frac{\eta}{k_s^2A^2}\cdot\frac{\gamma}{\gamma_s - \gamma}\cot\varphi\cdot\frac{\gamma}{g}v(v^2 - v_c^2)\left(\frac{D_{65}}{R}\right)^{1/3} \tag{2-92}$$

对于上式中的 η 和k_s 的物理含义，显然同水流强度（以 Fr 表征）及泥沙特性（以 γ_s 及 D_{65}表征）有关，根据张红武及刘有录等学者的试验资料，可初步将 η/k_s^2 表示成

$$\frac{\eta}{k_s^2} = k\frac{\gamma}{\gamma_s - \gamma}Fr \tag{2-93}$$

将上式代入式(2-92)，则得推移质单宽输沙率公式为

$$q_s = 9.8k\gamma_s\left(\frac{\gamma}{\gamma_s - \gamma}\right)^2\frac{v^2(v^2 - v_c^2)}{A^2g^{1.5}R^{1/2}}\left(\frac{D_{65}}{R}\right)^{1/3}\cot\varphi \tag{2-94}$$

为便于利用已有的推移质输沙资料率定出(2-94)式中的 k 值，可将上式引入水流强度 $\Psi=\dfrac{(\gamma_s-\gamma)D_{65}}{\gamma hJ}$和输沙强度$\Phi=\dfrac{q_b}{\rho_sD_{65}\sqrt{\dfrac{\rho_s-\rho}{\rho}gD_{65}}}$后转化为

$$\Phi = 0.010\,18\times kA^2g\left(\frac{\gamma}{\gamma_s - \gamma}\right)^{2/3}(\theta - \theta_c)\theta^{5/6}\cot\varphi J^{1/6} \tag{2-95}$$

式中：J 为能坡。

利用张红武寻峪沟模型及刘有录水槽资料可定出 $k = 0.23$（见图 2-6），于是式(2-90)为

$$q_s = 0.234\gamma_s\left(\frac{\gamma}{\gamma_s - \gamma}\right)^2\frac{v^2(v^2 - v_c^2)}{A^2g^{1.5}R^{1/2}}\left(\frac{D_{65}}{R}\right)^{1/3}\cot\varphi \tag{2-96}$$

为检验本文公式与其他各家推移质输沙率公式的适用范围和精度，本文选择了现有公式常用的试验资料作为基准进行比较，在把各家公式转化为 $\Phi = f(\Psi)$的前提下，假定：①床面保证平整，糙率尺寸 k_s 即等于泥沙粒径 D；②各式所用到的起动条件均采用 Meyer-Peter的起动标准（$\dfrac{1}{\Psi}=0.047$）；另外，拜格诺公式及本文公式中的 $\tan\varphi$ 取值，按拜格诺的建议，取 $\tan\varphi = 0.63$。具体比较结果见图 2-7。

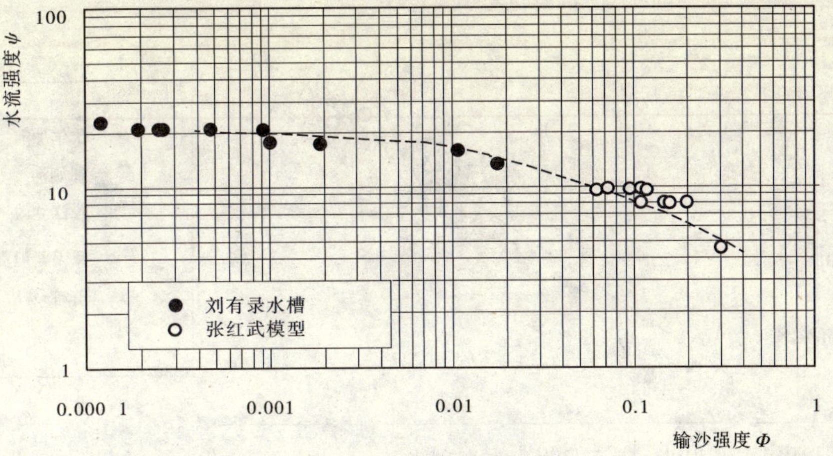

图 2-6　公式率定图

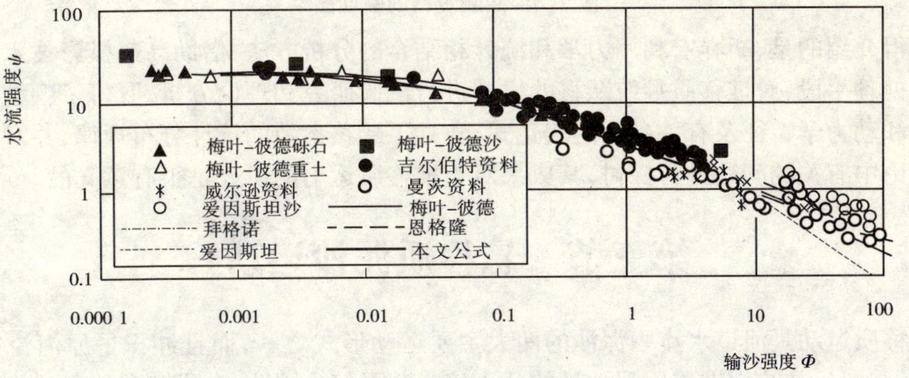

图 2-7　张俊华及张红武公式与各家公式的比较

从图中可以看出，无论低强度或高强度输沙，本文公式都与试验点据符合得较好。为进一步检验公式(2-96)的精度，收集了国内外的一些实测或试验资料(见表 2-1)进行了验证(见图 2-8)，其结果令人满意。

表 2-1　试验、实测基本资料情况

水沙因子	爱因斯坦资料	长江寸滩	伏尔加河	黄河	撒姆河
H(m)	0.099～0.139	4.1～15.7	1.02～3.94	0.55～11.29	0.8～2.95
v(m/s)	0.54～1.41	1.78～2.61	0.22～0.428	0.31～2.76	0.18～2.16
D(mm)	0.119～1.03	6.7～50.0	0.2～0.73	0.057～2.361	13.0～63.0
q_s(kg/(s·m))	0.103～3.1	0.029～0.156	0.000 3～0.023	0.000 3～0.91	0.026～3.91

式(2-96)物理图形清晰，应用方便，由大量资料验证结果表明，该公式不仅计算精度较高，而且对低、中、高强度输沙条件下均能较好地适合，因而无论在生产上还是学术上均颇有价值。

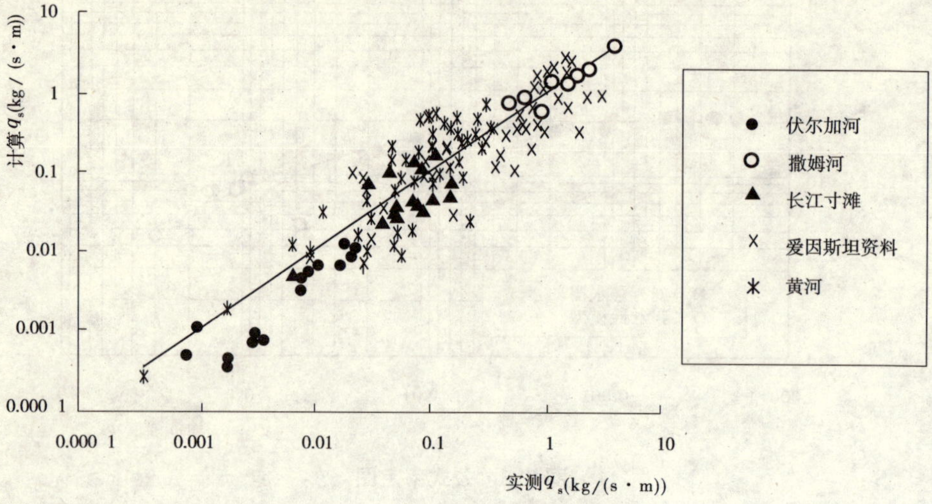

图 2-8　实测资料的验证图

值得介绍的是，胡春宏利用力学和统计相结合的分析方法，借助高速摄影技术及先进的资料处理手段，对推移质颗粒跃移的机理进行试验研究和理论分析，取得了颗粒跃移的运动学和动力学特征及有关参数的表达式，建立了跃移参数的统计分布规律，并对推移质输沙理论中有关的问题进行探讨，其成果对于推移质运动的研究是很有意义的。

第三节　悬移质泥沙运动

悬移质运动是河道水流中泥沙的两大主要运动形式之一，而且冲积平原河流挟带悬移质的泥沙量，往往为推移质泥沙量的几十倍或几百倍。因此，在研究泥沙运动规律和解决河床演变、引水排沙等生产实际问题时，悬移质泥沙是最重要的研究对象，特别需要了解悬移质含沙量沿水深分布的规律和悬移质输沙率值。

从理论上讲，如果知道了含沙量的分布，即可求得悬移质输沙率。现在只是解决了含沙量相对数量的分布规律，而不知道其绝对值，必须补充一些假设才能利用它来计算悬移质输沙率。因此，现有的许多公式，往往都是借助能量平衡原理等途径给出的，有些则属于经验公式。

本节主要介绍含沙量沿水深分布及水流挟沙力的计算方法。

一、悬移质含沙量沿水深的分布

悬移质之所以能够在水流中浮游流动，是与水流的紊动分不开的。流体紊动涡旋的大小和强度与悬移质含量的多少也有非常密切的关系。尺度大的涡旋能维持大量或较大颗粒泥沙的悬浮，尺度小的涡旋则只能挟带少量的或较细的颗粒。对于流体中的泥沙而言，紊动涡旋的作用与重力的作用构成了矛盾的两个方面，共同作用的结果，即形成了一个相对应的悬移质含沙量沿垂线的分布。

泥沙在水中浮游前进，顺水流前进的速度与水流的速度基本上相同。浮游的位置时上时下，较细的泥沙能上升至接近水面；较粗的泥沙有时甚至回到河床上"休息"，与床面泥沙(简称床沙)发生置换现象，但与推移质比较起来，浮游的持续性一般说是相当大的。这一类泥沙叫做悬移质，在水流所挟运的泥沙中属于比较细的一部分。江河中输送的泥沙，悬移质占主要部分。冲积平原较大的河流，悬移质数量往往要占到总输沙量的95%以上。山区较小的河流，悬移质稍少一些，但悬移质数量一般仍在80%以上。

悬移质粒径较细，主要由细沙、粉沙及黏土组成，粗、中沙含量甚少，但坡陡流急的山区河流，悬移质中不仅包含大量粗、中沙，有时甚至还包含小卵石。

水流所挟带的悬移质泥沙，其补给来源不外两个方面：一是来自上游的流域侵蚀及干支流水系的河床补给；另一个是来自本河段的河床冲刷。悬移质中泥沙分为床沙质和冲泻质两类。床沙质是其中较粗的部分，在河床组成(即床沙)中大量存在，而冲泻质则是其中较细的部分，在河床组成中很少存在。床沙粒径较粗，级配较均匀，悬移质粒径较细，级配较不均匀，一般具有沙质河床的平原河流大体如此。具有沙卵石河床的山区河流，因床沙粒径范围较大，级配较不均匀，情况略有不同。

悬移质的相对密度一般为2.6～2.7，较水要大得多。因此，在水流中浮游的悬移质，受重力作用会向河底下沉。如果只有重力作用，悬移质的远距离输移将是不可能的，原来的浑水会很快地变为清水。悬移质所以能维持远距离输移，是受水流紊动扩散作用的影响，涡体运动所产生的向上紊动流速，是克服重力作用，使泥沙维持悬浮的主要因素。然而，由于紊动流速具有正态分布的特点，在恒定均匀流中，紊动作用所造成的穿过固定水平断面的上升流体数量，平均情况下必然等于下降流体数量。从垂直方向的泥沙连续条件出发，要维持泥沙悬浮，流体上升所挟带的泥沙数量必须大于流体下降所挟带的泥沙数量，才能抵消重力作用的影响。而这只有在含沙量沿垂线分布上小下大的条件下才是可能的。此时，紊动交换作用才能形成泥沙的向上扩散，这就是紊动扩散作用的实质。显然，泥沙的重力作用与水流的紊动扩散作用是相互联系、相互制约的。在同一水流条件下，如果泥沙粒径较粗，所受重力作用较大，则要求较大的紊动扩散作用与之抗衡，因而形成的含沙量梯度必然较大；相反，如果泥沙粒径较细，所受重力作用较小，则只需较小的紊动扩散作用与之抗衡，因而形成的含沙量梯度也较小。综上所述，可以认为，悬移质之所以能够在水流中浮游前进，实现其远距离输移，主要是重力作用与紊动扩散作用二者相结合的结果。

悬移质的整个运动过程，就是紊动扩散作用与重力作用相互斗争的过程。当重力作用超过紊动扩散作用而居于主导地位时，悬移质向河底下沉的倾向胜过向水面上浮的倾向，则水流中的含沙量将逐渐减少，整个过程表现为淤积。反之，当紊动扩散作用超过重力作用而居于主导地位，同时河床又是由可以冲刷的物质所组成时，悬移质向水面上浮的倾向胜过向河底下沉的倾向，则水流中的含沙量将逐渐增加，整个过程表现为冲刷。如果紊动扩散作用与重力作用处于暂时的相持状态，悬移质上浮下沉的倾向大致相当，则水流中的含沙量将暂时保持基本不变，而出现大体上不冲不淤的相对平衡状态。

在水流与河床交互作用的过程中，不冲不淤的相对平衡情况只是暂时的，经常出现的情况则是不平衡的。有些河段表现为持续的淤积；有些河段表现为持续的冲刷；有些河段表现为时冲时淤，冲淤交错。在冲刷的过程中，河床表层较细的泥沙被水流优先带走，较粗的泥沙则被留在床面。这样,便使床沙产生粗化现象,悬移质中的一部分泥沙,本来是河床表层中大量存在的,因而本来是属于床沙质的,在经历冲刷以后,悬移质中的这一部分泥沙,河床表层中很少或没有了,因而就不再属于床沙质,而转化为冲泻质,它在水流中的含量,不可能再从河床表层得到相应的补充。在淤积的过程中,情况与此相反,河床表层不是粗化,而是细化。悬移质中的一部分较细的泥沙,本来是河床表层中少有或没有的,因而本来是属于冲泻质的,现经历淤积以后,悬移质中的这一部分泥沙,河床表层中大量存在,因而就不再属于冲泻质而转化为床沙质,它在水流中的含量可以从河床表层得到相应的补充。从床沙质与冲泻质在一定条件下相互转化的这一现象可以看出,不仅不同的河段区分冲泻质与床沙质的临界粒径是不相同的,而且,同一河段,在不同的过程中,区分冲泻质与床沙质的临界粒径也是有变化的。

若以 s 表示悬移质含沙量,$u(u_x,u_y,u_z)$表示流速,R 表示垂直向上的单位向量,ε_s 表示紊动扩散系数,则悬移质的流通量 P 可表示为

$$P=(u-\omega R)s-\varepsilon_s \mathrm{grad}s \tag{2-97}$$

由连续条件可得悬移质含沙量分布的基本方程为

$$\frac{\partial s}{\partial t}+\mathrm{div}P=0 \tag{2-98}$$

上式直角坐标系的表达式为

$$\frac{\partial s}{\partial t}+\frac{\partial}{\partial x}(su_x)+\frac{\partial}{\partial y}(su_y)+\frac{\partial}{\partial z}(su_y)$$
$$=\frac{\partial}{\partial x}\left(\varepsilon_{sx}\frac{\partial s}{\partial x}\right)+\frac{\partial}{\partial y}\left(\varepsilon_{sy}\frac{\partial s}{\partial y}\right)+\frac{\partial}{\partial z}\left(\varepsilon_{sz}\frac{\partial s}{\partial z}\right)+\omega\frac{\partial s}{\partial z} \tag{2-99}$$

以 x 轴作为流体运动的方向,如考虑恒定均匀流的情况,则 $u_y=u_z=0$,并用流体表面$(P_z)_{z=h}=0$ 的边界条件加以积分,则上式即变为(取 $\varepsilon_{sz}=\varepsilon_s$)

$$\omega s+\varepsilon_s\frac{\mathrm{d}s}{\mathrm{d}z}=0 \tag{2-100}$$

式(2-100)即是在二度恒定均匀流中,由于重力作用而下沉的颗粒数量同紊动扩散向上的颗粒数量相平衡时的基本方程式。解出上式,就可以得到时均悬移质含沙量沿垂线的分布规律。

以上也可用实际中较为简单的概念来说明。即在断面宽浅的河道中,可视为二维水流,在离开河段高度 z 处取一个水平的单位面积。虽然平均流速的方向与水平面平行,但因为在垂直方向上存在瞬时流速的脉动,所以有部分水体向上或向下运动,由于属稳定情况,时间平均的向上与向下的流量应该相等。水流中瞬时挟带的泥沙也跟着向上或向下运动。根据掺长的概念,设向上的水体从水平面以下 $l/2$ 处开始(l 与清水之中的掺长有关),而向下的水体从水平面以上 $l/2$ 处开始分别向上和向下运动。在水平面上,含沙浓度为 S_z,水平面以上 $l/2$ 处的含沙浓度为 $S_z-\frac{l}{2}\frac{\mathrm{d}s}{\mathrm{d}z}$,在水平面以下 $l/2$ 处的含沙浓度为 $S_z+\frac{l}{2}\frac{\mathrm{d}s}{\mathrm{d}z}$。另一方面,泥沙受重力作用,具有沉速 ω,因而颗粒的向上速度是流体速度 v_z 与沉速之差,而颗粒的向下速度为二者之和。由于 z 水平面上含沙浓度的时间平均值

是稳定不变的，即时间平均的含沙浓度的分布曲线应该是稳定不变的，因而作为时间平均值来考虑，向上输沙量应等于向下输沙量。则

$$\left(S_z - \frac{l}{2}\frac{\mathrm{d}s}{\mathrm{d}z}\right)(v_z - \omega) = \left(S_z + \frac{l}{2}\frac{\mathrm{d}s}{\mathrm{d}z}\right)(v_z + \omega)$$

或

$$S_z\omega + v_z\frac{l}{2}\frac{\mathrm{d}s}{\mathrm{d}z} = 0 \tag{2-101}$$

令

$$\varepsilon_s = v_z\frac{l}{2} \tag{2-102}$$

则式(2-101)即为式(2-100)。

对式(2-100)进行积分，并令在靠近底部的高度 a 上悬浮颗粒浓度为 S_a，则得

$$\frac{S}{S_a} = \exp\left(-\omega\int_a^z\frac{\mathrm{d}z}{\varepsilon_s}\right) \tag{2-103}$$

由式(2-102)可以看出，悬移质扩散系数 ε_s 与流体的紊动特点密切相关，加之目前对 ε_s 的物理含义尚无确切的了解，人们不得不引入一个重要的假设，即取悬移质扩散系数 ε_s 与流体紊动的动量传递系数 ε 相等或两者之间存在一个比例系数 β。例如，H. Rouse 根据对数定律表达的流速分布公式及直线定律表达的剪切力分布公式求得

$$\varepsilon_s = \beta\frac{\tau_0\left(1-\frac{z}{h}\right)}{\rho\frac{\mathrm{d}u_*}{\mathrm{d}z}} = \beta\frac{\tau_0\left(1-\frac{z}{h}\right)}{\rho\frac{1}{\kappa}\sqrt{\frac{\tau_0}{\rho}}\frac{1}{z}} = \kappa\beta\sqrt{\frac{\tau_0}{\rho}}\left(1-\frac{z}{h}\right)z \tag{2-104}$$

代入式(2-103)，积分即得著名的 Rouse 公式(取 $\beta\approx1$)为

$$\frac{S}{S_a} = \left[\frac{\frac{h}{z}-1}{\frac{h}{a}-1}\right]^{\frac{\omega}{\kappa u_*}} \tag{2-105}$$

上式中的 $\frac{\omega}{\kappa u_*}$ 为悬浮指标，又称为 Rouse 数，实质上它反映了重力作用与紊动作用的相互关系。进一步讲，重力作用通过沉速 ω 来表达，紊动扩散作用主要通过水流摩阻流速来表达。

很多学者的研究已表明，如果颗粒较细且浓度较小，Rouse 公式与实测资料比较符合；如果颗粒较细，浓度较大时，计算结果与实测资料有较大的偏差。总的来说，实测的浓度沿垂线的分布比依据 Rouse 公式计算的分布曲线更均匀些。人们将出现上述状况的原因归之于视悬移质扩散系数与流体紊动动量传递系数相等的假设。实际上还会有其他原因，例如忽视了颗粒粗度沿垂线的变化等。

Rouse 公式存在的另两个缺陷是计算的水面含沙量总为零和床面含沙量总为无穷大。造成这两种缺陷的主要原因是引用了对数型流速分布公式确定紊动扩散系数 ε_s。即对数型流速分布公式本身的弱点在处理与流速梯度等有关的问题时，起到了不能令人满意的作用。为此，可以改用流速分布公式(1-42)，同样可以得出如下形式的悬移质含沙量分布公式

$$S = S_a \exp\left[\frac{2\omega}{c_n u_*}\left(\arctan\sqrt{\frac{h}{z}-1} - \arctan\sqrt{\frac{h}{a}-1}\right)\right] \tag{2-106}$$

上式克服了 Rouse 公式在水面和河底部位出现的缺陷。即式(2-106)不仅在水面处适用,而且参考点 a 取得相当小时,含沙量仍不会出现等于无穷大的不合理现象。此外,式(2-106)的结构形式比张瑞瑾采用王志德流速分布公式得到的含沙量分布公式简便得多。

经检验和比较,当取 $c_n = 0.15$ 时,式(2-106)比 Rouse 公式与实测资料的符合程度稍好一些。若采用如下形式的公式对沉速 ω 进行修正(ω_0 为清水时的流速;d_{50} 为悬沙中径,单位为 mm)。

$$\omega = \omega_0\left[\left(1 - \frac{S_V}{2.25\sqrt{d_{50}}}\right)^{3.5}(1 - 1.25S_V)\right] \tag{2-107}$$

并同样引用式(1-40)计算 c_n,则式(2-106)的适用性大大提高,而且对于天然高含沙水流中的含沙量分布也比较符合。

此外,拾兵最近采用式(1-42)求解扩散方程,得出如下含沙量分布公式:

$$S = S_a \exp\left\{\frac{\omega}{c_n u_*}\left[\arcsin\left(\frac{2a}{h}-1\right) - \arcsin\left(\frac{2z}{h}-1\right)\right]\right\} \tag{2-108}$$

上式同式(2-106)求解出的结果是相同的。

最后指出,倪晋仁等学者对于含沙量分布的研究也是颇有价值的。

二、水流挟沙力

水流挟沙力是反映河床处于冲淤平衡状态下水流挟带泥沙量的综合性指标,是一个最为重要的理论问题,工程界和学术界对此都一直有极大的关注。早在 1914 年,吉尔贝特通过室内水槽试验,拉开了该课题研究的序幕。在 20 世纪 50 年代和 60 年代前期,出于河道建筑物规划设计及物理分析的需要,众多学者进行了大规模的研究。西方国家以爱因斯坦为先导,前苏联以维利坎诺夫为代表,在我国以张瑞瑾和沙玉清为代表,将这项研究推向高潮,许多计算公式应运而生,但一般只适用于低浓度水流。进入 70 年代,曹如轩及杨志达的研究都有了一定的进展。

20 世纪 80 年代以来,泥沙界对于水流挟沙力的研究又趋活跃,特别是我国,有许多学者投入了这方面的研究,并取得了很大的成就。下面主要介绍这方面的最新成果。

(一)挟沙水流的能耗图形

研究水流输沙特性,需对其能耗图形有较为清晰的认识。从冲积河流边界情况看,主要存在沙粒阻力 τ'、沙波阻力 τ''、推移阻力 τ_d 及河岸阻力 τ_n。根据阻力叠加原理,这些阻力单元与动床综合阻力 τ_f 的关系可表示为

$$\tau_f = K_1\tau' + K_2\tau'' + K_3\tau_d + K_4\tau_n \tag{2-109}$$

式中引入系数 K_1、K_2、K_3 及 K_4 是考虑到诸阻力单元间存在着相互重叠或干扰的影响,阻力叠加应是各个有效值的矢量和。

从水体内部看,为维持悬移质运动也要消耗能量,这种能量属于紊动能的范畴。挟沙水流只是在紊动能通过黏性发散转化为热能过程中较一般水流增添的另一种热能——一

部分紊动能通过维持泥沙的悬浮而转化为热能。因此,从量上讲,可将各项阻力相应分成三部分:与直接转化为热能的能量相应的阻力;与实际参与悬浮泥沙所消耗的那部分能量相应的阻力;与余下的没有参与悬浮泥沙的能量相应的阻力。亦即将式(2-109)右侧诸项分为三部分(以下角标1、2、3表示),再按各部分归类,则该式又可写成

$$\tau_f = (\tau'_1 + \tau''_1 + \tau_{d1} + \tau_{n1}) + (\tau'_3 + \tau''_3 + \tau_{d3} + \tau_{n3}) + (\tau'_2 + \tau''_2 + \tau_{d2} + \tau_{n2}) \tag{2-110}$$

上式右边第三项从量上讲等于悬浮泥沙消耗的紊动动能所对应的阻力 τ'''。若再将前两项以 τ_s 表示,式(2-110)即为

$$\tau_f = \tau_s + \tau''' \tag{2-111}$$

在恒定均匀挟沙水流之中,若沿水流方向任取一单位流段来研究,则单位时间内体积为 A_{x1} 的浑水中的清水(在不存在泥沙的情况下)从高处流到低处所具有的能量 E_1 可表示为

$$E_1 = \gamma(1 - S_V)AvJ_0 \tag{2-112}$$

式中:γ 为水流密度;S_V 为以体积百分数表示的含沙量;J_0 表示上述清水当流速为 v 时所对应的水流比降,它是为研究问题方便而引入的当量能坡。至于相应的浑水中的清水从高处流到低处为克服阻力所消耗的能量 E_2 可表示为(R 为水力半径)

$$E_2 = \tau_f(1 - S_V)\frac{A}{R}v \tag{2-113}$$

根据能量平衡原理,应用 $E_1 = E_2$,因此由式(2-111)~式(2-113)可得

$$\gamma(1 - S_V)AvJ_0 = \tau_s(1 - S_V)\frac{A}{R}v + \tau'''(1 - S_V)\frac{A}{R}v \tag{2-114}$$

不难看出,上式中右边第二项为单位时间流段里的清水维持泥沙所消耗的能量,在量值上等于维利卡诺夫的悬浮功 E_s。

对二度恒定均匀流的单位浑水水体而言,紊动从平均水流运动中取得的能量就是当地所消耗的能量。令 W_s 表示单位挟沙水体在单位时间内当地消耗的能量,可表示为

$$W_s = \tau_b \frac{du}{dz} \tag{2-115}$$

式中:du/dz 代表水深 z 处单位浑水水体中心的流速梯度;τ_b 为单位浑水水体的切应力。

根据 W_s 的含义,显然它应包括该点处的单位水体内通过各种途径所消耗的全部能量。悬浮泥沙耗能仅是当地所包含的将紊动能转化为热能的一种途径,它与通过其他途径消耗的能量的归宿完全相同,于是可列出二度流的能量平衡方程式为

$$\tau_b \frac{du}{dz} = W_d + Q'_h \tag{2-116}$$

式中:W_d 为相应条件下悬浮泥沙所消耗的能量;Q'_h 代表黏性作用及其他途径转化为热量的那部分能量消耗。

(二)床沙质挟沙力公式的推导

悬移质中的床沙质挟沙力公式,在国内影响最大的首推武汉水利电力学院公式,而且其他各家的公式,一般都能转化为与该公式类同的形式。这个公式是张瑞瑾等学者在维

利卡诺夫公式的基础上,进一步分析大量资料得到的。此后,又按照悬移质具有制紊作用的观点,对公式的建立作了阐释。由于其中引入了几个尚无充分根据的假设和处理,因此公式仍被归于经验或半经验公式之列。为此,我们由上述一度流的能耗图形,可以作一论证。

悬浮功 E_s 的表达形式为

$$E_s = (\gamma_s - \gamma) S_V A \omega_s \tag{2-117}$$

式中:γ_s 为泥沙密度;ω_s 为泥沙群体沉速,根据连续律,文献[20]给出如下计算公式:

$$\omega_s = \left(\frac{\nu}{\nu_m}\right)^n (1 - S_V)\omega_0 \tag{2-118}$$

式中:ν、ν_m 分别为清水及浑水时的运动黏滞系数。

将式(2-117)取代式(2-118)右边第二项,并将式(2-118)代入,整理后可得

$$\gamma v J_0 = \frac{\tau_s}{R} v + (\gamma_s - \gamma) S_V \omega_0 \left(\frac{\nu}{\nu_m}\right)^n \tag{2-119}$$

仿照水力学公式,τ_s 及 J_0 可表示为

$$\tau_s = \frac{f_s}{4} \gamma \frac{v^2}{2g} \tag{2-120}$$

$$J_0 = \frac{f_0}{4R} \frac{v^2}{2g} \tag{2-121}$$

式中:f_0、f_s 分别为 J_0 及 τ_s 所对应的阻力系数。

将式(2-120)、式(2-121)代入式(2-119),整理后即得

$$S_V = \frac{1}{8\left(\frac{\nu}{\nu_m}\right)^n \frac{\gamma_s - \gamma}{\gamma}} (f_0 - f_s) \frac{v^3}{gR\omega_0} \tag{2-122}$$

若只考虑床沙质,可引入两个用来区别全沙的比例系数 β_1 和 β_2,取 $S_V = \beta_1 S_* / \gamma_s$、$\omega_0 = \beta_2 \omega$,不难将式(2-122)转换为

$$S_* = \frac{\gamma_s}{8\beta_1\beta_2 \frac{\gamma_s - \gamma}{\gamma}\left(\frac{\nu}{\nu_m}\right)^n} (f_0 - f_s) \frac{v^3}{gR\omega} \tag{2-123}$$

式中:S_* 代表不冲不淤临界情况下的床沙质含沙量;ω 为与其床沙质相应的代表沉速。

由式(2-123)可以看出,$v^3/(gR\omega)$ 之前的量与 S_V 有关,参考张瑞瑾处理此类问题的方式,令

$$\frac{\gamma_s(f_0 - f_s)}{8\beta_1\beta_2 \frac{\gamma_s - \gamma}{\gamma}\left(\frac{\nu}{\nu_m}\right)^n} = a_1 S_V^{a_2} = a_1 \left(\frac{\beta_1}{\gamma_s}\right)^{a_2} S_*^{a_2} \tag{2-124}$$

代入式(2-123),整理后可得

$$S_* = K\left(\frac{v^3}{gR\omega}\right)^m \tag{2-125}$$

式中

$$K = \left[a_1\left(\frac{\beta_1}{\gamma_s}\right)^{a_2}\right]^{\frac{1}{1-a_2}} \tag{2-126}$$

$$m = \frac{1}{1 - a_2} \tag{2-127}$$

显然式(2-125)即是武汉水利电力学院挟沙力公式，这就又一次论证了该公式在理论上是成立的。从上述论证过程看，仅采用了一个假设式(2-124)，且由于该式中的 f_s 并不代表浑水单位床面对水流的阻力 τ_f 的全部阻力系数，于是这一处理与现存的观点和试验结果都无直接冲突。

(三)水流挟沙力通用公式

水流含沙后的物理性质和紊动结构有所改变，从而又影响到水流能量损失、流速和含沙量分布。因此，为得到既适用于一般水流又适用高含沙水流的挟沙力公式，需要从上述二度流能耗图形出发，考虑泥沙存在对水流的影响。

仿照物理学常用的方法，将式(2-116)改写为

$$\eta \tau_b \frac{du}{dz} = W_d \tag{2-128}$$

式中：η 为比例系数，代表单位体积浑水在单位时间内就地消耗的能量中悬浮泥沙耗能所占份数。

在不冲不淤的相对平衡情况下，悬浮泥沙消耗的能量 W_d 应该等于浑水悬浮泥沙所做的功 A_s。即

$$W_d = A_s = (\gamma_s - \gamma) S_V \omega_s \tag{2-129}$$

式中：S_V 为距河床为 z 的流层中以体积百分数表示的时均含沙量；γ_m 为浑水重度。

对于二度流，τ_b 可表达为

$$\tau_b = \gamma_m (h - z) J \tag{2-130}$$

引入卡尔曼-勃兰德对数流速分布公式(1-26)，求导得

$$\frac{du}{dz} = \frac{u_*}{\kappa} \quad \frac{1}{z} \tag{2-131}$$

式中：κ 为卡门常数，对于挟沙水流，可由式(1-43)计算。

将式(2-129)～式(2-131)代入式(2-128)，并整理后可得

$$S_V = \eta \frac{h - z}{z} \frac{J u_*}{\kappa \omega_s \dfrac{\gamma_s - \gamma_m}{\gamma_m}} \tag{2-132}$$

对上式两边沿垂线积分，取积分区间为[δ, h](δ 为推移层厚度)，并视 κ、γ_m、ω_s 仅为水体平均含沙量 S 的函数。即

$$\int_\delta^h S_V dz = \frac{J u_*}{\kappa \omega_s \dfrac{\gamma_s - \gamma_m}{\gamma_m}} \int_\delta^h \eta \frac{h - z}{z} dz \tag{2-133}$$

对于上式右端，在区间[δ, h]上，$(h - z)/z$ 不变号且可积，η 为 z 的连续函数，则根据积分的第一中值定理，至少存在一个小于 h 而大于 δ 的数 c，则得

$$\int_\delta^h \eta \frac{h - z}{z} dz = \eta_* \int_\delta^h \frac{h - z}{z} dz = \eta_* \left(h \ln \frac{h}{\delta} - h + \delta \right) \tag{2-134}$$

式中：$\eta_* = \eta(c)$，由于 $h \gg \delta$，因此

$$\int_{\delta}^{h}\eta\frac{h-z}{z}\mathrm{d}z=\eta_{*}h\ln\frac{h}{\mathrm{e}\delta} \tag{2-135}$$

根据前人研究，推移层厚度 $\delta=(1\sim3)d_{50}$。此处取 $\delta=2.207D_{50}$，使 $\mathrm{e}\delta=6d_{50}$。并且令

$$\frac{S_{*}}{\gamma_{s}}=\frac{1}{h}\int_{\delta}^{h}S_{V}\mathrm{d}z \tag{2-136}$$

则式(2-133)又可推演为

$$S_{*}=\gamma_{s}\eta_{*}\frac{Ju_{*}}{\kappa\omega_{s}\dfrac{\gamma_{s}-\gamma_{m}}{\gamma_{m}}}\ln\left(\frac{h}{6d_{50}}\right) \tag{2-137}$$

将 $J=\lambda v^{2}/(8Rg)$ 及 $u_{*}=\sqrt{\lambda/8}v$ 代入上式，则得

$$S_{*}=\gamma_{s}\frac{\lambda^{3/2}\eta_{*}}{8^{3/2}\kappa\dfrac{\gamma_{s}-\gamma_{m}}{\gamma_{m}}}\frac{v^{3}}{gR\omega_{s}}\ln\left(\frac{h}{6d_{50}}\right) \tag{2-138}$$

式中：λ 为挟沙水流阻力系数。

对于式(2-138)中的 λ 和 η_{*}，由推导过程来看，主要反映浑水水流阻力系数和挟沙效率系数的影响。根据目前研究水平，暂将它们放在一起处理。经分析认为，$\lambda^{3/2}\eta_{*}$ 不仅与清水阻力系数 λ_{0} 和含沙量 S_{V} 以及流速分布参数 k 有关，而且还与水流佛汝德数 $v^{2}/(gh)$（代表紊动强度）及代表相对重力作用的因子 $\dfrac{\gamma_{s}-\gamma_{m}}{\gamma_{m}}\cdot\dfrac{\omega}{v}$ 有关。即

$$\lambda^{3/2}\eta_{*}=f\left(\lambda_{0},S_{V},k,\frac{v^{2}}{gh},\frac{\gamma_{s}-\gamma_{m}}{\gamma_{m}}\cdot\frac{\omega}{v}\right) \tag{2-139}$$

进一步利用黄河土城子挟沙能力测验资料和黄委会水利科学研究所水槽及模型资料，可初步将上式表示为

$$\lambda^{3/2}\eta_{*}=0.021\,35(0.002\,2+S_{V})^{0.62}\left[\frac{v^{3}}{kgh\omega_{s}\dfrac{\gamma_{s}-\gamma_{m}}{\gamma_{m}}}\ln\left(\frac{h}{6d_{50}}\right)\right]^{-0.38} \tag{2-140}$$

将上式代入式(2-138)，整理后即得包括全部悬沙的挟沙力公式为（对于冲积河流，取 $R\approx h$）

$$S_{*}=2.5\left[\frac{(0.002\,2+S_{V})v^{3}}{\kappa\dfrac{\gamma_{s}-\gamma_{m}}{\gamma_{m}}gh\omega_{s}}\ln\left(\frac{h}{6d_{50}}\right)\right]^{0.62} \tag{2-141}$$

上式单位采用国际单位制，其中群体沉速可由如下与实测资料较为符合的公式（验证结果见图 2-2）计算：

$$\omega_{s}=\omega_{0}\left(1-\frac{S_{V}}{2.25\sqrt{d_{50}}}\right)^{3.5}(1-0.25S_{V}) \tag{2-142}$$

图 2-9 为采用黄河、长江等国内外河流资料对式(2-142)进行的验证结果。可以看出，该公式不仅适用于一般挟沙水流，而且适用于高含沙紊流。此外，式(2-141)计算的属

全悬移质挟沙力，不需人为地对床沙质及冲泻质加以区别，在工程上有重要的实际意义。

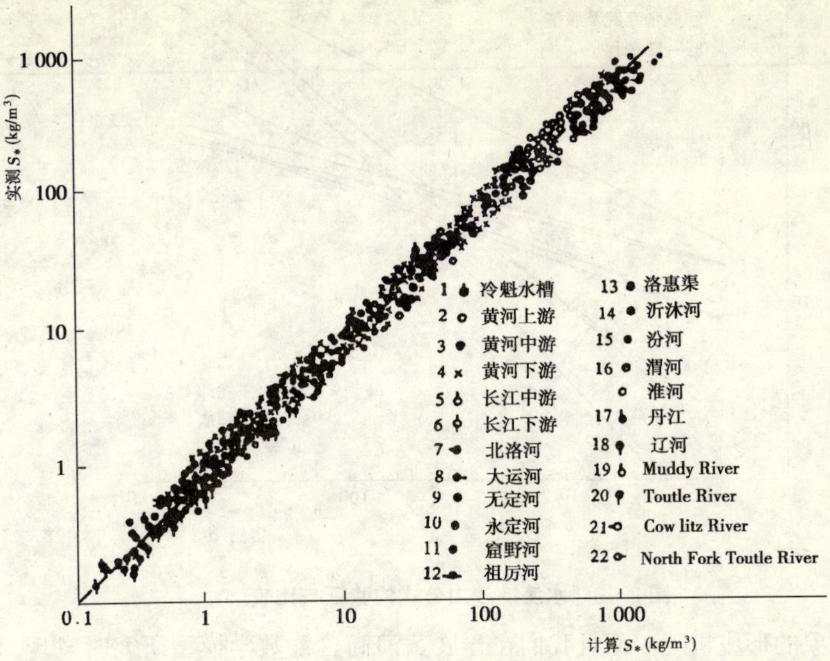

图 2-9　本文挟沙力公式与实测资料的比较

为了能对国内具有代表性的挟沙力公式进行初步比较分析，舒安平选择了李昌华、张红武、窦国仁、沙玉清、杨志达、王兆印、张瑞瑾和曹如轩公式作为验证对象，其中后三者是在点绘相应的挟沙力关系线的基础上又通过回归分析确定了公式中的系数 k 和指数 m。所采用的验证资料是黄河中游潼关以下六站（潼关、大禹渡、花园口、孙口、艾山和利津）1959～1988 年间实测水沙资料，共计 266 组。这套资料的特点是，泥沙级配宽、含沙量范围广（$S_{max}=650\text{kg/m}^3$）、床沙与悬沙级配兼具和水沙因子相对稳定。后一特点是从定性上判断水流是否为输沙平衡的重要依据之一。

各个公式验证结果如图 2-10 所示。由图可见，沙玉清公式的计算值偏离实测值最远，二者相关系数仅为 0.27，说明沙玉清公式中的经验系数 A_m 不适合于黄河；计算值与实测值符合最好的是公式（2-28），相关系数大于 0.90；其余 6 家公式都存在着共同的缺点，即两端偏离较远，而且除杨志达公式外，其余 5 种公式变化趋势也相近，即低含沙水流时挟沙力计算值偏大，而高含沙水流时正好相反，究其原因主要是这些公式未能反映高含沙水流的特点，或者是公式推导过程中假定 S_V 为小量所致。

黄委会江恩惠、朱太顺、王严平等学者以及国家自然科学基金重点项目“高含沙水流紊动结构和泥沙运动规律的研究”，通过大量实测资料也证实了式（2-141）是现有公式中最适用于黄河等天然河流的水流挟沙力公式，目前已得到广泛应用。

江恩惠通过系统的分析，也得出了与上述相同的结论（最大含沙量为 873 kg/m³），并认为由式（2-141）能进一步揭示多沙河流所具有的“多来多排，少来少排”以及高含沙洪水

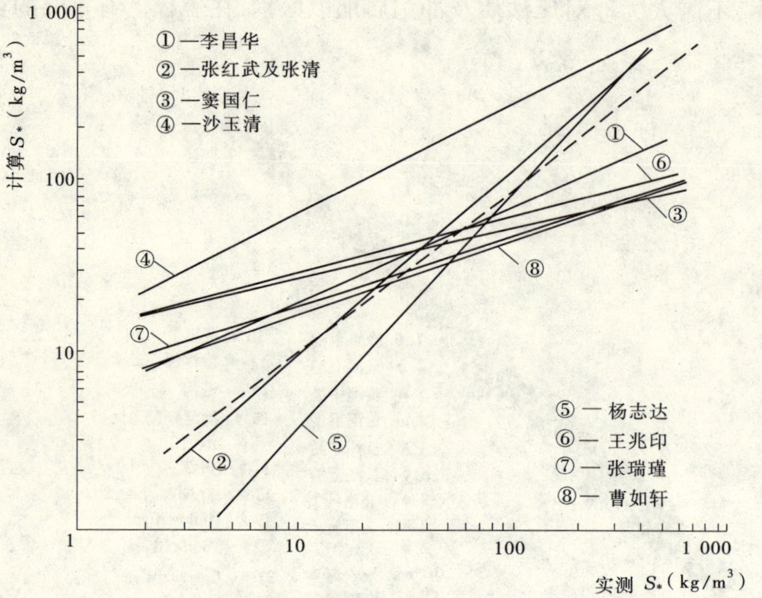

图 2-10　水流挟沙力公式的验证与比较

“揭河底”等现象的形成机理。而且我们在开展黄河高含沙数学模型研究时发现，采用一般水流挟沙力，无论如何修正，其结果都是令人失望的。而改用式(2-141)后，计算结果即能正确地反映高含沙洪水的河床冲淤特性。

应该说明的是，公式(2-141)通过考虑含沙量的存在对于水流摩阻特性、挟沙效率系数以及泥沙沉降特性等因素的影响，进而把握水流挟沙力(严格地讲，不仅是水流挟沙，还可能是浑水挟沙)的大小。已有不少学者先后认识到含沙量的存在确实对水流挟沙能力有着显著的影响，而且舒安平等学者还正在进行新的探索，这一课题的研究将会更为深入。有人试图从水沙两相流的角度探讨悬移质的运动，有人还对悬移质颗粒组成开始研究，显然这都是颇有意义的。

参 考 文 献

[1] 钱宁，万兆惠. 泥沙运动力学. 北京：科学出版社，1986
[2] 谢鉴衡. 河流泥沙工程学(上册). 北京：水利出版社，1981
[3] 张书农，华国祥. 河流动力学. 北京：水利电力出版社，1988
[4] 陈国祥. 河流动力学. 北京：人民交通出版社，1981
[5] 沙玉清. 泥沙运动力学引论. 北京：中国工业出版社，1965
[6] 钱意颖，杨文海，赵文林，等. 高含沙水流的基本特征. 见：第一次河流泥沙国际学术讨论会论文集(第一卷). 北京：水利出版社，1980
[7] 郭慕孙，庄一安. 垂直系统中均匀球体和流体的运动. 北京：科学出版社，1963
[8] 夏震寰，汪岗. 无黏性均质颗粒在细颗粒悬浮液中的沉降. 泥沙研究，1982(1)

[9] 韩其为,何明民.泥沙起动规律及起动流速. 北京:科学出版社,1999
[10] 张红武.冲积河床糙率模拟的探讨.武汉水利电力学院学报,1986(3)
[11] [美]V.A.,范诺尼主编.泥沙工程. 北京:水利出版社, 1981
[12] 张瑞瑾,谢鉴衡,王明甫,等.河流泥沙动力学.北京:水利电力出版社,1989
[13] 唐存本.泥沙起动规律.水利学报,1963(3)
[14] 褚君达.无黏性泥沙的起动条件.水科学进展.1993(4)
[15] 李保如,等.推移质起动条件试验冲刷资料的分析.南科所研究报告,1954
[16] 侯晖昌.河流动力学基本问题.北京:水利出版社,1982
[17] D.斯蒂芬森.堆积工程水力计算.李开远,等译.北京:海洋出版社,1984
[18] 张红武.粗颗粒推移质级配的理论计算.见:水利水电工程青年学术论文集.北京:中国科学技术出版社,1992
[19] 李保如.泥沙起动流速的计算方法.泥沙研究,1959(4)
[20] A . Shields ,Anwendung der Aechlichkeitsmechanik and der Turbulenzforschung auf die Geschiebewegung Mitt Treussische Versuchsanstanstalt faur Wasserball and Schiffbau . Berlin ,1936
[21] Meyer-Peter ,E . and R . Muler . Formula for Bed Load Transport . Proc . znd Meeting , Intern . Assoe . Hyd . Res . Vol ,6, 1948
[22] H.A.爱因斯坦.明渠水流的挟沙能力.钱宁译.北京:水利出版社,1956
[23] 舒安平.水流挟沙力公式的验证与评述.人民黄河,1993(1)
[24] 张红武,等.沙石及模型沙水下休止角的试验研究.泥沙研究,1989(3)
[25] 张红武,等. 防治寻峪沟洪水泥沙影响故县枢纽的措施的试验研究. 见:泥石流及洪水灾害防御国际学术讨论会论文集(英文). 北京:地震出版社, 1992
[26] 刘有录.桥渡.郑州:黄河水利出版社,1995
[27] M.S.YaLin. MECHANICS OF SEDIMENT TRANSPORT, 2nd Edition, Pergamon Press, 1977
[28] 钱宁. 推移质公式的比较. 水利学报,1980(4)
[29] H . Rouse ,Experiments on the Mechanics of sediment Suspension . Proc . sth Inter . cong . of Applied Mechanics ,1938
[30] 张红武,张清.黄河水流挟沙力的计算公式.人民黄河,1992(11)
[31] 倪晋仁,王光谦.论悬移质浓度垂线分布的两种类型及其产生的原因.水利学报,1987(7)
[32] 曹如轩.高含沙水流挟沙力探讨.见:黄河泥沙研究报告选编(第2集).1975
[33] Yang C. T. ,"Incipent Motion and Sediment Transport ",ACAE ,J . of Hgdraulic Engr ,Vol .99,No . Hy 10,1973
[34] 张红武,张清.冲积河流的水流挟沙力.见:水利水电工程学术论文集.北京:中国科学技术出版社,1992
[35] 倪晋仁,等.固液两相流基本理论及其最新应用.北京:科学出版社,1991
[36] 张红武,马继业,张俊华,等.河流桥渡设计.北京:中国建材工业出版社,1993
[37] 朱太顺,王严平,江恩惠.黄河水流挟沙力公式评述.见:第十一届全国水动力学会议论文集.北京:海洋出版社,1997
[38] 惠遇甲,李义天,胡春宏,等.高含沙水流紊动结构和泥沙运动规律的研究.见:国家自然科学基金重点项目(59339170).清华大学、武汉水利电力大学等,1997
[39] 江恩惠.黄河水流挟沙力计算方法的研究现状.见:黄科院第四届青年学术讨论会论文集.1992
[40] 张启卫,张红武.高含沙洪水造床过程的数值模拟.见:水动力学研讨会文集.北京:海洋出版社,1992

[41] 刘大有.建立两相流方程的动力论方法.力学学报,1987(19)
[42] Zhang Hongwu . Size Distributions of Suspended Particle in Turbulent Flow Field ,Proceddings of the Fourth International Symposium on Refined . Flow Modelling and Turbulence Measurements, Sept. 20－23,1990. Wuhan ,Chine
[43] DuBoys,P. . Le Rhone et les Riviers a Lit Affouillable. Annales des Ponts et Chaussees, 13, Series 5, 1879
[44] Schoklitsch,A. . Der Geschiebetried und Gaschie befracht. Wasserkraft und Wasserwirtschaft, Vol. 29, No. 4,1934
[45] Shields,Application of Similarity Principles and Turbulence Research to Bed－Load Movement. Berlin, Germary, translated into English by W. P. ott and J. C. van Uchelen, Californin Institute of Technology, Pasadena Califomia, 1936
[46] Einstein, H. A. . The Bed Load Function for Sediment Transportation in Open Channels. Technical Bulletion 1026, U. S. Department of Agriculture, 1950
[47] 段红东,何华松,朱辰华,等.河流输沙力学.郑州:黄河水利出版社,2001
[48] 许念曾.河道水力学.北京:中国建材工业出版社,1994

第三章　河床演变概论

在自然情况下，河流总是处在不断的变化和发展过程中。当河流上兴建了过河建筑物或进行疏浚、整治以后，河床演变将变得更加迅速和剧烈。为了合理地利用和成功地整治河道，必须掌握河床演变的基本规律。

河床演变是一个三维的问题，而且河床边界条件又是极其复杂而多变的。因此，还不可能完全从数学上来进行严格的求解，尚需要借助于定性的描述和逻辑的推理方法来进行分析研究。

本章主要介绍同桥渡设计有关的河床演变基本原理、不同类型河床演变的一般规律以及河相关系式，并就桥渡附近河床演变方面的内容作了简要介绍。

第一节　河流形成和演变概述

河流是指陆地上经常有水流动的泄水洼槽，它是水流和河床长期作用的产物。河水的来源，主要是降水和融雪。空中的降雨汇集在地表的低洼处，在重力的作用下流动，在流动过程中侵蚀地面、搬运泥沙、逆造平原，由于水流的侵蚀和搬运作用，将使水沟水渠逐渐发展成为小河，小河在接纳各级支流来水后，逐渐发展成水面宽阔、汹涌澎湃的大江大河。

天然河流总是处在不断的发展和变化之中。如平原地区的完全性河流，凹岸不断冲刷，凸岸不断淤积，曲率半径不断减小，凹线不断弯曲，最终产生自然裁弯，以后又重复以上演变过程。当在河流上兴建了桥渡或其他工程建筑物或进行疏浚、整治之后，河床的演变和发展将更加剧烈和迅速。例如，当河流上兴建大型水库之后，水库回水区将产生泥沙的淤积，水库下游将引起河床的冲刷。水库回水末端的河床也将产生一定的冲刷变化和水文条件的变化，甚至招致汛期洪水泛滥的加剧。为了合理地利用和有效地整治河流，就必须充分掌握河流演变的规律性，并对今后的发展趋势加以预测。

河流的变化与发展是河流与河床相互作用的结果。水流特征包括水位、流量、流速分布、水流结构(状态)以及含沙量等；河床特征则包括河床岸组成物质特征，河床比降及河床平面、断面几何形态等。水流作用于河床，使河床发生变化，河床又反作用于河流，使水流结构发生变化，二者既互相依存，又相互作用，从而推动着河流不断地变化和发展。水流与河床的相互作用是通过它们的泥沙交换来实现的。水流挟带泥沙，河床是由泥沙或基岩组成的，它们之间经常地产生泥沙的交换。一种情况下，通过泥沙的淤积使河床升高；另一种情况下，通过泥沙的冲刷使河床降低。泥沙运动是水流与河床相互作用的媒介，而水流与河床间的泥沙交换又受水流紊动结构所制约。由于紊动交换作用，向上脉动水流从河床面掀起泥沙颗粒并将其带入水流，而向下脉动水流则把一定数量的泥沙重新挟向河底，即水流紊动结构对泥沙具有决定性的影响。因此，分析河床演变及河床稳定性必须研究水流结构及泥沙运动,同时还必须研究能改变水路或河床两方面特征的自然因素,如水文气象因素、近期构造变动因素等。

河流一般根据地理位置、自然条件,可以分为山区河流和平原河流。流经地势高峻、地形复杂山区的河流称为山区河流;流经地势平坦、土质疏松平原地区的河流称为平原河流。由于地理位置和自然条件的差异,各自有着不同的特性。一般常呈现发育不完全的V形或U形河谷,河谷比降大,流态险恶,河床形态极不规则,水位和流量的变幅大,河流中泥沙主要表现为泥沙的堆积作用,河谷断面为发育完全的河漫滩河谷(见图3-1),河谷比降平缓,水流较为平稳,河流中的泥沙主要以悬移质运动为基本运动形式,河床边界由中细沙构成,水流和河床的相互作用十分明显,河床变形也比较大。

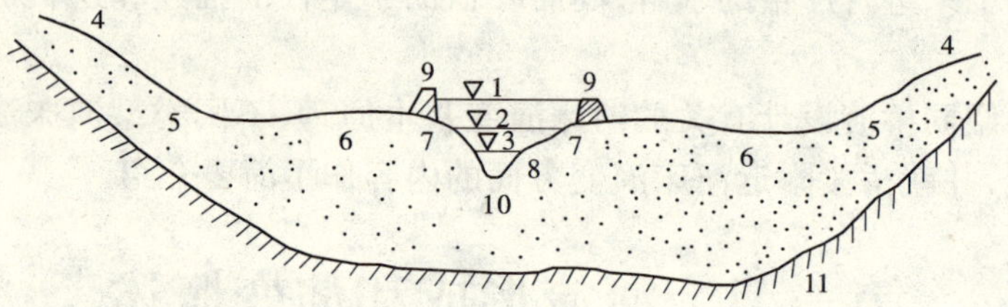

图3-1　平原河流的河谷形态

1—洪水位;2—中水位;3—枯水位;4—谷坡;5—谷坡与谷底交界处;
6—河漫滩;7—滩唇;8—边滩;9—堤防;10—冲积层;11—原生基岩

河流可分为河源、上游、中游、下游及河口五段。河源是指河流的发源地,可以是水溪、沼泽和湖泊,一般河流多发源于山地或高原。紧接河流上段的上游段称为上游,上游一般流经山地或高原,具有山区河流的特性。在上游以下河流中段称为中游,一般流经丘陵或平原地区,它的特征是河床比降较小,一般无急流、瀑布出现,水力侵蚀下切作用减弱,并转向两侧侵蚀,河身逐渐展宽,较粗的泥沙开始沉积,两岸出现河滩。河流的下段被称为下游,多位于冲积平原地区,具有平原河流的特性。河流的终点称为河口,大的河流都汇入海洋,称为海洋河口,较小的河流注入海洋的地方经常出现大量泥沙淤积,特别是黄河河口地区,河道处于淤积抬高、延伸、摆动改道演变之中,形成三角洲。河口的演变不仅受到河流特性的影响,还受到海洋水文因素作用,使河口水流及泥沙运动的图形更为复杂。

河流有共性也有各自特有的个性。由于水沙条件的变化,地质情况的复杂,而构成了各种类型的河流。河床演变则是指河道在自然情况下或受到人类活动干扰时所发生的变化,河床演变与其他物理过程一样,其变化可从时间和空间两个方面进行衡量。在空间上河道主要的演变形式有两种:一是河道沿流程在纵深方向上的冲刷和淤积变化,称为横向变形;二是河道的变化过程也有两种形式,即单方向变形和复归性变形两种形式。如黄河在天然情况下,从长时段来看,以单向淤积为主,逐年抬高;而三门峡水库建成初期,下泄水排沙,非汛期蓄水拦沙、下泄清水,下游河道汛期可能淤积抬高,非汛期则冲刷下切,这又是复归性变化。但是,在大多数状况下,河道纵向变形与横向变形、单方向变形与复归性变形往往交织在一起,构成异常复杂的演变图形。

研究河流演变作用具有重要的工程意义。因为河流作用直接或间接地对工程建筑物产生不利影响。河流的现代地质作用直接影响着建筑物的安全、经济和正常适用。河流的侵蚀作用,直接威胁着河流工程(如桥墩、堤坝)的稳定性。河流的搬运和沉积作用,可使河川和河岸建筑(如水库、港口)淤塞,降低其效能。

在河流上修建过河建筑物,由于改变了河流的侵蚀、搬运、淤积规律及其环境因素,便会产生不同程度的环境工程地质问题。特别是一些大型桥渡工程所产生的环境工程地质问题,对工程的适宜性和生态环境起着极其重要的作用。

在过去的地质年代中,河流作用所形成的河谷地貌和河谷中的松散堆积物,往往又控制着某些建筑物的工程地质条件,产生特殊的工程地质问题,如基础渗漏、砂土振动液化等。

河床演变就其发展方向而言,可分为渐进的单向变形和循环的往复变形两类。渐进的单向变形是指河床在相当长的时期内作单一的冲刷或淤积的变化。如上游河床不断下切,下游河床不断抬升,河口三角洲不断淤积、延伸等。循环的往复变形则是指在较短时期内河床作循环往复的冲淤变化。如浅滩在一年内或多年期间的冲淤变化,河湾在若干年内发生、发展和消亡,汊道在若干年内兴衰交替等。在一般情况下,第一类变形的过程非常缓慢,而第二类变形则往往进行得异常迅速,对人类经济活动影响较大,是河床演变研究的主要对象,在进行桥渡设计时应充分考虑。

河床演变就其影响范围而言,可分为长河段变形和短河段变形两种。长河段变形是指在较长距离内河床的普遍冲刷和淤积;短河段变形也称为局部变形,是指在较短距离内局部河床的冲淤变化,如个别河湾的演变、汊道的兴衰、浅滩的冲淤等。对桥渡设计而言,研究长河段变形是必要的,确定局部河段的河床变形具有特殊重要的意义。

第二节　河床演变原理

在自然条件下,河床总是处于不停的变化和发展之中,这种复杂的演变过程尚不能完全从数学上进行严格的求解,大多数只能进行定性的描述和逻辑的推理。河床演变是指在自然条件下,或在人工干扰时所产生的变化,主要包括河床在垂直和水平方向上的位移、河床的变形和尺寸的改变等。例如,河床因冲刷而下切,因淤积而抬高;河床一岸冲刷,另一岸淤积而在平面上摆动;河床中各种泥沙淤积物在水流作用下的移动或变形等。

河床演变是水流与河床相互作用的反映,而这种相互作用通过它们之间的泥沙交换来实现。水流与河床间的这种泥沙交换又受紊动水流特征所制约。河底是床沙交换的场所,若冲刷掀起的颗粒平均数等于沉积到河底的数量,则泥沙交换是平衡的,不会产生单向的河床变形、冲刷或淤积。河床演变是水流与河床这对矛盾自动调整的过程。这种调整是通过河流的输沙能力来实现的。水流的输沙能力是指在一定条件下水流所能输送的泥沙数量,它决定于水流的特性和水流中挟带的泥沙颗粒的性质。

一条河流包括水流与河床两个方面,它们既相互依存,又相互制约。一定的河床形态和河床组成,决定了一定的与其相适应的水流条件,又使河床形态和河床组成产生一定的与其相适应的变化,二者的相互依存和斗争,推动着河流经常不断地变化和发展,河道泥沙发生淤积和冲刷的基本原因是由于输沙的不平衡,即上游来沙与河段的水流挟沙能力不相适应时,河床发生变形。例如,当上游的来沙量小于本河段的水流挟沙力时,则来沙量不能满足水流挟沙力要求,因而产生河床冲刷,将河床上泥沙冲起,并带向下游,使本河段河床下降。河床的纵向变形是由于纵向输沙不平衡引起的,河床的横向变形是由横向输沙不平衡引起的。

水流的挟沙力公式表明,水流的输沙能力与流速的高次方成正比。任何一个河段,在一定的水流和泥沙条件下,水流具有一定的输沙能力。如果上游的来沙量与这一输沙能力相适应,则水流处于输沙平衡状态,水流与河床间的泥沙交换将达到平衡,此时河床既不冲刷也不淤积;反之,当上游来沙量与这一输沙能力不相适应时,则水流处于输沙不平衡状态,水流与河床间的泥沙交换不平衡,河床将发生相应的冲淤。当上游来沙量大于水流的输沙能力时,水流中过多的泥沙颗粒逐渐淤积,使河床淤高;当来沙量小于输沙能力时,水流中不足的泥沙数量将逐渐自河底得到补充,使河床冲深。

河道由于输沙不平衡所引起的变形,在一定的条件下,往往朝着使变形停止的方向发展,即河床淤积时,其淤积速度将逐渐减小,直至冲刷停止。这种现象即为河床和水流的“自动调整”作用。在河床冲刷或淤积的发展过程中,通过调整河床组成、水深、比降、河宽,使本河段的水流挟沙力与上游的来沙条件趋于相适应,从而使冲刷或淤积向其停止的方向发展。这符合任何事物都走向其反面的一般规律性。由于上游来水来沙不断变化,河床和水流的相适应性也随时改变,来水来沙条件的改变,将必然引起输沙的不平衡,因而平衡状态只是暂时的、相对的,不平衡性是绝对的,因而河床演变不会停止。

影响河床演变的因素是极其复杂的,但对任何一个具体河段而言,主要有以下四个方面:①河段的来水量及其变化过程;②河段的来沙量、来沙组成及其变化过程;③河段的河道比降及其变化情况;④河段的河床形态及地质情况。

在上述四个因素中,对于冲积平原河流来说,在一般情况下,后两个因素往往是由前两个因素派生的。冲积平原河流的河道比降由河流本身的堆积作用所形成,它取决于来水来沙条件。来沙量大的多沙河流,其河道比降一般较大,来沙量小的少沙河流,其河道比降一般较小。冲积平原河流的河床形态和地质组成,同样是由河流本身的堆积作用造成的,因而亦决定于来水来沙条件,多沙河流与少沙河流的河床形态相差甚多,河床的地质组成也迥然不同。由此可见,对于冲积平原河流来说,在上述四个因素中,前两个因素起主导作用,表明在水流与河床这个矛盾的两个方面中,水流(指挟沙水流)起主导作用,河道的演变发展,主要由取得支配地位的水流决定,即主要是来水来沙条件决定的。所以在分析冲积河流的河床演变中,首先应对河段的来水来沙条件加以考虑。对于山区河流来说,第四个因素,即河床形态及地质情况往往起主导作用。前两个因素取决于流域的产水产沙条件,即取决于流域的气象、地理和地质等条件。黄河上、中游流经不同地区,其来水来沙条件差别很大。来自河口镇以上的洪水和来自陕西、山西两省黄土高原的洪水,含沙量高且粒径粗,往往使下游河道严重淤积;来自渭河、泾河洪水,含沙量也较大,但粒径细,对造成黄河下游的淤积次于陕西及山西区间来水。除上述影响河床演变的四个因素外,人为的因素往往对河道演变的影响也很大,如三门峡水库修建后,由于径流过程的改变,对下游河床演变过程也产生较大的影响。

第三节　河型及河相关系

一、河型区划

河型是指一条河流的形态，可以说是从飞机上看到的一条河流的大致走势。各类河型之间通常不能截然分开，甚至可认为河型是从一种类型过渡到另一种类型的连续形体。但为了概括河道形态、演变特性及成因，我们又必须进行河型划分。

关于河型的划分，各国学者着眼点不同，有的按河床的稳定程度将河流分为稳定性和不稳定性河流，有的按河流的输沙是否平衡分为侵蚀性、均衡性与堆积性河流，也有的按其边界条件分为山区性河流、过渡性河流和平原河流或分为冲积性与非冲积性河流。一般来说，对于冲积平原河流较有代表性的是将河流按其平面形态、动态特征或河床形成过程进行分类。

西方学者一般根据不同的河道平面形态，将河流分为顺直、弯曲和网状三种类型，并将具有稳定性江心洲的分汊河流与具有游荡性的分汊河流同列为网状河流的范畴；而前苏联学者一般按河床过程来划分。我国大部分学者则综合考虑河道的平面形态及演变的动态特征，特别是根据长江、黄河这两大河流在平面形态、来水来沙特性及其演变特性等方面具有本质的差别后，将河流分为顺直、弯曲、分汊（江心洲）及游荡四种类型。

通过长期观察发现，尽管在同一条河流上的不同河段，其河床形态及演变特点存在着差异，但位于不同河流上的某些河段，河床形态和演变特点却可能相似。因此，可以将天然河流按其河床形态及演变过程划分成若干类型，并在这个基础上来研究各类河段河床演变的特性。

一些学者根据河床的边界条件，将河流划分为冲积河流、非冲积河流和半冲积河流；另一些学者则主要根据河床的动力特性分为侵蚀河流、堆积河流和（动力）平衡河流；又有一些学者则根据河床的平面形势特性将河流划分为弯曲型河流、顺直河流、网状河流（或弯曲、单股、分汊）；还有一些专家在此基础上进一步考虑河床演变特点，将河床划分为弯曲型河流、周期性增宽河流、游荡型河流（或蜿蜒顺直微弯、分汊、游荡）等。

对于平原河流，具有不同平面形态（弯曲、顺直、分汊、散乱）的河段，河床演变也具有不同的性质。因此，一般可以进一步将平原河流划分为顺直（微弯）、弯曲、分汊和游荡四种主要河型。在这四种河型中，弯曲型与分汊型是比较稳定的，而游荡型是极不稳定的。

多年来，各家进行河型研究所采用的方法不尽相同。有的运用水动力学的稳定性原理或依据能量耗散原理进行理论分析；有的通过自然造床模型试验，塑造出不同河型加以研究；也有的则综合利用理论分析和模型试验以及野外调查资料进行探讨。

对于河型成因，许多地貌学家和水利学家试图以地貌界限假说、能耗率计算极值假说、稳定性理论、随机理论及统计分析法来解释河型的成因。但由于问题极其复杂，且水流及泥沙基本理论尚欠完善，影响了这些理论的合理性。

尹学良研究认为，来水来沙的条件和外加的硬边界、侵蚀基面决定河型，并认为冲积河流的比降、断面形态、边界土质结构、演变特性等，都是河流属性，是河性、河型，不能用它们作为河型的成因。关于游荡型河流的成因，钱宁及周文浩认为，河床的堆积抬高和两岸的不受约束，是造成黄河下游游荡型河型的基本原因。王桂仙等通过分析钱宁等学者的研究成果及有关资料❶，认为在冲积河流发展过程中，如果河流的来水来沙条件及河床边界相适应，河流可以形成并维持某一稳定的河型。但河流输沙平衡被破坏，特别是小水输送大沙时，且两岸构成物质抗冲能力较弱，将发展成为游荡型河流。谢鉴衡、刘建军等研究表明❷，河型的不同主要表现在河流形态、动态、动力因子的不同，而这些因子的不同则是由上游来水来沙条件、下游侵蚀基准点及河床周界条件决定的。前者是结果，后者是原因，后者是通过前者才对河型起作用的。

河型成因的试验研究，早在1945年，J. F. Fiedkin就利用室内模型小河对弯曲型河流的形成和演变进行了试验研究，塑造出的模型小河相当于顺直型河流中的主要流路的弯曲。1957年Leopld等的试验也是侧重水沙特性对河型的影响，所获得的分汊或弯曲河型很不典型。1958～1960年，李保如、谢鉴衡、张仁、金德生、屈孟浩、余文畴、倪晋仁等学者注重考虑水力泥沙因子和必要的边界条件，分析天然河流造床过程，成功地模拟出游荡河型。20世纪60年代初，长江科学院河流室及尹学良教授分别采用植草护滩及在大水中加入黏土的办法，把边滩固定下来，从而在实验室中塑造出真正的弯曲型河流。1972年Schumm和Khan采用类似方法，也复制出一条弯曲模型小河。1982年韦直林从理论上利用数字模拟的办法也对河型问题开展了探讨。1989年，倪晋仁采用不同的初始边界及水沙条件❸，制作了大量的模型小河，对河型成型进行研究，其结果表明：在任何边界及初始坡降条件下，由初始顺直开始发展的河流，都无一例外地或迟或早经过流路弯曲直至形成边滩交错的弯曲型河流的发展阶段，在这个阶段以后，如果边滩稳定发育，则保持弯曲型河流，否则河流切滩形成游荡型河流。按照倪晋仁的观点，江心洲分汊河型并不是介于游荡型与弯曲型之间的一种独立河型，且顺直河型也只是一个过渡的河型。从天然河流实际情况来看，这一论点值得商榷。自然界存在有很多分汊河道，诸如长江、赣江、湘江、西江、北江、黑龙江和松花江等都有江心洲十分发育的分汊型河段，且大都经历了相当漫长的历史发展过程，水沙条件及河床边界条件在它们的形成过程中有着决定性的地位和作用。至于黄河下游游荡型河型的形成，主要是来沙条件形成的。因此，区分江心洲分汊河型与游荡型河型是十分重要的。另外，自然界的确存在有顺直型河段(本书后面的试验表明，在流量较小，水流与边界条件调整适应时，也能形成顺直型小河)，只要流量条件不发生大的变化，无论多长时间都能“过渡”到弯曲型河流。此外，张仁、金德生等也进行过有关河型方面的试验研究，获得了较大的进展。

张红武等近些年为探索游荡型河流的成因，采用了一系列自然模型，一直进行着观测试验。尤其在“八五”科技攻关项目期间，连续进行观测试验。试验采用的模型材料分别有电厂粉煤灰(容重 $\gamma_s=2.05.\sim2.1\mathrm{t/m^3}$)、煤屑及煤灰($\gamma_s=1.4\sim1.5\mathrm{t/m^3}$)、塑料($\gamma_s=1.06\mathrm{t/m^3}$)及天然沙($\gamma_s=2.65\mathrm{t/m^3}$)等。粒径范围很宽，而且既有大型的悬沙或底沙动床

---

❶ 王桂仙，翟大潜，段国红．黄河下游游荡型河道的成因研究．清华大学水利水电工程，1995

❷ 谢鉴衡，刘建军，王双峰．冲积河流河型判数．武汉水利电力大学，1995

❸ 倪晋仁．不同边界条件下河型成因的试验研究．清华大学博士学位论文，1989

模型，又有小型的以轻质沙模拟推移质运动的底沙模型，先后塑造出大小不同种类的模型小河 30 多条。表 3-1 列举了其中 A、B、C、D 四条模型小河的有关情况。

表 3-1 四条模型小河试验条件及其初始条件

模型名称	模型沙	模型沙容重（kN/m^3）	床沙中径（mm）	模型长度（m）	初始槽宽（cm）	初始槽深（cm）	流量（L/s）	河床密实状况	模拟对象
模型 A	电厂粉煤灰	21.07	0.042	130	300	5	100	自然密实	黄河游荡型河段
模型 B	塑料沙	10.29	0.220	15	10	1	0.13	自然密实	黄河游荡型河段
模型 C	电厂粉煤灰	21.07	0.012	10	15	1	0.25	自然密实	弯曲型河流
模型 D	塑料沙	10.29	1.000	8	5	0.8	0.02	自然密实	弯曲型河流

模型 A，水流在初始河槽中运行 10 多小时后，即形成具有“宽、浅、乱”特点的游荡型小河，在平面上具有宽窄相间的形态；模型 B，河床活动性极强，放水历时很短，形成一条典型的游荡型小河；模型 C 相对于模型 A，水流强度大为减弱，放水十几天后，反逐渐形成交错分布的边滩，且随着边滩发育，流路弯曲程度不断增强，一个多月后发展成为曲直相间的弯曲型小河；模型 D 采用无黏性的塑料沙作为模型沙，水量强度相当微弱，最后也塑造出弯曲的模型小河，流量稍增大后，河型变为分汊型，进一步增大后，水流强度并不大，形成一条散乱的游荡型小河。

由此可以表明，不同河型的形成都是水流与河床泥沙相互作用的结果。只要水流具有相应的强度，任何可动河床周界条件下都可能形成游荡型、分汊型及弯曲型河流。如果水流强度一定，河型则取决于河床相应的稳定程度。

例如，张俊华、许雨新、张红武等采用铺有粒径 $d_{50}\approx0.15$mm 的塑料沙开展的水槽试验，颗粒间基本上无什么黏性可言，在不大的水流强度下，即能形成一个宽、浅、散、乱的游荡型模型小河；当流量减小，即水流强度减小到一定程度后，河势变为分汊型；进一步把流量减小，使水流强度变得相当微弱后，其水力特性与河床边界较为适应，亦能形成一个微弯的模型小河，见图 3-2（上述三类试验采用的初始河床条件均为一个小直槽）。

丁易、张俊华、王严平在分析与借鉴前人研究成果的基础上，通过一系列自然模型小河试验和分析研究，得出的结论表明，对于一定的河床组成，只要水流具有相应的强度，就可能形成不同的河型。水流强度较大时，形成游荡河型；水流强度较弱时，形成弯曲河型或顺直河型；如果水流强度相适应，还可能形成分汊河型（见图 3-3）。他们成功地塑造出分汊型模型小河，对于分汊型成因的研究是颇有意义的。

在进行桥渡设计时，按河段稳定情况和河床演变特征及桥渡设计的要求，还可将河段划分为如下七种类型：

（1）峡谷性河段。该类型的河段岸线不变，河槽固定，河床冲淤极微弱，多呈下切加深的趋势。在具体工作中，如果河床窄深、床面基岩裸露或为胶结沉积层，且河床纵坡大、多急弯、卡口，即可定为峡谷性河段。

（2）稳定性河段。该类型的河段岸线基本稳定，变形速度缓慢，河槽冲淤变化不大，主

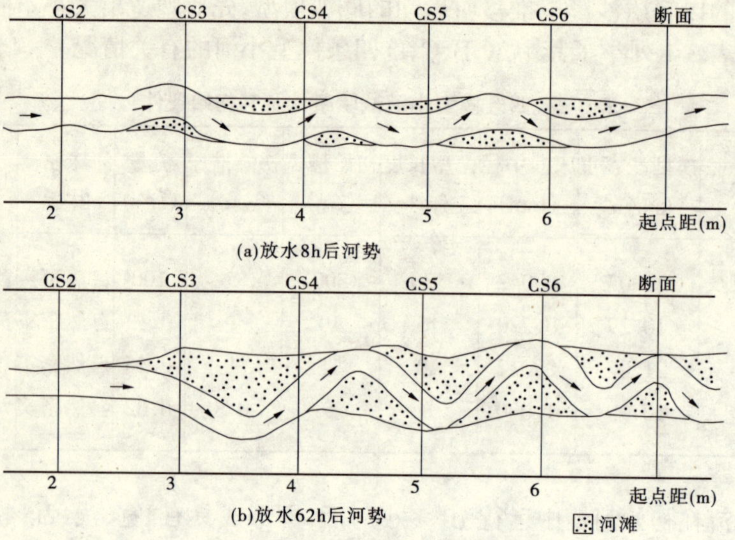

图 3-2　弯曲型模型小河河势变化

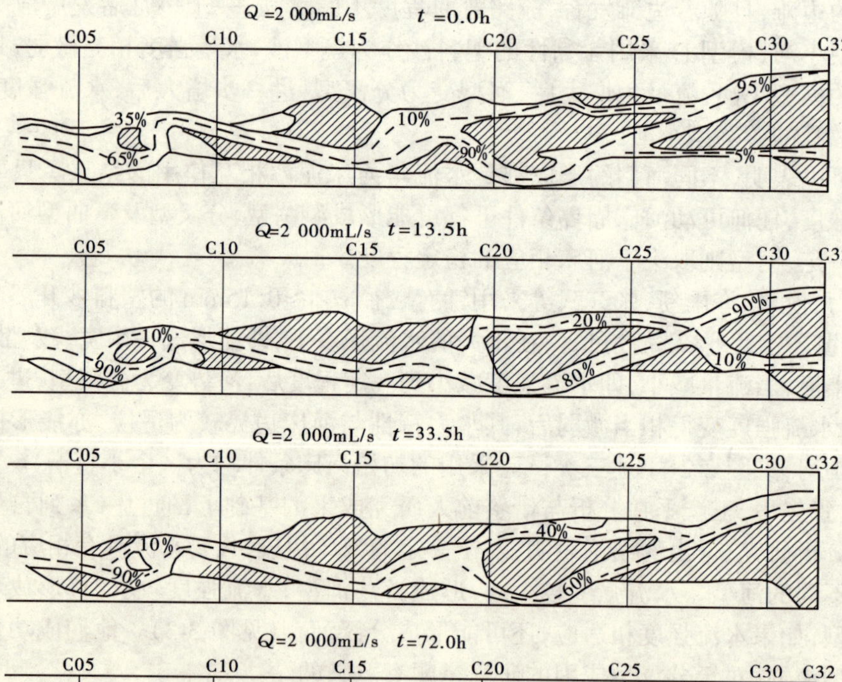

图 3-3　分汊型模型小河河势变化

流在河槽内很少摆动。其河岸由抗冲刷能力较强的土壤组成，如硬黏土、紧密的砂夹卵石，以及风化岩等。河床多由粒径较小的卵石及砂组成，在下游河段常由砂粒土组成。在具体工作中，如果岸线整齐、河槽稳定、断面多呈U形、滩槽分明、各级洪水流向基本一致，即可定为稳定性河段。

(3)次稳定性河段。该类型的河段岸线不太稳定，洪水期有塌岸现象，河槽内冲淤比较明显，主流在河槽内摆动，边滩、沙洲不稳定，洪水期有所变形或下移。在平面上，河道微弯或弯曲，如果水流分汊，则沙洲不稳定，汊道变化，滩槽分明，边滩一般较发达。在断面上，河槽较宽浅，断面以复式为多，河岸抗冲刷能力较差，多为砂质黏土或砂砾石，河床多由中等的卵砾石或粗沙组成。其水文特点是高低水位流向差别很大，洪水期漫滩流量较大。

稳定性河段与次稳定性河段的区别为：前者岸线、河槽、与洪水主流基本稳定，变形缓慢；后者河湾发展、下移，主流在河槽内摆动。

(4)变迁性河段。该类型的河段岸线不稳多变，洪水期塌岸严重，河床冲淤变化大，床面有淤高之势，洪水期主流摆动不定，常产生严重的集中冲刷。在平面上，河段弯曲或微弯，水流分汊，沙洲较多，有的不易划分河槽与河滩。在断面上，河床开阔，河槽断面多呈锯齿形，有的中间高两边低，河床组成常与河岸组成相近，抗冲能力差，以砂夹卵砾石为多。其水文特点是大小洪水流向不一致，水面宽度变幅较大，水面常呈现横比降，同一断面上水面很不平，有自然壅高。变迁性河段与次稳定性河段的区别为：前者主流在整个河床内摆动，幅度大，变化快，河床有可能扩宽；后者主流在河槽内摆动，幅度小。

(5)游荡性河段。该类型的河段岸线很不稳定，历年变化无常，主流游荡不定，沙洲、沙滩推移快、变形大，冲淤变化强烈，集中冲刷严重，床面淤积抬高，河槽容易改道。在平面上，河段大体顺直或微弯，河身宽浅，沙滩密布，汊道交织，通常不易划分河槽与河滩。在断面上，河床平坦开阔，有时呈地上河，河岸与河床组成接近，粒径小，多为细沙及粗沙。其水文特点是洪水流向不定多变，水流散乱，洪水含沙量大。

游荡性河段与变迁性河段的区别为：前者土质颗粒细、冲刷深、回淤快，主流不仅在整个河床内摆动，甚至造成整个河床改道；后者颗粒粗、冲刷浅，由于河床淤高、扩宽和主流摆动，造成主槽变迁，河岸旁切扩宽幅度小。

(6)宽滩性河段。该类型的河段河槽岸线不稳，洪水期易塌岸，河槽平面常发生变形，摆动幅度较大，河槽经过多年冲淤交替作用，可能出现裁弯取直，老河槽淤死，成为月牙泡等。在平面上，河槽弯曲或微弯，不稳定的河段上，有明显的曲率增大、河湾下移和长生汊流等情况，滩槽易划分。其河岸与河床组成接近，多为沙土或粉沙土。宽滩性河段地势平坦，洪水泛滥宽度可达几公里至十几公里，滩槽宽度比可达5倍以上，河滩流速小，河槽流速大，河滩流量占总流量的40%以上。

(7)冲积漫流性河段。该类型的河段两岸不受约束，岸线极不稳定，河槽形态、位置极不稳定，主流在洪水漫溢范围内摆动不定，自然冲淤严重，床面逐年淤高，集中冲刷明显。在平面上，河段呈冲积、扩散状，大体顺直或微弯，河床极宽浅，汊道交织，多呈网羽状，通常分不出河槽与河滩。在断面上呈锯齿状，中间高两边低，岸槽高差甚小，河岸与河床组成接近，多为卵砾石。其水文特点是洪水流向常与河段总方向一致，水流散乱、漫流，同一横断面上水面很不平，自然壅高很大。

冲积漫流性河段地貌大致具有冲积扇体特征，床面逐年淤高较游荡型河段明显。洪水股流按总趋势在较高的沟槽中通过。

上述关于河段类型的划分较细，尽管有些方面不十分严格，但毕竟更为具体化，在河流桥渡设计工作中，具有一定的参考价值。同时也可看出，区划河段类型是极其困难的，我们还应该进一步从定量上对河流的综合稳定性加以描述，以便在具体工作中，对河流有更确切的认识。下文对于河流综合稳定性指标的引入，即出于此目的。

二、造床流量

在天然河流中，水力与泥沙条件是因时而异的，在研究河床演变规律时，需要确定一种有代表性的流量值作为依据。为此，就提出了造床流量的概念。

多沙河流的河相关系相当复杂，造床流量对塑造河床形态所起的作用最大。研究河床演变和从事河道整治工程规划设计需要确定一个更为确切的造床流量，但如何选取造床流量，至今尚无一致的认识，兹将已有的方法分述如下。

（一）平滩流量法

平滩流量是指当大河水位到河滩（或边滩的滩边）高度时相应的流量。试验和资料分析均可看出，水位由枯水位上升至平滩水位时，水流造床作用不断增强，而当水位继续上涨，水流漫滩后水流分散，造床作用反而有所降低。在实际工作中，由于滩地高程不易确切确定，因此一般都是选取一个较长的河段作为依据。在某流量下，如果各断面的水位基本上与该河段的河漫滩（或边滩）高程齐平时，这个流量可作为造床流量。

黄委会水科院曾认为平滩流量 $Q_{平}$ 与多年汛期平均流量 $\overline{Q}_{汛}$ 有关，并得出下式：

$$Q_{平} = 7.7\,\overline{Q}_{汛}^{0.85} + 90\overline{Q}_{汛} \tag{3-1}$$

钱意颖教授最近在研究水库调水调沙运用方式时也提出了如下计算平滩流量的公式：

$$Q_{平} = 8.82Q_{cm}^{0.77} \tag{3-2}$$

式中：Q_{cm}为各级流量输沙量关系中峰值相应的流量。

Williams G.P 提出平滩流量与过水断面面积 A 及比降 J 的关系如下：

$$Q_{平} = 4.0A^{1.21}J^{0.28} \tag{3-3}$$

平滩流量法概念清楚，方法简易。但对于多沙河流，特别是黄河游荡性河段，河槽摆动频繁，滩沿高程变化很大，各河段很难制定一个统一的区划尺度，而且断面测验精心策划极少，一般缺少同步观测资料，则无法入手。若用点绘水位与流量关系的办法来确定，又往往会因河床冲淤变形过速，而难以保证实际要求的精度。为了客观地确定造床流量，不少学者建议引入输沙率法，以反映水流与河床的相互作用。

（二）输沙率法

日本学者造村用输沙率加权平均的流量作为造床流量，即

$$Q_{造} = \frac{\sum_{i=1}^{n} Q_{si}Q_i}{\sum_{i=1}^{n} Q_{si}} \tag{3-4}$$

式中：$Q_{造}$ 为造床流量；Q_i 为第 i 级流量；Q_{si}为第 i 级流量的输沙量；n 为流量分级总数。

张红武开展专项试验和模型资料分析后发现，式(3-4)主要取决于流量过程，难以反映多沙河流含沙量增减对造床流量的影响。

实际上，含沙量对造床过程的影响是显著的。为此，利用花园口至东坝头模型初步进行了两组对比试验。流量过程及加沙粗度控制完全相同，组次Ⅱ进口含沙量是组次Ⅰ进口相应含沙量的1.2倍左右。表3-2为按照式(3-4)计算造床流量的结果，可以看出，无论进口加沙量多少，由造村公式计算的造床流量基本不变。而事实上，由于组次Ⅰ河床淤积了525.7kg，组次Ⅱ淤积了782.6kg(见表3-3)，后者大于前者，因此造床流量作用后形成的河床形态是有差异的。表3-4列举了由模型实测断面而确定平滩流量的结果，可以看出，组次Ⅱ较组次Ⅰ加沙量大，河床淤积多，因而后者相应的平滩流量小于前者。其他组次的试验也可发现，含沙量增大后，平滩流量有所减小；而含沙量减少到一定程度后，河床下切，平滩流量又会相应增加。

表3-2　造床流量计算(依造村公式)

序号	放水历时 (min)	Q_i (L/s)	组次Ⅰ			组次Ⅱ		
			S_i (kg/m³)	$Q_{si}Q_i$ (×10⁻⁴kg/s²)	Q_{si} (kg/m³)	S_i (kg/m³)	$Q_{si}Q_i$ (×10⁻⁴kg/s²)	Q_{si} (kg/m³)
1	15	3.550	8.86	1.116	0.031 45	9.54	1.202	0.033 87
2	30	6.078	9.83	3.631	0.059 75	11.35	4.193	0.068 99
3	45	9.440	28.90	25.754	0.272 82	33.05	29.452	0.311 99
4	60	9.602	28.00	25.816	0.268 86	31.55	29.088	0.302 94
5	75	5.756	21.86	7.243	0.125 83	24.38	8.077	0.140 33
6	90	4.383	19.19	3.553	0.082 57	22.50	4.166	0.096 82
7	105	3.712	13.44	1.852	0.049 89	16.18	2.229	0.060 06
8	120	3.577	12.65	1.619	0.045 25	15.80	2.022	0.056 52
9	135	2.797	12.25	0.958	0.034 26	15.57	1.218	0.043 55
10	150	3.470	13.00	1.565	0.045 11	16.02	1.929	0.055 59
11	165	4.653	14.64	3.170	0.060 12	18.29	3.996	0.005 10
12	180	3.927	12.49	1.926	0.049 05	13.56	2.091	0.053 25
13	195	3.254	12.79	1.354	0.041 62	14.46	1.531	0.047 05
14	210	2.770	10.96	0.841	0.030 36	17.27	1.352	0.047 84
15	225	2.184	8.20	0.391	0.017 91	9.39	0.448	0.020 51
依式(3-4)计算			$Q_{造}=6.650$L/s			$Q_{造}=6.915$L/s		

在用输沙率计算造床流量时，武汉水利电力学院王运辉参照黄河下游常用的输沙率经验公式修正的马氏方法为(以 S_u 代表含沙量)

$$G_s = KQ^{\alpha}S_u^{\beta}$$

通过计算系列年内的各日流量，计算各流量级的出现频率 P，再计算各级流量相应的输沙能力 $PQ^{\alpha}S_u^{\beta}$，从而得出与输沙能力峰值相应的造床流量。若 $\alpha=1.4$，$\beta=0.6$，由此计算出花园口站的输沙能力有两个峰值,与其相对应,有两个造床流量。

表 3-3 不同试验组次的冲淤量

序号	放水历时(min)	Q_i ($\times10^{-3}m^3/s$)	组次Ⅰ			组次Ⅱ		
			$S_{进}$ (kg/m^3)	$S_{出}$ (kg/m^3)	ΔW_i (kg)	$S_{进}$ (kg/m^3)	$S_{出}$ (kg/m^3)	ΔW_i (kg)
1	15	3.550	8.86	2.77	19.46	9.54	6.49	9.74
2	30	6.078	9.83	9.67	0.88	11.35	4.82	3.57
3	45	9.440	28.90	10.55	155.90	33.05	10.15	194.56
4	60	9.602	28.0	10.01	152.90	31.55	9.55	190.11
5	75	5.756	21.86	12.23	49.89	24.38	4.43	103.34
6	90	4.303	19.19	11.72	28.93	22.50	8.75	53.25
7	105	3.712	13.44	3.87	31.97	16.18	8.75	24.82
8	120	3.577	12.65	6.63	19.38	15.80	6.66	29.42
9	135	2.797	12.25	8.90	8.43	15.57	7.72	19.76
10	150	3.470	13.00	11.05	6.09	16.02	8.11	27.70
11	165	4.653	14.64	11.25	14.20	18.29	9.79	39.78
12	180	3.927	12.49	8.82	12.97	13.56	3.47	35.66
13	195	3.254	12.79	8.96	11.22	14.46	6.20	24.19
14	210	2.770	10.98	8.24	6.70	17.27	6.77	26.10
15	225	2.184	8.20	7.73	6.82	9.39	7.55	3.61
累计淤积量			$W_{s1}=525.7$kg			$W_{s1}=782.6$kg		

表 3-4 模型实测平滩流量结果

断面号	组次Ⅰ		组次Ⅱ	
	平滩水位(cm)	$Q_{平}$(L/s)	平滩水位(cm)	$Q_{平}$(L/s)
CSH	155.50	9.143	155.16	6.992
CSB	153.83	10.758	153.50	9.601
CSL	151.16	9.143	150.41	6.723
CSX	144.60	9.547	143.91	8.606
CSLU	135.50	8.337	135.83	8.068
CSG	129.75	8.068	129.33	7.530
CSC	127.50	10.220	127.00	9.547
河段平均		9.317		8.152

马卡维也夫认为某一流量的造床作用与其输沙能力有关,同时也取决于造床历时。他进一步以该流量出现的频率 P 表示造床历时,并以下式表示输沙能力:

$$C_{g_*} = k_1 Q^m J \tag{3-5}$$

式中:k_1 为系数;m 为指数;J 为水面比降。

从而认为,当 Q^mJP 最大时,所对应的流量即为造床流量。按照该法确定造床流量的步骤如下:①将河段某断面历年(或选典型年)所观测的流量分成若干流量级;②确定各流

量级出现的频率 P；③绘制该河段的流量 Q 与比降 J 的关系曲线，以确定各级流量相应的比降；④算出相应于每一级流量的 Q^mJP，其中 Q 为该级流量的平均值，指数 m 可由实测资料确定，马氏认为平原河流可取 $m=2$；⑤绘制 Q^mJP 与 Q 的关系曲线，相应于 Q^mJP 为最大时，所对应的流量即为造床流量。

马氏根据前苏联平原河流资料分析结果，认为存在两个造床流量，第一造床流量相应水位相当于平河漫滩水位，第二造床流量相应水位相当于平边滩水位。

采用黄河大量实测资料分析后发现，马氏方法含有一个观测精度难以保证的比降，它同流量 Q 看不出任何相关关系，因而点绘不出 $Q \sim J$ 关系曲线。该法很难具体使用。且点群都十分乱，表明很难由实测资料确定 m 值的大小，而且比降型输沙率公式在多沙河流上是不适用的。按照马氏方法作者对一些典型年汛期造床流量进行了分析，结果表明，该方法在某种程度上夸大了大洪水的造床作用。

作为对马氏方法的修正，1982 年张红武曾将 Q^mJP 改为 QSP（实际上与 M. G. Wolman 和 J. P. Miiler 的地貌功的概念类同），利用水文资料分析较为方便，但得到的造床流量小于平滩流量，似夸大了造床历时的作用。

（三）输沙量法

20 世纪 60 年代中期，郭体英等学者曾对黄河下游的造床流量、平滩流量等进行过系统的分析和研究，认为可采用沙量法或水量法确定造床流量，即分别计算各流量级下的总输沙量 W_g 或总输沙量，以输沙量或输沙量最大时所对应的流量为造床流量。分析表明，沙量法所得结果与实际接近，克服了马氏方法的一些缺陷，有较大的使用价值，而水量法求得的造床流量值似有些偏小。

（四）河床变形强度法

勒亚尼兹认为采用相应于某时段的平均河床变形流量作为造床流量，他所建议的河床变形强度指标公式为

$$N = \frac{HJ}{D}\left(\frac{v_1^3}{v_2^3} - 1\right) \tag{3-6}$$

式中：H 为河段平均水深；J 为河段水面比降；D 为河床质粒径；v_1 为河段上游断面的平均流速；v_2 为河段下游断面的平均流速。

在确定某河段造床流量时，先给出每一流量相应的河床变形强度指标 N 随时间变化的过程线 $N \sim t$；而后从枯水期末开始，绘制河床变形强度指标 N 随时间变化的过程线 $N \sim t$；然后再从枯水期末开始，绘制河床变形强度指标的累计曲线 $\sum N \sim t$，连接该曲线的起点和最大值点，此直线的坡度即为在此间的平均河床变形强度指标 N_{cp}；最后由得到的平均河床变形强度指标在流量过程线上求出其相应的流量，这种流量可能有两个，取其平均值即为造床流量 $Q_{造}$。

勒氏方法将造床流量与河床变形强度相联系，从概念上讲是比较合理的。但经分析发现，以式(3-6)表达的河床变形强度指标不适用于黄河下游及其他多沙河流。一方面，河床变形强度 N 与 D 成反比，恰与黄河下游河道情况相悖，且同样存在水面比降 J 不易确定的问题。另一方面，如果取短河段进行研究，一般没有流速测验资料；如果取长河段并假定能内插全部流速值，河床变形强度 N 由 v_1 和 v_2 之间的对比关系来决定，尤其是

洪水漫滩后的涨水、落水过程，河床的变形强度远不能为式(3-6)所描述。因此，采用勒亚尼兹的河床变形强度法确定多沙河流的造床流量是很困难的。

张红武在系统研究挟沙水流造床过程的基础上，发现不仅含沙量而且泥沙粗度、河床边界条件等因素，对造床过程及其河床形态都有显著的影响，因此认为在确定造床流量时，也应当反映这些因素的作用。作为对马氏方法的改进，引入水流挟沙力 S_*，将式(3-5)确切地表示为

$$G_{s_*} = Q_{s_*} \tag{3-7}$$

从而视 QS_*P^m 最大时所对应的流量为造床流量(这一方法可称之为输沙能力法)。

考虑到多沙河流非汛期枯水特点，为方便计，取 P 为汛期各级流量出现的频率，其中水流挟沙力 S_* 采用通用公式(2-14)计算。

由式(2-14)不难看出，引入 S_*，可以使我们在确定造床流量时，不仅需要考虑流量过程，而且可适当反映泥沙存在的影响，反映水流强度及泥沙粗度对造床作用的影响，显然从概念上更为完善一些。

采用1975～1985年水沙资料，对黄河下游花园口、夹河滩、高村、孙口、艾山、利津诸河段进行了分析计算，认为采用上述输沙能力法确定造床流量时，取 $m=0.6$ 较为适当。由图3-4给出的分析结果可以看出，黄河下游造床流量一般为4 500m³/s左右，该流量出现的频率为2.6%～3.4%，平均为3%(汛期出现的频率平均为10.2%)，其次，$Q=$ 3 000～4 000m³/s的流量级对下游河道的造床作用亦是相当显著的。

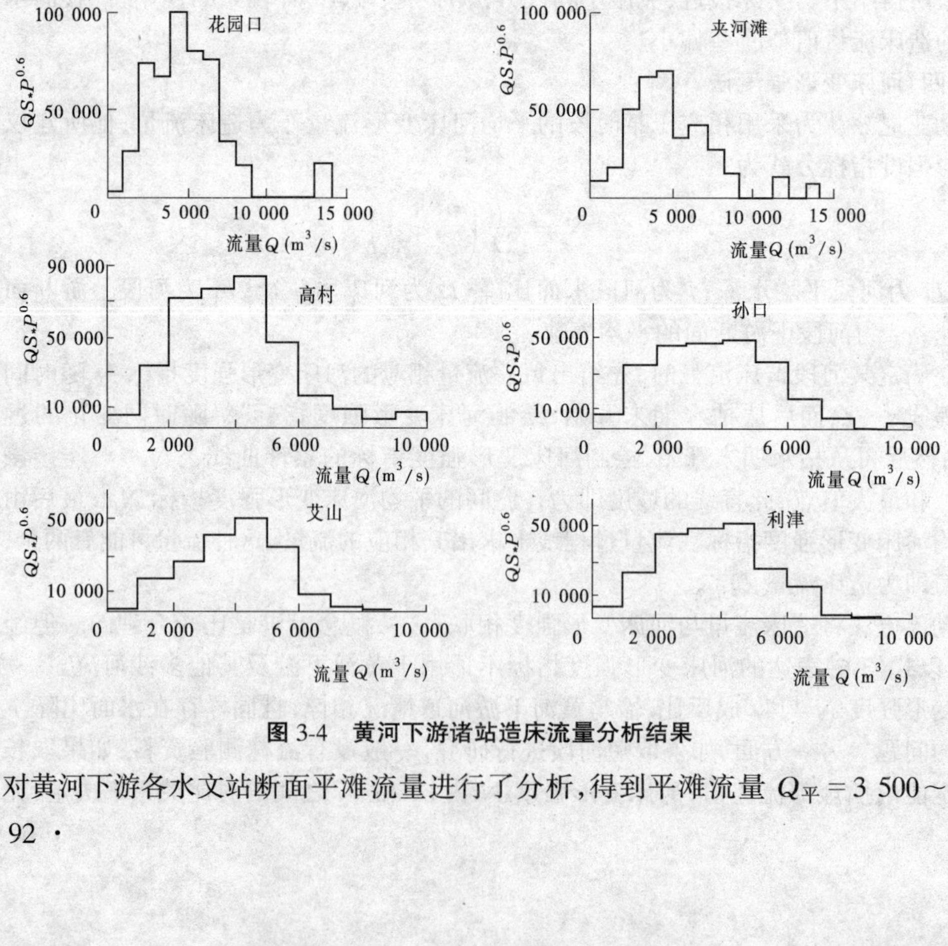

图3-4 黄河下游诸站造床流量分析结果

对黄河下游各水文站断面平滩流量进行了分析，得到平滩流量 $Q_{平}=3\ 500\sim7\ 000$

m^3/s，平均在 5 000m^3/s 左右，与上述输沙能力法得到的结果基本一致。

此外，采用 1992 年黄河下游水沙条件对造床流量进行分析的结果表明，花园口和夹河滩的造床流量分别为 3 500m^3/s 及 3 000m^3/s，比一般水沙条件下求得的造床流量小 1 000～3 000m^3/s，这正是黄河花园口“92·8”洪水期流量在 3 000～3 500m^3/s 时即漫滩的原因所在。

三、河相关系

河相关系是指河床几何形态与水流、泥沙及河床边界条件间的关系。在一定的边界及来水来沙条件下，河床将调整它的坡降及断面形态，力求使挟沙能力与上游来沙条件相适应。河相关系一般应包括横断面河相关系、纵剖面河相关系及平面河相关系。此类河相关系又有所谓沿程河相关系与断面河相关系之分。前者描述不同的河流或同一条河流的上、下游之间由于水沙条件及边界条件的不同而引起的河床形态的变化。它是通过某一特征流量（往往取造床流量），把不同断面的资料联系在一起，用以描述冲积河床的总轮廓。后者则描述同一断面的河床尺度或宽深关系随流量的变化规律，主要用来确定河床横断面形式。由于河相关系表示在一定来水、来沙和河床边界条件下最适宜的河床形态，因此研究河相关系问题，对于帮助我们认识冲积河流的河床形态规律，进行冲积河流的水力计算或拟订河道整治方案，都具有非常重要的意义。

河相关系问题的研究已有近百年的历史，下面根据所反映的河床形态及考虑的主要因素，分别加以介绍。

（一）河床纵剖面的河相关系

河床纵剖面是一条阶梯形或波浪形的曲线。但是如果我们的着眼点不是个别微小河段，而是全河段河床纵剖面的平均形态，那么就可以将河床纵剖面看成一条光滑曲线。根据河流实测资料分析，它大致与枯水期的水面曲线相近。曾有不少学者试图采用对数曲线、指数曲线、双曲线、抛物线和旋轮线等几何曲线，来描述河床纵剖面形态，如格林(Green)公式

$$z = z_0 - K\lg(L - x) \tag{3-8}$$

式中：z 为某点河底高程；z_0 为河源河底高程；L 为河长；x 为某点距河源的距离；K 为系数。

更多的学者则直接寻求河床纵比降与水力、泥沙因子间的经验关系。如阿尔图宁根据中亚河流资料得

$$D = 4\ 710J^{0.9} \tag{3-9}$$

式中：D 为床沙粒径，以 mm 计；J 为河床纵比降，以百分率计。

钱宁教授整理黄河资料得到的比降与床沙中径 D_{50} 的关系为

$$J = 37D_{50}^{1.3} \tag{3-10}$$

式中：J 为比降，以万分率计。

另一些学者认为，流量是塑造河床纵剖面形态的主要因子，如马卡维也夫公式

$$J = \frac{K_0}{Q^{2/3}} \tag{3-11}$$

式中：K_0 是与流速、糙率及断面形态有关的一个函数，他建议对每一个具体河段分别率定 K_0 值。

概括影响因素较全面的，是李保如教授根据长江、黄河、永定河及实验室模型小河的资料，整理而成的如下公式：

$$J = 0.004\,5\left[\left(\frac{S}{Q}\right)^{0.5} D_{50}\right]^{0.54} \tag{3-12}$$

式中：S 为平滩流量时的含沙量，kg/m^3；其他符号含义同前。

（二）横断面河相关系

河相关系的研究，最初是从稳定渠道断面形态开始的，比较有影响的有肯尼迪、莱西、布伦奇等提出的公式。后来里奥普和麦杜克致力于寻求河流断面形态要素与水力泥沙因子的关系，根据美国西部大量平原河流资料，得到下列一组描述天然河流形态的经验关系式：

$$\left.\begin{aligned} B &= a_1 Q^{\beta_1} \\ H &= a_2 Q^{\beta_2} \\ V &= a_3 Q^{\beta_3} \end{aligned}\right\} \tag{3-13}$$

式中：Q 为同频率流量；a_1、a_2、a_3 为系数；β_1、β_2、β_3 为指数。

系数和指数应符合下列条件：

$$\left.\begin{aligned} a_1 a_2 a_3 &= 1 \\ \beta_1 + \beta_2 + \beta_3 &= 1 \end{aligned}\right\} \tag{3-14}$$

根据我国游荡型河流及李保如等学者的模型小河平滩流量的资料，求得 $a_1=23.7$，$\beta_1=0.482$；$a_2=0.090$，$\beta_2=0.332$。

有些学者致力于寻求河床横断面形态要素（宽度、平均深度）之间的相互关系。最常见的是1924年格鲁什科夫根据前苏联平原河流资料求得的下列经验关系：

$$\frac{\sqrt{B}}{H} = \zeta \tag{3-15}$$

式中：B 为平滩水位下河宽；H 为平滩水位下平均水深；ζ 为系数，往往称为河相系数。

根据我国一些河流资料得：长江荆江弯曲型河段 $\zeta=2.23\sim4.45$，黄河高村以上游荡型河段 $\zeta=19.0\sim32$，黄河高村以下过渡型河段 $\zeta=8.6\sim12.4$。

阿尔图宁分析了前苏联中亚大量河流资料后，得到下列经验关系：

$$\frac{B^m}{H} = \zeta_1 \tag{3-16}$$

式中：ζ_1 为系数；m 为指数。

此类公式形式简单、应用方便，与其他基本方程联解，所得的河床变形方程式，在正确选择某些参数的条件下，也能满足一般生产的需要。

张俊华等指出了式（3-16）不符合量纲和谐原理的缺陷，而且经验系数 ζ 及 ζ_1 与粒径 D 之间没有明显的关系，于是在式（3-15）中引入 D_{50}，得到下式：

$$\frac{\sqrt{BD_{50}}}{H} = \zeta \tag{3-17}$$

对于河相系数 $\sqrt{B}/H$，张红武认为应是水流含沙量的函数，即 $\sqrt{B}/H = f(S/\gamma_s)$。此后，惠遇甲及其他学者在“八五”期间也持此观点。最近，张俊华经过分析后认为河相系数应是含沙量 S 与水流挟沙力 S_* 之比值的函数，亦即

$$\sqrt{B}/H = f(S/S_*) \tag{3-18}$$

或

$$\frac{\sqrt{BD_{50}}}{H} = f(S/S_*) \tag{3-19}$$

朱太顺及马怀宝通过花园口、夹河滩及高村等站实测资料（见表 3-5），其中还有高含沙洪水期的数据，点绘了 $\sqrt{BD_{50}}/H$ 与 S/S_* 之间的关系图。由图可知，$\sqrt{BD_{50}}/H$ 随着 S/S_* 的增大而增大，由此可给出如下量纲和谐的经验关系式❶：

$$\frac{\sqrt{BD_{50}}}{H} = 0.078 + 0.232\frac{S}{S_*} - 0.070\left(\frac{S}{S_*}\right)^2 \tag{3-20}$$

式中的水流挟沙力是采用张红武水流挟沙力公式计算的，显然上式是颇有价值的。

维利坎诺夫通过量纲分析法则，给出如下河相关系：

$$B = A_1 D\left[\frac{Q}{d^2\sqrt{gDJ}}\right]^{x_1} \tag{3-21}$$

$$H = A_2 D\left[\frac{Q}{d^2\sqrt{gDJ}}\right]^{x_2} \tag{3-22}$$

式中：A_1、A_2 为系数；x_1、x_2 为指数。

根据长江荆江弯曲型河段资料得：$A_1=1.16$，$A_2=0.163$，$x_1=0.386$，$x_2=0.311$。而采用华北游荡型河流及李保如等学者的游荡型模型小河资料得：$x_1=0.385$，$x_2=0.325$。

明宗富从水流与河床相互作用的力学关系出发，将滩槽高差 ΔH 作为反映河岸抗冲性的重要指标，借助大量天然实测资料，导出如下一组相应于造床流量的通用河相关系式：

$$\left.\begin{aligned} B &= 2.26\frac{K_1^{0.6}a_i'^{0.64}Q_z^{0.48}}{(\omega S)^{0.16}D^{0.042}} \\ H &= 1.96\frac{K_1^{0.13}D_i^{0.031}Q_z^{0.38}}{a_i'^{0.49}D(\omega S)^{0.13}} \\ U &= \frac{(\omega S)^{0.29}D^{0.011}Q_z^{0.14}}{K_1^{0.29}a_i'^{0.15}} \\ J &= 0.022\frac{n^2 a_i'^{0.35}(\omega S)^{0.75}}{K_1^{0.75}D^{0.018}Q_z^{0.23}} \end{aligned}\right\} \tag{3-23}$$

式中：B、H、U、J 分别为平滩水位下河宽、平均水深、平均流速和比降；Q_z 为造床或平滩流量；K_1 为水流挟沙力系数，由实测资料确定；S 由挟沙力方程 $S=K_1\gamma_s\frac{U_3}{2gH\omega}$ 计算，该式适用于床沙粒径 $D=0.05\sim0.5$mm 的中细沙河床；a_i' 的下标 $i=$ Ⅰ、Ⅱ、Ⅲ，分别代表游荡型河段、过渡型河段以及弯曲型、顺直型和分汊（只限单汊）型河段，系数 $a_{\mathrm{I}}=229.5$，$a_{\mathrm{II}}=77.0$，$a_{\mathrm{III}}=13.3$，将不同的 a_i' 代入式(3-23)，可得到不同河型的河床形态方程式。

---

❶ 朱太顺．黄河下游河道整治工程布置问题研究．武汉水利电力大学硕士论文，1998

表 3-5　花园口、夹河滩及高村$\sqrt{BD_{50}}/H$计算值

站名	测验日期 (年·月·日)	Q (m^3/s)	S (m^3/s)	S_* (m^3/s)	$\sqrt{BD_{50}}/H$
花园口	1959.08.09	4 730	188	319.569 2	0.190 431
	1961.11.04	4 830	13.1	18.8727 8	0.205 551
	1964.10.22	5 600	8.93	10.146 23	0.228 353
	1967.08.08	4 850	57.3	76.958 51	0.212 209
	1967.08.17	3 310	36.6	36.991 22	0.239 509
	1975.10.18	4 240	21.5	48.219 68	0.167 626
	1978.09.19	4 240	41.0	67.163 79	0.193 725
	1982.08.15	6 720	45.2	64.355 10	0.206 662
	1984.06.29	2 070	19.6	50.916 23	0.157 009
	1984.07.10	2 940	14.7	11.938 13	0.258 296
	1984.07.29	4 790	31.9	56.644 25	0.186 612
	1984.08.06	5 830	36.7	52.212 56	0.206 735
	1984.09.26	6 480	22.4	40.355 20	0.185 363
	1985.09.25	4 700	23.2	42.593 66	0.183 747
	1986.07.12	4 040	36.6	57.238 75	0.197 931
	1988.07.10	3 150	57.1	44.620 91	0.261 073
	1988.07.22	2 600	122.0	0.130 984	0.237 607
	1988.08.29	7 080	45.6	34.102 51	0.263 995
	1989.08.23	3 740	29.7	46.105 13	0.198 609
高村	1963.10.18	1 080	17.2	25.929 90	0.201 312
	1963.12.08	1 090	12.5	18.641 11	0.202 319
	1964.09.23	1 360	17.8	38.097 97	0.171 223
	1964.10.23	1 120	13.9	26.411 44	0.180 849
	1964.10.30	1 120	19.1	45.152 05	0.165 356
	1966.10.16	822	34.8	61.224 92	0.187 414
夹河滩	1964.08.04	1 220	19.4	74.307 58	0.133 833
	1964.10.23	1 350	14.1	17.875 84	0.217 755
	1966.09.26	1 320	30.9	71.901 60	0.164 867
	1978.09.19	1 220	44.6	62.124 61	0.208 735
	1981.09.05	1 320	30.2	83.311 95	0.152 996
	1981.10.03	1 430	20.5	45.685 00	0.168 110

江恩惠❶认为，高含沙洪水期河道横断面调整是非常大的，洪峰前(初始地形)、后(高含沙洪水塑造后)河相系数相差几倍到几十倍。经过对大量资料回归分析，得出过水断面面积关系式为

❶ 江恩惠.黄河下游高含沙洪水数值模拟计算及运动机理研究.武汉水利电力大学硕士学位论文，1997

$$A = BH = 0.073Q^{1.2}\frac{1}{[1 - S_V^{0.2}(0.4 - S_V)]^2} \tag{3-24}$$

图 3-5 是对公式(3-24)的检验结果。说明式(3-24)可以反映黄河下游高含沙洪水期过洪断面面积随来水含沙量大小而有很大变化的趋势,即由上式可以看出,在来流流量一定的前提下,当含沙量较小时,过洪断面面积因河槽冲刷、过洪宽度大幅度减小而为一较小值;当来流为一般挟沙水流时,过洪断面面积则随含沙量增加而增加(主要是河槽宽度增加很大所致),但含沙量大于 200kg/m^3 后,洪水逐渐呈高含沙水流特性,河槽因大量泥沙淤积而使过洪面积大大减小,这也正是近些年黄河下游河床萎缩的原因所在。作为一种平均情况,利用该公式可以进行黄河下游高含沙洪水期河槽过流断面面积的调整计算。

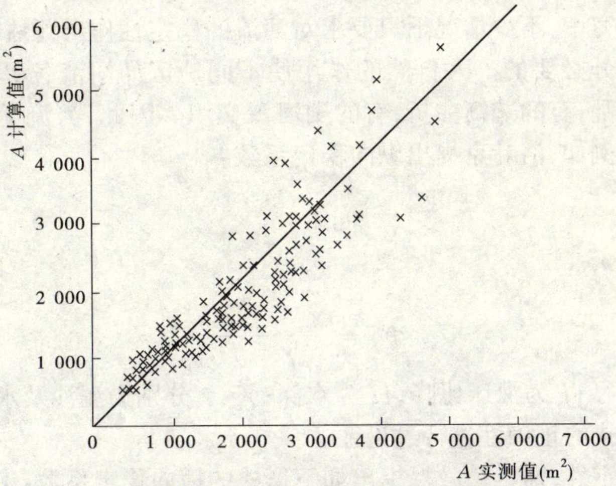

图 3-5　黄河下游高含沙洪水河相关系式的验证结果

以上介绍的河相关系都是经验公式,局限性很大,在实际工作中,应利用本河流或条件类似的河流的实际资料进行验证,并推求公式中的系数和指数。

根据近代河流动力学理论,河相关系式也可以从理论上进行推导,在河床处于不冲不淤的平衡条件下(即 $S = S_*$),河床形态方程中的变量应满足水流连续方程式 $Q = BHU$ 和阻力公式 $U = \frac{1}{n}H^{2/3}J^{1/2}$,式中各变量的意义与式(3-23)相同。同时引入张红武水流挟沙力公式(2-141)及河相关系式(3-17),联解后可得

$$\left.\begin{aligned} B &= 2.26\frac{\zeta^2 H^2}{D_{50}} \\ H &= \left[\frac{(QD_{50})^3}{M\zeta^6}\ln\frac{H}{6D_{50}}\right]^{0.1} \\ U &= \frac{QD_{50}}{\zeta^2 H^3} \\ J &= \frac{1}{H^{22/3}}\left(\frac{nQD_{50}}{\zeta^2}\right)^2 \end{aligned}\right\} \tag{3-25}$$

式中：$M=\kappa\dfrac{\dfrac{\gamma_s-\gamma_m}{\gamma_m}g\omega_s\left(\dfrac{S}{2.5}\right)^{1.62}}{0.0022+S_V}$；其他符号含义同前。

如果河相系数 ζ 采用式(3-15)计算，在不冲不淤平衡条件下，$\zeta=0.24$。表 3-6 列出了造床流量 $Q=3\,000\sim5\,000\text{m}^3/\text{s}$、含沙量 $S=10\sim400\text{kg/m}^3$ 时的计算结果。从表中看出：$B=1\,000\sim1\,500\text{m}$ 、$H=1.3\sim1.9\text{m}$、$J=0.5‱\sim4.0‱$，若取 $n\approx0.009$，则与黄河实际情况颇为相符。

最后还应说明，上述河相关系都是某一频率洪水流量下获得的，在其他流量下不适用。

（三）河床稳定性指标

在河床演变研究中，不少情况下只要求对河流的稳定性作出评估，而这种评估对于认识一条河流又是十分必要的。大自然的作用使不同地区的河流各具复杂壮丽的地貌景观，有的宽、浅、散、乱，有的蜿蜒曲折，有的则河汊交织。因此，河流学家从不同角度提出了一些稳定指标。例如，洛赫京提出纵向稳定系数

$$\Phi_b=\frac{D_{50}}{J} \tag{3-26}$$

此后又进一步修正为

$$\Phi_b=\frac{\gamma_s-\gamma}{\gamma}\frac{D}{HJ} \tag{3-27}$$

式中：D_{50}为床沙中径；J 为河床比降；H 为水深；γ_s、γ 分别为泥沙及水的容重。

文献[37]对上式的正确性进行过论证。

为反映横向稳定性，谢鉴衡教授提出如下形式的横向稳定系数：

$$\Phi_h=\frac{Q^{0.5}}{J^{0.2}B} \tag{3-28}$$

式中：Q 为平滩流量；B 为相应河宽。

另外，谢鉴衡教授还建议采用下式反映河床的综合稳定性：

$$\Phi=\frac{D}{HJ}\left(\frac{Q^{0.5}}{J^{0.2}B}\right)^2 \tag{3-29}$$

原作者指出，利用上式尚不能给出一般河流通用的游荡型河段与过渡型河段的分界值，谢鉴衡等❶ 考虑表态及动态特征，对冲积河流的河型进行了分类，并经过分析归纳，对决定河型判数的因子作了取舍，构造出由纵向稳定指标、横向稳定指标及洪峰流量变差系数三项组成的河型判数。然后再视主流的摆幅大小衡量河床稳定性程度，利用黄河、长江等江河实测资料进行回归分析，从而给出河型判数及河型判别方程的确切形式，其中河型判数为

$$\varphi=\left(\frac{D}{hJ}\right)\left(\frac{h'}{B^{0.8}D^{0.2}}\right)^{3.62}\left(\frac{1}{C_v}\right)^{0.756} \tag{3-30}$$

式中：φ 为河型判数；D 为床沙平均粒径；h'、B、J 分别为满槽时水深、河宽及河床比降；h 为造床流量的平均水深；C_v 为洪峰流量变差系数。

---

❶ 谢鉴衡，刘建军，王双峰．冲积河流河型判数．武汉水利电力大学，1995

表 3-6　不同水沙条件下黄河下游河床形态计算结果

Q (m^3/s)	ω_0 (cm/s)	$S=10$kg/m^3			$S=50$kg/m^3			$S=100$kg/m^3			$S=200$kg/m^3			$S=300$kg/m^3			$S=400$kg/m^3		
		H (m)	B (m)	J (‱)	H (m)	B (m)	J (‱)	H (m)	B (m)	J (‱)	H (m)	B (m)	J (‱)	H (m)	B (m)	J (‱)	H (m)	B (m)	J (‱)
3 000	0.15	1.62	1 512	0.64	1.46	1 228	1.37	1.44	1 194	1.51	1.48	1 262	1.23	1.56	1 402	0.84	1.82	1 908	0.27
3 000	0.20	1.59	1 456	0.73	1.41	1 145	1.76	1.39	1 113	1.96	1.43	1 178	1.59	1.47	1 245	1.30	1.68	1 625	0.49
3 000	0.30	1.51	1 313	1.07	1.36	1 065	2.30	1.32	1 004	2.86	1.33	1 019	2.71	1.38	1 097	2.07	1.54	1 366	0.93
3 500	0.18	1.64	1 549	0.79	1.49	1 279	1.61	1.45	1 211	1.96	1.49	1 279	1.45	1.57	1 420	1.09	1.79	1 846	0.42
3 500	0.25	1.58	1 438	1.04	1.43	1 178	2.17	1.39	1 113	2.67	1.41	1 145	2.41	1.48	1 262	1.69	1.65	1 568	0.72
4 000	0.18	1.67	1 606	0.83	1.52	1 331	1.81	1.48	1 262	2.20	1.55	1 384	1.57	1.59	1 456	1.43	1.83	1 929	0.46
4 000	0.25	1.63	1 530	1.09	1.45	1 211	2.56	1.42	1 161	2.99	1.44	1 194	2.69	1.50	1 296	2.00	1.72	1 704	0.73
4 000	0.30	1.62	1 512	1.14	1.43	1 178	2.83	1.39	1 113	3.49	1.41	1 145	3.14	1.46	1 229	2.43	1.64	1 549	1.04
4 500	0.20	1.67	1 606	1.15	1.50	1 296	2.53	1.48	1 262	2.79	1.51	1 313	2.41	1.59	1 456	1.65	1.83	1 929	0.59
4 500	0.30	1.63	1 530	1.37	1.45	1 211	3.24	1.41	1 145	3.98	1.43	1 178	3.59	1.47	1 245	2.93	1.67	1 606	1.15
5 000	0.18	1.73	1 724	1.09	1.54	1 366	2.57	1.52	1 331	2.83	1.62	1 512	1.77	1.66	1 587	1.48	1.89	2 057	0.57
5 000	0.25	1.66	1 587	1.48	1.49	1 279	3.28	1.47	1 245	3.62	1.49	1 279	3.27	1.58	1 438	2.13	1.76	1 784	0.96
5 000	0.35	1.60	1 475	1.94	1.46	1 229	3.80	1.41	1 145	4.91	1.45	1 211	4.00	1.47	1 245	3.61	1.60	1 475	1.94

钱宁及周文浩通过系统的研究后，提出如下形式的游荡指标：

$$\theta = \left(\frac{HJ}{D_{35}}\right)^{0.6}\left(\frac{B_{max}}{B}\right)^{0.3}\left(\frac{B}{H}\right)^{0.48}\left(\frac{Q_{max}-Q_{min}}{Q_{max}+Q_{min}}\right)^{0.6}\left(\frac{\Delta Q}{0.5TQ}\right) \tag{3-31}$$

式中：T 为洪峰历时。

上述游荡指标包含的影响因素很全面，对于黄河下游实际情况是适用的。但南方一些洪峰变差系数甚大的河流仍较稳定，因而像洪峰陡度 $\Delta Q/(0.5TQ)$ 及流量变幅 $\frac{Q_{max}-Q_{min}}{Q_{max}+Q_{min}}$ 这一类参数的作用是有限的。从一些河流的实际情况来看，汛期最小日平均流量 Q_{min} 对于河床的游荡型几乎没有什么影响。至于洪峰陡度，似乎也只具有第二位的意义，对此我们曾专门进行过试验论证❶，即通过恒定流的造床试验（洪峰陡度为零），同样可得到一些游荡强度很大的模型小河。此外，蔡金德及樊崇良指出，式(3-31)只是在中细沙河床的条件下建立的，因而他们根据大量天然资料得出如下中、细沙及卵砾石河床均可应用的河相关系式：

$$\frac{\gamma_b}{\gamma_\omega}\frac{\sqrt{B}}{H}\frac{J}{\sqrt[3]{D_{50}}} = \eta \tag{3-32}$$

式中：γ_b 为河床土壤容重；γ_ω 为河岸土壤容重。

上式考虑因素全面，具有较大的实用价值，但量纲不和谐，且对分汊型河段及模型小河的情况缺乏研究，其适用性受到一定的限制。

张红武在前人研究成就的基础上，采用自然模型试验方法，先后塑造出 5 个分属不同河型的模型小河，研究了冲积河流各水力因素与边界条件之间的关系，对反映或影响不同河性特征的主要因素进行类比分析后，认为可采用下式作为河流稳定性指标：

$$Z_\omega = \left[\left(\frac{1}{J}\right)\left(\frac{\gamma_s-\gamma}{\gamma}\frac{D_{50}}{H}\right)^{\alpha}\right]\left[\left(\frac{H}{B}\right)^{\beta}\right] \tag{3-33}$$

上式右端前面的中括号部分反映河流的纵向稳定特征，后面的中括号部分反映其横向稳定特征。运用相似转化原理，同时参照模型试验结果，可定出指数 $\alpha=1/3$，$\beta=2/3$，因此上式可进一步表示为

$$Z_\omega = \frac{\left(\frac{\gamma_s-\gamma}{\gamma}D_{50}H\right)^{1/3}}{JB^{2/3}} \tag{3-34}$$

采用大量天然河道及模型资料，对式(3-34)验算后发现，Z_ω 值随河型不同呈规律性变化。不难将 $Z_\omega<5$ 划分为游荡型河流，特别是 $Z_\omega<3$ 后，河道游荡特性更为显著；而弯曲型河流 $Z_\omega>15$，尤其是那些典型的弯曲型河段 Z_ω 很大，往往比典型的游荡型河段的指标值大几十倍；至于分汊型分段，由于 B 采用的是分汊后的河宽值，Z_ω 的取值范围为 5～15，其综合稳定性介于游荡型和弯曲型之间。尚须指出的是，由式(3-34)表示的综合稳定性指标具有四个优点：①量纲和谐；②同时反映了河流的纵向和横向稳定特征；③能适用于地理条件差异很大的、河床组成为中细沙和砾卵石的河流；④能同时适用于原型和模

❶ 张红武，钟绍森，曹丰生，等.不同河型冲积河流的模拟方法.IGU 亚太区域地理大会论文，1990

型。因此,不仅对于确定不同河型的河流特性具有重要意义,而且还可在进行河流模拟时作为河型相似准数。

为便于比较,文献[21]同时列举了相应的河相系数 ζ 和纵向稳定系数 Φ_b,结果表明,无论前者还是后者,对河型的区分都是极为困难的。

实际上,式(3-34)描述了不同河型河流均衡条件下河宽、水深、比降及粒径等特征物理量之间的函数关系,因而可以作为一般冲积河流的综合河相关系。对于游荡型河流,$Z_\omega \approx 2.2$;弯曲型河流 Z_ω 则根据弯曲系数而定,一般取 $Z_\omega \approx 2.5$;至于分汊型河段,可分为次稳定分汊和稳定分汊两类,前者 $Z_\omega \approx 8$,后者 $Z_\omega \approx 13$。将这些 Z_ω 值分别代入式(3-34),相应得到的河相关系初步看来与实际情况较为符合。

张俊华通过研究,认为可以 v/v_c 描述河床的纵向稳定特性(v/v_c 越大,泥沙运动强度越大,河床越不稳定),以 $(BD_{50})^{1/2}/H$ 描述河床的横向稳定性特征(该值越大,表明河床横向越不稳定),S/S_* 描述由悬沙运动引起的河床冲淤状态($S/S_* > 1$,表明来沙量大于河道挟沙能力,河床淤积,反之亦然),再将三者之积作为河床稳定指标,即

$$\varphi_t = \frac{vS\sqrt{BD_{50}}}{v_c S_* H} \tag{3-35}$$

式中:v 为流速;v_c 为起动流速,用张瑞瑾公式计算;其他符号含义同上。

表 3-7 列举了根据天然河流资料计算出的稳定指标 φ_t。图 3-6 中点绘了 φ_t 随 $\sqrt{B}/H$ 的变化关系,不难看出,φ_t 值随河型不同呈规律性变化,即 $\varphi_t > 2$ 为游荡型、$\varphi_t < 0.12$ 为弯曲型,分汊型或过渡型则介于其中,因而也可以视 φ_t 值为河型判数。

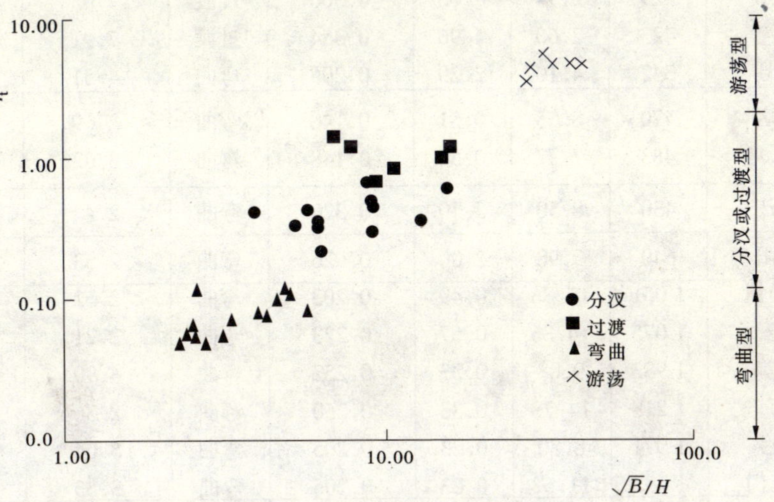

图 3-6　不同河型的 φ_t 值分布

丁易、王严平、张俊华通过试验观察和研究后认为,对于河型判数,除应包括诸如张红武提出的河床综合指标外,还与洪水主流相对于枯水期的横向摆动强度 $\Delta B/\Delta t$ (简称为洪枯摆动强度,ΔB、Δt 为其摆动幅度和相应的时间,对于 ΔB 的确定,可见图 3-7)及床沙的起动速度有关。经综合分析后,将新河型判数表示为

表 3-7 天然河流河型判数及河相系数

河流	站名	河宽(m)	水深(m)	比降	平均粒径(mm)	河型	河相系数	φ_t
北江	石嘴	297	5.30	1.10	0.500	分汊	5.88	0.416
长江	葛洲坝	2 723	8.24	0.49	0.203	分汊	6.33	0.333
	洋溪镇	3 340	6.44	1.23	0.237	分汊	8.97	0.670
	董市	1 881	10.97	1.23	0.237	分汊	3.95	0.390
	沙市	2 287	9.18	0.57	0.230	分汊	5.21	0.317
	文村夹	3 464	6.39	0.57	0.223	分汊	9.21	0.461
	监利	3 536	6.49	0.23	0.205	分汊	9.16	0.291
	天兴洲	4 570	10.68	0.16	0.148	分汊	6.33	0.208
	畤风	7 859	6.63	0.16	0.148	分汊	13.37	0.343
	兰溪	4 527	7.19	0.42	0.164	分汊	9.36	0.410
	陆家嘴	6 725	5.01	0.42	0.164	分汊	16.37	0.594
	龙坪	2 980	8.71	0.42	0.164	分汊	6.27	0.304
黄河	高村	1 142	2.02	1.60	0.118	过渡	16.75	1.170
		676	2.38	1.57	0.125	过渡	10.91	0.829
	孙口	1 000	2.00	1.69	0.079	过渡	15.80	0.983
		601	2.54	1.76	0.068	过渡	9.65	0.680
	艾山	410	4.80	1.64	0.083	弯曲	4.22	0.073
	泺口	297	4.36	4.10	0.099	弯曲	3.95	0.076
	利津	469	3.83	1.55	0.099	弯曲	5.66	0.081
渭河	咸阳	429	2.94	7.68	0.360	过渡	7.05	1.422
	临潼	423	2.60	4.96	0.354	过渡	7.91	1.200
	华县	342	4.10	2.20	0.205	弯曲	4.51	0.093
汉江	蔡店	470	8.05	0.51	0.148	弯曲	2.69	0.047
	余氏屯	483	7.27	0.54	0.148	弯曲	3.02	0.053
资水	桃江	430	8.50	3.30	0.320	弯曲	2.44	0.063
湘江	衡阳	640	9.98	2.00	0.926	弯曲	2.53	0.111
长江	白洋镇	1 051	12.86	0.49	0.203	弯曲	2.52	0.052
	公安	1 075	14.86	0.57	0.223	弯曲	2.21	0.047
	石首	1 983	9.08	0.33	0.252	弯曲	4.90	0.112
	流河口	1 218	14.78	0.33	0.250	弯曲	2.36	0.054
	七弓	1 971	8.80	0.23	0.205	弯曲	5.04	0.104
	荆江门	1 493	11.62	0.23	0.205	弯曲	3.33	0.069
黄河	花园口	2 000	0.99	1.67	0.147	游荡	45.31	4.586
		2 010	1.33	2.90	0.162	游荡	33.71	5.333
		1 980	1.08	1.97	0.129	游荡	41.20	4.661
	夹河滩	1 600	1.35	1.89	0.145	游荡	29.70	3.420
		1 860	1.20	2.97	0.096	游荡	36.06	4.607
		1 680	1.33	3.01	0.105	游荡	30.82	4.245

$$\varphi_t = \frac{\Delta B}{Z_\omega v_c g \Delta t} \tag{3-36}$$

式中：v_c 为起动流速，m/s，用张瑞谨公式计算；ΔB 的单位采用 m；Δt 的单位取日；Z_ω 由张红武公式(3-34)计算。

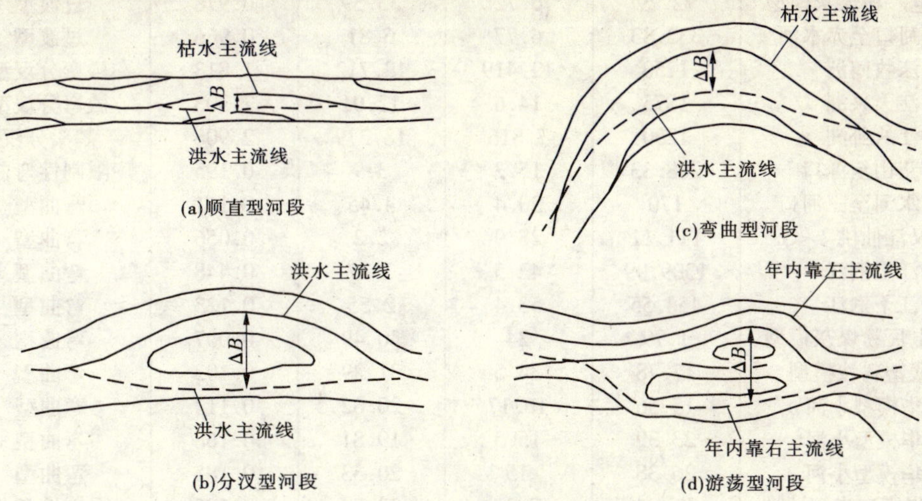

图 3-7 主流摆幅示意图

由上式看出，河型判数 φ_t 值越大，河床越不稳定，如果河床十分稳定，则 φ_t 趋于零。表 3-8 中列出了张俊华等塑造的模型小河的河型判数 φ_t 的计算结果。可以看出 φ_t 值随河型不同呈规律性变化，即 $\varphi_t>3.0$ 为游荡河型，$\varphi_t<0.50$ 为弯曲河型或顺直河型，分汊河型及过渡河型的 φ_t 值则介于其中。

表 3-8 天然及模型小河的综合稳定性指标和河型判数

断面	$\Delta B/\Delta t$	Z_ω	$\sqrt{B}/H$	φ_t	河型
黄河赵沟至秦厂河段	3 333.33	1.33	61.93	63.627	游荡型
黄河花园口至夹河滩	4 000	1.45	38.04	60.629	游荡型
洛河寻峪沟沟口	8 000	2	9.54	19.711	游荡型
黄河夹河滩至高村	2 222.22	2	27.22	21.748	游荡型
黄河包头河段	1 250	2.5	14.14	11.148	游荡型
汉江黄家港至太平店	1 111.11	3.15	17.3	8.713	游荡型
张红武塑料沙模型	60	3.38	62.17	3.55	游荡型
张俊华库区模型小河	144	3.55	34.96	3.12	游荡型
张俊华模型小河[9]	134.62	3.165	36.32	3.698	游荡型
张俊华模型小河[10]	150	2.018	35.71	6.194	游荡型
张俊华模型小河[11]	800	3.362	30.929	19.036	游荡型
张俊华模型小河[13]	2 000	1.16	65.94	137.913	游荡型
黄河高村至孙口	520	5.19	10.41	1.679	过渡型
张俊华模型小河[4]	36.14	7.07	26.94	0.511	过渡型
张俊华模型小河[5]	37.15	6.64	28.97	0.533	过渡型
张俊华模型小河[6]	51.43	5.9	30.83	0.792	分汊型
张俊华模型小河[7]	57.38	5.36	31.35	0.973	分汊型

续表 3-8

断面	$\Delta B/\Delta t$	Z_ω	$\sqrt{B}/H$	φ_t	河型
张俊华模型小河[8]	57.69	5	32	1.003	过渡型
张俊华白沙模型小河	100	7.82	14.08	0.913	分汊型
张红武电厂粉煤灰模型	72.29	6.72	33.59	0.978	过渡型
渭河泾河口至赤水河	333.33	6.77	6.81	0.966	过渡型
长江牧鹅洲	1250	12.419	13.712	1.813	微弯分汊型
长江天兴洲	1875	14.6	12.01	2.303	微弯分汊型
长江八卦洲	1250	7.816	18.279	2.908	鹅头分汊
黄河艾山至泺口	208.33	15.3	3.9	0.195	限制性弯曲
渭河赤水河至三河口	170	20.4	4.45	0.161	弯曲型
汉江仙桃	111.11	28.9	2.2	0.056	弯曲型
长江上荆江	1309.09	42.5	2.77	0.448	弯曲型
长江下荆江	454.55	53.4	2.55	0.123	弯曲型
张红武电厂粉煤灰模型	1.79	24	30.49	0.007	弯曲型
张红武塑料沙模型	17.78	34.5	31.29	0.103	弯曲型
张俊华模型小河[1]	15.56	16.17	20.62	0.113	弯曲型
张俊华模型小河[2]	23.39	15.5	19.81	0.168	弯曲型
张俊华模型小河[3]	26.38	15	20.33	0.185	弯曲型
张俊华模型小河[12]	16.94	7.33	23.89	0.185	限制性弯曲
张俊华弯曲模型小河	50	15.37	11.65	0.25	弯曲型

进一步采用张红武等学者的模型小河资料及天然河流的资料计算后发现，φ_t 值确实具有区别河型的作用。图 3-8 点绘了大量天然河道及模型小河河相系数 $\sqrt{B}/H$ 与河型判数 φ_t 的点群关系，可见 φ_t 值可作为河型区划指标，亦即河型判数。

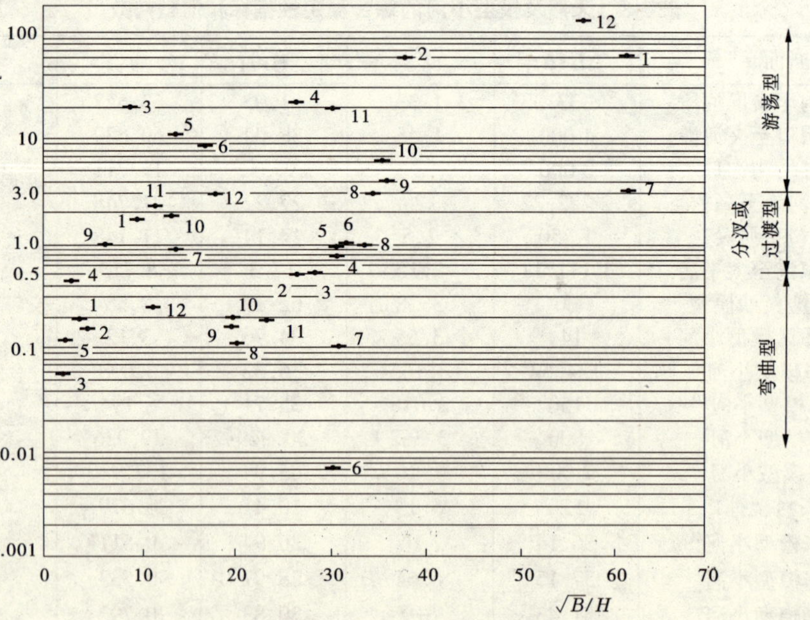

图 3-8　不同河型的河型判数点群分布图

(四)河湾的平面河相关系

冲积河流在流域来水、来沙及河床边界条件制约下,塑造出不同的河湾,不同类型河流的河湾平面形态差别很大。同一类型河流的不同河段,河湾的平面形态差别也较大,研究河湾的平面形态主要研究比较稳定的弯道的形态关系。河湾平面形态(见图 3-9)的要素有曲率半径 r_0、弯道自进口到出口所包含的中心角 φ、河湾跨度 T、两相邻河湾间距 L_m、弯曲幅度 B_m、相邻弯道之间的垂直距离 B 及弯曲段的曲线长度 L。

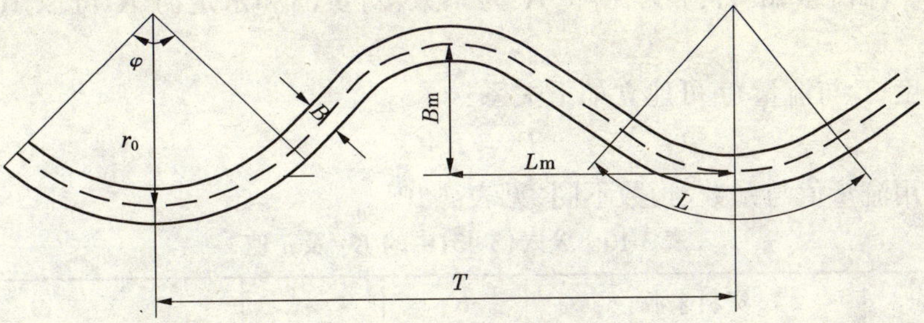

图 3-9　河湾平面形态

河湾曲率半径公式:

拉辛(Lacey,G)公式

$$r_0 = \frac{Q^{0.5}}{\varphi^2} \tag{3-37}$$

黄河下游高村以上 $\quad r_0 = \dfrac{4\ 500}{\varphi^{1.85}}$

高村以下 $\quad r_0 = \dfrac{3\ 220}{\varphi^{1.85}}$ $\quad$ (3-38)

朱太顺等通过自然模型小河试验,给出了适用范围更大的如下公式❶:

$$r_0 = 1.2\frac{Q}{\varphi^{1.9}} \tag{3-39}$$

式中:Q 为造床流量;$\varphi = \dfrac{L}{r_0}$;L 为河湾长度;r_0 为河湾半径。

长江中游、下游干支流

$$r_0 = 330\overline{Q}_{\max}^{0.73}/\varphi^{1.15} \tag{3-40}$$

式中:Q 为造床流量,m^3/s;$\overline{Q}_{\max}$为多年平均最大流量,m^3/s;φ 为中心角,弧度。

有的研究工作者把曲率半径直接与直河段河宽 B 建立了如下关系:

$$r_0 = K_R B \tag{3-41}$$

但这只是公式系数不同而已,见表 3-9。

有的公式考虑了比降的影响,建立了如下关系式:

$$r_0 = KQ_n^{0.5}J^{-0.25}\varphi^{-1.3} \tag{3-42}$$

❶ 朱太顺.黄河下游河道整治工程布置问题研究.武汉水利电力大学硕士论文,1998

表 3-9 公式(3-41)中的 K_R 值

河流和资料来源	K_R
中国、美国、法国模型	3
黄河下游	2~6
长江	3.5

式中：Q_n 为平滩流量，m^3/s；J 为比降；K 为系数，对黄河和永定河 K 可取 10，荆江和南运河 K 取 3。

河湾跨度 T 与流量 Q 可建立如下关系：

$$T = K_T Q^n \tag{3-43}$$

但所采用流量值与系数、指数不同，见表 3-10。

表 3-10 公式(3-43)中的 K_T 及 n 值

作者	资料来源	K_T	n	Q
钱宁	美国、印度、黄河模型	50	0.5	平滩流量
Dury,G.H	世界上弯曲河谷	54.3	0.5	年最大流量的多年平均值
Carlston		156	0.46	年平均流量

弯曲幅度 B_m、直线段长度 L_D、河湾跨度 T 与直河段宽度 B 的关系为

$$T = K_T B \quad B_m = K_m B \quad L_D = K_D B \tag{3-44}$$

式(3-44)中的各项系数值见表 3-11。

表 3-11 公式(3-44)中的各种系数值

资料来源	K_T	K_m	K_D
黄河、美国、法国冰川小河、模型河流	12	4.3	
文献[26]	5~8	1~3	
朱太顺、王严平给出的黄河下游公式			1.5~3.0

美国的一些河流，随着河床和河岸组成物质中粉沙黏土含量的增大，河湾跨度有减小的趋势，其关系式为

$$T = 1.935 Q_m^{0.48} M^{-0.74} \tag{3-45}$$

式中：Q_m为平均流量，m^3/s；M 为河床和河岸组成物质中粉沙黏土的含量。

第四节 山区河流的河床演变

大中型河流的上游，多流经地势险峻、地形复杂的山区，而一些较小的支流，全河可能都位于山区。

山区坡面陡峻、岩石裸露、径流系数大、汇流时间短，因而河流洪水暴涨暴落、流量变幅很大。由于河谷断面狭窄，调蓄能力低，河流水位变幅也很大，洪枯水位差可达数米，乃

至数十米不等。河流水量的补给主要来自暴雨径流，因而洪水期历时短，枯水期历时长，缺少稳定的中水期。山区河流的泥沙主要来自汛期暴雨的冲刷，平时极少。含沙量的大小主要取决于流域特征，但流域岩石风化强烈，植被覆盖少时，含沙量自然较高，甚至在山洪暴发时形成泥沙流。山区河流主要为水流下切，堆积很少，河床多为基岩，仅河谷宽窄处有卵石或砾石堆积。河谷的平面形态与地质构造及基岩性质有密切关系。

由于构造和岩性的差异，山区河流常呈现峡谷段和宽谷段相间的藕节状外形。在背斜构造或岩石的抗冲性能较强的地区常发展为峡谷河段，那里谷坡陡峻、基岩裸露，两岸及江心常有巨石突出，岸相极不规则。在向斜构造或岩石的抗冲性能较弱的地区，常发展为宽谷河段，那里岸坡平缓、阶地发育，河中常有河漫滩、心滩等泥沙堆积物，纵剖面形态，由于沿河构造和岩性的差异，存在着许多折点，常表现为上凸曲线形式。横剖面形态，往往为发育不全的 V 字形或 U 字形河沟，两岸谷坡陡峻、坡面呈直线或曲线型。

由于山区河流洪水暴涨暴落，且绝大部分落差都集中在某些局部河段上，因而容易形成流速很高的急流或瀑布。又由于流量变幅大，加上河谷断面狭窄，调蓄能力低，其水位变化也很大。此外，由于河床上存在着急弯、石梁、卡口等局部障碍物，这些地方往往产生较大的横比降，引起较强的横流。与坡降相应，山区河流流速一般都较大，常在 2m/s 以上，且沿程变化亦大，急流河段，可高达 7～8m/s，而在缓流河段上，其流速也可能小于 1m/s。由于河床形态极不规则、山区河流流态十分紊乱，常有回流、泡水、旋涡、跌水、水跃、横流等流态，流象险恶。

山区河流挟带的泥沙多为细沙、粉沙和黏土，而组成河床的泥沙多为卵石、块石和基岩，二者性质迥然不同。因此，山区河流悬移质含沙量一般处于不饱和状态，挟运的泥沙都可看做冲泻质。其沙量的主要来源是汛期暴雨的冲刷，因而，一年中的来沙量大都集中在汛期几个月内，平时很少。山区河流的含沙量大小视流域情况而异，有很大差异。在岩石风化不严重、植被良好的山区，含沙量很小，汛期也不过每立方米几千克。在岩石风化严重、植被较差的地区，含沙量就很大，每立方米可高达几百千克甚至一千多千克，有的地区还常形成泥沙流。

研究山区河流的河床演变，实际上也就是研究卵石的冲刷、搬运和沉积的过程。因卵石粒径较大，只有洪水季节才能运动，加上流速沿程变化的不连续性，因而卵石推移质运动呈间歇性，平均运动速度也很低。长江三峡河段的卵石推移质观测资料表明，某峡口的上游，壅水作用所造成的回水区使卵石淤积下来，非汛期时峡口回水作用消失，使淤积的卵石自宽谷段搬到峡谷段，并在那里堆积下来，到下次洪水时，又自峡谷段搬运到下一个宽谷段区。在山区河流的弯曲段，有规则的深槽和浅滩，也常常是非汛期卵石自浅滩移向深槽，汛期自深槽移向浅滩。

由于水力分选的作用，山区河流中的推移质卵石粒径有沿程递减的趋势，而且就某一河段而言，山区河流的河床组成还具有级配很分散的特点。例如，我们在研究寻峪沟的治理方案时，发现从黏土到砾石和漂石皆备，山洪暴发之时，沙石俱下，直径很大的漂石也有所运动。洪水过后，不仅在桥墩或河岸突出物所造成的缓流区可发现大量细沙落淤，而且在由卵石所组成的骨架的空隙中，也可找到很多黏土。

山区河流在河道外形上，同样具有弯曲、游荡、分汊、顺直等几种基本类型。例如寻峪沟口段，就是一个典型的山区游荡型河段，具有主流摆动频繁和水流堆积作用显著以及河身宽浅等特点。寻峪沟汇入洛河（洛河除下游一段外，也属山区河流），沟口形成冲积扇，侵占洛河河身，挤压主流流路。因此，在研究河流的河床演变规律时，要对两岸溪沟汇入情况进行认真的分析。

山区河流中水流输沙能力远大于其实际的输沙量，属于侵蚀性河床，河床变形以冲刷下切为主，但因河床多由基岩或卵石组成，抗冲性能强，故河床变形缓慢，以致在短期内几乎看不出有什么变化。在一般工程问题中，有时可以认为河床基本上是不变的。但某些山区河流遭受强烈外因容易发生急剧变形，例如山崩、地震、大滑坡等，在短时间内，能堵塞河谷，上游形成壅水。因此，也应有所考虑。

对于重要的工程问题，尚须认真考虑山区河流的河床演变规律。山区河流在悬移质有可能发生沉积的地方，冲淤变化较大，例如在两个急滩之间的缓流区，悬移质泥沙有可能在非汛期淤积下来，到汛期又被冲走。黄河三门峡下游两碛之间的缓流河段，经过一个非汛期，往往落淤几米厚的细沙，入汛后又逐渐被冲走。

山区河流往往宽窄相间，在峡谷的进口处，洪水期有较强的壅水作用，引起上游宽谷段内比降变缓，流速降低，从而使得推移的卵石甚至悬浮的泥沙在上游宽谷段内落淤，淤积厚度有时可达几米甚至几十米；汛后水位回落，壅水作用消除，比降、流速增大，淤积的泥沙又被冲刷搬运到下游去。如是年复一年地冲淤循环交替。有时，大水大沙年淤积下来的泥沙量较多，非汛期不能全部冲走，一直要等到一个大水少沙年才可能完全冲走，从而使得河床产生以多年为周期的冲淤变化。非汛期由宽谷段冲刷下移到峡谷段的泥沙，由于此处水深较大，流势较缓，因此可能有相当大一部分泥沙落淤下来。宽谷段在洪水期往往出现主流易位现象，因而演变特性较窄谷段复杂一些。

总的来说，山区河流由于河谷比降陡，平均流速高，水流具有较大的输沙能力。此外，山区河流还常由于某些特殊的外部因素作用，使河床产生剧烈的冲淤变化，如因滑坡等地质作用，能在极短的时间内将大量物质推入河中，阻塞河道，剧烈地改变上下游水流情况，从而引起河床的急剧变形。泥沙流挤压主流通道，也会引起河床的剧烈变化。

由于山区河流特有的水沙特性和演变特点，故在山区河流桥渡设计时必须予以充分考虑。

第五节　平原河流的河床演变

一、演变概况

大中型河流的中下游多流经广阔的冲积平原。一般讲，平原河流的河谷宽广，在河谷中分布着广阔的河漫滩，在河漫滩上广泛分布着一些与水流方向大致平行或斜交的狭长沙丘。其纵剖面多为下凹的曲线，纵剖面上没有显著的台阶状变化，但由于水流与河床的相互作用，常出现波浪形的起伏状态，沿程深槽与浅滩相间，其横断面形态视不同河段而异。

平原地区坡度平缓，土壤疏松，径流系数小，汇流时间长，但流量变幅不大，洪枯流量比值较小，因而，水位变幅亦不大，水流平均流速也不大，一般均在2～3m/s以下。

平原河流的形成过程主要表现为水流的堆积作用，河谷中形成深厚的冲积层，河口淤积成广阔的三角洲。我国的华北平原和长江三角洲便是这样形成的。

平原河流的冲积层一般较厚，并表现为分层现象。最深层多为卵石层，其上为夹沙卵石层，再上为粗沙、中沙，以至细沙，枯水位以上的河漫滩表层有黏壤土或黏土层。泥沙组成的分层现象与河流的发育过程有关。一般来说，沙、卵石多为冰川期堆积物，沙层则为近代水量小、海平面较高时的堆积物。

平原河流中悬移质泥沙，以粉沙和黏土为主，而其中主要是冲泻质。沙量来源主要是流域表面的土壤侵蚀，一年中的沙量大部分集中在汛期几个月，特别是来自几次较大的洪水过程。

平原河流河床演变，主要表现为河床循环的往复变形，特别是河床的平面变迁和河床上泥沙成型堆积体的运动。因此，平原河流中冲淤变化的速度较快。

平原河流平面形态具有一定的规律性，各种河型的河床具有各自的演变规律，兹分述如下。

二、顺直（微弯）型河道演变

顺直型河道多存在于狭窄、顺直的河谷中，或河谷虽然宽阔，但河漫滩发育较高，且多由难冲的黏土和沙黏土构成，表面生长有植物或人工控制情况下，一般多出现在河流的中、上游。其一般形态为中水河槽比较顺直或略有弯曲，两岸边滩犬牙交错，主流线左弯右曲，水面波浪起伏，深槽与浅滩相间，但滩槽水深差别不大。

顺直（微弯）型河道河床演变特点如下：

(1)深槽和浅滩冲淤交替。枯水期浅滩水面比降大，发生冲刷，冲刷下来的泥沙在下一个深槽中淤积下来，洪水期深槽水面比降比较大，发生冲刷，泥沙又被从深槽搬运到下一个浅滩上淤积下来。

(2)边滩和深泓线顺流下移。边滩就是一个大沙丘，在水流作用下，迎水坡不断冲刷，背水坡不断淤积，整个边滩不断向下游移动。随着边滩的下移，深槽、浅滩和深泓线也不断交换位置。

(3)河床周期性展宽和缩窄。由于边滩的发育，对岸将产生变形，因而枯水以上的河槽展宽了。当边滩发展过宽时，水流绕过边滩时阻力加大，在洪水期就可能发生切滩现象，被切割的边滩成为心滩，而河槽则被心滩分成汊道。但由于新汊道短而直，易于冲刷扩大，而旧河道则相应逐渐淤塞，河槽又恢复单股河床，河宽又缩窄了。如此循环发展，因而对工程建设将造成一定影响。

三、弯曲型河道河床演变

弯曲型河道多存在于河谷比较宽广，两岸无较密的工程，河岸和河底均由可冲刷土壤构成，但河岸抗冲能力比河底小，流量变幅小，中水期较长，比降平缓，流速不大的河段中，一般多出现在河流中下游。我国的荆江、渭河、北洛河、南运河、汉水等著名的弯曲型河道，其一般形态是左弯右曲，两个相反弯曲间由直线过渡段相连。弯曲型河道河床演变特点如下：

(1)凹岸崩退和凸岸淤长。在河湾中存在着稳定的单向环流，面流指向凹岸，底流指向凸岸。由于含沙量沿水深分布不均，水面含沙量小，河底含沙量大，所以流向凹岸的表层水流的含沙量，将远较流向凸岸的底层水流含沙量小，流经凸岸的表层水流，将从凹岸攫取泥沙，但当流经凸岸时，又将释放出多余的泥沙，结果导致河湾的凹岸崩退和凸岸淤长。

我国古代风水先生很早就将上述演变规律应用于实际的宅基地选择中。事实上，风水水法理论之所以主张界水"来要之玄，去要屈曲，横要弯抱，逆要遮拦，流要平缓……"，无非是要求人们必须把阴宅及阳宅选在流速不急的水湾内侧，即河湾的凸岸部分，因为这样可以借助弯道环流的作用，使基地随着时间的推移由水流冲积泥沙而增大，从而不用追加投资，即可在一定时期内，达到扩大土地的目的。

为开展河湾缓流的横向输沙计算，我们采用张红武弯道横向流速沿水深分布公式及含沙量沿水深分布公式，得出单位面积上横向输沙率沿水深分布的表达式为(η 为相对水深)

$$q_{sr} = \frac{75.86}{N_0}\frac{v_{cp}h}{r}S_{cp}\exp\left(0.093\,1\frac{\omega}{\kappa\mu_*}\arctan\sqrt{\frac{1}{\eta}-1}\right)f(\eta) \tag{3-46}$$

$$f(\eta) = \left(1+2.75\frac{g}{C^2}\right)\eta^{1.857} - 0.88\eta^{2.14} + \left(0.034-12.5\frac{g}{C^2}\right)\eta + 4.72\frac{g}{C^2} - 0.088 \tag{3-47}$$

$$N_0 = \int_0^1 \eta^{1/7}\exp\left(0.093\,1\frac{\omega}{\kappa u_*}\arctan\sqrt{\frac{1}{\eta}-1}\right)\mathrm{d}\eta \tag{3-48}$$

上述三式中：η 为相对水深；v_{cp}为垂线平均流速；h 为水深；r 为弯道径向坐标值；S_{cp}为垂线平均含沙量；ω 为泥沙沉速；κ 为卡门常数；u_*为摩阻流速；C 为谢才系数；g 为重力加速度。

由计算及分析结果可看出，悬浮指标愈大，q_{sr}沿垂线分布愈不均匀。由式(3-46)又可求出单宽横向输沙率

$$G_r = \frac{75.86}{N_0}\frac{v_{cp}h}{r}S_{cp}\int_0^1 f(\eta)\exp\left(0.093\,1\frac{\omega}{\kappa u_*}\arctan\sqrt{\frac{1}{\eta}-1}\right)\mathrm{d}\eta \tag{3-49}$$

野外资料验证结果表明(见图 3-10)，上式可在工程实际中应用。

此外，还可由以下两式分别计算沿水深上、下两部分的横向输沙率，即

$$G_{r上} = \frac{75.86}{N_0}\frac{v_{cp}h}{r}S_{cp}\int_{0.5}^1 f(\eta)\exp\left(0.093\,1\frac{\omega}{\kappa u_*}\arctan\sqrt{\frac{1}{\eta}-1}\right)\mathrm{d}\eta \tag{3-50}$$

及

$$G_{r下} = \frac{75.86}{N_0}\frac{v_{cp}h}{r}S_{cp}\int_0^{0.5} f(\eta)\exp\left(0.093\,1\frac{\omega}{\kappa u_*}\arctan\sqrt{\frac{1}{\eta}-1}\right)\mathrm{d}\eta \tag{3-51}$$

由以上两式计算后发现，悬沙愈粗(悬浮指标愈大)，下部输沙率愈大，上部输沙率越小，而且下部输沙率总是大于上部，亦即横向输沙总是不平衡的，从而引起弯道的凹岸溃退和凸岸淤长。

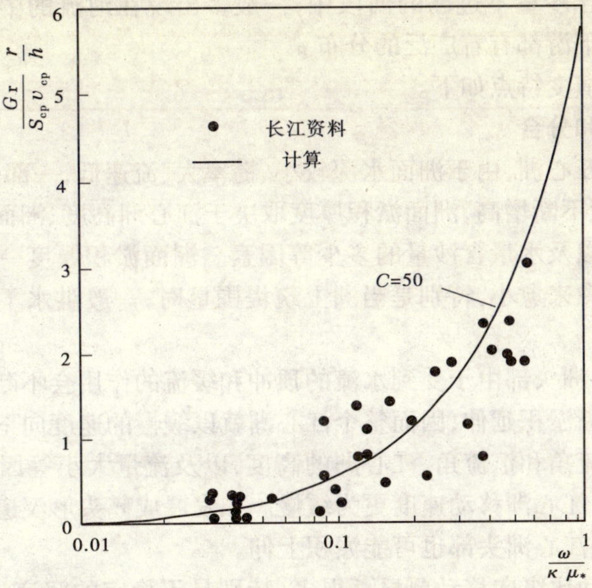

图 3-10 单宽横向输沙率计算结果与实测资料的比较

(2)河湾的发展和蠕动。凹岸溃退和凸岸淤长使得河湾在平面上横向位移,但是这个位移在整个弯道上并不是均匀分布的。在弯道下半部,水流动力轴线经常逼近、顶冲凹岸,环流强度较大,崩坍较严重,结果使河湾曲率半径变小,中心角增大,河身加长,并使整个河湾呈现向下游蠕动的趋势。最常见的蠕动形式是:第一个弯道不断向右蠕动,第二个弯道不断向左蠕动,第三个弯道又不断向右蠕动,整个河段也缓慢地向下游蠕动。与此同时,两弯顶之间的河线还会产生一定的旋转运动。这种旋转运动是围绕着一个大体不变的枢纽点进行的。在弯道入口逐渐下移时,河线旋转枢纽点的位置一般也会逐渐向下游移动。过渡段太短时将会发生平行下移现象,而不发生旋转现象。

(3)裁弯取直和撇弯切滩。随着弯道的发展,河道愈来愈弯,甚至形成很长的河环,此时河湾的起点和终点相距很近,当洪水漫滩时,存在较大比降,容易形成串沟,并逐渐发展扩大成新河,而老河则逐渐淤死,从而形成自然裁弯。

另外,当凹岸土质很不均匀,河湾发展受到限制形成曲率较大的锐弯时,往往在凹岸出现撇弯现象,主流改趋凸岸,凹岸逐渐淤积,而凸岸边滩则相应被切削。还有另一种情况是,随着凹岸迅速溃退,凸岸边滩延展较宽,如果刚好遇上连续数年的小水年,凹岸溃退较远,而形成的广阔、平坦的凸岸边滩却来不及相应上升,则一旦遭遇大洪水,在锐弯低滩条件下,主流容易切滩取直,并在凹岸发生撇弯。

四、分汊型河道演变

分汊型河道一般形态为:中水河槽呈宽窄相间的藕节状,窄段为单一河槽,水深较大;宽段则有一个或几个江心洲存在,将水流分成两股或多股,汊道中水深较小,在分流口和汇流口处常有浅滩存在。

分汊型河道多存在于河谷宽阔、沿岸组成物质不均匀、上游有节点或较稳定的边界条件、流量变幅不过大、含沙量不过高的河段中，一般多出现在河流的中下游，我国长江下游，湘水下游，松花江下游都有着广泛的分布。

分汊型河道河床演变特点如下。

(一)洲滩的移动和分合

洪水期水流漫过江心洲，由于洲面水深较小、糙率大、流速低，一部分悬移质泥沙会在洲上落淤，使得江心洲不断增高，洲面淤积厚度取决于江心洲高度、洲面植物生长情况、洪水位高低与持续时间以及水量含沙量的多少等因素。洲面淤积厚度一般均较小，且随着江心洲高度的增加而愈来愈小，特别是当洲上筑堤围垦时，一般洪水不会淹没，淤积就完全停止。

一般情况下，江心洲头部由于受到水流的顶冲和缓流的作用会不断崩坍后退，而尾部则在螺旋流作用下不断淤积延伸，因而整个江心洲就以缓慢的速度向下游移动，江心洲的移动速度与汊道的分流角和汇流角、江心洲的高度，以及流量大小等因素有关，一般是不大的。汇流角较大时，江心洲移动速度更为缓慢。如发展成鹅头形汊道时，可能完全停止下移。在特殊情况下，江心洲头部也可能淤积上伸。

江心洲的横向摆动比纵向移动要显著得多，特别是不稳定的汊道，随着分流、分沙比的变化，汊道和江心洲将发生强烈的变形。

在江心洲的运动过程中，江心洲体积不断扩大。在大多数情况下，江心洲的扩大是通过几个较小的江心洲合并实现的。当汊道衰亡时，江心洲靠向一岸。

(二)河岸的崩坍和弯曲

自然界中汊道的一支或二支往往具有微弯的外形，由于入口部分缓流的作用，进入凹岸一侧的含沙量较小，它将逐渐发展，特别是顶冲点处的河岸，将不断崩坍后退，冲刷的泥沙则在对岸江心洲上淤积，或被水流带到江心洲尾部以及汇流区的回流区淤积。而另一侧则逐渐衰退，当凹岸主汊弯曲发展到一定程度时，河岸不再崩坍，将逐渐稳定下来，其支汊也相应稳定下来，稳定时间一般较长。但当凹岸为广阔的河漫滩时，凹岸支汊将不断弯曲发展，顶冲点不断下移，江心洲也相应向凹岸一侧淤长，汊道将发展成为鹅头型分汊河道。弓形分汊河段由于入口处的环流作用，进入弯道的流量较小，而含沙量较大，故弯汊将会逐渐淤死。

(三)汊道的兴衰与交替

在上游水流条件不变的情况下，弯曲的汊道由于河身加长，河床曲折，水流阻力加大，因而分流比不断减小。汊道弯曲也会影响到分流区的环流形态，使越来越多的泥沙进入弯汊，这样弯汊就会逐渐衰亡，而直汊则逐渐发展。汊道的淤积一般是先淤在进口处，使水深不断变浅，直至枯水期断流。汊道出口处由于回流和异重流作用也有所淤积，但速度较慢，因而当汊道衰亡时，在汊道后半部仍有相当深的深水套。支汊衰亡，主汊发展为单一河道，但在天然条件下，这种局面往往是不能持久的，条件适合时，在水流作用下，主汊又会不断展宽，终于又在江中淤积成沙洲并形成新的分汊河道，开始一个新的演变周期。汊道演变周期对不同河段是不同的，比较稳定的汊道能长达几十年甚至数百年。

事实上，上游水流条件是不可能不变的。因此，在汊道发展过程中，并不是所有的支汊都会淤死。恰恰相反，在许多情况下，当支汊衰退到一定阶段时，由于水流条件发生了变化，会出现衰退停滞现象。甚至两汊有可能交替发展，即支汊由衰退转化为发展，甚至成为主汊，而主汊由发展转为衰退，甚至变成支汊，一汊发展有赖于另一汊的衰亡。在分流区上游河段有交错边滩不断下移时，将使两汊入口水流条件交替变坏，从而使两汊发生交替发展和衰退现象。复杂分汊河段多发生在河道极宽处，形态极为复杂，各汊水流及泥沙因素较紊乱，分流分沙情况常发生，其演变规律因此十分复杂，但也无外乎一汊的发展依赖于其他汊道的衰退。

由于天然河流的流量是不断变化的，在不同流量时，汊道上游的节点挑溜作用是不同的，因而会使入汊水流动力轴线在两汊间作往复摆动，这样两汊都有冲刷机会，使得汊道能保持相对稳定。

五、游荡型河道演变

游荡型河道的一般形态和演变规律具有一系列特征，其中最基本的特征是水流散乱和主槽摆动不定，前者属于形态方面的特征，后者属于演变方面的特征，具备这两个特征即可区别于其他类型的河段，而确定为游荡型河段。

游荡型河道河床演变的基本特点如下。

（一）游荡型河道的纵剖面变化

平原河流的纵剖面变化，一方面与上游来水来沙条件有关，另一方面与下游侵蚀基点有关。此外，如堤防的约束、支流的入汇、地壳的升降等均有一定的影响。因此，即使同属游荡型河段，由于各方面条件不一样，纵剖面的变化也不可能一样。

从黄河下游来看，黄河自孟津出峡谷以后，由于河谷骤然放宽，比降变小，河水流势忽然趋于平缓，其水流挟沙能力减小，不能挟带上游来的大量泥沙，于是河床不断堆积抬高，河道变得“宽、浅、散、乱”，素以“善淤、善徙”著称。从长时段的平均情况看，河床是单向淤积抬高的，但从年内情况看则有冲有淤，冲淤交替。

（二）游荡型河段的平面变化

游荡型河段平面变化的基本特点是主流摆动不定，河势变化剧烈。游荡型河段主流横向摆动如此剧烈的原因，根据黄河现场及模型试验资料分析后，可归纳为以下几点：

(1)河床堆积抬高，主流分汊。在串沟汊道交错的河槽中，主流所经过的流道外河床本来较低，但由于泥沙淤积，河床和水位逐渐抬高，水流便转向较低和较顺直的流道分流，经过一场大水后，主流便完全改走汊道，原主流河道则逐渐淤塞。

(2)洪水拉滩，主流摆动。由于游荡型河段河滩多由易冲的细沙组成，在水流作用下，极易被冲刷移动，特别是新形成的嫩滩，更易被冲刷移动，因而引起主流相应变化。

(3)沙滩移动，主流变化。游荡型河段沙洲密布，在水流作用下，极易被冲刷移动，因而引起主流相应变化。

(4)上游主流方向改变。由于各种原因，上游河势变化，其下游主流流路也相应改变，引起主槽摆动。

前两种原因使主流发生突变，后两种原因使主流发生缓变。不管是突变还是缓变，其出现往往比较突然，带有一定的偶然性。

(三)游荡型河段上的"节点"对主流的摆动有一定的钳制作用

如前所述,游荡型河段多呈宽窄相间的藕节状,在宽段主流变化剧烈,在窄段由于两岸土质较好或受人工建筑物的控制,形成了"节点"。窄段水流归顺,沙滩较少,主流摆动幅度小,且当上游河势发生变化时,"节点"还有一定的调整作用,使得下游流路较为稳定。节点一般有两种类型:一种两岸皆有依托,位置固定,在中水位以上起到控制河势的作用,称为一级节点;另一种只有一岸有依托,在中水位以下,与对岸运移变化着的沙滩结合起来,在一定程度上也制约河流,但这种制约作用往往因对岸沙滩的变浅而变化。

应该指出,黄河下游游荡型河床演变极其复杂。究其原因,主要是黄河水少沙多、水沙异源、年内年际变化大等水沙特点决定的。水少沙多、水沙搭配不相适应是造成黄河下游河道淤积的主要原因。多年来对实测资料和实际河道的研究发现,影响黄河下游冲淤的主要因素有来水来沙条件、河道的输沙能力、高含沙洪水的冲淤特点、滩槽冲淤特点、下游河道淤积物粒径等。"八五"期间,黄科院赵业安等协同有关科研单位和高等院校,研究了黄河下游河道在三门峡不同运用方式时,特别是清水冲刷和集中排沙情况下,下游河道不同粒径泥沙的冲淤特性和冲淤调整规律、黄河下游高含沙洪水的水沙特性及沿程调整特性、黄河下游河道纵横剖面的调整特点等。总的来说,下游河道具有"多来"、"多排"的特性,河道输沙能力主要取决于来水量来沙量的大小及过程、泥沙组成及河道特性等。实际上,早在20世纪60年代初,赵业安就提出了修建小浪底水库调水调沙的治河建议。1987年,王化云在《我的治河实践》一书中明确指出调水调沙的治河思想,对于未来黄河的治理和开发,很可能由此而有所突破。为此,涂启华、张俊华、齐璞等,也一直致力于小浪底水库调水调沙方案的制订。无论如何,通过水库调水调沙运用,改善进入下游河道的水沙条件及过程,总可能使下游河道朝着有利的方向发展。

第六节 桥渡附近的河床演变

横跨河流的桥渡或渡槽等过河建筑物,由于台墩和引堤对水流的束狭作用,使河道中的水流情况发生变化,从而促使河床也发生相应的冲淤变形。这种冲淤变形在许多情况下会严重影响桥渡的正常运转,桥渡设计时,必须事先作出预测,并据此选择桥渡位置。

在设计桥渡时,对附近河段的自然演变特点以及建桥后可能发生的变化必须有明确的认识,才能使设计建立在既经济又安全可靠的基础上。

一、位于弯曲型河段的桥渡

就与桥渡的关系来说,值得注意的是,在主流顶冲及弯道缓流作用下,弯顶将不断崩坍下移,曲率半径将逐渐变小,甚至会发生自然裁弯。这类河段的深槽紧临靠岸,河槽最深点一般出现在弯顶稍下游。由水位变化所引起的顶冲点的变化和弯顶的后退下移,使最深点位置也发生改变。同时,由于曲率半径变小,深槽会变得更深。

图3-11为蜿蜒型河段桥渡附近河道演变示意图。最初为实线1与3,桥渡位置不在弯顶,深槽较浅,随着弯顶的崩退下移虚线2及4,弯顶逼近桥台,在该处形成最大深槽。说明在放任河道自由发展的情况下,建桥后经过一段时间,桥渡断面左侧部分就要遭受较

大冲刷。

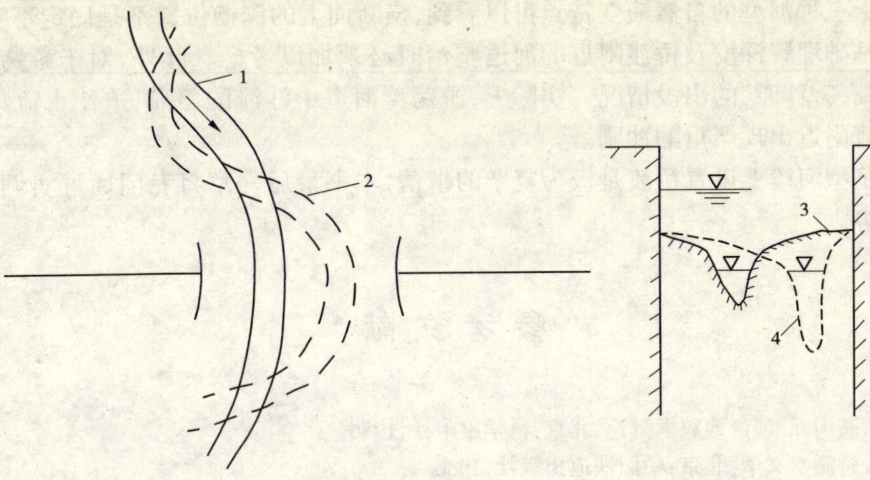

(a)平面图　　(b)桥渡处横断面图

图 3-11　位于弯曲型河段的桥渡

二、位于顺直微弯型河段的桥渡

顺直微弯型河段的主要演变特点为:河槽中常常形成犬牙交错的边滩,在水流与河床的作用下,边滩不断向下游移动发展,深槽将出现于桥渡断面的左右岸(如图 3-12 所示,实线 1、3 及虚线 2、4 为先后两种状态)。说明左右岸均可能发生严重冲刷。

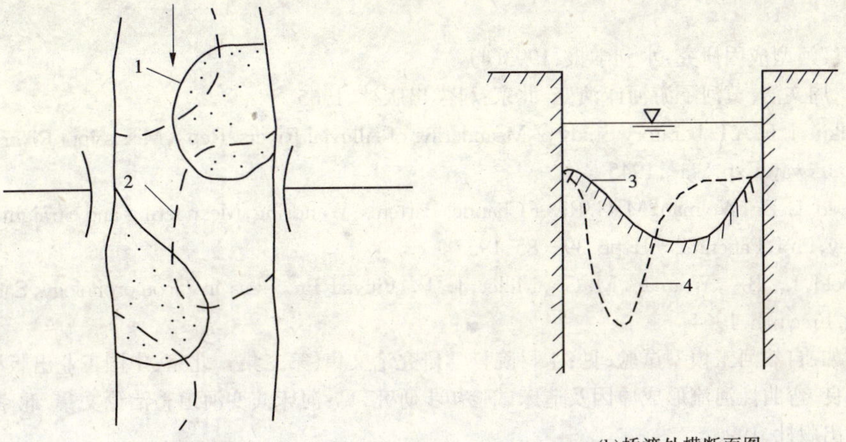

(a)平面图　　(b)桥渡处横断面图

图 3-12　位于顺直微弯型河段的桥渡

三、位于游荡型河段的桥渡

游荡型河段河道中洲滩棋布,汊道纵横,主槽变化快,河段极不稳定。这类河段随着主流的摆动,河槽横断面剧烈改变,桥渡所在断面的任何地方,都有可能变成深槽、心滩或边滩。

由以上三种河型的自然演变特点可以看到，横断面上的深槽位置不是固定不变的，规划桥墩台基础埋置深度及桥渡附近的河道整治时必须加以考虑。此外，对于游荡型河段还应注视“有害沙滩”的出没情况。实际上，游荡型河道中沙滩的停滞，迫使水流集中，将会导致桥渡附近出现严重的冲刷。

在游荡型河段上设置桥渡是极为复杂的事情，本书最后一章将专门通过实例介绍这方面的内容。

参考文献

[1] 沈玉昌，龚国元. 河流地貌学概论，北京：科学出版社，1986
[2] 许念曾. 桥涵水文学. 北京：中国铁道出版社，1986
[3] 钱宁，张仁，周志德. 河床演变学. 北京：科学出版社，1989
[4] 王凯忱. 黄河口演变规律及其对下游河道的影响. 见：黄委会水利科学研究所科学研究论文集(第二集). 郑州：河南科学技术出版社，1990
[5] 李保如，等. 三门峡水库拦沙期下游河道变化. 见：河流泥沙国际讨论会论文集. 北京：光华出版社，1980
[6] 谢鉴衡. 河流泥沙工程学(上册). 北京：水利出版社，1981
[7] 赵业安，潘贤娣，等. 黄河下游河道冲淤情况及基本规律. 见：黄委会水力科学研究所研究论文集(第一集). 郑州：河南科学技术出版社，1998
[8] 李保如. 各种措施对黄河下游河道减淤作用的比较. 见：黄河的研究与实践. 北京：水利电力出版社，1986
[9] 尹学良. 河型成因研究. 水利学报，1993(4)
[10] 钱宁，周文浩. 黄河下游河床演变. 北京：科学出版社，1965
[11] Friedkin, J. F. A Laboratory Study of Meandering of Alluvial Rivers. Rep., Mississippi River Comm. U., S. Waterway Exp. Sta., 1945
[12] Leopold, L. B., Wolman, M. G. River Channel Patterns: Wandring, Meandering and Straight, U. S. Geol. Servey, Prof, Paper282 - B, pp. 39 - 85, 1957
[13] Leopold, L. B. , Woiman, M. G. , Miller, J. P. Fiuvial Processes in Geomorphology, San Francisco, Calif. Freeman. 1964
[14] 李保如. 自然河工模型试验. 见：水科院科学研究论文集(第二集). 北京：中国工业出版社，1963
[15] 尹学良. 弯曲性河流形成原因及造床试验初步研究. 见：河床演变河道整治论文集. 北京：中国建材工业出版社，1996
[16] 尹学良. 弯曲性河流形成原因及造床试验初步研究. 地理学报，1965(4)
[17] Schumm, S. A., Khan, H. R. Experimsntal Study of Channel Patterns, Amer. Bull. 83(6)
[18] 韦直林. 二度恒定均匀流中泥沙的淤积过程. 武汉水利电力学院学报，1982(6)
[19] 许炯心. 中国不同自然带的河流过程. 北京：科学出版社，1996
[20] 陆中臣，贾绍风，黄克新，等. 流域地貌系统. 大连：大连出版社，1991
[21] 张红武. 复杂河型河流物理模型的相似律. 泥沙研究，1992(4)
[22] 张红武，等. 河流力学研究. 郑州：黄河水利出版社，1999

[23] 张俊华,许雨新,张红武,等.河道整治及堤防管理.郑州:黄河水利出版社,1998
[24] 张俊华,王严平,丁易.冲积河流河型成因的研究.见:河流模拟理论与实践.武汉:武汉水利电力大学出版社,1998
[25] 张红武,马继业,张俊华,等.河流桥渡设计.北京:中国建材工业出版社,1993
[26] 谢鉴衡,黄胜,李保如,等.泥沙手册.北京:中国环境科学出版社,1992
[27] 钱意颖,程秀文,陈世丹,等.多沙河流上修建水库水沙调节指标的研究.见:黄委会水利科学研究院科学研究论文集(第三集).北京:中国环境科学出版社,1992
[28] Chikurimora. Calculation of Dominted Discharge. Proceedings of X Congress, IAHR. Vol. 5, 1969
[29] 张红武,张清,江恩惠.黄河下游造床流量计算.泥沙研究,1994(4)
[30] 张红武,江恩惠.黄河下游高含沙洪水的模拟及"异常现象"成因分析.见:黄委会水利科学研究院科学研究论文集(第四集).北京:中国环境科学出版社,1993
[31] Craf, W. H. Hydraulics of Sediment Transport. Mc-Graw-Hill Book Company. New York, 1971
[32] 里奥普.L.B,麦杜克.T.河槽的水力几何形态及其在地理学上的意义.见:中国科学研究院水工研究室译丛.钱宁译.北京:水利出版社,1957
[33] 张红武,张清.黄河水流挟沙力的计算公式.人民黄河,1992(11)
[34] 维里坎诺夫.M.A.河流过程.北京大学地理系译.北京:科学出版社,1960
[35] 明宗富.冲积河流的河相关系.泥沙研究,1983(4)
[36] 张红武.冲积河床糙率模拟问题的探讨.武汉水利电力学院学报,1986(3)
[37] 谢鉴衡,丁君松,王运辉.河床演变及整治.北京:水利电力出版社,1990
[38] 蔡金德,樊崇良.游荡河型河道的河相关系与游荡指标.泥沙研究,1986(4)
[39] 张红武,赵连军,张柏山,等.游荡河型成因及其河型转化问题的研究.人民黄河,1996(10)
[40] 胡一三,张红武,刘贵芝,等.黄河下游游荡型河道整治.郑州:黄河水利出版社,1998
[41] 长江水利电力科学研究院.荆江河道特性的研究.泥沙研究,1959(4)
[42] 张红武,吕昕.弯道水力学.北京:水利电力出版社,1993
[43] 江恩惠,张红武.河湾的横向输沙计算.见:水动力学研讨会论文集.1993
[44] 谢鉴衡.河流泥沙工程学(下册).北京:水利出版社,1983

第四章　河道整治方法

第一节　河道整治规划概述

河道整治必须有明确的目的性，根据不同的目的进行整治规划和布局。河道整治有长河段的整治和局部河段的整治。长河段河道整治的目的主要是为了防洪或航运，而局部河段的河道整治主要是为了防止河岸坍塌、稳定桥渡上下游以及渡口或取水头部的工程措施。开展桥渡设计，必须掌握河道整治方法。

河道整治措施需要认真加以规划，这一规划是流域规划的重要组成部分。首先应在分析研究本河段河床演变规律及来水来沙条件的基础上，综合考虑国民经济各部门的不同需求，因势利导，确定出比较合理的基本流路。然后，为稳定这种流路，还要布设相应的河道整治工程。对于桥渡相关的导治建筑物，其布设原则应与河道整治规划相一致。

一、河道整治规划内容及步骤

河道整治规划应该包括一条河流上、中、下游诸多河段或某个较长河段的流路控导规划和一些局部重点整治工程规划。对于长河段的规划，主要从宏观上进行可行性研究论证，提出兼顾上下游、左右岸，有利于各个方面的整治线（或称治导线）。而局部整治工程规划的内容，主要包括以下几方面。

(1)河道特性分析。要想制定出比较符合客观实际的河势流路规划，首先必须对所要规划河段的河道特性进行深入的分析研究。分析包括河流地貌特征及地质构成、水文泥沙、河床演变规律等，重点要找出影响本河段河势变化的关键因素。

(2)河道整治的任务要求。包括论证国民经济发展对本河道进行河道整治规划的必要性、可行性以及各部门的基本要求。对于桥渡，河道整治布局有特殊的要求。

(3)河道整治规划的原则和目的。综合各方面提出的要求，分清主次，安排远期和近期治理目标，提出本河段河势规划的基本原则以及为实现这一目标所进行的总体布置和开发程序。桥渡导治建筑物的布局原则，应与整个河势规划相一致。

(4)河道整治规划的设计依据。包括设计水位流量、治导线等。其中以治导线的确定最为重要和复杂，应反复研究论证，进行多种方案的比较，提出既符合河道自然演变规律又最大限度地满足各个部门包括交通部门的要求、照顾各方利益的最佳方案。

(5)河道整治工程措施。根据已确定的治导线，提出整治工程的布局，给出具体工程的位置、尺寸、结构设计、施工顺序及工程概算。

(6)效益论证。河道整治规划的编制，首先要了解国民经济各部门对本河道的要求、目前状况及症结所在，包括交通部门对于桥渡上下游河道整治的要求，以便使得规划工作方向明确，有的放矢。然后再广泛收集资料。收集范围视规划内容而定，一般应包括下述几部分：

①社会经济资料。国民经济各部门的现状和规划，以及在各个发展阶段对河道的要求，这些要求应该有具体指标。

②水文泥沙资料。内容主要有水位、流量、比降、流速、糙率、悬移质含沙量及颗粒级配、推移质输沙率及其级配、床沙组成等。

③河道资料。包括河道地形图、河势图、河道固定断面图、河床和河岸沿线地质勘探资料。

④现有工程资料。已建河道整治工程竣工图纸及运行资料，沿河桥渡、管线、港埠、取水口等工程的主要技术指标。

上述资料除查阅有关部门的档案文献和汇集整理以往成果外，还要进行现场查勘。必要时，还可补充开展一些观测项目。

对收集到的各种资料应及时整理分析，并按照拟定的内容开展规划设计工作。对某些比较特殊、尚无十分把握的重大问题，如多沙河流复杂河型桥渡设计所涉及的相关问题，往往还需要进行河工模型试验。

二、国民经济各部门对河道的基本要求

（一）防洪对河道的要求

我国主要江河的治理中，均以防洪安全作为首要目标，开展河道整治规划及采取整治措施，不仅要满足防御大洪水的泛滥漫溢，而且还得解决中小水时因河势改变而造成的岸线崩退及顶冲溃决的问题。防洪对河道的具体要求有以下几点：

(1)每一河段必须有足够的泄洪断面，能安全通过该河段的设计洪水流量，即承受相应的洪水水位。

(2)河线比较归顺，河岸及河势比较稳定，河道应比较通畅，无畸形弯曲或过分束窄的河段，以免汛期泄洪不畅，致使洪水位抬高，或者在凌汛中，冰凌阻塞，形成冰坝，造成漫溢决口，影响堤防的安全。

(3)为增加泄洪断面而修筑的堤防工程，应具有足够的强度和稳定性，抵御洪水。河工建筑物或桥梁本身，也必须具备足够的强度和柔韧性能，才能适应河床变化。

(4)在河道中某些地段，因水流顶冲，造成河岸崩坍，危及堤防、农田、村镇、厂矿、港埠、交通道路及桥梁安全时，应积极采取适当措施，控制河势，稳定岸线。

（二）航运对河道的要求

从提高航道通航保证率及航行安全出发，航运对河道的基本要求，可简要归纳为：

(1)应有足够的水深、航宽及弯曲半径。

(2)流速不能过大，流态不能太乱，河道平顺稳定。

(3)跨河建筑物应满足船舶的水上净孔要求。

上述要求的各项指标，视航道等级及通航船队的吨位、尺寸而定，具体可参阅有关规范标准。

（三）取水布置对河道的要求

涉及河道整治最常遇到的其他工程有取水口（包括灌溉取水及城市厂矿供水）及桥

渡。取水口工程对河道的主要要求是：

(1)取水口所在河段的河势必须稳定，既不能因脱溜淤积而无法取水，也不能在大溜顶冲时危及取水建筑物的安全。

(2)河道必须有足够的水位，以保证按设计要求取水。

(3)取水口附近的河道水流泥沙运动，应以保证进入取水口的水流含沙量最低为原则，满足水质要求，避免渠道淤积，减少泵站机械的磨蚀。

(四)桥渡工程对河道的要求

桥渡设计对河道整治的要求主要是桥渡附近的河道应该稳定，防止因河道摆动而冲毁桥头引堤，造成道路运输中断。其次，桥渡附近必须平缓过渡，以免形成严重的折冲水流，加强河床冲刷，危及桥墩安全。

上述各个部门对河道的基本要求，有其共同的一面，也有相互矛盾的地方。河势规划严格讲是一项十分复杂的系统工程，既要充分听取沿河各个部门的意见和要求，又要分清主次，协调矛盾，深入分析研究满足这些要求的可能性，通过技术经济论证和河工模型试验研究，提出一个各方面都可接受的总体规划。规划不但要着眼于河道现状，也要考虑今后的发展变化，留有余地。

三、河道整治规划原则

河道整治原则是整治河道的准则。河道整治原则的制定受社会经济条件、人们对河势演变规律及河道整治的认识水平、河道自身的特点、国民经济各部门对河道整治的要求等因素的影响。根据对不同时期整治原则的研究发现，在游荡型河道初期所定的整治目标和原则都比较高，经过实践，不断总结经验教训，目标和原则都有所降低。但河道整治为防洪服务这一最基本的原则始终未变，反映了黄河游荡型河段河道整治的目的一直是相当明确的。

以黄河下游游荡型河道整治为例，目前在总结吸收不同时期河道整治经验的基础上，结合当前水沙条件及河道状况，依照防洪等方面对河道整治的要求，经分析研究提出近期河道整治需要遵循的基本原则有以下几点。

(一)防洪为主，统筹兼顾

河道整治具有显著的社会效益、经济效益和环境效益。为此国民经济各部门对河道整治寄予了很高的期望。沿黄广大平原地区要求黄河永保安全，以利深化改革，发展经济；黄河有大量的水沙资源，希望能够通过可靠的引水口引向背河，保持或扩大引黄灌溉面积，提高农业生产产值；黄河滩区希望有一条稳定的流路，使高滩不再坍塌，村庄不再掉河，进而希望低滩能很快淤高开发，增加耕地面积；交通部门要求河道稳定，水深加大，发展航运，各类桥梁运行安全等。所有这些要求都是合理的。要满足这些要求必须具备两个基本条件：一是对河床演变规律不仅在宏观上有全面深刻的认识，而且在微观上也必须有全面深刻的认识，才能采取经济合理的、有效的整治措施；二是根据黄河的特点及现有的整治经验与技术，需要进行巨大的投入，才能保证河道长期处于优良状态。显然，以上两个条件目前都不具备。

正确处理国民经济各部门对河道整治的要求，根据过去的整治实践，只能是以防洪为主，通盘考虑，兼顾引水、护滩、交通等部门的要求。防洪问题解决了，其他问题相对也容易解决。

河道整治满足防洪要求主要体现在河道整治工程能有效地控制主溜。主溜受到控制后，主槽会保持相对稳定，河道在平面上大幅度地左右摆动现象会显著减少，所谓“横河”、“斜河”等畸形河势也会显著减少或杜绝，主溜趋势顶冲大堤造成溃决成灾的现象会消除。1978年东明县老君堂工程下首过短，河势下滑，主溜以横河顶冲形式直冲黄寨险工以上平工堤段，大有破堤决口之势，被迫抢修15道丁坝。以后对老君堂工程逐步下延接长，控导主溜对岸榆林工程，堤防安全问题方得以完全解决，这反映了河道整治在防洪方面的巨大作用。黄河下游游荡型河道河势演变十分复杂，有许多问题至今还没有认识清楚，但是通过多年的整治实践，在宏观上的一些基本规律已经掌握，整治措施中的一些关键技术问题已经解决，为满足防洪要求对主溜能够进行有效的控制。因此，河道整治以防洪为主是可以实现的一项基本原则。

河道整治满足防洪要求后，主溜受到了有效控制，但由于上游来水来沙的影响，主溜仍会发生左右摆动现象，整治工程的靠河部位会上提下挫，当然这种左右摆动和上提下挫都是在一定范围内进行的，幅度有限。因此，涵闸引水条件、滩地村庄及桥梁安全等都得到了一定的保障。这就是说，河道整治除满足防洪要求外，充分考虑其他方面的要求，也是可以做到的。

基于黄河的特殊性，在统筹兼顾时，还应尽量不增加下游窄河道的淤积，以利于全河的防洪安全和河道稳定。

（二）中水整治，洪枯兼顾

中水整治是古今中外许多著名水利专家的一贯主张。早在20世纪30年代，德国H.Engels教授通过黄河下游的模型试验，提出了“固定中水河槽”的治河方案。我国著名水利专家李仪祉经过精心研究亦主张固定中水河槽，提出“因为有了固定中水位河床之后，才能设法控制洪水流向”。黄河下游河道整治无论哪个河段均是按中水整治的，实践证明，按中水进行河道整治不仅能够控制中常洪水溜势，而且对枯水特别是对洪水溜势控制也有积极的意义。因此，进行中水整治的原则必须坚持不变。

黄河是一条多沙河流，以“善淤、善决、善徙”而闻名于世。在上游水沙没有显著改善之前，尤其是粗泥沙来源区没有显著治理之前，游荡型河道“游荡”的基本特性不会显著改变。河道整治工程控制了河道“游荡”的范围，但不能改变“游荡”的基本属性。例如，在河床断面上仍表现为宽浅形态，在流量发生大的变化时主溜仍会有较大的摆动幅度等。基于此，在规划设计河道整治工程时，需要充分考虑河道在洪水和枯水时的主溜变化范围，并采取相应的措施予以防范，避免在落水时或枯水时主溜发生大的变化，甚至影响到中水河势的相对稳定。

在这里特别要指出的是枯水河势问题，即流量为1 000～2 000m^3/s时的小水河势问题。根据近几年小水的观测资料，小水河势对中水河势有破坏作用，曾使一些河段稳定多年的河势“变坏”了。因此，无论在新建工程时还是在调整改善原有工程时，应很好地掌握运用“洪枯兼顾”原则。

（三）以坝护弯，以弯导溜

"短丁坝，小裆距，以坝护弯，以弯导溜"是窄河道整治的一条成功经验，多年来游荡型河道整治运用这一经验取得了明显的效果，在今后的河道整治中坚持"以坝护弯，以弯导溜"的原则不仅是必要的，而且是十分重要的。

以防洪为主要目的的河道整治，其基本要求是实现对主溜的有效控制，从而使河势得到基本稳定。控制主溜有多种途径来实现，例如沿河两岸修建足够多的卡口工程，使主溜必经卡口之地而无其他选择；沿河两岸密布对口丁坝，甚至修建连续护岸工程，限制主溜摆动范围，使天然河道变成人工渠道型的河道等。这些措施在理论上都是无可非议的，但是在黄河河道整治实践中却是难以实现的。因为其中一条简单的理由是，我们不可能在短时期内拿出巨额资金来修那么多的工程，而长期实施又不能适应河势剧烈变化的要求，甚至使局部工程遭受因河势变化所造成的破坏。通过弯道使主溜受到控制是被实践证明了的经济有效的措施。根据对无工程控制河段按治导线布设工程分析，采用以弯导溜方式控导主溜所需两岸工程长度约占河道总长度的80%，而其他工程措施却会远远大于这一比值。需要说明的是，现状一些河段两岸工程长度已超出这一比值，有的甚至达到100%以上，其原因为一些工程是在河道整治开展前出于防洪需要被迫抢修的，一些工程是在河道整治初期对河势演变规律缺乏经验条件下修建的，它不能反映按照"以弯导溜"的原则整治河道所必须修建的工程长度。

在缺少工程控制或有工程但工程配套不完善的河段，河势变化往往较大，即使有较完善的工程控制，因来水来沙的变化河势也会发生变化，主溜也会在一定范围内摆动。按照"以弯导溜"的原则来布设工程可以使上游不同方向的来溜通过迎溜入弯，经过弯道调整为单一溜势。弯道在调整溜势的过程中逐渐改变水流方向，使出弯水流溜势平稳且方向稳定，顺势向下一弯方向运行。在运行过程中如河槽单一畅通，进入下一弯将十分顺利；如河槽不顺，有沙洲或滩岸阻挡，只要水流强度大，也会冲刷沙洲或滩岸，塑造新的河槽，送溜直达下一河湾。

以坝护弯是实现以弯导溜必不可少的工程措施。这一要求防止在迎溜入弯、以弯导溜、送溜出弯的过程中，因岸线发生剧烈变化而丧失控导溜势的能力。使凹岸具有抗冲能力的建筑物有丁坝、垛、护岸三种型式。根据游荡型河道比降陡和主溜变化大的特点，如采用垛及护岸型式，运用过程中会在较大工程长度内出险，抢护将十分困难，人力料物如不及时满足抢险需要，会发生垮坝事故。采用丁坝的优越性在于丁坝坝头是靠大溜的重点，在防守上抢护若干点即可保护一条线，人力料物均可集中使用，有利于工程安全。因此，在传统结构没有被新结构替代之前，在人力料物尚不充足的条件下，仍应按照以坝护弯的原则来布设工程，尤其在弯顶靠大溜处更是如此。

（四）主动布点，积极完善

在工程安排上应掌握"主动布点，积极完善"的原则。提出"主动布点"原则是因为有许多被动布点的教训值得吸取。以东坝头至高村河段整治为例，规划河湾包括两端工程在内计11处，两端的东坝头、高村是老险工，中间周营、青庄、堡城工程在有计划整治河道前即已开始修建，新修工程仅6处，其中4处是在被动条件下布点修建的。禅房工程布点时因河势变化上端后退200余米，并使1～5号坝呈挑溜形势，致使禅房工程长期溜不入弯,影响了以弯导溜的效果。

主动布点是整治河道、改造河道的一种主动行为。可以在河道发生恶化前占领有利阵地,一旦工程靠河即可以主动抢险,一面加固工程,一面控导溜势。当来溜方向属于长期稳定、下游送溜方向又有明确要求时,可以因势利导完善工程布局,发挥整体工程的导溜能力,以取得最大的整治效果。

为了主动布点,需要对长河段的河势演变规律和当地河势演变特点进行透彻分析,只有这样才能使工程位置适中、外形良好,且具有较好的迎溜、导溜、送溜能力。

工程修建并靠河后,应加强河势溜向观测,积极完善工程平面布局型式。当溜势有上提趋势时,应提前上延工程迎溜,防止抄后路;当溜势有下滑趋势时,应抓紧下续工程送溜。在游荡型河道整治实践中,因上延下续工程修建不及时造成被动局面的事例举不胜举。如化工、大玉兰等均因河势上提被迫抢修上延工程,造成工程平面布局很不合理;老君堂工程下延修建不及时,只得抢修吴庄险工,造成防洪极为被动。积极完善工程是今后河道整治工作中的一项重要任务,困难虽然很多,但在指导思想上是必须长期坚持的。

(五)柳石为主,开发新材料

在当前工程结构中存在两种型式,即传统结构型式和新结构型式。传统结构主要指新修工程的柳石结构和老工程的各种石结构,一般通称为柳石结构。新结构种类繁多,以材料划分大致有混凝土类型的,如灌注桩、透水桩等;土工布类型的,如土袋枕、长管袋等;石笼型的,如铅丝笼沉排等。

传统结构经过多年的实践改进,其施工、管理技术都已达到相当成熟的程度,具有许多优越性。新修工程采用柳石结构投资省,施工简单,水工、旱工都能够适应,尤其是水中进占筑坝,速度快、效率高、投资少,是其他工程结构无法比拟的。传统结构新修时基础一般较浅,随着靠溜抢险不断加深。这一特点具有双重性,一方面抢险给防守带来了被动,稍有不慎会导致垮坝;另一方面是初期基础不深,即新建工程工程量小,投资少,可用有限的投资修建更多的丁坝,增加河道整治工程的长度,使工程投资早期发挥效益。游荡型河道在整治工程没有配套完善的河段溜势一般不稳定,多数丁坝靠溜并不严重,没有特殊大的来水,根石难以达到最大的深度。因此,只要有一般的根石深度就能满足一般溜势的冲刷需要,亦即不需用最大投资来承担一般的溜势。从这一点出发,传统结构是适应黄河特点,尤其是适应黄河游荡型河道特点的一种结构型式。

为改变抢险被动局面,有利于工程管理运用,自20世纪70年代开始,各地进行了10余种新材料新结构试验,特别是土工织物的出现使新结构试验层出不穷。从试验情况看,有的如混凝土灌注桩等因设备复杂,施工工艺满足不了设计要求被淘汰;有的如透水桩等因施工工艺要求高而自行消失;有的如长管袋等对施工条件要求高操作难度大,推广困难。保留下来并不断改进的是土工布铺底铅丝笼沉排结构。铅丝笼沉排结构施工简单,操作方便,一般旱滩均能施工,出险抢护时根石坦石易于衔接,因此基层单位比较欢迎。不难看出,新结构的试验虽然做了大量的探索工作,取得了可喜的实践认识,但仍处于探索阶段,目前还没有一种新结构可以替代传统的结构型式。

基于以上分析,在工程结构选择方面仍要以“柳石为主”,并要积极开发新材料,试验其他结构型式。

综上所述,分析不同历史时期黄河下游游荡型河道整治的原则,可以看出,进行河道整治规划时应遵循以下几方面:

(1)黄河下游游荡型河道整治,一直按照以防洪为主,全面规划,因势利导,利用已有工程,控导主溜,进行中水河槽整治等原则进行。多年的实践表明,这些原则是正确的,是符合黄河河道实际情况的。

(2)由宽床定槽到归顺中水河槽,表明在中水整治时对河槽的要求(或在河槽方面能达到何种程度的要求)逐渐降低。这是因为影响河势变化的因素复杂,人们仅能考虑其中的一部分因素,修建工程后效果也就会受到影响;游荡型河段河道整治的难度比过渡型河段大,更比弯曲型河段大。通过河道整治实践,人们在这方面的认识更接近于实际。

(3)由护滩定险(工)到控导主溜,将具有控导溜势作用的护滩工程改称为控导工程,使纯护滩工程自成一类。反映了对河道整治工程的作用及性质在认识上有了质的飞跃。

(4)人工强化河床边界条件是河道整治的本质,是整治实践在理论上提高的反映。

(5)全面规划,综合治理。规划中一方面要兼顾各个部门、上下游、左右岸的利益,使得水资源充分利用;另一方面要分清主次,权衡利弊,保证首要目标的实现。

(6)河道是处在不断演变发展过程之中的,通过对河道实测资料的分析,总会找到出现几率较大、且能满足各方面要求的流路。河道整治规划的任务,就是通过工程措施,将这种有利的流路控制稳定下来。

在实际工作中,开展河道整治规划必须顺乎河势,因势利导,不可违背河床演变的自然规律,强堵硬挑。因势利导可收到事半功倍之效,否则事倍功半,甚至引起河势进一步恶化。

(7)因地制宜,就地取材。在规划河道整治工程时,要特别强调因地制宜,要重视本河流或同类型河道上的成功经验。此外,由于治河工程量大、面广,在工程材料及结构型式上,应尽量就地取材降低造价,保证工程需要。随着化学工业的蓬勃发展,高分子聚合材料如土工织物等在治河工程中也得到了迅速应用。规划中应根据工程的重要性和材料来源,通过比较,恰当选用。

第二节　河道整治规划参数的设计[1]

河道整治规划的主要参数包括设计流量、整治河宽和规划治导线。

一、设计流量的确定

设计流量是针对洪、中、枯水河槽的概化处理参数,在河道整治规划中各有其相应的特征流量。

(1)洪水河槽的设计流量。洪水河槽的整治主要为防洪,具体地说就是要保证河槽能宣泄特大洪水,并保证重点河段的堤岸不坍塌,中水河势稳定,确保防洪安全。确定设计洪水流量是根据工程的重要性选择某一频率的洪峰流量,特别重要的地区可取1%～0.33%,重要地区取2%,一般地区取5%～10%。

---

[1] 水利电力部黄河水利委员会.河道整治.1985

(2)枯水河槽的设计流量。枯水河槽的整治主要保证航运和无坝引水具有一定水位及稳定引水口,一般针对过渡段(即浅滩段)。确定枯水设计流量一般有两种方法:一是根据长系列日平均水位的某保证率来确定,由水位求出流量。保证率的大小,视航道的等级而定,一般取90%~95%。二是采用多年平均枯水位或历年最枯水位时的流量作为枯水设计流量。

(3)中水河槽的设计流量(造床流量)。洪水的宣泄主要靠中水河槽,根据黄河下游资料,在中水河槽宽度内,一般应通过全断面过洪流量的80%左右。中水河槽是在造床流量作用下形成的,水流造床作用最强烈。中水河槽得到整治后,水流和河道达到平顺,洪、枯水河槽的治理则易解决。因此,本节着重介绍中水河槽的整治。

中小河槽设计流量的确定方法在第三章中作了介绍。对于黄河下游,在采用平滩流量法计算设计流量时,张红武等分别对花园口、高村和孙口三个主要水文站1950年以后的资料进行了分析,其结果见表4-1。

表4-1　1950～1988年平滩流量统计

水文站名	平滩流量(m^3/s)		
	最大	最小	平均
花园口	8 100	2 300	3 870
高村	8 800	2 460	5 215
孙口	8 000	2 450	4 725

采用输沙率法计算造床流量时,利用王运辉的方法,与花园口站输沙量能力相应的造床流量两个峰值分别为4 750m^3/s和6 750m^3/s。

张红武、张清等采用输沙能力法,利用1975～1985年水沙资料对黄河下游花园口、夹河滩、高村、孙口、艾山、利津等代表河段进行了计算。计算结果如图3-4所示。由图3-4给出的分析结果可以看出,黄河下游造床流量为4 500～5 000m^3/s。引入1985年至1992年的水沙条件,预测黄河下游造床流量将为3 000m^3/s左右,甚至有进一步减小的趋势,20世纪末的天然状况正是如此。再以小浪底水库修建初期下游可能的水沙过程作为条件进行预测,黄河下游造床流量将可能有所恢复,上段为5 000m^3/s,中段为4 000m^3/s,下段为3 500m^3/s左右,目前看是符合实际的。

综上分析,结合黄河下游整治实践,胡一三等学者认为,游荡型河段河道整治设计流量应选为5 000m^3/s。朱太顺、张俊华等采用张红武输沙能力法对近几年黄河下游实测资料进行了分析计算,所得造床流量为3 000～4 000m^3/s,比一般水沙条件下求得的造床流量小1 000～2 000m^3/s,这正是黄河花园口"92·8"洪水期流量在3 000～3 500m^3/s时大漫河滩的原因所在。因此,为适应新的水沙条件,目前河道整治设计流量应小于5 000m^3/s。

二、整治河宽的确定

整治河宽是指造床流量下相应河槽直河段的水面宽度。目前确定整治河宽有两种方法:一种是计算法,可按第三章河相关系计算,各公式都是在特定流域条件下的产物,当所研究流域的自然条件与上述特定流域条件接近时,这些经验公式有一定的实用价值,如两者相差较远,应用公式时,其系数与指数可根据实际资料而定;另一种是统计分析法,亦即选择有代表性的河段,统计造床流量下的河宽作为设计河宽。

针对黄河下游的河道整治,朱太顺[1]系统地研究了河道整治设计河宽问题。设计河宽是指河道整治后与设计流量相应的直河段河宽。

为求解设计河宽,引入如下方程:

曼宁流速公式

$$v = \frac{1}{n} h^{2/3} J^{1/2} \tag{4-1}$$

水流连续方程

$$Q = Bhv \tag{4-2}$$

河相系数

$$\sqrt{B}/h = \xi \tag{4-3}$$

联解以上三个方程可得

$$B = \xi^{10/11} \left(\frac{\overline{Q}}{\sqrt{J}} \right)^{6/11} \tag{4-4}$$

式中:B 为设计河宽;$\overline{Q}$ 为设计流量;ξ 为河相系数;J 为设计流量下水面比降;v 为流速;h 为水深;n 为糙率。

赵连军、张红武等为开展黄河高含沙水流运动规律及黄河泥沙数学模型的研究,进行了糙率问题研究,并得出以下计算公式:

$$n = \frac{c_n \delta_*}{\sqrt{g} h^{5/6}} \left\{ 0.49 \left(\frac{\delta_*}{h} \right)^{0.77} + \frac{3\pi}{8} \left(1 - \frac{\delta_*}{h} \right) \left[\sin \left(\frac{\delta_*}{h} \right)^{0.2} \right]^5 \right\}^{-1} \tag{4-5}$$

式中:h、c_n 和 δ_* 分别为水深、涡团参数和摩阻厚度。

c_n 和 δ_* 的计算公式如下:

$$c_n = 0.15 \left[1 - 4.2 \sqrt{S_V} (0.365 - S_V) \right] \tag{4-6}$$

$$\delta_* = D_{50} \left\{ 1 + 10^{\left[8.1 - 13 Fr^{0.5} (1 - Fr^3) \right]} \right\} \tag{4-7}$$

或者

$$\delta_* = D_{50} 10^{10 \left[1 - \sqrt{\sin(\pi Fr)} \right]} \tag{4-8}$$

式中:S_V、D_{50}、Fr 分别为体积含沙量、床沙中径和佛汝德数。

采用黄河大量实测资料,对糙率公式(4-5)进行了系统的论证,其结果令人满意,各站资料与计算值的相关系数一般都大于 0.83。因此,可以较好地模拟黄河下游河道糙率变化规律。

引入朱太顺等人给出的如下关系式:

$$\frac{\sqrt{BD_{50}}}{H} = 0.078 + 0.232 \frac{S}{S_*} - 0.069\,5 \left(\frac{S}{S_*} \right)^2 \tag{4-9}$$

---

[1] 朱太顺.黄河下游河道整治工程布置问题研究.武汉水利电力大学硕士论文,1998(5)

由上式解出代入式(4-4)中的 ξ,若取花园口至高村的设计流量 $\overline{Q}=3\ 000\mathrm{m}^3/\mathrm{s}$、比降 2.5‱、床沙中径 $D_{50}=0.1\mathrm{mm}$ 以及由式(4-5)计算所得的糙率 n,则可求得 $S/S_*=0.4\sim1.4$ 时的设计河宽 $B=720\sim1\ 105\mathrm{m}$(表 4-2)。一般情况下,$B\approx1\ 000\mathrm{m}$,与花园口至高村河段中水时河宽相近。

表 4-2　设计流量下整治宽度

S/S_*	0.4	0.6	0.8	1.0	1.2	1.4
B(m)	720	850	940	1 010	1 060	1 105

近年来,黄河出现了断流等新现象,造床流量减小,吴宾格为确定造床流量下治导线宽度[1],在张红武等学者研究的基础上,利用实测资料,研究了均衡条件下的河相关系,认为河宽与流量的二分之一次方成正比,亦即

$$B=K\sqrt{Q} \tag{4-10}$$

但上式中的系数 K 又为体积含沙量 S_V 的函数,即 $K=f(S_\mathrm{V})$。进一步利用花园口、夹河滩、高村三站游荡型河段资料,点绘出 $B/\sqrt{Q}$ 与 S_V 的关系图,由此可给出如下关系式:

$$B=\frac{24\sqrt{Q}}{1-96\sqrt{S_\mathrm{V}}(0.002\ 5-S_\mathrm{V})} \tag{4-11}$$

三、治导线的确定

治导线也称整治线,是指河道经过整治后在设计流量下的平面轮廓,一般用两条平行线表示。由于影响流路的因素很多,流路及相应的河宽处在变化过程之中,治导线描述的是一种流路,给出了流路的大体平面位置,因而不是某河段固定不变的水边线。目前,河道整治还是以经验为主,近阶段的实践表明,用两条平行线表述的治导线所表示控导的中水流路,既可满足河道整治的需要,又便于确定整治工程的位置。

具体地说,确定治导线应按如下几个步骤进行。

(一)设计参数

治导线的设计参数除包括上述设计流量、设计河宽外,还有设计水位、排洪河槽宽度以及河湾要素等。设计水位 Z_d 加超高确定工程顶部高程(陶城铺以下的窄河道,顶部高程与当地滩面平);对于险工,因依托大堤,按设计防洪水位加高顶部高程。排洪河槽宽度,以防洪为主要目的的河道整治,左右岸整治工程之间的最小垂直距离必须满足排洪的要求,即两岸工程之间必须预留足够的宽度,以便在大洪水时河槽能宣泄大部分洪水,这个宽度称为排洪河槽宽度。通过对花园口、夹河滩、高村水文站等实测资料分析,现阶段宽河段的排洪河槽宽度取 2.5～3.0km。河湾要素包括河湾半径(r_0)、中心角(φ)、河湾间距(L_m)、弯曲幅度(B_m)、河湾跨度(T)以及两湾之间直河段长度(L_D),其值多以设计河宽 B 表示。对于黄河下游,通过典型河湾观测和已有河道整治工程分析,一般情况下存在下述关系:$r_0=(3\sim6)B$;$L_\mathrm{m}=(5\sim8)B$;$B_\mathrm{m}=(1\sim5)B$;$T=(9\sim15)B$;$L_\mathrm{D}=(1\sim3)B$。

[1] 吴宾格.河道整治小弯方案探讨.泥沙信息,1998(1)

河湾中心角 φ 与 r_0 关系密切,一般 r_0 大时 φ 小,r_0 小时 φ 大。表示 r_0、φ 关系的经验公式较多,但都受适用范围的限制。在确定一个弯道的中心角时,根据该河湾地形地物情况、控导河势的要求和便于与上下弯道连接等因素确定,一般的范围为 30°~90°。如果采用第三章朱太顺等学者的最新成果,即 $r_0=1.2Q/\varphi^{1.9}$,确定 φ 与 r_0 的关系,可能使治导线的设计更科学些。

(二)拟定治导线

拟定一个河段的治导线是一项相当复杂的工作,要根据设计河宽、河湾要素之间的关系,并结合丰富的治河经验才能绘出符合实际的治导线。拟定时由上而下进行到最后一个河湾,并要进行检查修改,分析弯道形态、上下弯关系、控导溜势的能力、弯道位置以及对当地利益兼顾程度等,发现问题及时进行调整。拟定后还要对比分析天然河湾个数、弯曲系数、河湾形态、导溜能力、已有工程的利用程度等,论证治导线的合理性。一个切实可行的治导线需经过若干次调整后才能确定下来。

确定治导线的一般步骤和方法是由整治河段进口开始逐弯拟定,直至整治河段末端。第一个弯道作图前首先分析来溜方向,然后再分析凹岸边界条件,根据来溜方向、现有河岸形状及导溜方向规划第一个弯道。若凹岸已有工程,则根据来溜及导溜方向选取能充分利用的工程段落规划第一个弯道。具体作图时选取弯道半径适线,绘出弯道处凹岸治导线,并使圆弧线尽量多的切于现有工程各坝头或滩岸线。按照设计河宽缩短弯曲半径,绘出与其平行的另一条圆弧线。接着确定下一弯的弯顶位置,并绘出第二个弯道的治导线。再用公切线把上弯的凹(凸)岸治导线与下弯的凸(凹)岸治导线连接起来,此切线长度即为直河段长度。按此作第三个弯道的治导线,检查三个弯道间的河湾要素关系,直至最后一个河湾。继而检查、分析各弯道形态、上下弯关系、控导溜势的能力、弯道位置对当地利益兼顾程度等,发现问题及时修改、调整。拟定治导线是一项相当复杂的工作,一个切实可行的治导线需经过若干次调整后才能确定。

整治河段治导线确定后,通过对比分析天然河湾个数、弯曲系数、河湾形态、导溜能力、已有工程利用程度等论证治导线的合理性,进而依照治导线确定工程位置线的位置及长度,并由此计算工程量。

第三节 河道整治措施及工程布局

本节以黄河下游河道整治为例加以阐述。

一、河道整治方案

在封建社会,所修坝垛工程均是临堤下埽,随弯就曲,控制河势能力很弱,且御水能力差,常决口成灾。近代一些中外水利专家提出了许多治河设想和方案,如控制中水河槽说、“之”字河形说等。新中国成立以后,我国的许多河流泥沙专家进行深入的研究,对过去的许多设想和方案经过筛选归纳,并提出了一些较为具体的治河方案。游荡型河道整治一直是被关注的问题,在三门峡水库修建期间,李保如、赵业安等做了大量的河床演变分析工作,取得了许多卓有成效的研究成果,提出了游荡型河道整治意见与方案。20 世纪50年代有计划地进行河道整治以来，曾研究、实践过如下不同的方案。

(一)纵向控制方案

1960年在黄河下游治理中提出了采取"纵向控制，束水攻沙"的治河方案。纵向控制主要是修建梯级枢纽，以抬高水位，保证灌溉引水，加速河床平衡。初步打算在桃花峪以下修建花园口等10座枢纽工程。枢纽建成后，在坝下的河段采取"以点定线，以线束水，以水攻沙"的办法，达到消灭或防止回水区淤积游荡，保证地方安全灌溉航运之利。"打算在8年内……将使下游河道最后达到治导线所规定的流向和宽度。"随着建成的花园口、位山2座枢纽的破坝废除，纵向控制方案宣告结束。

(二)平顺防护整治方案

游荡型河段，主槽难以控制，为了不缩窄河道，提出了平顺防护整治方案，即在两岸沿堤防或距对岸有足够宽度的滩岸上修建防护工程，把主溜限制在两岸防护工程之间。该方案具有不减小河道的排洪滞洪能力、工程不突出、险情轻等优点。但是水流并非顺工程而下，在河势演变的过程中，主溜也会以斜向或横向冲向工程，与现有险工的受溜情况相近，且需要修建的工程长度会接近河道长度的2倍，工程长、耗资大，也难以改变被动抢险的状态，因此没有采取此方案。

(三)卡口整治方案

卡口整治方案又称节点整治或对口丁坝整治方案，即沿河道每隔一定距离修建工程(如对口丁坝)，形成窄的卡口。卡口与宽度相间，像藕节一样，故亦称节点。目的是以节点控制流路，并以此来约束卡口之间的河势变化。黄河下游存在一些卡口，如左岸曹岗险工与右岸府君寺控导工程之间，左岸濮阳聂固堆胶泥嘴与右岸甄城苏泗庄险工之间都是卡口，卡口以下的河势变化都很大，表明靠卡口不能控导河势，因此也未采用。

分析黄河下游河槽的沿程宽度发现，存在着河宽沿程有宽窄相间的变化现象，尤如波状起伏。在伊洛河口至高村以下的苏泗庄全长300km的河段上，几乎平均每12km河长即有一次收缩与扩张。收缩段常有节点存在，节点多由山嘴、险工、胶泥嘴、桥梁等构成，有一岸存在的，也有两岸对峙的。节点的存在限制了主溜的平面摆动，导致了河床的缩窄。在扩张段因无节点控制，主溜可以任意摆动，导致河床宽浅，水流散乱。河势演变又有"一弯变，多弯变"的规律，可以认为黄河下游游荡型河道犹如一条具有弹性的长细钢条，一处发生振动，波动就会向下游传播。如果在钢条中间选择几点嵌固起来，限制其振动，则钢条其他部分的振动也会变小。节点嵌制愈紧，间距愈小，钢条最大振幅也愈小。由此得出，增加沿河节点数目，当是控制主溜的一条重要途径。

按照这一思路曾设想，在现有节点基础上，沿河两岸选择适当位置修筑对口丁坝，设立人工节点卡口，限制主溜横向摆动，最终也可能达到稳定河势的目的。

这一设想不无道理，节点能限制主溜摆动，这一事实毋庸置疑。当节点密度达到一定程度后主溜的摆动受到节点的制约，在两节点之间任意扩大河宽的可能性就很小，河势就会稳定于节点控制之中，河势变化对下游的影响将大为降低。

我国在封建社会为保漕运，曾在运河河宽水浅处两岸修建对口丁坝，限制河宽，增加水深，以满足航运要求。孟加拉国布拉马普特拉河属分汊型游荡型河道，在研究整治时曾提出两种卡口方案。一种是某国公司设计的在窄堤距处沿堤防每1.5km设一对丁坝，丁坝长 0.5km。我国提出的一种方案是节点控制与弯曲整治相结合的方案，即根据河道历年变化资料，选择自然存在的节点于两岸修建工程控制，在两点之间按分汊微弯整治。表明采用节点卡口方案整治河道古今中外均有之。

黄河下游游荡型河道采用节点卡口方案实现控制河势的问题不少。有人通过花园口枢纽下游 1961 年顺直河段的形成原因及其存在条件、卡口下游河道的平面变化实例、东坝头修建卡口工程的探讨等方面，研究了卡口工程在河道整治中的作用问题❶，结论是：独立卡口不能控制其下游河势；卡口大大地缩窄了原来的河道，在卡口上游会造成相当大的壅水，对防洪安全不利；卡口工程置于深槽中施工，抢险困难，耗资巨大。

据分析，满足黄河下游游荡型河道的排洪宽度为 2.5～3.0km，即卡口间的最小宽度应在 2.5km 以上，亦即主溜在卡口处的最小摆动范围是 2.5km。这么宽的摆动范围在小流量条件下，足以形成“横河”、“斜河”顶冲之势，同时也不能控制卡口以下的河势摆动。如过渡型河段苏泗庄工程和对岸聂堌堆胶泥嘴之间形成的卡口，虽然宽度不及千米，但卡口以下的密城湾河势在整治以前仍然变化频繁，并给防洪带来了很大威胁。又如游荡型河段的曹岗险工与府君寺工程之间形成的不足 2.5km 宽的人工卡口，其下游的河势也未得到控制。当然，若节点卡口设置足够多时，就会起到控制河势的作用，据初步分析，如果那样，不仅工程量很大，而且还会造成严重的阻水壅水，给防洪带来很不利的影响。因此，这种方案只能作为比较方案加以讨论，有些学者根据前苏联学者及有关河流的治理经验提出的见解，尽管在学术上无创新，在具体实践中不可能适用于黄河（主要原因是弯曲型整治已成规模，并较为成功），但作为少数意见不能完全否定。如资金富余，也可开展论证研究。

（四）节点与治导线结合方案

黄河下游的游荡型河段虽有“宽、浅、散、乱”的特点，但从历史河势分析，在流路方面，具有一定的规律性。以白鹤至郑州黄河铁路桥之间长约 90 公里的河道为例，从近 50 年的河势变化来分析，可以概括为两条流路，见图 4-1。

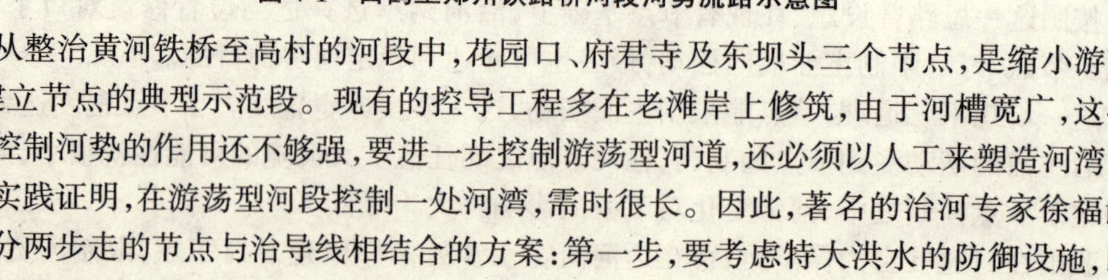

图 4-1　白鹤至郑州铁路桥河段河势流路示意图

从整治黄河铁桥至高村的河段中，花园口、府君寺及东坝头三个节点，是缩小游荡范围，建立节点的典型示范段。现有的控导工程多在老滩岸上修筑，由于河槽宽广，这些工程对控制河势的作用还不够强，要进一步控制游荡型河道，还必须以人工来塑造河湾。过去的实践证明，在游荡型河段控制一处河湾，需时很长。因此，著名的治河专家徐福龄提出了分两步走的节点与治导线相结合的方案：第一步，要考虑特大洪水的防御设施，以进

❶ 曹统照.论“卡口”工程在黄河下游的河道整治中的作用问题.黄委会水科所，1962

一步缩小游荡范围为目标。近期的整治,在郑州铁桥以上河段,应主要控制赵沟、孤柏嘴等山弯作为节点,铁桥以下河段主要控制花园口险工和九堡、柳园口、府君寺三个突出点作节点,同时调整和增添各节点之间护滩控导工程,以利防洪。第二步,要以已建立的各节点为阵地,根据小浪底枢纽工程的进展情况和水沙条件的变化,选定某一河势流路,作为主攻方向,制定规划治导线,因势利导,使各节点上下结合,相互调控,按顺序前进,以达整治的目的。由此可以看出,有些文献将上述观点理解为"麻花型整治方案"是不妥的。

(五)麻花型整治方案

麻花型整治方案的提出是出于这样的认识:在孟津白鹤镇至兰考东坝头游荡型河段中,河道虽具有宽、浅、乱和变化无常的特点,但是从历史河势分析,在流路方面,仍具有一定的规律性。即经过概化多年河道主溜线基本上是两条,每条都具有弯直相间的形态,两条的关系是两弯弯顶大致相对,在平面形态上犹如麻花一样交织。由此设想,利用自然和人工卡口作为节点,在节点之间按两条流路控制,即在各弯顶均布设整治工程,当一种流路出现后,由一种流路的工程控制,当另一种流路出现后,由另一种流路的工程控制。即按照两种基本流路,修建两套工程控制河势。这样可使白鹤镇至东坝头河段游荡范围进一步缩小,以利防洪,将来根据上中游水沙条件的变化,最后选定其一流路作为基本流路,以达整治目的。这一设想不无道理。在天然状态下,游荡型河道主溜摆动、变化范围大,其间难免在两岸遇到不同类型的节点,这些节点对主溜摆动有限制作用,有的还具有挑溜功能,挑溜处河窄水深,溜势常能稳定一段时间,这样节点以下河势因"一弯变,多弯变"影响,易形成一种流路,至下一类似节点处终止。当位于另一位置具有挑溜功能的节点靠溜后,其下又易出现另一种河势流路,在诸多节点中有两种控制溜势功能较强的节点存在,这样两条基本流路也就伴随存在。在两节点中间布设弯道控制河势,流路自然比设卡口要稳定得多。所以按照这一方案整治河道,符合特定条件下的河势演变规律,会取得缩小游荡范围的整治效果。最后根据来水来沙变化,控制一条流路以达到整治的目的,应当是可取的。

(六)微弯型整治方案

关于河型,其分类的方法很多,我国的一些学者把河型分游荡、分汊、弯曲、顺直四类。武汉水利电力大学将河型分成游荡、分汊、顺直微弯、蜿蜒四类。蜿蜒与弯曲实指一类河型。弯曲型河道的弯曲系数相差甚大,如长江下游荆江河段的弯曲系数为2.83,渭河下游华县河段为1.78,而黄河下游陶城铺以下的弯曲型河段仅为1.21。我们试图把弯曲型河型分为两个亚类;把弯曲系数大的河道称为典型弯曲型,如长江下游荆江河段;把弯曲系数较小的河道称为微弯型,如黄河下游的限制性弯曲型河道。

在游荡型河段,虽然外形顺直,汊流交织,沙洲众多,主溜摆动频繁,但就某一主溜线平面外形而言则具有弯曲的外形,并为曲直相间的形式,只是其位置及弯曲的状况经常变化而已,同时河势的变化还具有弯曲型河流的一些演变规律。因此,胡一三、张红武等在20世纪80年代前半期就明确提出,黄河下游应按微弯型方案整治。黄河下游河道整治的实践已取得了明显的效果。

微弯型整治是通过河势演变分析,归纳出几条基本流路,进而选择一条中水流路作为整治流路,该中水流路与洪水、枯水流路相近,能充分利用已有工程,对防洪、引水、护滩综合效果较优。整治中采用单岸控制,仅在弯道凹岸修建工程。按照已有的整治经验,在按规划进行治理时,两岸工程的合计长度达到河道长度的80%左右时,一般可以初步控制河势,故其投资节省。

本方案是在充分分析河势演变规律的基础上,选择一条与洪水、枯水流路相近的,能充分利用已有工程,对防洪、引水、护滩、桥渡综合效果较优的中水流路作为整治流路。这种流路较一般蜿蜒河型的弯曲系数小,故称微弯型。弯曲型河段及过渡型河段主溜都具有弯曲的外形。游荡型河段外形顺直,但就一条主溜或汊流的流线而言也具有曲直相同的弯曲形式。微弯型整治方案采用一岸控制,仅在凹岸弯道修建工程,河道依势取弯,以坝护弯,以弯导溜,以溜定槽,以槽固滩,固滩保堤。附带指出,根据河务部门制定的规划治导线,不少河湾的弯曲系数往往较大,因此称微弯型整治方案不如称"弯道型整治方案"或"治导线整治方案"更为确切。治导线整治方案得到了黄委会水科院大量物理模型试验的校验,特别是游荡型河道的局部河段,按经过试验修正过的方案布设工程,也较好地控制了河势。相对而言,该方案修建的工程短、投资省。故该整治方案被认为是黄河下游河道整治的较好方案。

二、河道整治措施

(一)河道整治遵循的原则

黄河下游河道,由于善淤多变,水流散乱,常常形成"横河"、"斜河"等,对防洪极为不利。因此,必须通过河道整治,改善河道的平面和横断面形态,控导主溜,稳定河势,在确保防洪安全的前提下,达到既有利于灌溉和滩区群众的生产,又有利于航运的目的。

河道整治遵循的原则是:①上下游、左右岸统筹兼顾;②河槽与滩地综合治理;③修建工程要依河势演变规律因势利导;④根据需要和可能,分清主次,有计划、有重点地安设工程;⑤建筑物和所用材料要因地制宜,就地取材。

黄河下游河道整治包括河槽整治和滩地整治两部分。河槽主要指中小河槽,治槽是治滩的基础,槽稳滩固;治滩有助于稳定河槽,滩固槽稳,二者相辅相成。

(二)河槽整治

河道整治主要采用修筑控导工程和险工的办法,控导主溜,稳定河槽,使河势向有利方向发展。河槽整治历来就是河道整治的重点。关于整治工程的型式及布局,整治建筑物的冲刷及防护将在下面详细介绍。

(三)滩地治理

滩地是河道的重要组成部分。在黄河下游,滩地面积是河槽面积的2倍以上。在堤距较宽的河段,洪水漫滩之后,滩唇淤积多,堤根淤积小,形成"滩唇高、堤根洼",同时滩面横比降陡于河槽的纵比降,堤根常成为滩区排涝的水道,成为堤河。大洪水时,滩地过水不均,缓流区落淤,集中过流区发生冲刷,在滩区上形成许多串沟,洪水时常引溜冲刷大堤。

滩地整治主要指对滩面和堤河的治理。洪水漫滩时,串沟集中过流对滩区群众安全不利,堤河内顺堤行洪又会危及堤防的安全。治理的主要措施是人工堵截串沟,或在串沟中做柳柜,漫滩时借柳柜缓溜落淤,淤高串沟。堤河可采用自然落淤和人工放淤的办法淤高，以减缓临堤水流的强度，或沿堤河适当部位修丁坝防止水流冲塌堤防。在整治滩地的同时，还要尽量淤高滩地，保持滩槽高差，以利全河道行洪。对有损于滩地滞洪淤沙的要予以禁止。1974 年国务院作出了废除生产堤的指示；1987 年行政首长负责，在生产堤上按长度的 20％破除了口门；1992 年又按 50％破除了口门，并规定不得重新堵复。只有促使滩面的落淤抬高，才能维持河槽的过洪能力。

根据整治原则，游荡型河道整治是以中水为主，洪枯兼顾。流路设计按中水考虑。在几条基本流路中，要选择与洪水及枯水流路相对接近的中水流路。如郑州铁路桥上下，洪水时因受邙山山弯的影响，流路是由西南至东北方向通过铁桥，因此选择的中水流路是朝东北流的流路，而不是朝东南方向过铁桥的流路。同时在流路选定后，确定整治工程位置线时，也要考虑洪枯水的要求。如果利用现有工程，则流路设计中洪枯溜势均应予以照顾。

中水流路设计主要是治导线的拟定。治导线是河道整治措施中的核心问题，河道整治成功与否、效益大小、投资多少等无不与治导线的拟定质量直接有关。

治导线是两条曲直相间的平行线，主要设计参数有设计流量、设计河宽、排洪河槽宽度及河湾要素等。

三、微弯型整治方案

（一）可行性分析

1. 河道的弯曲特性

黄河下游游荡型河道在天然状态下总的趋势是顺直的。这一特点明显有别于高村以下的河道。但如任取一长度为 10km 左右的短河段来研究，其主溜线又多是弯曲的。图 4-2 是辛店集河段 1964 年河势图，由图可以看出，河道的平面形态是典型的游荡型河道特征，河道宽、沙洲多、水流分散，河道外形基本顺直等，但在顺直的走向中主汊又存在 4 个微弯。弯道内主溜线呈弯曲形状，在两弯之间的过渡段上主溜线又大致顺直，且无论主汊与支汊均为曲直相间的形态。

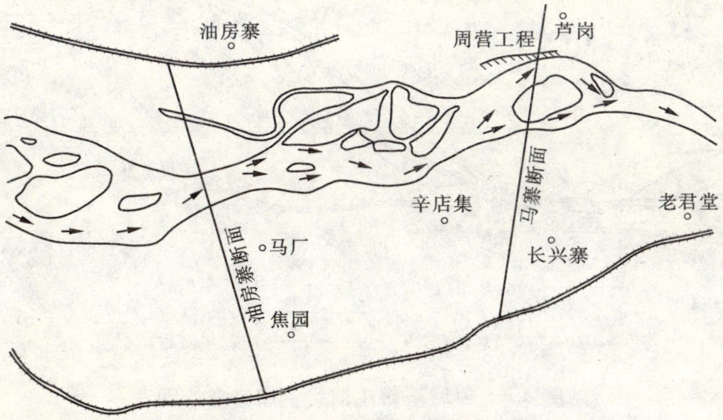

图 4-2　1964 年辛店集河段河势图

图 4-3 给出了花园口河段主溜线弯曲率与流量的变化关系，说明流量小时河道弯曲率大，流量大时河道弯曲率小。流量在5 000m^3/s 以下时，弯曲率在 1.1～1.3 之间变化。

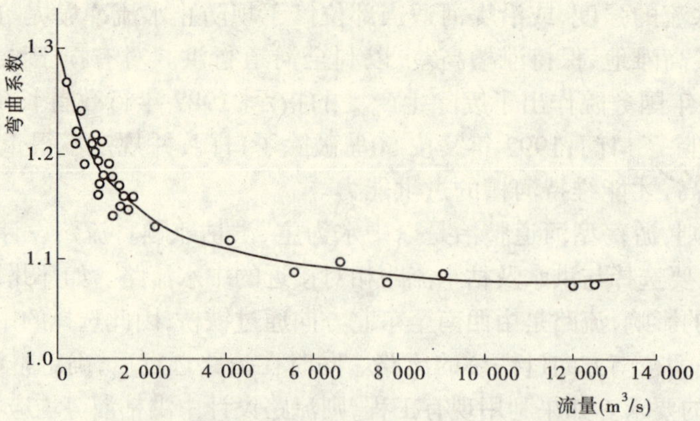

图 4-3 花园口河段主溜线弯曲率与流量关系图

同任何事物一样,游荡型河道的平面外形及其变化特点不仅有普遍性,而且还存在特殊性。堡城至青庄即是这种特殊性的反映。堡城至青庄河段全长约12km,多年来一直保持顺直且相对稳定。20世纪60年代顺直特征明显,但稳定性差,呈宽、浅、乱状态,主溜摆幅也较大。进入70年代以后,河槽归一,主溜摆动除个别年份外,一般不大,表现出相对稳定状态。图4-4给出了该河段的6年主溜线套绘图,其中1971年的主溜线可代表80年代至90年代的主溜线,1973年的主溜线可代表个别年份的主溜线。可以看出河道基本顺直,变化局限在一定范围之内,但就主溜线分析,都有一定的弯曲率。受比例尺限制,图中一些小弯不能反映,结合历年查勘现场可知,堡城至青庄河段在顺直中主溜常存在2～3个微弯。因此,在游荡型河道中纵然平面形态存在顺直长河段的特殊性,但主溜的弯曲特性没有改变。

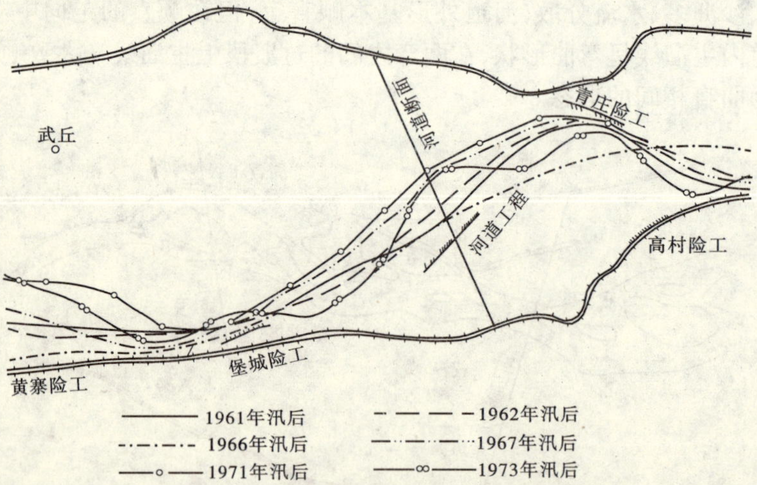

图 4-4 堡城至青庄河段主溜线套绘图

2. 整治实践

黄河下游游荡型河道采用微弯方案整治,主要是整治实践经验。在实践中认识到微弯型整治方案经济、简单,可操作性强,又能达到整治目的,因此选用了微弯型整治方案。

微弯型整治实践最早不是来自游荡型河段本身,而是来自过渡型河段的整治。过渡型河段具有游荡型河段演变的一些特征,通过整治取得了主溜基本控制的好成效。在整治中摸索出了一整套整治经验,如治导线的拟定、工程平面布局、上下河湾工程对应关系、施工方法等。以这些经验为基础,再在游荡型河段河道整治中探索、试验,表明该方案也适用于游荡型河段。

铁谢至泺口、花园口至马渡、辛店集至高村等河段的整治实践表明,采用微弯型整治游荡型河道可以控导主溜,控制河势,缩小游荡范围,减轻“横河”、“斜河”威胁。特别是经过多次大水、高含沙洪水的考验,无论在工程作用方面,还是在工程安全方面,都证明河道整治是成功的。这也表明游荡型河道采用微弯型整治方案是可行的。

3.微弯整治基础

微弯整治属弯曲型治理的范畴,它有比较成熟的理论基础。如前所述,冲积河道是水流与河床相互作用的结果,在一定的来水来沙条件下,河床的横向变形主要取决于水流与河岸相互作用的强弱。当水流强度大于河岸的抗冲能力时,河岸就后退,发生横向变形;当河岸的抗冲能力大于水流强度时,河岸就会控制水流的方向。而河道整治工程就是在易发生后退的河道凹岸强化河床边界条件,限制河岸后退,从而达到控导主溜、稳定河势的目的。另外,在堆积型平原河流上,水流具有弯曲的特性,受河岸平面形态的影响,水流方向易于改变,河道整治工程采用“上平下缓中间陡”的弯曲型式,利用这一特点,实现以弯导溜,控导溜向,使水流平顺进入下一个弯道,直到完成整个河段的整治任务。基于以上认识,可以认为“微弯型整治方案在黄河下游游荡型河段的河道整治中是可行的”。随着小浪底水库的修建,水沙条件已有很大变化,如果按规划修建工程,充分发挥其效益,将会较快地改善河道的游荡状况,初步控制主溜,更好地适应新的水沙条件。

(二)平面布局

黄河下游微弯型整治工程主要包括险工和控导工程两部分(见图 4-5)。为了保护堤防安全而依堤修建的丁坝、垛、护岸工程,称为险工。为了控导河势而在滩区适当地点修建的丁坝、垛、护岸工程,称为控导工程或控导护滩工程。险工与控导工程相配合控制微弯型整治方案选择的中水流路。为了达到整治目的,必须合理确定中水流路的治导线和整治工程位置线。

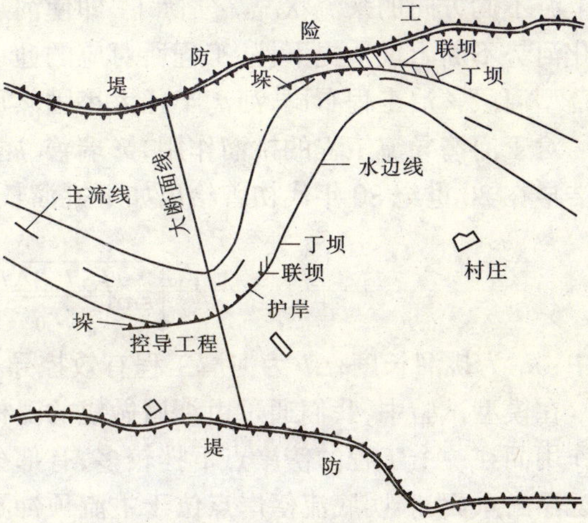

图 4-5　黄河下游河道整治工程举例

每一处河道整治工程坝垛头部连线称为整治工程位置线,简称工程位置线或工程线。整治工程位置线是依治导线而确定的一条复合圆弧线,其作用是确定河道整治工程的长度及坝头位置。

在依照治导线确定整治工程位置线时,首先要研究河势变化情况,确定最上的靠溜部位,作为修建工程的起点,中下段要具有导溜和送溜的能力,以便按治导线确定的流路把溜送到下个河湾。一般情况下，中下段与治导线重合，上段要放大弯曲半径或采用与治导线相切的直线退离治导线，但不能布置成折线，并要把工程起点布置到河势可能上提的最上部位，防止抄工程后路。整治工程位置线按照与水流的关系自上而下可分为3段：上段为迎溜段，采用较大的弯曲半径或直线，以适应来溜的变化，利于迎溜入弯；中段为导溜段，采用较小的弯曲半径，以便在较短的距离内控导溜势，调整改变水流方向；下段为送溜段，其弯曲半径比中段稍大，以便顺利地送溜出弯，这种工程线习惯上称为“上平下缓中间陡”的形式。

黄河下游曾采用过的整治工程位置线的型式主要有以下两种：

(1)分组弯道式。这种型式的工程线是由一条或几个圆弧线组成的不连续曲线。即一处工程分成几个坝组，每组自成一个弯道，各组之间有的还留一定的空当不修工程。有的坝组采用长坝、短坝结合，上短下长。不同的来溜由不同的坝组承担。其优点是汛期便于重点防守。缺点是各坝组导溜能力差，当来溜发生变化时，着溜的坝组和出溜的方向就会发生变化，影响控导河势的效果。当时在有计划地整治高村至陶城铺河段初期，采用较多，但因存在上述缺点以后不再采用。

(2)连续弯道式。这种型式的工程是一条光滑的圆弧线，呈以坝护湾、以湾导流的型式。水流入湾后诸坝受力较为均匀。其优点是导溜能力强，出溜方向稳，坝前淘刷较轻，易于防守。近年来新修的河道整治工程均采用这种整治工程位置线。

附带指出，张红武、张俊华、朱太顺、吴宾格通过大量对比试验提出新的成果，并根据近年来黄河下游洪峰降低、洪量减小等变化特点，认为河湾工程欲适应洪水流路，工程半径应有所减小，工程的送溜段、迎溜段不一定再强调采用复合曲线型，而可取同一弯道半径，工程上段(又称为藏头段)设计为直线型，位于迎溜段起点向上游方向的切线处，以适应上游不同方向的来流状况。实际上，即使河道被整治成限制性弯曲型河段，但随着流量变化河势不断出现上提下挫，工程所对应的迎、导、送溜段部位也将有所变动。此外，对于游荡型河段整治工程布局，河湾半径大小固然重要，但最为重要的是工程布局的方位。

对于河湾导流工程的挑溜作用，彭瑞善、屈孟浩、王震宇等开展过专门研究。例如，屈孟浩早在20世纪80年代初曾给出如下挑溜长度计算公式：

$$x_1 = 2.11\left[\frac{1}{\sin\left(\dfrac{57.3\Delta l}{r_0}\right)} - \cos\left(\frac{57.3\Delta l}{r_0}\right)\right] \tag{4-12}$$

式中：x_1为挑溜长度；Δl为河湾工程有效控导长度；其他符号含义同前。

在模型试验中，我们通过由纸屑做成的浮标可观察到，离开上一个工程的表流因受环流作用而在一个工程的傍岸点下挫较多，有部分浮标受螺旋流作用潜入河底而在顶冲点附近浮出水面，表明底流傍岸点位于主流顶冲点上游。底流和表流傍岸处的水深测验结果也可发现，河床局部都出现较严重的冲刷。因此，表流傍岸点上游附近同样会出现较大险情，而实际工程抢险时也应给予足够的重视。

试验中看出，在上一个工程作用下主流趋向下一个工程时并不是沿着上一工程送溜切线方向运行，而是有所扩散下败。我们将主溜与送溜切线的交角定义为工程分离角α，该角与水流挟沙状况有关，在水流挟沙饱和时大，次饱和时小。朱太顺进一步整理资料后发现[1]，当含沙量 S 很小时，水流惯性作用强，$\alpha\approx3^\circ$；$S\approx S_*$ 时，$\alpha\approx8^\circ$；$S\approx S_*=1.2$ 时，$\alpha\approx10^\circ$。因此，初步可将工程分离角由下式近似表示：

$$\alpha = 3 + 5\left(\frac{S}{S_*}\right)^{1.85} \tag{4-13}$$

上式对于河道整治工程布置具有十分重要的价值，但由于问题的复杂性，特别是河床抗冲性不均一时规律性较差，因此以后还应进一步充实资料，使其逐步完善，更为合理一些。

四、整治工程布置方法的理论探讨

黄河河道整治工程无论是理论研究还是工程实践，都取得了很大进展，也积累了极其丰富的经验。但是，由于黄河下游河道整治难度很大，国内外还没有与其条件相近的其他河流的成套整治经验可供借鉴，目前对于河道整治工程的布置方法，凭经验估算的色彩浓厚，工程设计后往往还须上延下续，对于重要部位的工程，又必须依靠模型试验进行调整或修正，周期往往较长。因此，不少学者拟通过试验观测和理论分析相互结合、相互补充的技术路线，研究黄河下游河道整治工程的布置方法。以下介绍朱太顺从理论上确定工程位置的探讨。

朱太顺的硕士论文中运用式(4-13)、表面流向及底流流向公式，求出导向下一工程的顶冲范围及河湾工程位置线，提高了河道整治工程布局方法的科学水平。此外，陈海峰、程怡萱对于整治工程位置线的理论探讨也是颇有意义的。至于丁坝的布局，张红武在研究动床条件下丁坝对水流影响的平面范围的基础上，作过专门的分析研究。

（一）河流纵向、横向流速分布

天然资料及大量的模型试验结果均表明[2]，作曲线运动的弯道水流，在重力及离心惯性力的共同作用下，会出现表流指向凹岸、底流指向凸岸的弯道水流特有的运动状态，即所谓的螺旋流运动。螺旋流有其特殊的造床作用及水流纵向、横向运动规律[3]。

螺旋流的强度与纵向流速、河湾半径及水深等因素有关。根据张红武的研究，水流纵向流速 u_x 及横向流速 u_r 可分别由以下流速分布公式计算：

$$u_x = v_{\mathrm{cp}}\left\{1 - 7.85\frac{\sqrt{g}}{C} + 6.67\frac{\sqrt{g}}{C}\left[\sqrt{(1-\eta)\eta} + \mathrm{acrsin}\sqrt{\eta}\right]\right\} \tag{4-14}$$

$$u_r = 86.7\frac{v_{\mathrm{cp}}}{r}h\left[\left(1-5.75\frac{g}{C^2}\right)\eta^{1.857} - 0.88\eta^{2.14} + \left(0.0344 - 12.5\frac{g}{C^2}\right)\eta^{0.857} + 4.72\frac{g}{C^2} - 0.088\right] \tag{4-15}$$

式中：v_{cp}为平均流速；C 为谢才系数（$C=\frac{1}{n}R^{1/6}$）；η 为相对水深（$\eta=z/h$）；z 为垂向坐标；h 为水深；x、r 分别表示纵、横向坐标。

若计算表层水流，$\eta=1$，由式(4-14)及式(4-15)求出表面纵、横向流速分别为（足标

---

[1] 朱太顺．黄河下游河道整治工程布置问题研究．武汉水利电力大学硕士论文，1998(5)

[2] 谈广鸣．河流阻力宏观影响因素的试验研究．武汉水利电力大学博士论文，1998

[3] 张俊华，王彦平，丁易．冲积河流河相关系研究．黄河科研，1998(1)

"π"表示水面)

$$u_{x\pi} = v_{cp}\left[1 - 7.85\frac{\sqrt{g}}{C} + 6.67\frac{\sqrt{g}}{C}\cdot\frac{\pi}{2}\right] \tag{4-16}$$

$$u_{r\pi} = 86.7\frac{v_{cp}h}{r}\left[0.066\,4 - 2.03\frac{\sqrt{g}}{C^2}\right] \tag{4-17}$$

由上式可求出表流流向与纵向流动的夹角 φ_π,即由 $\tan\varphi_\pi = \frac{u_{r\pi}}{u_{x\pi}}$,得

$$\varphi_\pi = \tan^{-1}\left|\frac{u_{r\pi}}{u_{x\pi}}\right| = \tan^{-1}\left[\left(\frac{h}{r}\right)\frac{5.76 - 176g/C^2}{1 + 2.62\sqrt{g}/C}\right] \tag{4-18}$$

若计算底层水流,$\eta = 0$,直接由下式计算河底流向与纵向流动的夹角:

$$\varphi_d = \tan^{-1}\left[\left(\frac{h}{r}\right)\frac{7.552 - 388.4g/C^2}{1 - 7.12\sqrt{g}/C}\right] \tag{4-19}$$

上式是将 $\eta = 0$ 代入式(4-14)、式(4-15),求出 u_{xd}、u_{rd},再由 $\tan\varphi_d = u_{rd}/u_{xd}$或 $\varphi_d = \tan^{-1}\left|\frac{u_{rd}}{u_{xd}}\right|$得到的。其中足标"d"表示河底。

根据出河湾工程后的表流流向、河底流向对水流动力轴线产生的影响,即能初步确定出下一河湾工程在考虑表流和底流影响时水流动力轴线的顶冲点位置。

(二)河湾工程位置确定方法

若已知位于同一岸上下游的 A、C 工程,则须设计出位于对岸的 A、C 两工程之间的 B 工程的规模及位置(见图 4-6)。考虑到主溜在 A 工程作用下,趋向对岸 B 工程,因而,工程布置除应考虑工程分离角外,还应根据弯道缓流引起的表流流向及河底流向对送溜方向加以调整。具体可采用如下步骤进行。

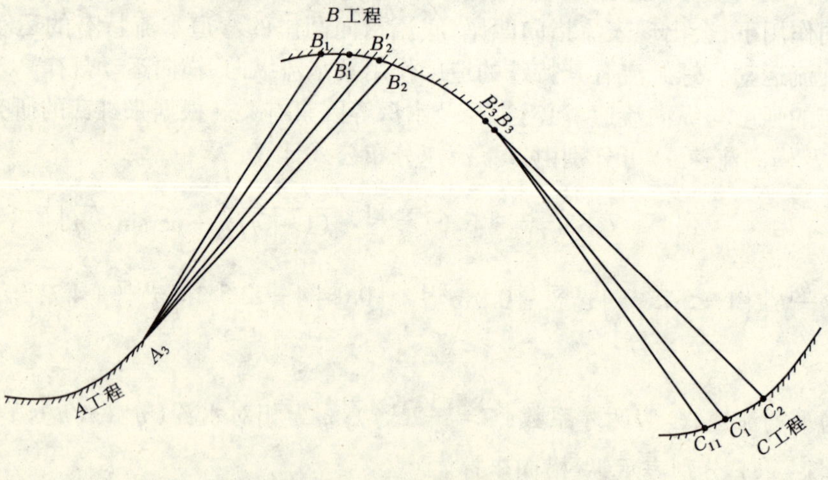

图 4-6 工程位置确定方法

1. 确立 B 工程迎溜段位置及长度

B 工程的迎溜段接纳经 A 工程送出的水流。该段工程长度及位置的设计是要保证水流顶冲点位于其中。由上文可知,水流做曲线运动,将产生螺旋流,在过水断面上,沿垂

线上水流流向不同，因此在河湾 B 处的顶冲位置并不是一点而是具有一定的范围。由于受水流运动及工程的双重作用，水流出工程后，并不沿工程的切线方向运动，而是偏向岸边，水流实际的流向与工程切线的夹角称之为工程分离角 α。该夹角的大小与水流含沙量及该处水流挟沙力的比值有关。由此可见，对于 B 工程迎溜段的设计，要保证经 A 工程送出的水流顶冲点均位于其迎溜段范围内。为此需要做以下工作：

(1)由式(4-19)计算 A 工程送流段底流流向与纵向流动的夹角 φ_d。

(2)由式(4-18)计算 A 工程送溜段表流流向与纵向流动的夹角 φ_π。

(3)由式(4-13)计算工程分离角 α。对于 S/S_* 可考虑两种条件：$S/S_*=0$ 时，α 最小为 3°，此时水流顶冲点偏向上游；在洪水期，一般情况下主槽河床会产生冲刷，即认为 $S<S_*$，但为考虑多沙时水流挟沙状态，可将 $S/S_*=1$ 作为一种设计条件，这时 α 为 8°，水流顶冲点偏向下游。

(4)做 A 工程送溜段终点 A_3 处的切线，以 A_3 为端点作 4 条射线，使其与 A_3 处切线的夹角分别为 $(3°-\varphi_d)$、$(3°+\varphi_\pi)$、$(8°-\varphi_d)$、$(8°+\varphi_\pi)$，与河湾弧线的 B 的交点分别为 B_1、B_1'、B'_2、B_2。B_1 至 B'_1 段为 $S/S_*=0$ 时，水流在河槽 B 处的顶冲范围；B'_2 至 B_2 段为 $S/S_*=1$ 时，水流在河湾 B 处的顶冲范围，显然 B 工程迎溜段起点为 B_1，而终点为 B_2。

2.确定 B 工程送溜段

拟建 B 工程送溜段长度应考虑与其下游的 C 工程衔接，即保证水流出 B 工程后顶冲位置在 C 工程的迎溜段范围内。具体需做以下工作：

(1)由式(4-19)计算 φ_d。

(2)由式(4-18)计算 φ_π。

(3)由式(4-13)计算工程分离角 α，仍考虑 $S/S_*=0$ 及 $S/S_*=1$ 两种条件，α 分别为 3°及 8°。

(4)由 C 工程迎溜段起点 C_1 作河湾弧线 B 的切线，交点 B'_3。

(5)沿弧线 B 将下延至 B'_3 处，使 $\widehat{B'_3B_3}=r\theta\pi/180$，其中 r 为弧线 B 的半径，θ 为 B'_3 和 B_3 间圆心角($\theta=3°-\varphi_d$)。

(6)作 B_3 点切线 B_3C_{11}，以 B_3 为端点作射线交 C 工程于 C_2 处，使其与 B_3C_{11} 的夹角为 $(8°+\varphi_\pi)$，若 C_2 位于 C 工程迎溜段，则 B_3 即为拟建工程 B 送溜段终点。B_2 与 B_3 之间为 B 工程送溜段。

3.B 工程藏头段

黄河下游特别是游荡型河段河势演变规律极其复杂，为防止不利水沙条件下的畸形河势的影响，并防止上游的不利条件来流抄后路现象的发生，在迎溜段的起点向上游切线位置修建一定长度的坝垛，作为工程的藏头段。一般来讲，游荡型河道的藏头段长度较稳定河道的要长一些。

五、河道整治工程布置方法实例

黄河某拟建工程处河湾半径等可采用第三章的研究成果确定。河湾半径 $r_0=$

(2.5～3.8)B,过渡段长度 L_D = (1.5～3.0)B。若取 $S/S_*=1$,取比降 $J=2.5‱$、设计流量 $Q=4\ 000\text{m}^3/\text{s}$,由式(3-20)及式(4-4)可计算出河宽 $B=1\ 200\text{m}$,进而得出河湾半径 $r_0=3\ 000\sim4\ 560\text{m}$,综合考虑取 $r_0=3\ 850\text{m}$。由式(3-39)可计算出河湾中心角 $\varphi=64.3°$;朱太顺❶采用自然模型小河造床试验的测验结果,通过回归分析,得出河湾长度 L 和流量 Q 及河湾半径 r_0 的关系式:$L=1.1Q^{0.526}r_0^{0.474}$,由该式可得出河湾长度 $L=4\ 280\text{m}$。根据实测资料,在 $Q=4\ 000\text{m}^3/\text{s}$ 时,取弯道出口断面水深约为 10m。由上述条件,设计出的治导线及已建工程、某险工平面位置如图 4-7 所示。

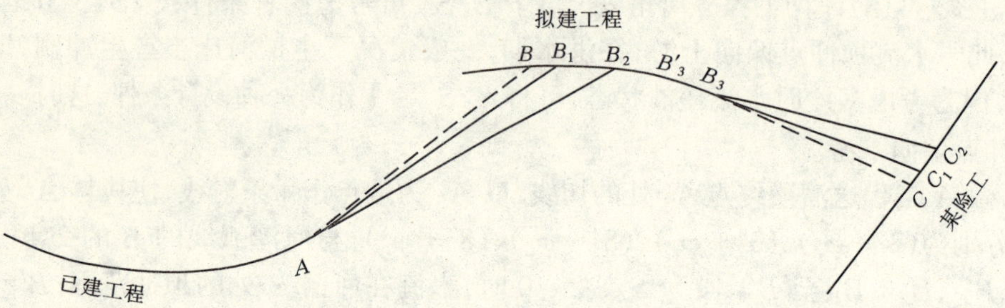

图 4-7 实例河段工程位置简图

1.拟建工程迎溜段设计

(1)河底流向与纵向流动的夹角 φ_d。φ_d 采用式(4-19)计算,其中 C 为谢才系数,其值为

$$C=\frac{1}{n}R^{1/6}=\frac{1}{0.009}\times 11^{1/6}=165.7$$

再将 h/r 代入得

$$\varphi_d=\tan^{-1}\left[\left(\frac{h}{r}\right)\frac{7.552-388.4g/C^2}{1-7.12\sqrt{g}/C}\right]$$

$$=\tan^{-1}\left[\left(\frac{11}{3\ 500}\right)\times\frac{7.552-388.4\times9.8/165.7^2}{1-7.12\times\sqrt{9.8}/165.7}\right]=1.54°$$

(2)水流流向与纵向流动的夹角 φ_π。φ_π 采用式(4-18)计算,其值为

$$\varphi_\pi=\tan^{-1}\left[\left(\frac{h}{r}\right)\frac{5.76-176g/C^2}{1+2.62\sqrt{g}/C}\right]$$

$$=\tan^{-1}\left[\left(\frac{11}{3\ 500}\right)\times\frac{5.76-176\times9.8/165.7^2}{1+2.62\times\sqrt{9.8}/165.7}\right]=0.98°$$

(3)工程分离角。由式(4-13)计算工程分离角 α,考虑 $S/S_*=0$ 及 $S/S_*=1$ 两种条件,α 分别取 3°及 8°。

2.拟建工程送溜段设计

某工程送溜段长度及位置应考虑与其下游的某险工衔接,即保证水流出某工程后,在底流和表流对水流动力轴线影响下顶冲位置在某险工的迎溜段范围内。

---

❶ 朱太顺.黄河下游河道整治工程布置问题研究.武汉水利电力大学硕士论文,1998(5)

(1)河底流向与纵向流动的夹角 φ_{d}。采用式(4-19)计算,其中,$C=\frac{1}{n}R^{1/6}=\frac{1}{0.009}\times 10^{1/6}=163$,将 C 及 h/r 代入得

$$\varphi_{\mathrm{d}}=\tan^{-1}\left[\left(\frac{10}{3\ 850}\right)\times\frac{7.552-388.4\times 9.8/163^2}{1-7.12\times\sqrt{9.8}/163}\right]=1.28^\circ$$

(2)水面流向与纵向流动的夹角 φ_{π}。采用式(4-18)计算,即

$$\varphi_{\pi}=\tan^{-1}\left[\left(\frac{10}{3\ 850}\right)\times\frac{7.552-176\times 9.8/163^2}{1+2.62\times\sqrt{9.8}/163}\right]=0.81^\circ$$

(3)工程分离角。工程分离角同已建工程,取 3°及 8°。同理在某工程送溜段终点,底流流向与该处切线方向的夹角为(3°-1.28°)或(8°+0.81°)。

(4)由某险工迎溜段起点 C_1 作某工程处河湾的切线,交点为 B'_3。设某工程送溜段终点为 B_3,则 $\overset{\frown}{B'_3B_3}=r\theta\pi/180=3.14\times 3\ 850\times(3-1.28)/180=115.5(\mathrm{m})$,即从 B'_3 下沿 115.5m 处可初步定为拟建工程送溜段终点。

(5)作 B_3 处切线 B_3C 以 B_3 为起点作射线,使之分别与切线 B_3C 的夹角为(3°-1.28°)及(8°+0.81°),分别交某险工的 C_1 及 C_2 点。两者均位于某险工的迎溜段内。因此,以 B_3 点作为某工程送溜段的终点可使水流出该工程后,无论是受表层水流或是底层水流影响下的水流动力轴线,其顶冲点均在下游某险工的迎溜段之内。

拟建工程的 B_2 至 B_3 之间为工程的送溜段;在 B_1 至 B_2 之间为工程的迎溜段;从 B_1 点作切线位置可作为该工程的藏头段,其长度可根据经验确定。

3.模型检验

上文中运用所介绍的河道整治布置方法对拟建工程的位置线进行了设计。为了检验设计的合理性,还利用经过验证试验的该河段模型,开展了不同水沙条件下的模型试验。结果表明,设计出的拟建工程对中常洪水及较大洪水均有较好的适应性,具有较好的迎溜和送溜效果,能使该河段河势得到改善,从而证明了该工程布置的设计是合理的。

第四节 整治建筑物的型式及结构

一、整治工程的型式

黄河下游的河道整治工程主要有堤防、险工和控导工程,见图 4-8。险工及控导工程的平面外形大致有凸出型、平顺型及凹入型。凸出型工程位于堤线凸出部位,有显著的挑溜作用,由于工程着溜点不同,工程下游水流分散,河床宽、浅、散、乱。平顺型工程的整个外形比较平直,呈现几个微弯,工程靠溜部位变化大,出流方向不稳定,不能很好地控导河势。凹入型工程位于堤线凹入部分呈凹入型弧线,不同流势的水流均能很好地顺着凹弧以相同的方向导出,对控导河势的作用较好。

二、整治建筑物的结构及布置

整治建筑物一般以丁坝为主,垛为辅。在坝、垛之间有时还修有护岸。

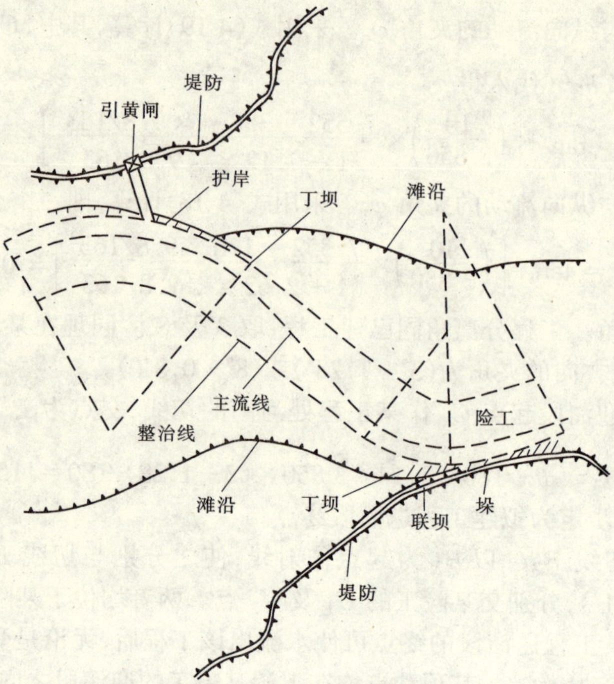

图 4-8　险工和控导工程

丁坝坝身较长，突入河中，挑溜能力强，保护岸线长，用以挑托水流离开堤岸，掩护下游堤岸免受水流冲刷。

坝身较短，用以迎托水流，削减水势，不使水流直接冲刷堤岸。

护岸工程直接修在堤岸坡面上，用以挡风浪，防止顺流和回流冲刷。

每一处整治工程的丁坝、垛和护岸的作用相辅相成，上段宜修垛，下段宜修坝，并辅以护岸。

丁坝的外形有直线型、拐头型和抛物线型（见图 4-9）。直线型丁坝是常用的较好型式。坝头的外形有流线型、圆头型和斜线型（见图 4-10）。流线型坝头迎溜顺、托流稳，导流能力强，坝间回流小，是较好的型式。

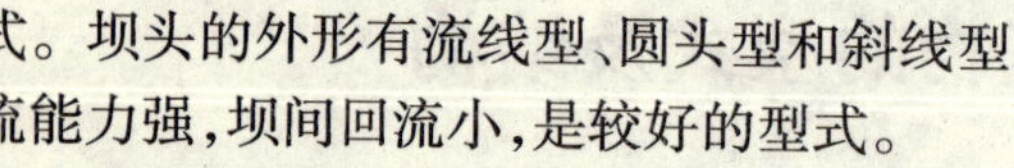

图 4-9　丁坝的外形

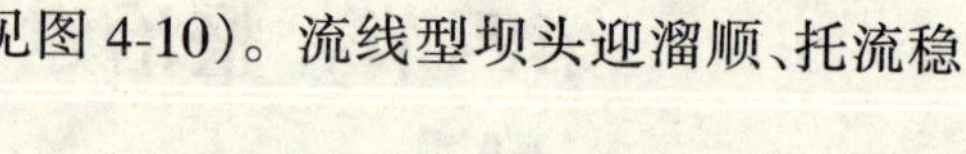

图 4-10　丁坝坝头型式

现有传统丁坝结构，通常采用土坝基外围裹护防冲材料的型式。一般分为坝基、护坡和坝根三部分。坝基用沙壤土填筑，有条件的再用黏土修保护层；护坡用块石抛筑，由于块石铺放方式不同，可分为散石、扣石和砌石（有浆砌、干砌）三种；护根一般用散抛块石、柳石枕和铅丝笼抛筑。由于施工条件不同，修建工程采用两种施工方法，即旱地施工和水中进占施工。坝垛的轴线与工程位置线的下游夹角 α_1 一般为 30°～45°（见图 4-11）。

丁坝的有效长度(l_p),一般为丁坝实有长度(l)的2/3(见图4-11)。黄河下游水流方向与工程位置线的夹角 α_3 多为30°～45°。在黄河下游,丁坝的间距(L)与坝长(l)之比值试验值和理论值均小,一般约为1.0。在一般整治工程的上段,宜采用较小的 L/l 值,坝垛短而密。在弯道内部,流向逐渐得到调整,下段的 L/l 值可适当加大。上段一般采用 $L/l \approx 1.0$,下段约大于1.0。有些教科书中根据水槽定床试验结果给出的丁坝间距对于黄河是不适用的。参考黄河丁坝冲刷的试验资料,并进一步通过群坝布局试验,可以认为,黄河下游护岸丁坝间距受来流方向不定及水流顶冲部位上提下挫的影响,此时,丁坝的间距等于坝长的1.4～1.8倍。

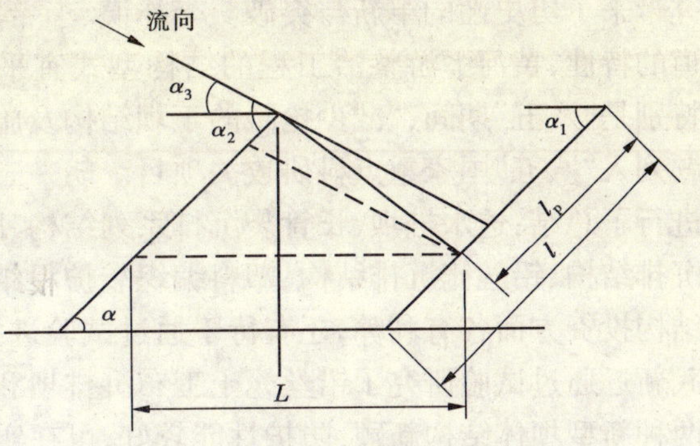

图4-11　丁坝的间距与坝长的几何关系

模型试验表明,丁坝的方位角 α(即丁坝轴线与联坝轴线的夹角)与最小收缩断面的位置以及回流强度有密切关系。$\alpha=90°$时,距坝头最近,回流强度最大;$\alpha=60°$时,次之;$\alpha=60°$时,收缩断面距坝头较远,且回流轻。另外就同一方位而言,水流强度大者,最小收缩断面距坝较近,回流强度也大。这些特点对于坝后冲坑形态也将有直接的影响。

丁坝沿横向对水流的影响,由多次试验得到的统计结果是,影响宽度为丁坝在与水流垂直方向上的投影长度 L_r 的3～5倍。

第五节　整治工程新结构型式

一、整治工程新结构型式的试验研究

为了逐步改变汛期传统坝岸工程频繁抢险的被动局面,适应河道整治工作的需要,人们在充分发挥传统结构优势的前提下,不断利用新材料、新技术和新工艺进行整治工程新结构型式的试验研究。1985年以前,在黄河上研究试验的新型结构主要有:以梢柳料制成的大面积排状体上用块石压沉于河底的柴排坝;以桩、柳组合成的轻浮体积的透水结构,减轻坝前冲刷,增加坝后落淤的深水桩柳进占坝;在预先修好的土坝基上,用钻机钻孔后灌注混凝土,形成连续而封闭的混凝土连续墙坝;用混凝土杆件绑扎串联成杩杈,投放于水中或浅滩上,起导流与缓流落淤作用的混凝土杩杈坝;利用高压脉冲泵产生高速射流的强大冲击力,在杆提升、旋转过程中射出的浆液,连续不断地搅动土体,并与其混合,最终在地层中形成圆柱状固结体的旋喷桩坝;上部为三角形框架,下为沉排,起落淤防冲作用的钢筋混凝土框架坝垛,防止滩岸坍塌的压力灌注桩护岸;以土工织物编织袋土代替石料及柳石枕的土工织物结构试验坝等。这些工程有的因对黄河特性考虑欠周及受当时施工技术条件等限制没能成功,有的因施工复杂、技术要求高未能推广应用,但都有一定的效果,取得了经验,为以后新结构、新工艺、新材料工程的研究打下了一定的基础。

20世纪80年代中期,随着土工合成材料的广泛应用,给黄河下游新结构坝的试验研究带来了历史性的革新与突破。李祚谟、李希宁、吉祥等通过实践认为，依据黄河下游河道的特性，黄河下游整治工程的结构型式宜采用以土工织物作为防冲材料的柔性结构。特别是"八五"期间，"减少抢险的丁坝结构及施工技术研究"作为堤防工程新技术的子专题列入"八五"国家重点科研攻关项目。胡一三、王恺忱、张红武等也对如下新的结构型式进行了总结：透水桩坝、长管袋沉排系列结构、网护坝结构、潜坝、挤压块沉排结构、纺织袋沉排结构、铅丝笼沉排结构、塑料编织袋护根结构等。这些结构型式在设计、施工及工程结构投资方面各有利弊，还有待于通过试验进一步优化。与野外试验相应，曹丰生、张红武新近通过试验研究了铅丝笼土工布沉排坝和土工织物防护联坝两种新的结构型式，这两种新型坝体结构新颖，防护性能较好，可在实际工作中运用。张红武在研究南水北调中线穿黄工程导治建筑物防护试验及"网罩护根"防止根石走失途径成果基础上，同时考虑到目前几乎所有的不同于传统工程结构的新结构，在黄河上都难以推广这一现实，提出了能适应大水漫顶需要的工程新结构。该坝体首先由土工织物布防护土胎，再由块石进行裹护，迎水面铺设根石范围达 15～20m，以便适应水流顶冲需要，背水面铺放块石 6～8m，以防工程漫顶时冲刷，为加强整体性防止根石走失，上部罩护铅丝网，网沿系上块石坠。模型检验结果表明，由于坝体已被土工织物及网罩块石所防护，故漫顶后仍具有较好的控导效果，且该结构造价低，便于施工，与传统的工程结构结合得较为理想，因此具有很大的实用价值。显然这种新材料、新结构型式，充分考虑了河工建筑物的特殊性、工程运用环境变化（河床冲淤变化，水流强度变化，水流含沙量变化）等因素，遵循了抗冲刷、料耐久、易修筑、少出险、省投资等原则。

目前，黄河下游新结构丁坝，经过结构、工艺、性能、施工、应用效果、经济等方面的综合比较，较为成熟的结构主要有两大类：一是以土工织物为主要材料或护底材料，并结合各种压载物组成的沉排坝；二是以混凝土为主的混凝土透水桩坝。

为了减少传统结构因基础浅所造成的被动抢险局面，在黄河下游及宁夏河段研究了一些新的防护工程结构，特别是 20 世纪 80 年代中期，随着土工织物新材料的出现及对土工织物认识的不断提高，为新结构的试验拓开了新的领域，取得了实践经验，收到了一定的效果。

（一）混凝土灌注斜墙坝

混凝土灌注斜墙坝是在预先修好的土坝基上，用组合钻机按设计深度、间距、桩径和桩身与垂线倾斜角度钻槽孔，然后灌注混凝土，使孔与孔衔接，形成连续而封闭的混凝土连续墙，以保护坝基不受冲刷。此种结构的设想是：修建时一次能达到设计冲深，不再抢险。

（二）混凝土透水桩坝

混凝土透水桩坝是以混凝土为主要材料的一种新结构型式，设想其作用是通过缓流落淤控制河势，避免传统结构被动抢险局面。

1979 年 10 月和 1980 年 8 月在鄄城苏泗庄险工 41 坝和 42 坝试建了混凝土透水桩坝，建成后经过 1981 年洪水考验，起到了缓流落淤控导河势的作用。但在 1982～1985 年洪水中，41 坝倒桩 65 根，仅剩 14 根；42 坝倒桩 33 根，还剩 50 根。

1987 年在郑州花园口险工东大坝又修筑一道钢筋混凝土透水桩坝，坝长 103.62m，桩由钢筋混凝土管桩分别按0.95m、1.10m间距排列，桩顶加连系梁连接，增加桩坝整体强度。工程建成后，未受破坏，缓流效果较好。

(三)塑料编织袋护根坝

1985年4月在鄄城桑庄工程20坝进行塑料编织袋防护试验，用于水下护根和临时护坡，以代替石料。1986年在老君堂26坝、27坝和1987年在高村险工下延41坝中也使用塑料编织袋土枕护根。经过汛期洪水考验，均取得了较好的抗冲效果，达到了预期目的。

(四)网护坝

1991年在郑州马渡险工来童寨大坝前水流集中顶冲部位，按照张红武所提方案修建一网护石垛。其结构是在根石容易坍落的部位，铺上宽度为15～20m的镀锌铅丝网，网的外围有网坠，网的上边锚固在坝基内。工程完成后，经多年洪水冲刷，控测后发现，根石整体下蛰，无根石走失现象。此外，在山东东阿险工也成功地使用了该网护结构，以后还应进一步推广。

(五)沉排坝

沉排结构的原理是在坝垛外侧枯水位以下受水流冲刷部位，按最大冲刷深度预先铺放一定宽度的护底材料，让这些材料随冲刷坑的发展逐步下沉，自行调整坡度，达到护底、护脚，防止淘刷的目的。

黄河下游已修建的沉排坝有化纤编织袋沉排坝、长管袋沉坝、褥垫式沉排坝、铅丝笼沉排坝、柳石枕散石沉排坝、挤压块沉排坝等。不论何种沉排结构，其原理都是一样的，只不过是压重型式不同而已。

1.化纤编织袋沉排坝

1985年5月在封丘大宫控导工程12坝进行了化纤编织袋装水泥土沉排试验。其排体结构为平铺条状分格编织袋，人工就地装入水泥土，袋口缝合后铺放在坝位上。土袋间采用化纤绳编网连成一体，并锚固在坝基内木桩上，以加强排体的整体性。结构见图4-12。1988年汛期，工程着溜，坝前冲刷迅速，沉排的连接部位部分断开，但由于袋中固结的水泥土块起到了很好的护根作用，大大减轻了险情。经两次探摸，护底沉排一直在不同程度地下沉，坝前头受水流冲刷较多的部位，沉排坡度已变为1:1.5～1:1.7，基本趋于稳定，符合设计要求。

2.长管袋沉排坝

1988年在禅房控导工程34坝试修长管袋沉排坝。在丁坝基础下铺设防冲排布，排布上充填垂直坝轴线的长管袋，并在平行于坝轴线的方向用化纤绳上下交错结扎在一起，保持排体整体性。水流淘刷后，排布和长管袋一起下沉，保护坝根。结构见图4-13。工程建成时，即对铺设的防冲排布进行了探摸，未发现水平移位和走失，并且上面落淤厚1.5～2.0m，与黄河水利科学研究院室内试验结果一致。当年8月8日，夹河滩流量2 700 m^3/s，坝前主槽缩窄至300m，迎水面50m长的坝头受大溜顶冲。8月11日，靠溜部位坦石下蛰，相继出险，随即进行抛枕抢护。当迎水面抢至2m深，坝头抢至4～5m深后，坝体稳定。分析出险原因，主要是施工时坦石与管袋、管袋与排布之间夹淤所致。后又经过多次洪水考验，坝体均安然无恙。经探测发现，沉排各断面平均坡度为1:3.85，与设计排体水下稳定坡度1:2相差不太大，且坝前无明显冲刷坑，没有发生大幅度的平行位移。

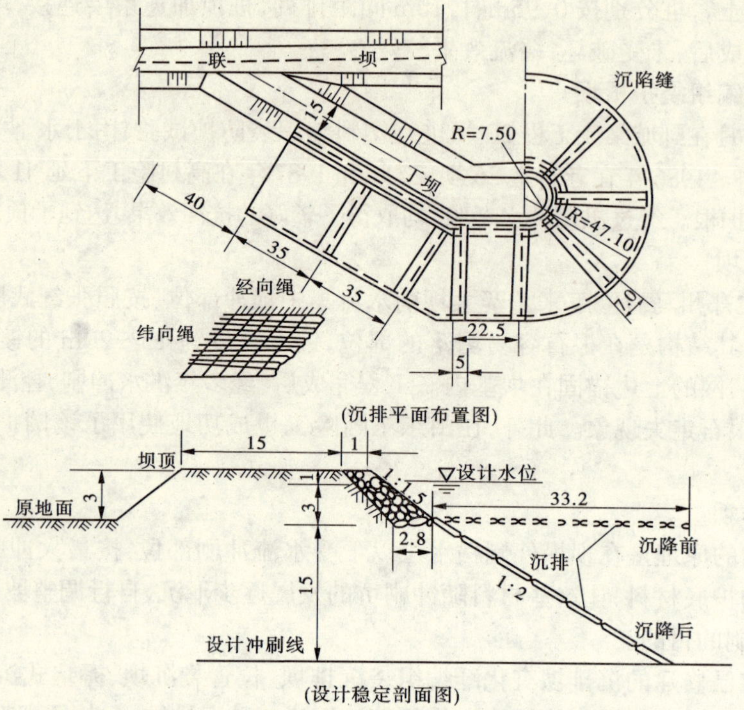

图 4-12　封丘大宫化纤编织袋沉排坝示意图　（单位:m）

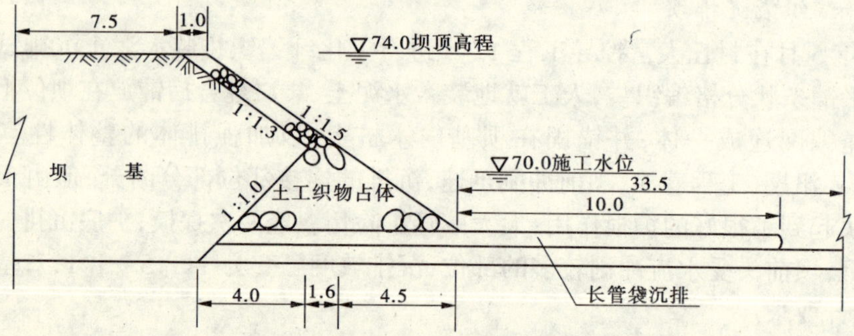

图 4-13　禅房长管袋沉排坝施工结构图　（单位:m）

3.褥垫沉排坝

1992 年在禅房控导工程 37 坝试修褥垫沉排坝。此种试验是为解决长管袋沉排向水中铺放防冲排布受天气和水流条件的限制，以及长管袋水下不宜控制，造成压载不均匀等问题试验的。此种结构为排布和压载连在一起，向水中进占修筑，护坡采用内衬土工布外用水泥土和模袋护坡两种型式。通过试验证明，改进后的长管袋沉排结构比较合理，施工简单易行，既适用于水中施工，也适应于旱地操作。1993 年探测表明，褥垫仍然存在，且变位不大。

4.铅丝笼沉排坝

为改善传统旱工结构，避免工程靠溜抢大险的被动局面，1990 年分别在九堡 128

坝～134 坝和柳园口险工 39－1 支坝～39－4 支坝修建土工布护底、块石铅丝笼压载沉排坝。其护底为在 2.5～4m 深的槽里铺放由一层无纺布和一层编织布组合在一起的防冲排布，上铺 0.3m 厚的秸料作垫层，最后压放铅丝笼，笼及排布均锚固于坝基内，增加抗滑能力；其护坡仍采用块石结构。工程结构详见图 4-14。工程建成后，都经过了洪水考验。1993 年经对九堡铅丝笼沉排探摸，沉排坡度已由铺设时的 1∶5.5～1∶1.2 变为 1∶1.2～1∶4；根石深度由 4.5～6.9m 变为 11.6～16.6m，沉排下蛰过程与设计要求相符，但也出现了一些险情。此后，在总结经验教训的基础上，改进了设计，在王庵、老田庵、武庄等工程又修建了数道铅丝笼沉排坝。

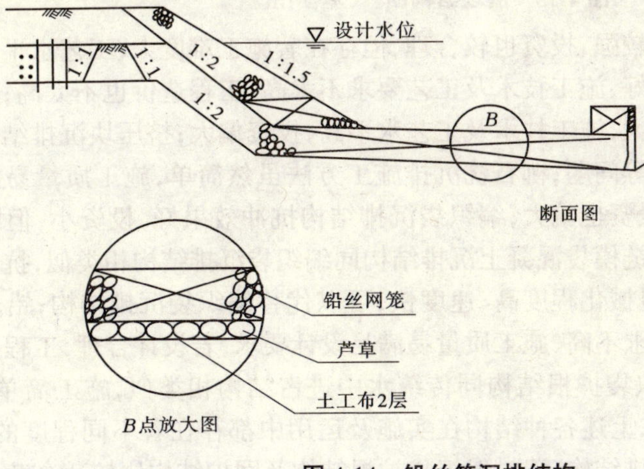

图 4-14　铅丝笼沉排结构

5. 柳石枕散石沉排坝

1993 年汛前在郑州保合寨控导工程 31 坝～37 坝试修了柳石枕散石沉排坝。其沉排结构为土工排布埋深 1.5m、宽 10m，排布上压载柳石枕及散抛石，排布外沿与铅丝笼坠连接。护坡仍采用散抛石结构，护坡石料与坝基之间铺放的土工布在距坝面 1m 处伸入坝基长 2m，靠溜后出现了较大险情。

6. 挤压块沉排坝

1995 年在郑州保合寨控导工程 24 坝、1996 年在武陟老田庵工程 23 坝先后试修了挤压块沉排坝。其结构为护坡、护基均采用挤压块排垒，护基挤压块纵横双向穿绳使挤压块连接成整体，增加坝基的稳定性，靠溜后发生了大险，老田庵抢险后已改变了结构型式。

7. 潜坝

在较窄的河道内修建控导工程，为了不影响河槽泄洪，减小其阻水影响，需要降低工程高度。1990 年在原阳马庄工程下首试修了一道潜坝，高程与当地4 000m^3/s 流量水位齐平，即基本与当地滩面平。其结构是先铺放防冲排布，在排布上用泥浆充填长管袋，然后在其上堆砌块石和用铅丝笼护坡。工程结构详见图 4-15。

工程建成后仅坝根与原工程结合处受水流顶冲下蛰出险，潜坝坝身未发生任何险情。

在黄河下游试验研究的新型结构，投资形式和单位长度投资如表 4-3 所示。

经综合比较认为：混凝土透水桩坝（包括混凝土灌注斜墙坝）按设计要求施工后不抢险，抗冲刷能力强，但施工难度大，施工技术及工艺要求很高；长管袋沉排系列结构若设计

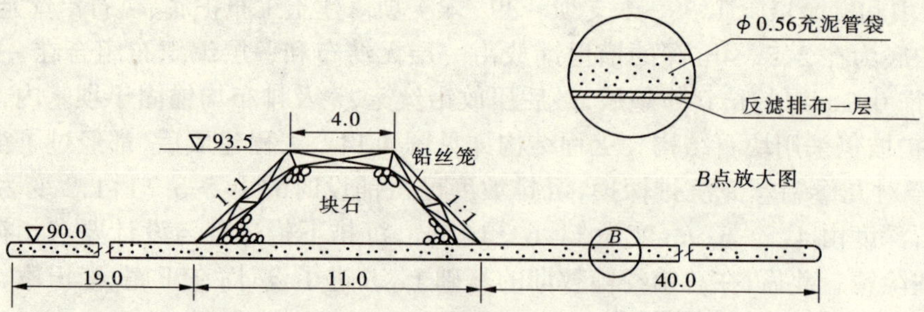

图 4-15　潜坝结构图　（单位:m）

和施工合理，抗冲刷效果也较强，投资也较合理，但存在着施工难度大、工艺水平要求高等缺点；网护坝结构抗冲效果好，施工技术及工艺要求不太高，工程造价也不太高；潜坝结构抗冲刷能力强，但施工难度大，施工技术及工艺水平高，投资偏大；挤压块沉排结构同样存在着尼龙绳老化、投资偏大等问题；柳石枕沉排施工方法虽然简单，施工质量易满足设计要求，但工程抗冲效果差，投资也偏大；编织袋沉排结构抗冲效果好，投资小，但施工速度慢、难度大，工艺水平高；铰链模袋混凝土沉排结构同编织袋沉排结构相类似，抗冲刷能力强，投资也不很高，但施工机械化程度高、速度快，可以代替编织袋沉排结构；铅丝笼沉排结构施工简单，施工技术要求不高，施工质量易满足设计要求，若设计合理，工程防冲性能好，抗冲刷能力强；塑料编织袋护根结构同传统水中进占结构相类似，施工简单，操作方便，防冲性能好。由此可见，上述各种结构在实施及运用中都存在着不同程度的问题，但就目前情况而言，铅丝笼沉排结构、塑料编织袋护根结构及网护结构比较适合黄河现状条件，长管袋沉排结构及铰链模袋混凝土沉排结构经过改进提高也可作为游荡型河段今后试验的结构型式。

表 4-3　各主要试验结构投资

工程类型	工程结构	修建投资（万元）	抢险投资（万元）	合计（万元）	每米投资（万元）	靠溜次数
旱工	铅丝笼沉排	60.55	13.23	73.80	0.74	5
	柳石枕沉排	68.91	15.13	84.04	0.84	1
	编织袋沉排	29.40	8.16	37.56	0.38	11
	褥垫沉排	42.44	31.92	74.36	0.74	6
	挤压块沉排	70.68	—	70.68	0.71	0
	网护坝	141.6	—	141.60	1.42	5
水工	传统坝	31.68	65.29	96.97	0.97	
	长管袋沉排	40.75	16.41	57.16	0.57	14
	潜　坝	74.63	1.75	76.38	0.76	5
	透水桩坝	125.21	—	125.21	1.25	10

注：修建投资是按 1994 年单价 100m 坝长折算的主体工程投资（同等标准下）。

二、丁坝的新结构、新材料

进行新结构试验，必须充分考虑河工建筑物的特殊性。如上部结构可以按正常施工程序修建，而下部结构常依靠水流冲刷修建，亦即上部结构先修，下部结构后修，这与涵闸、坝工等工程的结构相反。河道工程是在冲淤变化剧烈的河床边界上修建的，工程运用环境变化（河床冲淤变化、水流强度变化、水流含沙量变化）剧烈，所有这些特殊性在设计中都必须引起重视。另外，还要重视河工建筑物在运用中会发生复杂的变化，有些变化是往返的、可逆的，有些变化是单向的、不可逆的；有些变化对工程安全是有利的，有些变化对工程安全是不利的，甚至是致命的。在新结构设计中应对这些变化过程作全面、深入的分析，取其最不利的情况作为设计的依据。通过对全坝分部位分析，及对坝头重点部位的全面分析，提出多种设计方案。经过充分论证，确定最优方案。在设计中忽视河工建筑物运用中的变化过程，简化了变化过程中的不利条件分析，是一些新结构试验发生问题的原因所在。

总结二十多年黄河下游新结构新材料试验的经验教训，结合现在河道整治进展情况，新结构新材料试验中需遵循以下原则：

(1)抗冲刷。因为河道整治建筑物在运用中要遭受各种水流条件的冲蚀，结构型式应具有很好的整体抗冲刷性能。这是整治建筑物能发挥作用的前提。

(2)料耐久。整治建筑物是种永久性建筑物，因此所用材料必须有很好的耐久性，以防止由于材料老化而抢险。现在使用的高分子材料在大气中抗老化性能较差，若在水下就能在数十年内保持必要的强度，若用于水上，应采取保护措施。

(3)易修筑。河道整治工程基本上全由县河务局组织施工，设备比较简单，高难度的施工不易推广。因此，进行的新结构、新材料试验，应易于施工，利于推广。

(4)少出险。进行新结构试验的主要目的之一就是要减少抢险，因此新的结构型式要在竣工靠溜后很少出险或不出大险，且易于抢护，以改善传统结构被动抢险的弊端。

(5)省投资。采用新结构所修建的河道整治建筑物投资必须比采用传统结构所修建的河道整治建筑物的投资节省。投资少、效益大的工程才是经济合理的工程。经济合理是反映科技水平的一个重要指标，也是新结构的价值所在。

张红武在模型试验研究成果的基础上，提出了能适应大水漫顶需要的新结构[1]，见图4-16。该结构造价低，便于施工，与传统的工程结合得较为理想，因此具有很大的实用价值。

模型检验试验结果表明，由于坝体已被土工织物及网罩块石所防护，故漫顶后仍具有较好的控导效果，由图4-16可看出水流作用后的工程附近冲坑形态。

至于联坝结构，可以参照坝体部分确定。此外，为防止铅丝网遭受破坏，坝体临河面枯水位以上部分可压铺一层块石，坝顶及背河部分，表面可用土掩盖。

此外，丹麦研制了一种新型相互连锁可仿形铺设的水泥块系统，称为连锁板块，可用

---

[1] 张红武，钟绍森，江恩惠，等."八五"国家重点科技攻关项目二级子专题：85-926-01-01-05-01，大、中水期游荡型河段河道整治模型试验研究.黄科院试验研究报告，1995(12)

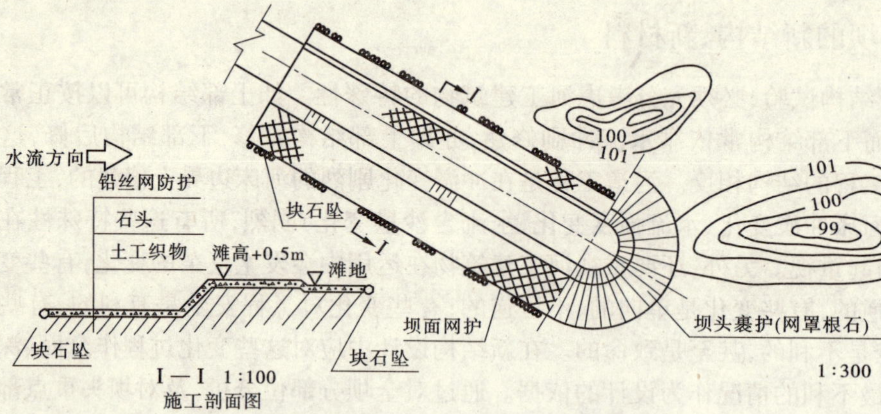

图 4-16 漫顶过水控导工程新结构型式及坝后冲坑形态

于海岸和堤坡防护。其规格有 FS50(50cm×50cm×16cm,每块重 638N)和 FS100(100cm×100cm×30cm,每块重 4.5kN)两种。其最大优点是四边连锁,保证了整体构件的连续性和最大稳定性。强固的铰接连锁允许板块有一定的位移,以适应地基变化。据介绍,这种板块不用任何支撑,可铺在 1:2 的斜坡上。若用桩柱支撑,可铺在 1:1 或更陡的斜坡上。板块底部若加设土工织物,则可防止地基泥土流失。板块表面的特殊构造形状具有吸收波浪和水流运动能量的作用。另外,还有施工简便、不受气候条件限制等优点。

长管袋沉排结构详见图 4-17,其管袋折径 90cm,面料有两层土工布中间加套一层塑料薄膜组成。为排除袋内积水,在塑料薄膜上每隔 10m 开一 0.2m 见方的天窗再粘一层无纺反滤布。管袋长一般 46~60m,最长 70m,其中坝坡脚外最大铺放长度为 33.5m。

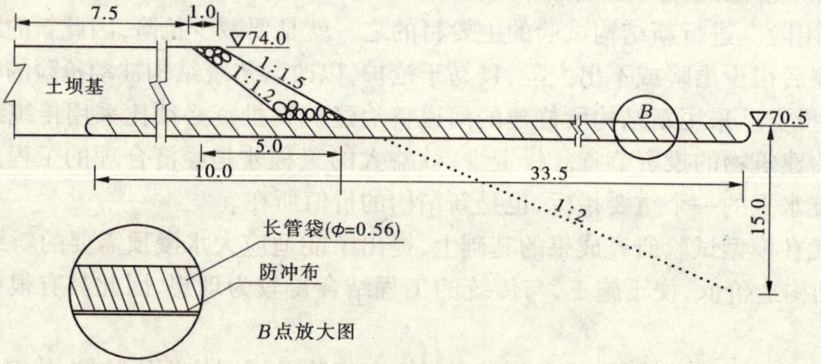

图 4-17 长管袋沉排坝结构图 (单位:m)

工程建成后,对沉排进行了探摸,未发现水平位移和走失,其沉排变形与黄科院张红武、汪家寅及江恩惠等的试验结果颇为相符,并且上面落淤厚 1.5~2m。

在总结禅房长管袋沉排试验坝成功经验的基础上,考虑到目前黄河下游河道整治工程对小水的控制能力较弱,为了控制小水河势,同时保证洪水期间主槽有较大的过洪断面,1990 年在原阳马庄工程下首进行了黄河下游又一种新的坝岸结构即潜坝的试验。其结构特点仍是采用沉排护根原理,同禅房 34 号长管袋沉排一样,先铺放防冲排布,然后在排布上用泥浆充填长管袋起压重作用。不同之处是禅房 34 号沉排坝只考虑坝前冲刷，而潜坝结构同时还考虑了坝顶漫溢后的坝后冲刷问题，因而沉排面积要大得多，垂直坝轴线方向宽度达 70m。潜坝坝体坐落在沉排坝之上，用铅丝笼及散抛石筑成，坝顶宽 4m，高程为当年当地4 000m^3/s 水位，基本与当地滩面平。

密西西比河护岸水下部分，是将混凝土块单元连成 42.7m×7.62m 的大块沉排，在专门的驳船上进行组装，自岸上铺碇桩伸出的钢丝绳系住沉排纵向加筋扣环，然后将作业船慢慢外移，把第一块沉排滑下去。但沉排末端仍留在驳船上，以便与第二块沉排扣接。这样直至完成设计长度范围的沉排沉放后，切断缆索，将驳船向上游移动 40m，再开始相邻一块的铺设，并使上游沉排搭接在下游沉排之上。

这种沉排造价低，单元不大，便于运输铺设，施工速度快；缺点是因各板条之间留有空当，约占总面积的 8%，在沙质河床上，可能流土淘空。现试用泡沫地沥青沙胶或海绵氯丁橡胶补填空隙，其工作量约为每年护岸长度的 1%。同时，该沉排只能在枯水期施工，且需要投资较大的预制构件厂。

将三根或四根直径 12～16cm、长 4～6m 的圆木，用铅丝扎成三脚或四脚架，每两脚之间用撑木固定，这样的简单构架称为杩杈(见图 4-18)。

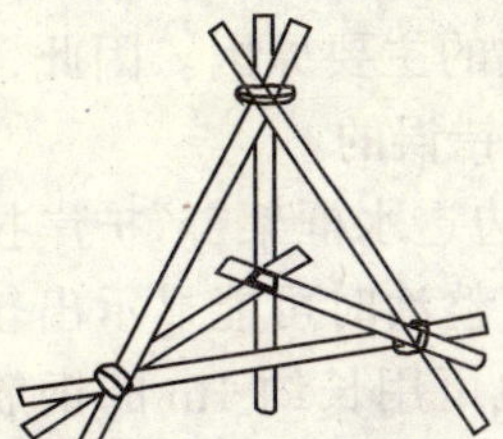
(a)三角杩杈

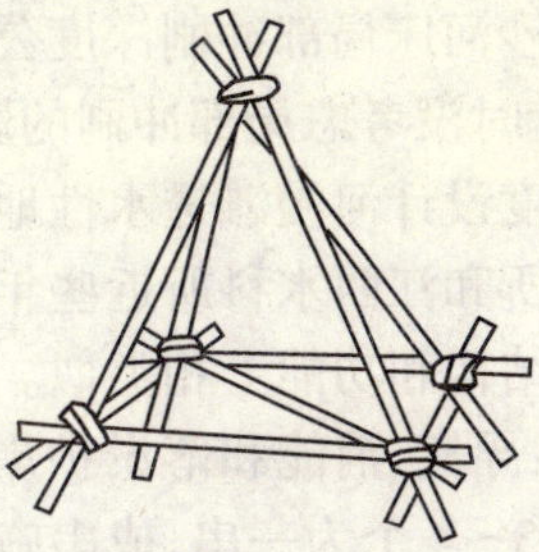
(b)四角杩杈

图 4-18　杩杈示意图

杩杈前两脚叉开成 45°，后脚与前脚组成的平面约成 65°。前脚常比后脚短 0.5～1.0m。在撑木上以块石或石笼压载，稳定性较好，可作为多种水工建筑物的构件。公元前 256～前 251 年间，李冰父子在都江堰工程中即曾成功地使用杩杈修建挡水坝和导水堤。

混凝土杩杈坝是一种透水河道整治建筑物，在美国奥格兰德等河流上早有使用。1980 年，在黄河下游濮阳青庄，首次试修了混凝土杩杈坝工程[1]。青庄混凝土杩杈坝布置在险工治导线的“上平”直线段。沿整治工程位置线设置两排中心距为 4m 的杩杈构件，为导流坝，坝长 354m，主要起控导主流、稳定河势的作用。由导流坝延伸至岸上固定桩上的杩杈构件，为减速坝，主要起减小河水流速、缓流落淤作用。减速坝共 7 道，平均长 75m，间距 60m，与水流呈 60°交角。每道减速坝以 3 根固定桩固定，桩的埋置深度为 2.7m。每个杩杈构件由 3 根混凝土直角板组成，角板长 4m，两直角边宽 20cm，厚 5cm，角板中间预留两个孔，以 ϕ24 和 ϕ16 两种螺栓互相垂直联结组成杩杈构件，用 3 根 ϕ11 的

[1] 贺志忠，贺素娟. 青庄混凝土杩杈坝试验及失败原因浅析. 黄委会水科院第四界青年学术讨论会论文集，1992(10)

钢丝绳绑扎串联各构件(见图 4-19),组成杩杈坝。

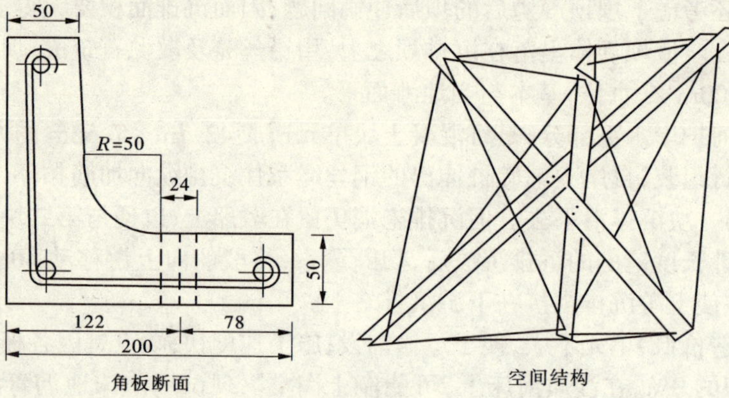

图 4-19　混凝土杩杈　(单位:mm)

青庄混凝土杩杈坝投放期的大河流量在1 600m³/s 以下,大河主溜始终沿导流坝切线方向运动,杩杈构件挂草成功,导流缓流效果明显。之后,随着大河流量、流速、水深的增大,导流坝全部沉入水中,局部冲刷严重,减速坝有的局部下沉,有的全部下沉河底。经按张红武的细沙河床局部冲刷深度公式计算,杩杈坝附近局部冲刷深度为 7.32～8.03m。显而易见,设计时没考虑局部冲刷的影响,是导致失败的主要原因。因此,用非透水性地基上的抗剪强度设计河漫滩透水性地基固定桩截面是错误的。

西北水科所和江西水科所近些年提出的“四面六边透水框架群”护岸技术,与上述混凝土杩杈坝在结构和功能上相类似。该技术用于河道整治时可能显示出较好的效果,会有一定的减速、导流、消能和落淤护岸作用。其材料也可用长约 1m 的钢筋混凝土杆件,投抛时最好以 3～4 个为一串,成串施放。

各种丁坝结构优缺点比较见表 4-4。

表 4-4　不同丁坝结构综合评价

序号	工程结构型式	结构特点	施工技术条件	抗冲刷效果	经济指标	适用性评价
1	传统柳石坝	①旱工坝:滩地填筑土坝基,周围散石护坡,坡脚外挖槽,槽内摆放块石、柳石枕和铅丝笼护根; ②水中进占坝:上游侧柳石搂厢进占,占体后水中填土,搂厢前抛柳石枕,枕外散石裹护,受溜部位抛铅丝笼护根	①旱工坝:人工或机械填土、运石、抛石,人工或泥浆泵挖槽,散石护坡; ②水中进占坝:搂厢要严格按操作规程和用料比例施工,及时填土抛枕,保持占体稳定	根基一般较浅,遇较强水流冲刷,下蛰出险急促,需多次抛石抢险加固才能稳定	一次性投资少,抢险加固费用大	①就地取材,便于抢险施工; ②适用于工程非重点靠溜部位或临时抢修工程; ③今后仍是主要采用的坝型结构
2	长管袋沉排坝	土工织物作反滤排布,织物长管袋内充泥浆作为压载,管袋间用化纤绳联结,土坝基及散石护坡压于排上	①用船和浮筒水上作业将排布沉于河底,水流流速不大于2.5m/s; ②工厂预制或现场缝制管袋; ③机械拌浆并充填管袋	①试验坝运行7年,护底沉排最大下沉10m,无破坏; ②排体上部坝体护坡曾少量蛰陷出险	修建投资加抢险费用小于传统平均情况	①就地取土制浆,机械充填管袋; ②适用于滩地或水上施工; ③改进后可重点推广应用
3	潜坝	长管袋或铰链式模袋混凝土沉排护底,沉排上散石或长管袋筑坝,过水坝面用笼石或铰链式模袋混凝土防护,坝顶高程与当地滩面平	①排体同长管袋或铰链式模袋混凝土沉排; ②坝体水下部分采用船只或浮筒抛填,水上部分同结构旱地施工	试验坝运用5年多次靠水,没有出险	中等	①中、小控导河势,大水可漫坝行洪; ②一般用于控导工程下段; ③今后应重点推广应用

续表 4-4

序号	工程结构型式	结构特点	施工技术条件	抗冲刷效果	经济指标	适用性评价
4	褥垫式沉排坝	是长管袋改进型，底层为透水织物，面层为折成“Ω”形的涂膜布，缝制并分割成块构成褥垫，内充泥浆	①工厂预制或现场缝制褥垫； ②机械拌浆并充填； ③船只和浮筒配合施工	试验坝经 3 年靠溜运用，沉排下沉无破坏，上部刚性护坡不适应变形而破坏，险情较大	总费用接近传统丁坝	①排布与压载构成整体，压载均匀，便于施工； ②适用于旱地或水中施工； ③在推广运用中改进完善
5	塑料编织袋沉排坝	用编织布缝制成条形袋，每间隔 1m 缝合成藕节状，侧向开口装填 1:10 水泥土，袋与袋间用化纤绳网结成一体	①现场缝袋； ②就地取土，人工或机械拌和水泥土，人工装填	试验坝经 7 年靠溜运用，沉排下沉 6～8m，上部坝体局部下蛰，抢险用石 $120m^3$	总费用较低	①大多工序为人工作业，效率低，质量不易控制； ②适于旱地施工
6	铅丝笼沉排坝	土工织物排布上铺秸料保护垫层，再压垂直坝轴线排列的铅丝笼，笼长 14～27m，中间分隔，以防散石下滑堆积，笼宽 2m，高 0.5～1m	①泥浆泵挖槽，人工铺排布； ②现场人工扎结铅丝笼，机械或人工装填散石	近两年修建丁坝较多，初期运用效果较好，出险相对较少	总费用与传统丁坝接近	①工艺简单，适于旱地施工； ②铅丝水下耐久性差，沉排寿命短； ③初步推广应用
7	网护坝	在防护范围内按设计抛施一定厚度的散石，上铺经韧锻处理的 8 号铅丝编织的网罩，周围用石笼联结作网坠，网罩上端锚固于根石台内	①机械运石堆放，人工整平； ②现场人工编网、连坠	试验工程 1991 年以来一直靠溜冲刷，根石整体下沉，无根石走失；与山东东阿井圈险工的网罩护根坝结论相似	投资较低	①适用于旱地或浅水施工； ②主要用于现有丁坝根石加固，且适用各种情况，今后应重点推广

续表 4-4

序号	工程结构型式	结构特点	施工技术条件	抗冲刷效果	经济指标	适用性评价
8	柳石枕散石沉排坝	土工织物排布上压柳石枕，枕上铺放散石，排体周围铅丝笼压坠	①泥浆泵挖槽，人工排布； ②就地捆柳石枕，上铺散石	1993 年建成后靠大溜，因排体宽度不足，造成险情	总费用较高	①传统料物，工艺简单； ②适用于即将靠河冲刷的旱地施工
9	挤压块沉排坝	土工织物排布上压由黄河沙为主要原料挤压成型的挤压块。块体用腈纶绳联结，护坡与排体连为一体	①泥浆泵挖槽，人工铺排布； ②人工摆放挤压块； ③人工穿结联结绳	1995 年完成，尚未得到冲刷验证	修建费用较高	①手工操作，效率低； ②仅用于旱地施工； ③加强观测，以观后效
10	铰链式模袋混凝土沉排坝	土工织物布护底，上铺模袋，袋内充填混凝土或砂浆，排体上端锚固于坝基内，护坡用散石或模袋混凝土均可	①工厂加工制作模袋； ②成套机械充填混凝土或砂浆； ③水上施工配备船只或浮筒	经 1994 年、1995 年水流冲刷，排体下沉 6～8m，无险情	一次性投资费用略高	①工厂制作模袋，机械施工，工效高； ②适宜旱地或水上施工； ③今后应重点推广应用
11	混凝土透水桩坝	钢筋混凝土管桩间隔排列，透水率 30%～60%，桩长 16～24m，试验坝长 104m	①工厂预制管桩，分段施工，焊接或螺栓连接； ②潜水钻孔造孔，水力或振动沉桩； ③桩顶部用系梁联结成整体	试验坝 1988 年以来多次靠溜，缓流落淤护岸保滩作用明显，未出险	一次性投资大	①适宜于旱地施工，水上作业需搭桥或配船； ②挑溜作用差； ③造价高，特殊需要时应用

参考文献

[1] 丁君松,谢鉴衡,等.河道整治.北京:中国工业出版社,1965

[2] 刘贵芝.黄河下游河道整治技术发展概况.人民黄河,1994(1)

[3] 武汉水利电力学院.河流动力学.北京:中国工业出版社,1961

[4] 胡一三,张红武,刘贵芝,等.黄河下游游荡型河道整治.郑州:黄河水利出版社,1998

[5] 张红武,张清,江恩惠.黄河下游河道造床流量的计算方法.泥沙研究,1994(4)

[6] 张俊华,许雨新,张红武,等.河道整治及堤防管理.郑州:黄河水利出版社,1998

[7] 张红武,张清.黄河水流挟沙力的计算公式.人民黄河,1992(11)

[8] 钱宁,张仁,周志德.河床演变学.北京:科学出版社,1987

[9] 钱宁,周文浩.黄河下游河床演变.北京:科学出版社,1965

[10] 徐福龄.漫谈黄河下游游荡型河道的整治问题.人民黄河,1992(12)

[11] 胡一三.黄河下游河道整治工程.见:中美黄河下游防洪措施学术讨论会论文集.北京:中国环境科学出版社,1988

[12] 胡一三.微弯型治理.人民黄河,1986(4)

[13] 黄河水利委员会黄河志总编辑室.防洪志.郑州:河南人民出版社,1991

[14] 徐福龄,等.黄河下游河道整治的措施和效用.见:第二次河流泥沙国际学术讨论会论文集.北京:水利电力出版社,1983

[15] 李保如,屈孟浩.黄河动床模型试验.见:李保如河流研究文选.北京:水利电力出版社,1989

[16] LiBaoru,ZhangHongwu. Experiment study concerning the effect of distortion ratio on the tiowfield in river models.见:第四次国际河流泥沙会议论文集.北京:水利电力出版社,1989

[17] 张红武,吕昕.弯道水力学.北京:水利电力出版社,1993

[18] 张红武.黄河丁坝冲刷及根石走失防护途径的研究.见:黄科院科学研究论文集(第3集).北京:中国环境科学出版社,1992

[19] 许念曾.河道水力学.北京:中国建材工业出版社,1994

[20] 李祚谟.应用塑料编织袋续建桑庄工程试验.人民黄河,1986(1)

[21] 吉祥.试用土工织物长管袋沉排修筑丁坝的施工工艺.人民黄河,1989(2)

[22] 陈效国,李丕武,谢向文,等.堤防工程新技术.郑州:黄河水利出版社,1998

[23] 马荣曾,张红武.黄河坝岸网罩护根试验研究.人民黄河,1995(2)

[24] 张淑英,郭同章,牛玉国.河流取水工程.郑州:河南科学技术出版社,1994

[25] 姚乐人.防洪工程.北京:中国水利水电出版社,1996

第五章　桥渡壅水及导治建筑物

第一节　桥渡壅水计算

一、桥渡壅水概述

水流受桥梁和路堤压缩后，形成桥前壅水，壅水水面以平缓的曲线(近似于抛物线)向上游延伸，从最大壅水断面至桥孔区段，水面急剧下降。桥前壅水可根据不同河流类型，选用有关公式计算。一般壅水公式都是计算桥前最大壅水高度值，即壅水水面曲线峰顶拐角处的高程。最大壅水断面的位置，无导流堤者在桥中心上游约半个到一个桥长处，有导流堤者在导流堤上游端部附近。为了确定桥下净孔，应该求出桥梁上游梁底前缘壅水面的最大高程，因此称“桥前壅水”。

桥梁与路堤壅水高度及其对上下游河段的影响范围，不但决定着桥梁和桥头引堤的高度和长度，而且还经常涉及两岸堤防、附近城市和厂矿企业的安全。过高的壅水会部分或全部地淹没桥梁上部结构，使过桥水流变成有压流体，对大梁施加水平的推力和漂浮力，导致上部结构在洪水中颤动解体。桥梁淹没时，有效重力减小，因此仅有一个中等水平的推力，就可能使桥跨移动，使其脱离支座。

在主槽窄深、滩地狭小的平原河流与河床不易冲刷的山区河流上，桥梁很少压缩天然河道，对水流影响作用小，桥梁与路堤在洪水期引起的壅水状况不严重。然而在主槽狭小的平原宽浅河流上建桥，桥梁长度往往仅占洪水泛滥宽度的几分之一到几十分之一，天然水流运动将会遭受严重干扰，如果我们未把握好桥位所在河段水文、水力与河床冲淤变化规律，就难以正确确定洪水条件下桥渡壅水高度及壅水范围，从而会给桥梁上下游经济建设，乃至桥梁本身带来巨大的经济损失。因此，桥梁与路堤水力计算是桥渡设计的基础工作。

二、桥梁上游壅水计算

在国外，从19世纪后期就开始了桥梁壅水的调查分析和试验研究工作。我国从20世纪50年代后期开始进行桥梁和路堤壅水试验研究工作，通过野外调查及室内模型试验，提出了大量的且适应不同条件的桥梁壅水计算公式。目前，国内外已有的壅水计算公式概括起来大体可分为五类：能量公式、动量公式、试验公式、堰流公式和理论分析方法等。

(一)能量公式

能量公式是根据能量转化原理或能量守恒定律建立起来的壅水计算公式，是如下恒定缓变非均匀水流的伯诺里方程在桥梁水流中的应用，即

$$z_1+\frac{p_1}{\gamma}+\frac{\alpha_1 v_1^2}{2g}=z_2+\frac{p_2}{\gamma}+\frac{\alpha_2 v_2^2}{2g}+h_f \tag{5-1}$$

属于这一类的壅水公式具有代表性的有以下几种。

1.道布松公式(1840年)

研究者认为,桥梁上游的壅水高度等于最大壅水峰值所在断面与正常水位下断面水头之差,假定动能修正系数 $\alpha_1=\alpha_2=\alpha$,摩阻能量损失忽略不计,$h_f=0$,由伯诺里方程式(5-1)导出

$$\Delta z=\frac{\alpha(v_2^2-v_1^2)}{2g} \tag{5-2}$$

或写成

$$\Delta z=\left(\frac{B^2}{\mu^2 b^2}-1\right)\frac{v_1^2}{2g} \tag{5-3}$$

如取 $\eta'=\alpha/2g$ 则公式(5-2)可写成

$$\Delta z=\eta'(v_2^2-v_1^2) \tag{5-4}$$

式中:Δz 为桥梁上游壅水高度;v 为断面平面流速;α 为动能修正系数;μ 为水流压缩系数;b 为桥墩间水流净宽;η'为随河流类型和滩槽流量分配相对而变的参数。

2.布拉德利公式(1960年)

布氏认为,在桥梁上游最高壅水峰断面与桥梁下游正常流态断面之间,在假定河道顺直、过水断面匀称、水流处于缓流状态以及压缩段河床没有显著冲刷的条件下,可应用能量守恒原理,推导出壅水高度计算公式

$$\Delta z=k\cdot\frac{\alpha_2 v_{n2}^2}{2g}-\alpha_1\left[\left(\frac{\omega_{n2}}{\omega_2}\right)^2-\left(\frac{\omega_{n2}}{\omega_1}\right)\right]\frac{v_{n2}^2}{2} \tag{5-5}$$

式中:k 为总壅水系数,$k=k_b+\Delta k_p+\Delta k_e+\Delta k_g$,$k_b$、$\Delta k_p$、$\Delta k_e$、$\Delta k_g$ 分别表示基本壅水系数及桥墩阻水、桥孔偏置与线路斜交对水流影响的壅水系数增量;ω_{n2}、v_{n2}为正常水位下桥址断面过水面积与平均流速;ω_1、ω_2 为壅水处及恢复正常水位处过水面积;α_1、α_2 为流速水头修正系数。

3.铁路规范公式

《铁路桥涵勘测设计规范》或公路桥渡设计相关规范引用的壅水计算公式类型也属于能量公式。即根据建桥前后断面单位比能变化,建立能量变化关系式,简化后的表达式为

$$\Delta z=k\frac{v_q^2-v_{0q}^2}{2g} \tag{5-6}$$

式中:k 为总壅水系数。

根据模型试验和野外调查资料分析结果得

$$k=\left[\left(\frac{v_q}{\sqrt{gH_1}}-0.1\right)\sqrt{\frac{v_q}{v_{0q}}-1}\right]^{-1}$$

式中:H_1 为取值等于1m的参考水深;v_{0q}为天然水位下桥孔范围内断面平均流速;v_q 为建桥后桥下断面实际流速,计算 v_q 时,必须考虑因河床冲刷而使流速减小的情况,即

$$v_q=k_q\frac{Q}{\omega_q} \tag{5-7}$$

式中：ω_q 为设计水位下桥孔净过水面积；k_q 为因河床冲刷引入的桥下流速折减系数，对于洪水期桥下冲刷不明显情况，$k_q=1$，对于发生一般冲刷的河床，通过资料分析可得

$$k_q = \frac{1}{1+0.5D_{50}^{-\frac{1}{4}}(p-1)} \tag{5-8}$$

式中：p 为冲刷系数；D_{50}为床沙中径。

因而规范采用的桥前壅水计算公式与式(5-4)类同，即

$$\Delta z_{max} = \eta(\overline{v}_m^2 - \overline{v}^2) \tag{5-9}$$

式中：Δz_{max}为桥前最大壅水高度，m；η 为系数(见表 5-1)；$\overline{v}$ 为断面平均流速，m/s；$\overline{v}_m$ 为桥下平均流速，m/s，按表 5-2 计算。

表 5-1　系数 η 值

河滩路堤阻挡的流量和设计流量的比值(%)	η
<10	0.05
11~30	0.07
31~50	0.10
>50	0.15

表 5-2　桥下平均流速

土　质	土的名称	颗粒直径(mm)	$\overline{v}_m$
松软土	淤泥、细粒砂、中粒砂、松软的淤泥质砂粒土等	≤1	$\overline{v}_m = v_p$
中等土	砂砾、小卵石、圆砾、中等密实的砂黏土和黏土等	1~25	$\overline{v}_m = v_p \times \frac{2p}{p+1}$
密实土	卵石、漂石、密实的黏土等	25 以上	$\overline{v}_m = p \times v_p$

注：逐年淤积上涨的河流或水流中含沙量大、洪峰涨落迅速、历时短促、桥下不易造成一般冲刷的河流，均应比照密实土办理。

(二)动量公式

在水流运动中，物体的质量同其运动速度的乘积称为该物体的动量。当不受外力作用时，二物体作用前后的动量和保持不变，称为动量守恒。基于动量方程的壅水计算公式，其中常见的有拉笛申科夫公式(1959)，即将桥梁上游最高壅水峰断面和桥梁进口断面之间的水体动量方程经过推演和简化得

$$\Delta z = k\frac{\alpha v_1^2}{2g} \tag{5-10}$$

式中：$k_1 = 2N\left(1+\tau-\frac{T}{\delta}\right)$，$N$ 为路堤拦阻河滩流量占总流量的百分比，$\tau = Q_c/Q_t$，$\delta = v_c/v_t$，脚注 c、t 分别表示河槽与河滩有关量；v_1 为天然状态上游断面行近平均流速；α 为流速水头修正系数。

(三)堰流公式

当水流通过桥梁或其他过水建筑物时，在平面上遭受压缩，产生局部能量损失，使上

游水位壅高，在过水面积减小的同时，流速增大，部分动能转化为势能，形成上下游落差。这种水流运动属于宽顶堰溢流状态，应用能量方程和连续方程可导出非淹没条件下宽顶堰流量公式

$$Q = \varepsilon mB\sqrt{2g}H_0{}^{3/2} \tag{5-11}$$

式中：B 为堰孔过水总长度；ε 为侧收缩系数；m 为流量系数；H_0 为堰前总水头高度。

1880 年，魏尔曼假定桥前壅水与堰前壅水完全相似，由式(5-11)导出桥梁上游壅水公式

$$Q = 4B\left\{\frac{2}{3}\left[(\Delta z + h_\alpha)^{3/2} - h_\alpha{}^{3/2}\right] + H_2(\Delta z + h_\alpha)^{1/2}\right\} \tag{5-12}$$

式中：H_2 为桥墩后半部处水深；h_α 为上游壅水流速水头，$h_\alpha = v_1^2/2g$。

式(5-12)中：h_α 与 Δz 同时存在，所以使用中必须进行反复试算，方可求解。

(四)试验公式

试验公式是根据试验资料整理分析而得的壅水公式，绝大多数都具有一定的理论基础。

1. 雷伯克公式(1992 年)

雷伯克进行了 2 000 多次壅水试验，提出一般壅水计算公式

$$\Delta z = K_\alpha \beta \frac{v_0^2}{2g} \tag{5-13}$$

式中：$K_\alpha = f/F$，为阻水比，在此 f 为建筑物的阻水面积，F 为建桥前河流总过水面积；β 为水流冲击系数；v_0 为桥墩上游行近流速。

2. 刘心宽—布拉德利公式

通过桥梁壅水系统试验，利用量纲分析法得出壅水计算公式

$$\left(\frac{h_1}{h_0}\right)^3 = 4.48Fr_0^2\left[\frac{1}{m^2} - \frac{2}{3}(2.5 - m)\right] + 1 \tag{5-14}$$

式中：h_1 为最高壅水峰断面水深；h_0 为未压缩水流的正常水深；Fr_0 为正常水流的佛汝德数；$m = L/B$ 为桥孔几何压缩比。

(五)理论分析方法

理论分析方法的共同点是把桥梁水流与河床变形当成一个整体问题加以解决，避免了过去那种把本来统一的问题分割成互不相干的若干部分进行处理的片面性和绝对性。例如，孔径计算一般包括桥孔长度、壅水高度和桥下河槽冲刷深度及其相互关系等，桥孔压缩水流，导致桥前壅水和桥下冲刷，桥长、壅水和冲刷相互依存。而目前采用的计算方法，大多是把三者割裂开来，用独立的经验公式确定其数值，这样就不能反映客观存在着的三者相互依存和制约的整体关系。高冬光提出了桥孔整体水力计算方法：他以桥孔对水流压缩，引起水流和泥沙之间相互作用、自动调整，从而达到水流和输沙平衡为出发点，应用水利学基本方程、输沙连续方程，建立了桥孔长度、壅水高度、桥下冲刷深度三者之间以及任意两者之间的关系式，用来选定桥长、确定桥高和墩台冲刷深度。桥孔整体水力计算方法不仅仅反映了桥长、壅水、冲刷三者空间上的联系，而且还能反映三者随时间变化过程之间的联系。这种对整体问题采用整体解决的方法，尽管在实际应用中还存在着很

多的困难，但从思路上无疑是合理的，随着学科的进一步发展，理论分析方法将有更为广阔的发展前景。

在实际工程中，设计桥高采用的桥前壅水高度，其数值大小可视河流和河床具体情况，选用最大壅水高度的部分或全值。对于山区河流和山前河流，洪水涨落急骤、历时短促、河床质坚硬（含铺砌河床的桥梁），不易冲刷，桥前壅水值可采用最大壅水高度的全值；对于洪水涨落缓慢的平原河流，且河床质松软易造成一般冲刷时，桥下壅水值可忽略不计；对于介于上述两种河流、河床质情况之间的桥梁，桥前壅水值可选用上述两种之间值，规范规定采用最大值的一半，是一般情况时的粗略选用值。平原地区村舍密集或有防洪要求的地段，桥位处洪水涨落缓慢，关键问题不在于桥前选用多少壅水高度，而应该慎重考虑壅水值及其范围内可能造成的影响。

三、桥下壅水的确定

桥下壅水高度 Δz_q 不仅同桥孔压缩水流程度与河床冲刷大小有关，还取决于天然水流滩槽流量分配情况、导流堤的形状与尺寸以及下游扩散区床面糙率特征等因素。一般情况下，Δz_q 值可采用桥前最大壅水高度的一半；对于山区河流，洪水涨落急骤、历时短促，且河床质坚实不易冲刷时，Δz_q 可采用桥前最大壅水值；对于平原洪水涨落很缓慢的河流，河床质松软，易于形成一般冲刷时，桥下壅水可能较小。文献[4]根据壅水概化模型试验结果及调查资料，提出了当 L/B 的变化范围为 0.25～0.8 时 Δz_q 的经验关系式

$$\Delta z_q = \left[1 - \alpha\left(\frac{B}{L}\right)^n\right]\Delta z \tag{5-15}$$

其中

$$\alpha = 0.020\,2\frac{Q_t}{Q_c} + 0.013\,8$$

$$n = 1.46\left(\frac{Q_t}{Q_c}\right)^{-0.18}$$

上两式是张俊华进一步分析后提出的。

四、最大壅水高度位置的确定

既然桥前发生壅水，就存在一个最大壅水高度的位置问题，当无导流堤时，大约在桥中线上游半个至一个桥长处；有导流堤时，大约在导流堤上游端部附近。至于壅水曲线的长度可按下列近似公式估算：

$$L_y = \frac{2\Delta z_{max}}{J_0} \tag{5-16}$$

式中：L_y 为壅水曲线全长；Δz_{max} 为壅水曲线最大高度；J_0 为桥址河段天然水流比降。

如需精确计算桥址上游壅水范围时，则可按能量平衡方程逐段计算。

与既有线桥平行增建的第二线桥，当墩台、孔径对应，线间距较小，两桥台间又筑有河堤相连接时，则上游一侧桥的桥前壅水值与单线桥计算相同；两桥相距较远或墩台不对应时，两座桥的桥前壅水难以用一般公式求算，当壅水起控制作用时，宜通过水工模型试验来确定各桥的壅水值。

五、影响桥下水位的其他因素

影响水面高度的因素还很多，诸如流冰、流木、水拱、局部股流壅高和河床淤积等。但目前对这些影响因素仍没有确定的计算公式，只能依靠调查和实测确定。在水位计算中必须详细分析影响水面壅水高度的多个因素是否确实存在，不能任意计入。兹将这些有关影响因素分述如下。

(一)波浪高度

水面被风吹动后，涌起波浪，呈现水面波的运动，凸起部分称波峰，凹下部分为波谷，包括一个波峰和一个波谷的长度称为波浪长度，波峰顶和波谷底的高度差称为波浪高度 H_{b0}。在水库、湖泊或设计洪水持续时间很长的河流上，应考虑波浪高度与波浪侵袭高度对桥渡与路堤边坡的作用。

产生和影响波浪的主要因素有风向、风速、风时、吹程和水深等，其中风速是最主要的因素，风向稳定时，风速愈大，波浪高度也愈大。波浪高度一般可根据调查取得，如调查有困难，也可近似采用以下公式计算，取计算值 $H_{b1\%}$ 的三分之二。

$$\overline{H}_b = \frac{0.13\text{th}\left[0.7\left(\dfrac{g\overline{h}_D}{\overline{v}_\omega^2}\right)^{0.7}\right]\text{th}\left\{\dfrac{0.0018\left(\dfrac{gD}{\overline{v}_\omega^2}\right)^{0.45}}{0.13\text{th}\left[0.7\left(\dfrac{g\overline{h}_D}{\overline{v}_\omega^2}\right)^{0.7}\right]}\right\}}{\dfrac{g}{\overline{v}_\omega^2}} \tag{5-17}$$

当浅水情况，即 $\dfrac{\overline{H}_b}{\overline{h}_D} \geqslant 0.1$ 时

$$H_{b1\%} = 2.3\overline{H}_b \tag{5-18}$$

当深水情况，即 $\dfrac{\overline{H}_b}{\overline{h}_D} < 0.1$ 时

$$H_{b1\%} = 2.42\overline{H}_b \tag{5-19}$$

式中：$\overline{H}_b$ 为波浪的平均高度，m；D 为浪程，即波浪的推进长度，m，可采用需要计算波浪处桥位中线垂线方向的最大水面长度；$\overline{v}_\omega$ 为计算点设计水位以上 10m 高度处，在洪水期间多年测得的自记 2min 年平均最大风速的平均值，m/s，也可由自记 10min 风速按下式换算：

$$\overline{v}_\omega = \frac{\overline{v}_{\omega 0} - 0.8}{0.88} \tag{5-20}$$

式中：$v_{\omega 0}$ 为计算点设计水位 10m 高度处，在洪水期间多年测得的自记 10min 年平均最大风速的平均值，m/s；$H_{b1\%}$ 为累计频率 1% 的波浪高度，m；$\overline{h}_D$ 为沿浪程的平均水深，m。

(二)波浪侵袭高度

波浪冲向路堤边坡的爬高称为波浪侵袭高度。波浪侵袭高度可根据本地区或相似地区的观测资料确定，如缺乏观测资料时，可按地区经验确定，也可参照下式计算确定：

$$\Delta h'_p = K_\Delta \cdot K_v \cdot R_\Delta \cdot H_{b1\%} \tag{5-21}$$

式中：$\Delta h'_p$ 为从静水面算起的波浪在边坡上的侵袭高度，m；K_Δ 为边坡糙渗系数，可从表5-3查取；K_v 为与风速等有关的系数，可从表5-4查取；R_Δ 为相对波浪侵袭高度，即当 $K_\Delta=1.0$，$K_v=1.0$ 及 $H_{b1\%}=1.0$m 时的波浪侵袭高度，可从表5-5查取。

表5-3　糙渗系数 K_Δ 值

边坡护面类型	整片光滑不透水护面(沥青混凝土)	混凝土护面、浆砌片石护面、光滑土质护面	干砌片石护面、植草皮	一、二层抛石加固	抛石组成的建筑物
K_Δ	1.0	0.9	0.75～0.8	0.6	0.5～0.55

表5-4　K_v 值

风速(m/s)	5～10	10～20	20～30	>30
K_v	1.0	1.2	1.4	1.6

表5-5　R_Δ 值

边坡横竖尺寸比	1.0	1.25	1.5	1.75	2.0	2.5	3.0
R_Δ	2.16	2.45	2.52	2.40	2.22	1.82	1.5

有下列情况之一时，可不考虑其侵袭影响：①洪峰历时短促的河流；②浪程短于200 m时；③水深小于1.0 m时；④靠近路堤的河滩上，长有高于水深加半个波浪高度的成片灌木丛时。

波浪斜向冲击边坡时，侵袭高度有所降低，当边坡横竖尺寸比 $m>1$ 和路堤边坡上水边线与波射线的夹角 $\beta\geqslant30°$ 时，侵袭高度乘以折减系数 K_β

$$K_\beta=\frac{1+\sin\beta}{3} \tag{5-22}$$

（三）斜流涌高 Δh_{ch}

当水流与桥渡斜交时，桥渡两侧水位不等高，山区或山前河流上滨河路堤轴线与水流流向不平行时，都可造成斜水流的局部冲高，称为斜流高，可按下式计算：

$$\Delta h_{ch}=\frac{\overline{v}_g^2\cdot\sin^2\beta}{g\sqrt{1+m^2}} \tag{5-23}$$

式中：m 为边坡系数；Δh_{ch} 为斜水流在路堤边坡上的局部冲高值，m；$\overline{v}_g$ 为冲向路堤的水流或股流的平均流速，m/s；β 为水流流向与路堤边坡上水边线所成的平面夹角。

（四）河湾超高

河湾处水流受离心力的作用形成凹岸水位的增高和凸岸水位的降低，其值可按式(5-24)计算，即

$$\Delta h_\omega=\alpha_0\frac{\overline{v}^2}{g}\cdot\frac{B}{r_0} \tag{5-24}$$

式中：Δh_ω 为河岸凹岸水位增高值和凸岸水位降低值，m；$\overline{v}$ 为断面平均流速，m/s；B 为设计洪水时的水面宽，m；r_0 为河湾的平均曲率半径，m；α_0 为系数，可按下式计算：

$$\alpha_0 = \frac{1}{v_{cp}^2}\int_0^1 u^2 \mathrm{d}\left(\frac{z}{h}\right) = 1 + 5.75\frac{g}{C^2}$$

(五)桥墩冲高

建桥后,在桥墩的迎水面,水流会产生冲高现象,其值随行近流速的增加而加大,有的设计院建议用下式计算:

$$\Delta h = 0.2 v_0^{1.34} \tag{5-25}$$

式中:Δh 为桥墩冲高,m;v_0 为行近流速,m/s。

桥墩冲高只在确定桥墩顶帽、支承垫石标高时考虑。

(六)局部股流涌高

我国西北半山区和山前区的河流上,洪水主流都成股奔放,集中股流所在处,水流恒较两侧为高,所高出的值称为股流涌高。其成因很复杂,目前尚无计算办法,在勘测时,应根据调查和类似情况酌情考虑。局部股流涌高与水拱不同时,两者取其大者。

(七)水拱

在河流涨水时,流速逐渐增加,同一断面的主槽流速比两侧河滩大,主槽水位比河滩水位上涨快,水流中间高,两边低,形成水拱现象。

在水拱严重的河段上设置桥涵,应考虑水拱对桥下净孔和孔径计算的影响,水拱计算的方法尚待研究,可通过调查或实测资料决定,必要时可通过水工试验模拟确定。

(八)河床淤高

在河床逐年淤积抬高的河流上,桥下净空高度尚须考虑淤积的可能性而适当地加大。一般河流,天然情况下淤积抬高的速度缓慢,在较短的勘测时间内,很难获得全面的淤积历史资料,且建桥后将加速淤积,很难准确估算,因此可按下式计算水位:

$$H_J = H_P + \sum \Delta h \tag{5-26}$$

式中:H_J 为计算水位,m;H_P 为设计水位,m;$\sum\Delta h$ 为诸因素影响水面壅高之和,m。

第二节　导治建筑物

一、丁坝的布设

在桥渡工程中,淹没式丁坝常用于中水调治,对常年流水的河槽能起整治和稳定河岸的作用;非淹没式丁坝常用于防护河岸和河滩引道路堤。

为了加速丁坝群间的淤积使之形成新的水边线时,应设计为淹没式丁坝;为挑离水流避免水流直接冲击建筑物时,应设计为非淹没式丁坝。丁坝坝身宜短而坚固,在平面上可与水流斜交。根据章敏及范北林的研究结果,淹没式丁坝应向上挑与水流成 95°～110°交角;非淹没式丁坝应向下挑与水流成 45°～75°交角。凹岸丁坝间距应为 1.0～3.0 倍丁坝长;直河段丁坝间距可加大。

对于丁坝的间距,应达到充分发挥每个丁坝的作用,又能保证两坝间不发生冲刷。为此,要求绕过坝头之后所形成的扩散水流的边线大致达到一道丁坝的有效长度 L_P 的末端，以免冲刷河岸。有效长度 L_P 一般采用实有坝长的 2/3，丁坝之间的最大间距可按下式计算：

$$L = l_1\cos\alpha + l_1\sin\alpha \cdot \cot\Delta\alpha \tag{5-27}$$

式中：L 为丁坝最大间距，m；l_1 为丁坝长度，m；α 为丁坝与水流方向的夹角；$\Delta\alpha$ 为水流扩散角，一般为 5°～15°。

丁坝的布设应遵循如下原则：

(1)山区河流流速较大，不宜布设丁坝。山前河流可按导治线布设短丁坝群，以束窄水流，不宜布设单个长丁坝。

(2)桥址上游附近宜导不宜挑，不得布设丁坝，在距桥梁轴线以外一定距离处，才可布设丁坝。

(3)靠近封闭式导流堤的边缘处，如有强大集中股流顶冲时可在堤自身适当部位布设丁坝，坝头应向下游倾斜，坝根嵌入堤身。

我们在解决桥渡设计方面的河工动床模型上，多次试验了在桥梁上游不同位置布设不同长度的挑流丁坝对桥渡产生的影响及其影响范围。认为，无论如何在桥梁上游布设挑流丁坝时，不宜距桥墩太近，一般情况，丁坝坝头应距桥线有 5 倍丁坝长度以上的距离，方能使挑流丁坝对桥墩冲刷的影响减弱。

二、导治建筑物冲刷计算公式

冲积河流控制河势的措施主要是护岸、护滩工程。这些工程主要是由很多丁坝构成的。经过 300 多年的实践，现在黄河上修建的丁坝一般是非淹没式的下挑圆头型丁坝。为防止水流淘刷需裹护根石，这种根石多为散抛块石结构，它既是坝体的基础又是坝身的保护物。细沙河流河床多为多年淤积而成，河床质多为粉细沙，抗冲性差，在主流顶冲时，坝前形成较深的冲刷坑，根石蛰动位移，并大量走失，经常形成危及坝体安全的现象。新修丁坝尚须借汛期抢险之机抛石或柳石构件，逐步加深基础，工料费用甚多，且又常年处于被动保护的不利局面。

丁坝冲刷的研究是一非常复杂的问题。自 20 世纪 20 年代初著名水工专家H.Engles对此进行过试验以来，不少学者也进行过专门性的试验研究[1][2]。多年来，徐福龄、吉祥、赵聚星等在抢险实践中积累了丰富的经验。20 世纪 80 年代末，张红武、汪家寅、丁晓明、赵宝华采用现代模型相似理论，系统地开展了黄河丁坝冲刷及根石走失问题的模型试验，其成果在第四届中日河工、坝工会议上交流[3]。试验表明，由于黄河床沙细，其丁坝前的局部冲刷较快，因此在一场大水期间即可能形成接近最大冲深的冲刷坑。冲刷形态取决于来流强度及来流方向，当单宽流量增加时，冲刷范围及其深度都将增加，冲坑中最大水深的部位还有随主流顶冲程度增加而逼近坝头的趋势。关于丁坝冲刷变形规律，将在下节加以介绍。本节侧重介绍丁坝冲深计算公式。

---

❶ 虞邦义．丁坝附近局部河床冲刷与防护的试验研究．合肥工业大学硕士论文，1986

❷ 杨春元，陈俊旃．河道整治工程室内试验初稿．黄委会水库所科技档案

❸ 张红武，汪家寅．黄河丁坝冲刷及根石走失的试验研究．第四届中日河工、坝工会议论文集(东京．京都．札幌)，1988

计算丁坝冲刷深度的公式很多,但一般都是根据水槽中正交平板丁坝试验结果得出的。相对而言,马卡维也夫公式、穆卡示多夫公式、阿尔图宁公式、M.A.Gill 公式、蒋焕章公式及虞邦义公式,考虑因素较全面。不过应该指出,这些公式基本上没有经过天然实测资料的检验,而且它们所依据的水槽试验资料中床沙的粒径都较粗(一般大于 0.2mm、0.3mm),不适用于天然细沙河流中的局部冲刷计算。目前,黄河上主要应用以下几种公式。

(一)马卡维也夫公式

前苏联学者早在 20 世纪 60 年代就提出了如下计算公式:

$$h_m = h_0 + \frac{23}{\sqrt{1+m^2}}\tan\frac{\alpha^2}{2}\cdot\frac{v_0^2}{g} - 30D \tag{5-28}$$

式中:h_m 为坝前冲刷水深,m;h_0 为行近水深,m;α_2 为水流轴线与丁坝轴线的交角(°);v_0 为行近流速,m/s;g 为重力加速度,m/s²;D 为床沙粒径,m;m 为丁坝边坡系数。

(二)阿尔图宁公式

对于细沙河床,前苏联学者提出了如下经验公式:

$$h_m = h_0 + \frac{2.8v_0^2}{\sqrt{1+m^2}}\sin\alpha_2 \tag{5-29}$$

式中符号含义同前。

(三)阿尔图宁修正公式

文献[14]根据试验结果,对公式(5-29)进行率定,达到量纲和谐,得到如下公式:

$$h_m = h_0 + \frac{30v_0^2}{g\sqrt{1+m^2}}\sin\alpha_2 \tag{5-30}$$

式中符号含义同前。

(四)张红武公式

根据黄河细沙河床正交直立圆头型丁坝试验结果(坝轴与来流的夹角 $\alpha_2=90°$,丁坝边坡系数 $m=0$),发现最大冲刷深度 h_m 值与相应的临界稳定流速 v_{sc} 有关,其过水断面可表示为

$$A_s = K_1 h_m B_s \tag{5-31}$$

式中:K_1 为断面修正系数;B_s 为丁坝在过水断面上对流场影响的宽度。

根据动床模拟试验结果,B_s 的平均值约为 $3.3L_r$(这里 L_r 即为坝长),相应的流量可表示为

$$Q_s = 3.3K_1 h_m L_r v_{sc} \tag{5-32}$$

对于细沙河床的临界稳定流速,根据研究[1],可表示为

$$v_{sc} = 3.5\left(\frac{\gamma_s-\gamma}{\gamma}g\right)^{2/9}\frac{\nu^{5/9}}{\sqrt{D_{50}}}h^{1/6} \tag{5-33}$$

式中:D_{50} 为床沙中径;γ_s、γ 为泥沙及水的容重;h 为水深;g 为重力加速度;ν 为水流运

---

[1] 张红武.河流力学选讲.黄科所科技第 88013 号

动黏滞系数。

考虑到挟沙水流冲刷的特点，对上式修正后，应进一步表示为

$$v_{sc} = 3.5\left(\frac{\gamma_s - \gamma}{\gamma}g\right)^{2/9}\frac{\nu^{5/9}}{\sqrt{50}}h^{1/6}(1 + 1\,000S_V^{5/3})^{7/6} \tag{5-34}$$

式中：S_V 为以体积计算的含沙量。

将上式代入式(5-32)，取 $h = h_m$，可得

$$Q_s = 11.55K_1K_2L_r\left(\frac{\gamma_s - \gamma}{\gamma}g\right)^{2/9}\frac{\nu^{5/9}}{\sqrt{50}}(1 + 1\,000S_V^{5/3})h_m^{7/6} \tag{5-35}$$

上式中以最大冲坑水深处所对应的临界稳定流速值代替式(5-32)中的 v_{sc} 值，因而引入了流场修正系数 K_2。

对丁坝冲刷有一定影响的上游不远处行近流速为 v_0、水深相应为 h_0 的流带宽应为 $4.3L_r$，其流量为

$$Q_0 = 4.3K_3v_0h_0L_r \tag{5-36}$$

式中：K_3 为断面形态修正系数。

根据水流连续条件，即 $Q_0 = Q_s$，则由式(5-35)、式(5-36)联解求得

$$h_m = 0.315\,8\left(\frac{K_3}{K_1K_2}\right)^{6/7}\left[\frac{v_0h_0\sqrt{D_{50}}}{\left(\frac{\gamma_s - \gamma}{\gamma}g\right)^{2/9}\nu^{5/9}}\right]^{6/7}\frac{1}{1 + 1\,000S_V^{5/3}} \tag{5-37}$$

采用黄河丁坝冲刷资料率定后知

$$0.315\,8\left(\frac{K_3}{K_1K_2}\right)^{6/7} \approx 1$$

具体到一般情况，即考虑丁坝边坡及来流与坝轴夹角的影响，最终得出的黄河丁坝局部冲刷坑最大水深公式为

$$h_m = \frac{1}{\sqrt{1 + m^2}}\left[\frac{h_0v_0\sin\alpha_2\sqrt{D_{50}}}{\left(\frac{\gamma_s - \gamma}{\gamma}g\right)^{2/9}\nu^{5/9}}\right]^{6/7} + \frac{1}{1 + 1\,000S_V^{5/3}} \tag{5-38}$$

结合动床模型试验结果作理论推导，还给出如下稳定条件下根石临界粒径 D_m 的计算式：

$$D_m = 0.038v_0^2/R^{1/3} \tag{5-39}$$

式中：v_0 为行近流速；R 为水力半径。

相对于著名的伊兹巴士公式，式(5-39)还反映了水深的影响。工程应用结果表明，式(5-39)与实际颇为符合。将调查得到的黄河丁坝经常出险时的水流资料代入式(5-39)，计算得到的临界粒径为40～45cm。显然，黄河现有根石部分的粒径都小于此值，意味着这些根石若位于坝坡坡面，都可能在主溜顶冲之时被冲动。由此还应认识到，尽管险工根石深度较大，但也难保证坝前坡面上的根石长期处于稳定状态。因此，需要研究防止根石走失的途径。

(五)马继业公式

马继业、韦直林等采用与式(5-38)相同的推导方法，以整个河宽代替丁坝在过水断面

上对流场影响的宽度，并引入张瑞瑾起动流速公式，给出了如下丁坝坝头局部冲刷深度计算公式：

$$h_m = c \cdot (Bh_0 v_0 \sin\alpha_2)^{0.877} \Big/ \left\{(B - D)\sqrt{1 + m^2} \cdot D^{0.36} \cdot \left[1 + 2.083 \times 10^{-8}(10 + 4h_0) \Big/ D^{1.72}\right]^{1/2}\right\}^{0.877} \tag{5-40}$$

式中：D 为床沙粒径，mm；g 为重力加速度，m/s^2；B 为河宽，m；b 为坝长，m；v_0 为行近流速，m/s；h_0 为行近水深，m；c 为综合系数，需要采用实测资料加以率定或反求；α_2 为水流轴线与丁坝轴线的交角；m 为丁坝边坡系数。

张柏山、孙东坡、艾永旺、符建铭、贺志忠等，在丁坝设计实践中对各家公式进行过比较后认为，张红武公式较符合黄河下游实际。最近，曹丰生在此基础上对现有公式全面检验后指出[1]：马卡维也夫公式对于中、大水情况下偏小；式(5-30)在流速适中时与黄河实际接近，但中水顺流情况下偏小，大水顶冲情况下计算值偏大很多；式(5-38)及马继业公式(5-40)在大中水及顺流或顶冲等情况下与实际相符，但只适用一般挟沙水流，高含沙洪水时计算结果偏小的幅度很大。为此，曹丰生按原来思路重新推导，得出

$$h_m = \frac{1}{\sqrt{1 + m}}\left[\frac{h_0 v_0 \sin\alpha_2 \sqrt{D_{50}}}{\left(\dfrac{\gamma_s - \gamma}{\gamma} g\right)^{2/9} \nu^{5/9}}\right]^{6/7} \tag{5-41}$$

由于黄河水沙运动及其河床变形的复杂性，对于行近流速 v_0 的选择是相当困难的。如果取用断面平均流速作为 v_0，难以反映流速对丁坝冲刷的直接作用且可能偏小；若采用大溜行近速度或坝前流速，显然不仅缺乏测验资料且偏大甚多，与公式(5-41)的建立工程中所引入的 v_0 的本身含义有出入。为此，经过初步研究后认为，应充分考虑黄河下游河道造床流量影响，通过河相关系确定某作用流量时的作用流速为 v_0，即 $v_0 = Q/(Bh_0)$，这里的河宽 B 由式(3-20)解出。

表 5-6 给出了用式(5-41)计算的高含沙条件下的丁坝冲刷深度，计算结果与黄河下游大量根石探摸给出的深度情况(一般为 8～15m)相符合，而且在一般挟沙水流条件下与张红武公式计算结果接近。附带指出，由于黄河迄今尚缺乏同步的丁坝坝头局部冲刷观测资料，因此本公式尚有待于直接的检验(亦即采用与水沙条件相应的冲深资料检验)。

表 5-6　高含沙水流条件下丁坝冲刷深度计算结果

Q(m^3/s)	S(kg/m^3)	h_0(m)	B(m)	v_0(m/s)	H_m(m)
3 000	200	3.0	623	1.6	10.28
	300	3.0	591	1.69	10.78
	400	3.0	575	1.74	11.06
4 000	200	3.5	685	1.67	12.17
	400	3.5	632	1.80	12.97
	500	3.5	622	1.84	13.23
5 000	200	4.0	724	1.73	13.99
	400	4.0	667	1.87	15.04
	600	4.0	653	1.91	15.30

[1] 曹丰生．黄河下游河道整治工程新型坝体冲刷试验研究．武汉水利电力大学硕士论文，1998(5)

此外，在丁坝冲刷深度计算方面，国内外还有一些代表性成果，下面再扼要介绍几个公式。

(1)M.A. 吉尔公式。当 $\tau_c/\tau_1>1$ 时，得平衡冲刷深度

$$\frac{h}{h_0}=8.375\times\left(\frac{D}{h_0}\right)^{0.25}\left(\frac{B}{B-b}\right)^{6/7}\left(\frac{\tau_1}{\tau_c}\right)^{3/7} \tag{5-42}$$

当 $\tau_c/\tau_1\to 0$ 时，即大量推移质运动情况，得平衡冲刷深度

$$\frac{h}{h_0}=8.375\times\left(\frac{D}{h_0}\right)^{0.25}\left(\frac{B}{B-b}\right)^{6/7-3/7n} \tag{5-43}$$

当 $\tau_c/\tau_1=1$ 时，达到最大冲刷深度

$$\left(\frac{h}{h_0}\right)_{max}=8.375\times\left(\frac{D}{h_0}\right)^{0.25}\left(\frac{B}{B-b}\right)^{6/7} \tag{5-44}$$

式中：h 为坝头冲刷坑水深；h_0 为冲刷前水深；D 为床沙粒径；B 为河道宽度；b 为丁坝在河宽方向的投影长度；τ_c 为临界切应力；τ_1 为行近水流切应力；n 为推移质输沙率公式中的指数，$n=1.5\sim3.0$。

对于工程设计来说，均应按 $(h/h_0)_{max}$ 进行计算。

式(5-44)除以试验资料为基础外，还经中亚西亚河道实测资料的验证。公式中包含的因素也较全面，只是没有反映床沙粒径的影响。

(2)长江科学院余文畴等通过丁坝附近水流结构的定床试验，得到如下关系❶：

$$\frac{q_{max}}{q_0}=1+a\left(\frac{Q}{Q_0}\right)^m \tag{5-45}$$

式中：q_{max} 为丁坝附近冲刷坑中最大单宽流量；q_0 为行近水流单宽流量；Q 为丁坝在横断面投影面所拦截的部分流量；Q_0 为岸边至深泓范围对应的流量；a、m 分别为系数、指数（见表 5-7）。

表 5-7　a、m 试验值

Q/Q_0	a	m
0.05～0.20	1.65	1.18
0.20～0.35	1.80	1.23
0.35～0.50	1.92	1.29

如果从式(5-45)和修正后的沙莫夫起动流速公式出发，亦即取起动流速作为最大垂线平均流速，通过丁坝局部冲刷中河床粗化计算，得到满足临界起动条件的粗化平均粒径及其相应的冲刷水深。同时为便于工程计算，可近似地将床沙级配曲线上相应于 95% 的粒径 D_{95} 作为粗化平均粒径，从而得到长江中下游丁坝局部冲刷坑最大水深的估算公式

$$h_{max}=\left[\frac{1+a(Q/Q_0)^m}{K}\right]^{6/7}v_0^{6/7}h_0^{6/7}D_{95}^{2/7} \tag{5-46}$$

式中符号含义同前，其中 K 为起动流速公式中的经验系数，选用长江下游张家洲、官州等

❶ 余文畴，曾静贤．长江护岸丁坝局部冲刷和防冲研究．长江科学院长江河道研究成果汇编，1987

六个河段的实测水沙资料,反求出起动状态时的 K 值平均为11.13;v_0、h_0 分别为行近流速、行近水深。

按式(5-46)对湖南临湘丁坝群进行了估算,其 $h_{\max}=41.9$m,历年实测的最大冲刷水深为27.8～40.2m,与平均值34.4m比较接近。

(3)交通部公路科研所蒋焕章通过对加德、吉尔和拉贾拉甫(N.Rajaratnam)等人的丁坝局部冲刷模型试验资料的分析、类比或归纳,得出了经验性较强的丁坝局部冲刷极限深度计算公式❶:

当 $v_0<v_c$ 时

$$h_{\max}=\left[\frac{3(n+1)}{n}\left(\frac{h}{3L_r}\right)^{0.75}\frac{v_0}{v_s}L_r-h\right]K_\theta K_m \tag{5-47}$$

当 $v_0\geqslant v_c$ 时

$$h_{\max}=\left[\frac{3(n+1)}{n}\left(\frac{h}{3L_r}\right)^{0.75}\frac{v_0}{v_s}L_r-h\right]K_\theta K_m \tag{5-48}$$

式中:v_0 为行近流速;v_c 为河床泥沙的起动流速;h 为坝头局部冲刷坑外上游水深;L_r 为丁坝垂直于水流方向上的投影长度;n 为垂线流速分布指数,在缺乏实际资料的情况下,一般沙质河床可取 $n=40$,卵砾石河床可取 $n=20$;v_s 为冲止流速,$v_s=Cv_{bc}$,v_{bc} 为河床泥沙起动底速,作者建议采用 $v_s=1.3v_{bc}$ 关系;K_θ 为水流与丁坝轴线交角 θ(以度计)的影响参数,可按下列关系计算:

$$K_\theta=\left(\frac{\theta}{90}\right)^{0.25} \tag{5-49}$$

K_m 按下式计算:

$$K_m=e^{-5.1\sqrt{\frac{v_0^2}{gL_r}}} \tag{5-50}$$

式中:g 为重力加速度,m/s^2。

上面公式尚缺少天然河流实测资料的验证。

另外,合肥工业大学虞邦义通过因次分析及模型试验,建立了包含因素较全面的正挑非淹没丁坝的关系式❷

$$\frac{h_{\max}}{h}=6.68(Fr-F_c)^{0.111}\left(\frac{l}{B}\right)^{0.048}\left(\frac{D_{50}}{h}\right)^{0.2}\left(\frac{l}{h}\right)^{0.412}$$

式中:$h_{\max}$为局部冲刷坑最大水深;B 为河道宽度;h 为上游水深;l 为丁坝长度;D_{50}为床沙中值粒径;Fr 为水流佛汝德数;F_c 为临界水流佛汝德数,$F_c=v_c/\sqrt{gh}$,其中 v_c 为泥沙起动流速,g 为重力加速度。

对于丁坝挑角、坝头坡度以及坝型的影响,我们通过试验也建立了一系列修正系数,但尚未经过实测资料的检验。

---

❶ 蒋焕章.公路路基冲刷防护.西南地区公路科技情报网,1982

❷ 虞邦义.丁坝附近局部河床冲刷与防护的试验研究.合肥工业大学硕士论文,1986

三、丁坝冲刷试验结果与根石防护

(一)丁坝冲刷试验结果

研究丁坝对水流的影响,有助于了解丁坝附近冲刷的机理。设置丁坝后,坝前水面宽度较小,水流绕经坝头,其流场及压力都发生变化。丁坝上游水流受阻,动能减小,水位抬高,这在6~7倍于丁坝投影长度 L_r(即丁坝垂直投影于行近水流的长度)的部位即能观察到。至坝前迎水面,壅水最高。且由于迎水面处流速呈"根部小,头部大"的分布(见图5-1),壅水高度也相应出现差异。靠近联坝的坝根附近,流速小,壅水明显,在高速与低速带之间的流速梯度产生的剪切力作用下,形成一顺时针立轴回流区。而其他部位特别是靠近坝头的部分,流速大且与坝轴的夹角小于90°,壅水也小。冲向坝面的水流又分为两部分,其中一部分绕坝头而去,另一部分则沿坝面折转而下再绕坝头而行。至于两者之间所占的容重,试验中可定性得出随部位不同而变化的规律,亦即前者和后者之比值,随距坝前的远近而相应由小变大。坝前被挤压的水流绕过丁坝之后,产生边界层的离解现象,于是水流继续收缩至最小收缩断面,然后逐渐扩散,在坝下游一定距离处再接近河岸。坝后静水区与扩散水流间的流速梯度产生的剪切力,导致了坝后顺时针立轴回流区的形成。回流区的流速滞缓,此处明显出现泥沙淤积,并随着近岸的回流向上游的运动,靠近联坝,有清晰可辨的沙波出现。值得说明的是,坝后回流区淤积的泥沙,不少是坝前折冲水流掀起并横向交换输移来的床沙。沿回流中心线(往往与冲坑近岸边界线接近),出现横向输送扩散所形成的沙坎,甚至还会出现粗化现象,酷似在河湾测验中凹岸出现的冲刷情形。究其原因,应该与绕过丁坝的流带弯曲(这又是先收缩,后扩散引起的)有关。事实上,在坝头附近乃至以下很长流段内,都能发现主溜区存在表流与底流方向相偏离的现象(见图5-2)。

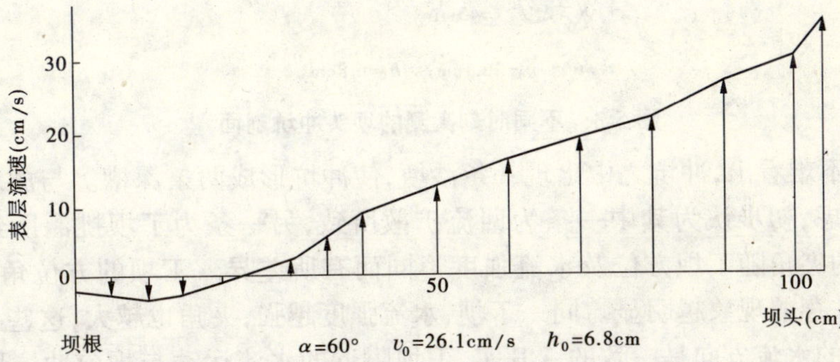

图5-1　模型实测丁坝迎水面表层流速分布

至于坝后回流范围,动床比定床试验所得的结果小,特别是回流长度,动床仅为定床测验结果的0.6~0.8倍。

张红武的试验表明,放水前30min(相当于黄河原型5h)内,坝前冲刷较快,此后渐慢以至稳定。图5-3所表示的即是在不同放水时刻测得的坝头河床剖面图,可以看出,33~34min后,冲坑形态基本稳定,冲坑最大水深也变化不大,这就意味着对于黄河原型,如果大河主溜顶冲某坝时间持续5~7h,坝前冲坑中水深即会接近最大值。因而在那些经常着溜的河段，根石深度都很大，最终状态的成坑深线如图 5-4 所示。如果使单宽流量增加，坝前冲坑范围及深度都将增加❶。

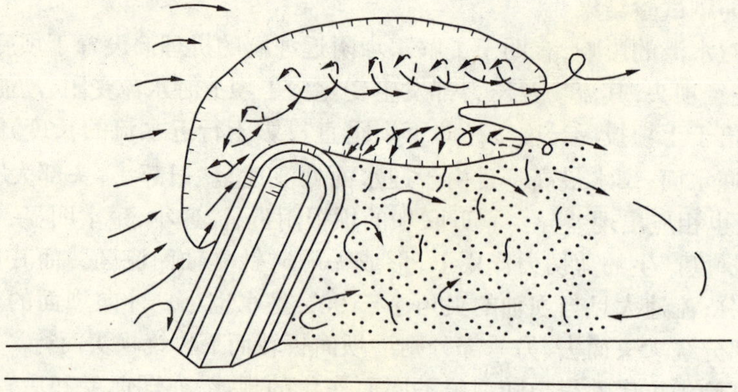

图 5-2　模型实测丁坝迎水面表层流速分布

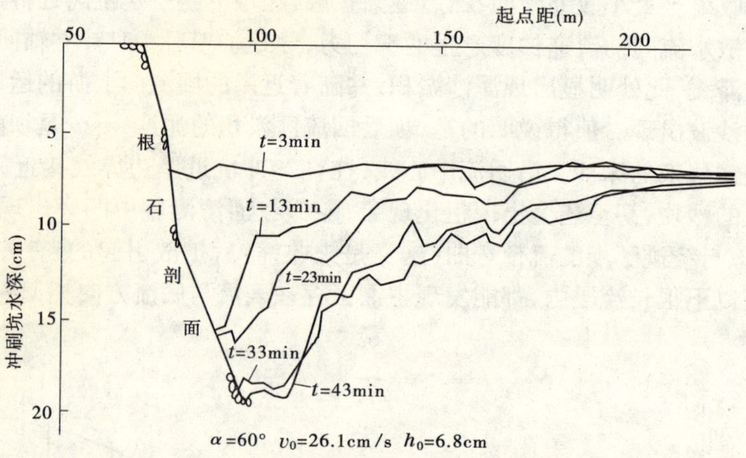

图 5-3　不同时刻实测的坝头冲坑剖面

由图 5-4 不难看出，冲坑之中出现一条沙埂，使冲坑形成两条深槽。与放水时坝前流态联系起来考虑，初步认为其中一条为回流扩散所致，另一条为丁坝挑溜所致。试验表明，两槽之间的夹角随丁坝方位及水流强度不同而有所差异。丁坝的方位角 α 越大，夹角越大，两条并存的现象越明显。同一丁坝，水流强度越强，夹角也越大，这些与上述观察到的丁坝附近的水流方向是一致的。其实，丁坝附近的水流运动与坝前冲坑形态之间存在着因果关系，由回流强度对丁坝坝前冲坑的影响也能说明这一点。亦即，行近水流与丁坝的夹角大者，回流强度大，坝前形成的冲刷坑范围也愈大；否则，顺溜时，回流强度小，所形成的局部冲刷坑范围也相应较小。

值得注意的是，局部冲坑的最大冲刷水深所在的部位，有随来流方向与丁坝轴线夹角 α_2 的增加而逼近坝前的趋势，这即意味着对于黄河原型，丁坝受主溜顶冲之时，不仅坝前

❶　张红武，汪家寅．黄河丁坝冲刷及根石走失的试验研究．第四届中日河工、坝工会议论文集（东京．京都．札幌），1988

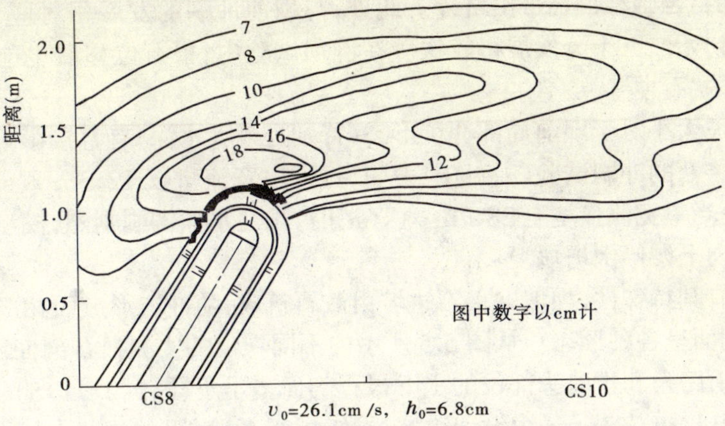

图 5-4 坝前冲刷稳定时的水下冲深线

局部冲坑水深大，而且最大冲刷水深所在的部位距坝头较近，这对于护岸丁坝的坝头安全显然是不利的。

顺便指出，丁坝坝前的冲坑发展是不同步的，一般是先在上跨角及坝前头附近的河床形成冲坑，随即再向上下游以及横向扩展，最后形成一个上游陡、下游缓和沿横向近坝陡远坝缓的冲刷坑形态。

由试验资料点绘的冲刷稳定平衡情形下坝头冲坑水深与行近速度及行近单宽流量的关系曲线可以看出❶，坝头最大冲深随着行近流速或行近单宽流量的增加而增大，而且在相同的水流强度下，来流方向与丁坝轴线夹角越大，其坝头冲深也就较大。

人字垛的冲刷试验结果表明，垛对水流的影响明显弱于一般丁坝，它只能引起局部水流横向缩窄而无法挑托水流外移。坝后回流强度及其范围都不大，同样的水流强度下，坝前冲坑范围小于一般丁坝，但最大冲刷深度距坝头较近。由于坝前水流没有一般丁坝的复杂。因此，同一水流强度下，其局部冲刷深度与顺溜时的丁坝冲刷相当，甚至少弱一些。

群坝冲刷试验结果表明，水流冲刷分散于群坝之上，冲刷范围及其深度均较单坝为小，其最大冲深也相应减少 20% 左右。如果群坝中间的末道坝吃溜较重，则冲刷情形与单坝时类似，坝后的反向回流将可能淘刷丁坝下跨角，出现不利险情。

(二)根石位移

由试验不难观察到与丁坝坝头附近河床河槽受冲刷的情况相对应，根石出现蛰动位移，甚至一块块被冲走。无论来流方向与坝轴线夹角的大小，试验结果都可以证明，上跨角和坝前头是根石最易位移的部位，其原因是此处折冲水流和绕坝水流的强度很大。其次，迎水面也是根石容易出险的部位，特别是来流与坝轴正交之时，其出险范围可达 40～60m(已换算至原型)。

与坝前局部冲刷坑出现的两条深槽相对应出现两条根石走失带，其中沿回流所刷深槽运动的走失带明显，且在走失量和宽度上均呈沿程递减规律；另一条沿挑溜方向的走失带其走失量和宽度较小。那些被水流带往丁坝下游较远处的根石，多为冲坑尚未形成一

❶ 张红武，汪家寅．黄河丁坝冲刷及根石走失的试验研究．第四届中日河工、坝工会议论文集(东京．京都．札幌)，1988

定规模时走失的，否则将很难带出坑外。此外，与坝前冲刷的发展相对应，新坝根石的位移也是在放水初始二三十分发展得较快。在群坝试验中，根石位移后也能沿坝头间形成天然情况出现的“石埂”。

丁坝的顶坡大小对于坝前局部冲坑形态(特别是最大水深)有直接影响。所进行的几组边坡系数 $m=0$ 的冲刷试验($\alpha=90°$)表明，行近单宽流量仅 $12.3m^3/(s·m)$ 时，其冲深达到近30m，而当单宽流量增至 $28.7m^3/(s·m)$ 时，坝迎水面淘刷剧烈，模型中以砖块摆筑而成的坝体即向上游倾倒坍塌。

黄河丁坝有其特殊性，坝坡即根石边坡由散石筑成，随冲坑形成而相应蛰动位移的结果，致使根石剖面呈各种形态。从图5-5所示的不同坝位的实测根石剖面图来看(尺寸已换算成原型)，上跨角和坝前头部位的水下根石剖面多呈下缓(1:2～1:5)、中陡(1:0.6～1:1.1)、上不变(1:m 左右，m 为设计边坡系数，坍塌者除外)的规律。因此，尽管有几组试验，先将根石坡度筑为1:1，但经过冲刷后的根石剖面及冲坑深度与1:1.5的试验结果并无明显差异。

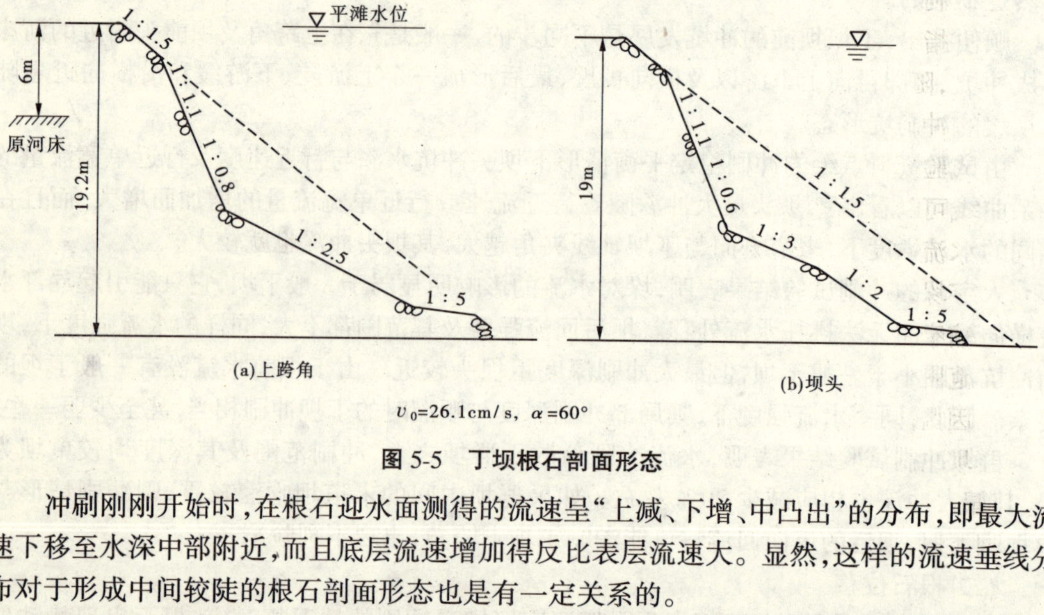

(a)上跨角　　(b)坝头

$v_0=26.1cm/s$，$\alpha=60°$

图5-5　丁坝根石剖面形态

冲刷刚刚开始时，在根石迎水面测得的流速呈“上减、下增、中凸出”的分布，即最大流速下移至水深中部附近，而且底层流速增加得反比表层流速大。显然，这样的流速垂线分布对于形成中间较陡的根石剖面形态也是有一定关系的。

在90°的河湾模型上，布设了三道丁坝，当施放水流的行近流速相当于原型值2.8m/s时(对应的单宽流量为 $17.44m^3/(m·s)$，三道新修丁坝的坝前河床遭受淘汰，根石也随之蛰动位移，特别在第一道丁坝的上跨角及坝拐处，实测到的局部流速达到4m/s，主流的顶冲作用使得坝坡面的根石时而被成批揭走，大量根石落入冲刷坑内，有3%～5%的根石被带往下游走失。水流继续作用后，局部根石坡度越来越陡，坝前冲深增大，相当于原型水流作用为10h时，第一道坝的上跨角至坝头一带即出现了土胎外露及坍塌入水的险情，再不全力抢护即不能保坝[1]。这时随即采用了散抛石这一黄河上传统的抢险措施，但抛石较少时，出现了随抛随蛰甚至随走的现象，故需增加抛石量，其量的多少应视水流强度

[1] 张红武，汪家寅，丁小明，赵定华．黄河险工根石走失途径的试验研究．黄河科研，(创刊号)

及来流顶冲情况而定。

对于一道新坝，当主流带单宽流量约为 $20m^3/(m\cdot s)$ 时，没顺溜情况下，需抛护块石量1 500m^3，此时走失量较少，根石稳定坡度为 1∶1.1～1∶1.3；当来流方向与丁坝轴线的夹角为 60°～70°时，需加护快石量为2 700～4 000m^3，其中 5%～8%走失，15%～20%位移至远离坝头的冲坑中，此时根石稳定坡度为 1∶1.3～1∶1.5；而主溜直接顶冲坝头时，需抛块石量为4 000～5 000m^3，其中 6%～10%走失，20%～25%的块石蛰动至远离坝头的冲坑中，意味着 30%左右的块石对于丁坝坝基稳定未起到作用，此时根石稳定坡度为 1∶1.6～1∶1.8。

试验中还发现，上述散抛石措施使丁坝基础保持的稳定是相对的，即使抢险抛石后能稳脚固根，使丁坝坝身免遭毁坏，但局部坝坡上的块石仍有位移走失，特别是大河主流下挫或上提后，都可能引起受冲部位的根石蛰动或走失。从力学角度讲，如果位于坝坡上的块石的起动流速小于坝前水流的最大垂线平均流速 v_{max}，块石即会被掀走。显然，黄河现有根石中相当部分的块度都不满足稳定要求。由此还应认识到，尽管老险工根石深度较大，但也难以保证坝前坡面上的根石长期处于稳定状态。因此，需要研究防止根石走失的途径。

(三)根石走失防护途径

上述试验的结果表明，在主溜顶冲情况下，黄河丁坝的根石稳定深度为 12～20m，显然对防护根石走失是相当困难的。

1.一般防止根石走失方案的试验结果

在相同的条件下，完成了丁坝坝前冲刷及散抛石抢险试验之后，张红武等又对围护四面体、灌注桩挡护、混凝土铰链沉排护根及沉箱护根四种方案进行了试验比较，得出如下几点结论：

(1)用稳定性较好且块度便于加大的四面体对坝头呈月牙形围护，稳脚固根，改变了散抛石坝“头重脚轻”的不利状况，并使主流外移，原有根石得到保护，但防护一道坝所需数量较大，造价较高。

(2)采取灌注桩抵挡大块体，大块体再挡护一般根石的防护措施，能防止根石走失，稳固坝头，且设置桩排后有效坝长增加，坝后回流范围增大，掩护作用增加，因而为黄河险工终点黄河提供了可能。但是桩柱附近局部冲刷严重，且内外河床高差大，因而该方案难度大，造价高。

(3)混凝土铰链沉排对根石进行防护后，排体能随河床冲刷而有所蛰动，但施工困难，造价高，而且当大溜顶冲坝头持续时间较长时，仍有一些根石从排体下滑出，防护效果较差。

(4)沉箱护脚方案有增加坝头稳定的作用，其防护效果与沉箱高度有关，而且由于沉箱外壁呈直立状，下折水流强度大，河床下切严重，冲深较防护前增大，最大冲深距坝头近。

不难看出，这些防止根石走失方案尚存在一定缺陷，工程实用价值也受到一定的限制，因此有必要寻求新的途径。

2."网罩护根"方案

在研究了上述方案的基础上,张红武于1988年开始研究新的根石走失防护途径——"网罩护根"(见图5-6)方案。

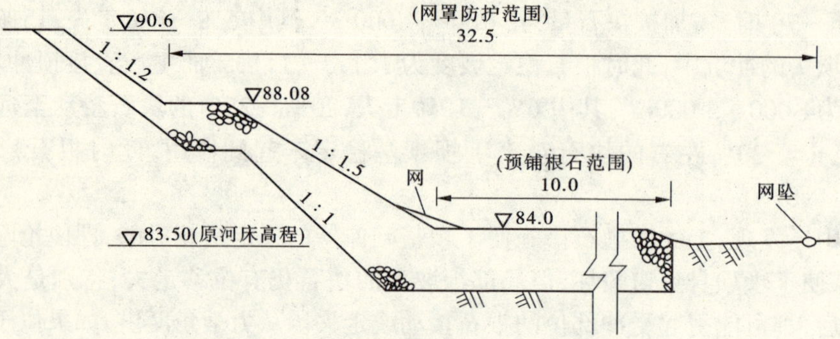

图5-6 网罩护根方案剖面 (单位:m)

该防护方案即在根石容易走失的部位(迎水面40~60m范围,上跨角、坝前头至下跨角的一部分)铺上厚度为2.0m、宽度范围为10m(从新筑丁坝坝坡与河床的交界面算起)的根石或人工块体(如混凝土四面体),然后在所铺根石之上罩一个宽度范围为35~40m(从根石内缘算起)的网(该网材料拟用经过韧锻处理的8# 镀锌铅丝,在黄河上使用年限一般为8~12年,此外也可考虑使用高强度尼龙绳),网孔径为20~30cm,网眼形式可采用方形或六角形,方形网眼节省材料且柔软性较好,网孔径大小影响护网的强度,如果可能,在着溜较重的部位尽量做成孔径为20cm甚至更小的网眼。网罩的一边固定在根石台上(在根石台上设置足够深度的钢钎,以固定网。若是新修坝垛,可采取预埋地锚的办法固定网纲),另一边串一条5# 铅丝,其上拴连大块体作为网坠(网坠间距为1~1.5m,拟取直径为65~80cm的块石,也可采用重量为400~700kg的混凝土预制块或铅丝笼),放置在加铺根石范围以外的河床上,这样就形成了以网罩护根石的防护体系。

为增加防护效果,又在根石与土胎坝体之间铺设一层土工织物布,形成了以布护土,以石护布及以网护根的体系。这层土工织物,没有直接暴露在阳光下,造价也不高,还能起到防止溃膛的作用。

放水试验观察发现,伴随着坝前冲刷的形成和发展,网坠蛰动位移,网边朝根石脚方向收紧,使整个护网能紧贴坝头根石及河床,那些被罩护其中的根石,只能随河床冲刷变形在网内相应作位移调整,而不能滑出网外,有效地起到了防止根石走失的作用。此外,在坝头用网将根石罩护之后,加长了丁坝坝坡长度,同时也减缓了坝的坡度。这样,不仅坝前主流有所外移,且又增加坝前产生的下折水流的运动行程,从而也减轻了水流对坝前河床的冲刷,具有良好的抗冲稳定性。

3.混凝土"四脚体"根石加固技术

庄景林、郑筱明、朱云将海岸防护所常用的异型块体引入黄河河道整治工程,发展成混凝土"四脚体"根石加固技术。

混凝土四脚锥体属混凝土四面体的实体,在任何情况下都能维持3个脚紧贴河床表面,重心较低,可避免混凝土四面体因河床面不平整而导致稳定性降低的现象,特别是混凝土四脚体受水流冲击面小、用材少、透水率高，具有较高的防冲消能作用。混凝土四脚锥体采用素混凝土制作，其尺寸规格可根据当地不同的水流状况及河床途径等计算确定。在1997年、1998年筑坝、抢险和加固根石试验中所用的混凝土四脚锥体的尺寸规格为：高度90cm、体积0.27m^3、质量648kg，其单脚顶部直径为30cm。

平面位置主要采用两种形式：一是平行于坝轴线作平面围护，防止坝岸迎水面及坝头重点着溜部位的根石走失，并且起到一定的消能作用；二是垂直坝轴线每间隔一定距离做一定长度的消能防蚀墩，挑溜外移，减缓水流对坝岸的冲击，同时具有消能作用并对上游坡面起动块石进行拦挡，避免块石走失过远失去作用。混凝土四脚锥体布设的断面型式视坝岸根石断面情况采用不同的防护断面。对根石深度较深、坡度较缓的坝采取覆盖坡面的防护方法，将混凝土四脚锥体从裹护体坡脚起沿坡面铺设至设计枯水位，防止坡面块石的起动。对根石深度较浅的坝岸采取沿裹护体坡脚向河床平铺混凝土四脚锥体的方法，减缓河床冲刷下切，防止坝岸护脚滑动的破坏。

经过多年来对黄河丁坝冲刷及根石走失防护途径的试验研究，深刻认识到，任何一个防止根石走失的方案的成功与否必须视其是否同时满足整体性强、局部能适应变形、便于施工及造价低四个条件。而以上各种防护途径中，惟有“网罩护根”方案能同时具备这些条件。该方案提出后，受到了广泛的重视。河南、山东黄河河务部门分别在经常靠溜的坝段进行“网罩护根”后，工程经受了多场洪水的考验，确实达到了应有的效果。近些年来，在新材料取代铅丝方面也有了成功的经验(2003年《人民黄河》第9期曾有报道)。

第三节　导流堤的布设

在平原河流上，被引堤隔断的河漫滩水流，若占比例较大而又无导流措施时，漫滩水流将沿引堤以急弯穿进桥孔，使桥孔有效长度减小，水流紊乱，冲刷不均匀，危及桥渡安全。为解决这一问题，应修建导流堤，将河床逐渐束窄，使水流平顺通过桥孔，流速横向分布均匀，避免集中冲刷；另外，也使压缩断面剪切力分布不均匀的情况得以改善，有利于减小桥址断面的冲刷程度，保护桥梁墩台及桥头路基和河岸不受洪水的危害，防止和减轻桥下河床的不利变形。

一、导流堤的布设原则

一般被引道阻断的河滩流量占总流量的15%(单侧河滩)或25%(双侧河滩)以上的设置导流堤，但当河滩部分流量较小，流速又小于1m/s或地形有利于汇水时，也可不设导流堤。另外，从地形上来说，在山区开阔河段上，当桥头路堤伸入河滩或桥址上游有支汊汇入而引起水流紊乱时，应根据地形、地质及流向等条件，设导流堤；主河滩路堤向下游弯曲与洪水流向斜交形成水袋时，可布设封闭式导流堤；当河滩路堤向上游弯曲时，则桥头宜布设梨形导流堤。导流堤的设计洪水固有频率一般应与桥梁的固有频率相同。

导流堤是由上游堤和下游堤组成的，上游堤的端部称为堤端，与桥梁连接处称为堤根，堤端直接遭受洪水的冲击，是保证导流堤稳定的关键部分，故必须牢固。导流堤的平面布置见图5-7。

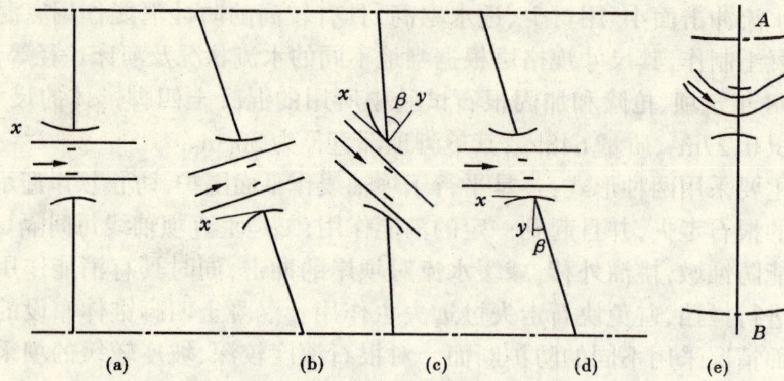

图 5-7　导流堤平面布置示意图

二、导流堤形状与尺寸计算方法

导流堤形状与尺寸有各种不同的设计方法，下面选择两种略加介绍。

（一）安德列耶夫法

首先按 $R_{min}=KB_{min}$ 初步确定最小的曲率半径值，式中 B_{min} 为最小桥孔宽度；K 为系数，可查表 5-8 确定。然后，由 $x=2.35R_{min}$ 及 $y=1.438R_{min}$ 计算上游堤堤头坐标，并点绘于平面图上，若发现此点位置与实际地形不适合时，可修改 R_{min} 后重新计算。最后，由最终选定的 R_{min} 值按表 5-9 算出堤轴线各点的坐标并绘出堤轴线图（见图 5-8）。

表 5-8　K 值

Q_t/Q（%）	60	50	40	30	20	15
K	0.25	0.20	0.15	0.10	0.05	0

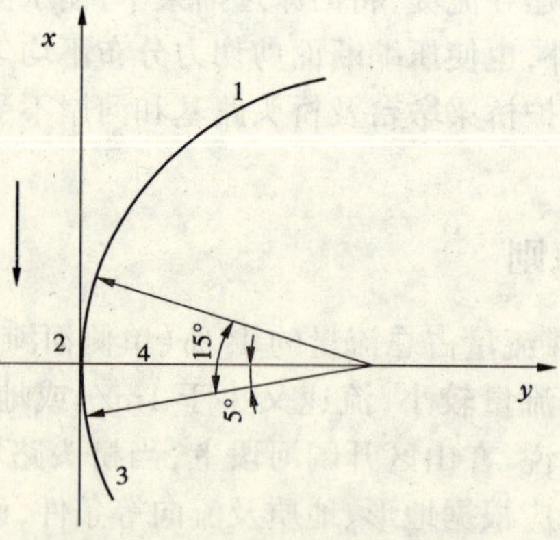

图 5-8　曲线形导流堤定线图

（二）布雷德利

导流堤形状由长、短轴比为 2.5 ：1 的 1/4 椭圆方程决定，即

$$L=(x^2+6.25y^2)^{1/2} \tag{5-51}$$

文献[1]根据大量现场及试验资料，将导流堤长度 L 与流量比 Q_t/Q_{100} 及通过桥孔的

平均流速 U_n 之间的参数关系图，由河滩流量 Q_t 及邻近桥台 30.5m 内的流量 Q'，计算出 Q_t/Q'，由此值及 U_n 值即可在横坐标上查得所求之导流堤长度，当查出的 $L<15.25$m 时，通常可不修导流堤，当 15.25m$<L<$30.5m 时，堤长应不小于 30.5m。详见文献[1]。

表 5-9　曲线形导流堤平面形式及尺寸

导流堤	曲率	α(°)	X/R_{min}	Y/R_{min}	$\Delta S/R_{min}$	附注
上游堤	半径变化的曲线	90	2.350	1.438	0.175	上游堤端点
		80	2.336	1.262	0.182	
		70	2.288	1.087	0.191	
		60	2.207	0.914	0.216	
		50	2.084	0.740	0.246	
		40	1.909	0.566	0.375	
		30	1.657	0.391	0.425	
		20	1.278	0.216	0.279	圆弧起点
	圆弧	15	1.000	0.132	0.337	
下游堤		10	0.672	0.058	0.337	
		5	0.336	0.015	0.337	桥梁基线
		0	0.000	0.000	0.337	圆弧终点
	直线	−5	−3.336	0.015	0.421	
			−0.765	0.051	0.421	
			−1.175	0.088		下游堤端点

$$\left(\frac{\sum\Delta S}{R_{min}}\right)_{上游}=3.032;\left(\frac{\sum\Delta S}{R_{min}}\right)_{下游}=1.179;\left(\frac{\sum\Delta S}{R_{min}}\right)_{全长}=4.211$$

注：1. 曲线自上而下，从上游堤堤头算起（见图 5-8）。

2. α 为曲线上相应各点的法线与坐标轴 y 的夹角。

3. x、y 为堤轴线上的坐标值，ΔS 为曲线长度。

三、导流堤顶面标高及横断面的确定

桥轴线处导流堤顶面标高 H 按下式计算：

$$H=H_p+\Delta z+h_e+\sum\Delta h+0.25 \tag{5-52}$$

式中：H 为导流堤顶面标高，m；H_p 为设计水位，m；Δz 为桥前壅水的高度，m；h_e 为波浪爬高，m；$\sum\Delta h$ 为各影响因素产生的水面升高之和，m。

导流堤横断面一般为梯形，其顶宽和边坡，一般可采用表 5-10 中的数据。

表 5-10　导流堤顶宽和边坡

堤顶宽(m)		边坡		
堤头	堤身	堤头	堤身	
			迎水面	背水面
3~4	2~3	1:2~1:3	1:1.5~1:2	1:1.5~1:1.75

参 考 文 献

[1] J.N.布拉德利.桥梁河道水力学．郑光谦译．北京:人民交通出版社,1980

[2] 中华人民共和国铁道部标准.铁路桥涵设计规范．北京:铁道出版社,1986

[3] 陆浩,高冬光．桥梁水力学．北京:人民交通出版社,1991

[4] 刘有录．桥渡．郑州:黄河水利出版社,1995

[5] 张红武,马继业,张俊华,等．河流桥渡设计．北京:中国建材工业出版社,1993

[6] 张红武．弯道环流分布规律的研究现状．泥沙情报,1986

[7] 郑肇经．河工学．北京:商务印书馆,1934

[8] 谢鉴衡,丁君松,王运辉．河床演变及整治．北京:水利电力出版社,1990

[9] O.B. 安德列耶夫,等．桥渡建筑物所在河段的河床变形.荆玉玺译．见:河床演变论文集．北京:北京科学出版社,1965

[10] 长科院河流研究室．国外丁坝研究综述．人民长江,1979(3)

[11] 张俊华,许雨新,张红武．河道整治与堤防管理．郑州:黄河水利出版社,1998

[12] M.A.Gill.Erosion of send beds around spur-dikes.J.H.D proc.of ASCE.Hr9,Sept.1972

[13] 张红武．黄河丁坝冲刷及根石走失防护途径的研究．见:黄科院科学研究论文集(第3集).北京:中国环境科学出版社,1992

[14] C.B. 伊兹巴士著.施工水利学．顾鹏飞译．北京:水利电力出版社,1959

[15] 马继业,韦直林,张柏山．黄河下游丁坝坝头局部冲刷深度计算方法初探．人民黄河,1998(3)

[16] 武汉水利电力学院．河流泥沙工程学．北京:水利电力出版社,1981

[17] 张柏山,赵连军．黄河下游丁坝局部冲刷深度的计算．见:河南省首届泥沙研究讨论会论文集．郑州:黄河水利出版社,1995

[18] 艾永旺．黄河原阳武庄控导工程布局的研究与设计．见:河南省首届泥沙研究讨论会论文集．郑州:黄河水利出版社,1995

[19] 符建铭．黄河下游河道整治工程曲率半径浅析．见:河南省首届泥沙研究讨论会论文集．郑州:黄河水利出版社,1995

[20] 贺志忠,柴青春．黄河丁坝根石走失研究．见:河南省首届泥沙研究讨论会论文集．郑州:黄河水利出版社,1995

[21] 张红武,吕昕．弯道水力学．北京:水利电力出版社,1993

[22] 马荣曾,张红武．黄河坝岸网罩护根试验研究．人民黄河,1995(2)

[23] E.B. 波尔达科夫,O.B. 安德列耶夫．跨河桥渡．北京:人民交通出版社,1959

[24] R.V. 法德拉,F.G. 卡尔通,等．桥渡水力设计．阚译,康笃材,王群,等译.北京:中国铁道出版社,1992

第六章　桥涵孔径设计

桥涵孔径的设计是一项重要的工作，不能简单地按照流量、经济比较或某项计算数字来确定，必须根据国民经济发展的方针、政策，对当前和长远的各方面需求加以综合考虑，全面研究过水条件、河道演变、地质地貌特征、桥台和桥头河滩路堤高程、填料来源、占用耕地以及便利养护等因素后确定。设计桥涵时不仅应保证洪水畅通、桥头路堤不致溃决，还应有适当的净空，能满足在设计洪水和枯水期漂木、泥石流、流冰及其他漂浮物能够安全通过，以免形成冰塞、冰坝，或筏木、石块堵塞、撞击桥墩台。同时，还需考虑水陆交通和农田排灌的需要，建桥后不能引起流势变化，避免桥前壅水过高危及农田村舍，并对桥涵建成后河势的变化有所预测。

一般孔径的确定不能完全依赖公式计算，而要综合分析各种影响因素，并在必要时借助河工模型试验进行确定。

第一节　桥孔设计的规定

天然河道经过多年水流与泥沙的相互作用而形成了平衡，不应轻易改移或开挖河道。仅在确有技术、经济依据，能改善桥涵工作状态，不致恶化河道天然状况，能保持河床稳定、河岸不被冲刷时，方可考虑开挖河床或改移河沟。

在流冰河流上建桥，布设桥孔应考虑流冰水位、冰块大小及破冰措施，适当加大流冰净跨度。

桥台应布设在地质情况良好的地带。桥墩布设应避开软弱地基、断层、滑坡、挤压破碎带、岩溶及黄土陷落等不良地带，不在山坡堆积层范围内布设桥墩。在地形复杂、山坡陡峻的山谷处布设桥梁，应避免锥体落入河道或桥台基础悬空。

有压涵洞水压力较大，涵节间及沉落缝处容易漏水，危害基础及路基，所以涵洞应设计为无压的。多孔涵洞流量分配不均匀，个别涵洞通过的流量及流速可能超过设计标准，故采用单孔或双孔。只有在技术、经济等方面均适宜时，方可采用多孔涵洞。

在同一施工或养护区段，桥涵孔径、类型，应力求简化。同一座桥上，除跨越通航或深谷的桥渡外，宜采用类型相同的等跨梁，以利于施工和养护。跨越道路或铁路的跨线桥，其跨径或式样首先应考虑满足行车净空或限界的要求。

在弯曲河段上布置桥孔时，必须注意河湾下移和裁弯取直等的河槽变化情况。

游荡型河段的深槽摆动剧烈，天然冲刷严重，在深槽可能摆动的范围内，应全部以桥孔跨过，不应压缩。

对于山前扩散河段及变迁河段，桥梁孔径的大小应参照其上、下游狭窄河段的宽度，考虑河槽摆动的因素，确定河槽在桥址处的最大有效宽度，据此以设计桥长。

位于主槽摆移不定河段上的桥梁墩台基础，在可能变动范围内，均应按主槽考虑基础埋置深度。

分汊河段上，应在各汊流上分别设桥，并预估各汊流量分配的变化；游荡型河段上，应在游荡范围内结合当地的治理规划，因地制宜，将桥梁孔跨与导治建筑物作为一个整体考虑进行布设。

大中型桥桥下的河床，一般不采用铺砌加固的办法，而是按容许冲刷程度确定桥孔长度。原因是：大中型桥流量大、冲刷深，若采用小桥涵常用的铺砌方法（如干砌片石等），不足以抵御水流的冲刷破坏，必须修建坚固的河床防护工程。这样做不仅工程大、投资多，且在经常有水的河流上，施工亦很困难。如将河床加固与相应的为加深墩台基础而增加的工程量进行比较，河床加固工程方案往往并不经济；而且河床的防护工程一旦被洪水冲毁，墩台基础就会失去保护，势必危及桥梁安全。但对既有线上（已成桥）的桥墩台埋置深度不足或不允许桥下河床冲刷的河滩桥，桥下河床可采用局部的或全桥的铺砌防护。

在通航河道上建桥，桥长不宜过于压缩，以免增大桥下流速，造成船只通行困难。通航孔跨应以较大跨度单孔或多孔跨越航道全宽；对于有潮汐的河流，孔跨应考虑潮汐涨落的影响；对于变迁性河道，布设桥孔应考虑航道的可能变迁；对于水流湍急、深槽摆动幅度大，或有大量筏运和木材流放的河道，应适当加大增多通航及流放孔数或加大通航、流放净跨。总之，应根据河流特性、航道位置及河道变迁对通航的影响，密切与航运及水利部门联系，合理确定全桥及通航孔跨布置。

在缺乏可靠措施以固定航道的变迁性河流上，应根据河床形态亦即历史资料，预估航道的变迁，不能仅按建桥时的航道情况布设孔跨。

在水流较急、深槽摆动幅度较大，或有大量筏运和流放木材的河道上建桥，应根据具体情况，适当增多通航或流放孔数，或加大通航或流放净跨，减少船筏对桥墩的撞击及筏木阻塞桥孔。多孔桥梁在天然及渠化河流上，一般应不少于两个通航孔；在人工运河上，如条件许可，应有双孔通航，否则采用单孔；位于航行频繁或航道多变的河流上的桥梁应有多孔通航。

布置桥梁孔跨时，除考虑必须满足的通航、地质、地形等要求外，在一般情况下，还应考虑便于施工、维修、换梁及破坏后进行抢修等。一座桥梁上宜采用等跨梁，每段内的桥梁也要尽量减少梁跨、墩台及基础等的类型。为减少施工的困难，应尽量避免在深泓处设置桥墩。

在灌溉渠上设置桥涵，应尽量避免改变灌溉的水力性质并考虑灌溉发展的要求。当灌溉比降较陡，适当减小流水断面不致影响引水流量时，设置桥涵可作少量压缩（指桥中设墩、桥台前缘伸入流水断面边坡部分等情况），但必须同时考虑是否需要进行渠底防护、出口防冲及桥涵上游堤防的加培工程。

尽量减少梁跨、墩台及基础类型，避免在深泓处设墩，以便于施工维修。山区桥隧相连时，应考虑架梁条件及便于隧道弃渣。

无可靠水文资料时，孔径宜宽勿窄，基础宜深勿浅，净孔宜高勿低，适当留有余地。

增建第二线或改建既有线桥涵，其孔径和净空高度应按新建设计标准办理。对桥涵改建如抬高、扩孔等确有困难时，可根据具体情况和养护经验，酌量降低标准。

另外，布设桥孔还应对桥梁建成后若干年内河势的变化及冲淤变形有所估计。

桥梁按其长度可分为:①特大桥,桥长为500m以上;②大桥,桥长100~500m之间;③中桥,桥长20~100m之间;④小桥,桥长20m以下。

对于梁桥,桥长是指桥台挡渣前墙之间的长度;对于拱桥,桥长是指拱上侧墙与桥台侧墙间两伸缩缝外端之间的长度;对于钢架桥,桥长则是指钢架顺桥跨方向外侧间的长度。桥梁的标准跨度见表6-1。

表6-1　铁路桥梁标准跨度　(单位:m)

跨度	4	5	6	8	10	12	16	20	24	32	40	48	56	64	80	96	128	160
梁长	4.5	5.5	6.5	8.5	10.5	12.5	16.5	20.6	24.6	32.6	40.6	49.1	57.1	65.1	81.1	97.1	129.1	161.1

注:(1)表内跨度及梁长仅适用于简支桥梁,其他式样桥梁的跨度及梁长可在设计中另定,但应尽量与简支梁互换;
(2)涵洞标准孔径为0.75、1.0、1.25、1.5、2.0、2.5、3.0、3.5、4.0、4.5、5.0、5.5、6.0m。

第二节　设计洪水

一、设计洪水标准

根据《铁路桥渡勘测设计规范》(TBJ17—86)(以下简称为《规范》)的规定,桥涵应按表6-2所示的洪水频率标准进行设计或检算。

表6-2　桥涵洪水频率标准

铁路等级	设计洪水频率		检算洪水频率
	桥梁	涵洞	特大桥、修复困难、重要者
Ⅰ、Ⅱ	1/100	1/50	1/300
Ⅲ	1/50	1/50	1/100

二、设计流量

洪水是指特大的径流,这种径流往往因河槽不能容纳而泛滥成灾。根据形成洪水的水源和发生的时间一般可将其分为两类。

(1)春季融雪洪水。每年春季因上一年冬季积雪消融增大河水流量,称之为春汛或桃汛。发生在春汛期的洪水,称之为春季融雪洪水。

(2)暴雨洪水。每年雨季到来后,由于雨水补给,河水流量增大。我国雨季多发生在夏、秋两季,故称河流的这段涨水期为伏汛、夏汛或秋汛。发生在伏汛期的由暴雨引起的特大径流,称之为暴雨洪水。

影响洪水的因素是多方面的,除降雨量、降水强度、暴雨中心移动路线、气温变化等外,自然地理因素、流域的形状、河系排列等都是不可忽视的因素。另外,人为因素对洪水的消长也起着很大作用。

在桥涵建筑物设计中,确定符合一定频率的设计洪水流量,是一个非常重要而又复杂的问题。通常采用的方法是把洪峰流量当做随机变数,采用数理统计方法预估某一洪峰值出现的概率。目前,设计洪水流量的途径大致可归纳为根据流量资料推算、根据雨量资料推算、根据历史洪水调查资料推算等。

(一)根据流量资料推算设计流量

1.流量资料的分析

目前常用的水文计算方法大多数是以统计分析方法为基础的。流量观测资料是进行频率分析的依据,资料的质量和精度是决定计算成果质量的关键。因此,在计算分析之前,对流量观测资料的审查和处理非常重要。分析处理工作一般包括以下几个方面。

1)洪水资料可靠性的审查

洪水资料可靠性的审查应将重点放在对设计洪水成果影响较大的洪水资料上,特别是对调查的历史洪水和实测资料中的前几位的洪水要进行分析论证。目前,各省(区)已收集和刊印了各主要河段的历史洪水,在应用这些资料时,要尽量采用可靠和较可靠的资料,年代久远、精度不高的资料仅可供参考,必要时需实地进行复查。对历史洪水的断面位置、河段特征、洪痕可靠程度、断面冲淤变化、流量计算方法以及河床糙率系数的选定等,要进行充分的论证。

对实测资料中较大流量形成的原因、测验方法、分析整编情况进行了解和检查,并结合上下游、干支流站的降雨、径流模数等进行分析比较。同时,还应注意水文测站位置的迁移、水尺基面或高程的变化等。

2)洪水资料代表性的分析

洪水资料代表性是指实测系列的分布是否代表总体分布。当实测系列中各级洪水的频率分布接近总体分布时,则这个系列具有代表性。也就是说,应满足频率计算关于独立随机选择的原则:①采用年最大值法,即每年选取一个最大洪峰流量;②所选择的系列中,洪水形成条件应具有同一基础(如暴雨雨型,雨雪混合型,融冰、融雪型洪水),不能把不同类型的洪水混合在一起作为一个流量系列进行统计;③当水文测站的测流断面上游,有分洪、引水、滞洪、溃堤、决口等明显影响资料的一致性时,应将该时期的资料剔除或还原到同一基础上来。

如果在桥址或其上、下游具有20年以上的实测流量资料,并调查到历史洪水时,可直接根据流量资料进行频率计算,推算设计流量。因为洪水资料是推求设计洪水的基础,是决定成果精度的关键,所以使用的资料必须满足可靠性、代表性、独立性和一致性等方面的要求。

关于长系列的代表性在不少有关水文学书籍中都有介绍,但关于短系列资料代表性的分析目前研究得仍不够。

3)洪水资料的选择、插补和延长

众所周知,频率分析是研究和探讨流量这个随机变量的总体分布规律。事实上,我们所能获得的仅是总体中极小的一个样本系列,用较小的样本资料去推求总体的分布规律,存在着很大的抽样误差。由统计学知,抽样误差与资料系列的样本长度密切相关,将随着样本系列长度的增长而减小。因此,增加样本系列的长度是提高计算成果可靠性的有效途径之一。

洪水资料的选样包括:①按年最大值选样,即每年选取一个最大值;②洪峰流量(包括历史洪水）不属同一类型的（洪水类型有暴雨型洪水、雨雪型洪水、融冰雪型洪水）不能合在一起进行统计；③洪水资料必须换算或还原到同一基础才能进行频率统计，否则应分别计算。

插补延长系列的原则与方法为：当实测资料的系列较短，或有缺测、漏测及有水位资料时（包括调查的历史洪水位），可分别根据上下游、干支流站的实测资料进行插补和利用本站实测的水文要素关系曲线进行外延求算相应水位下的流量以延长样本系列，提高计算精度。插补洪水系列时，要对基础资料进行总体性分析，展延资料的年数不宜过多，一般不应超过实测的年数，对于较大洪水应查明是否为连续系列或不连续系列。具体方法包括以下三种。

(1)流域面积比拟法。当甲、乙两站的流域面积相近或相差不大于10%时，可直接移用；当甲、乙两站流域面积相差不大于20%时，且流域内的气象、自然地理特征相近时，可用下式计算：

$$Q_{甲} = Q_{乙}\left(\frac{F_{甲}}{F_{乙}}\right)^n \tag{6-1}$$

式中：$Q_{甲}$ 为甲站欲插补的某年洪峰流量，m^3/s；$Q_{乙}$ 为乙站某年观测流量，m^3/s；$F_{甲}$、$F_{乙}$ 分别为甲站和乙站的流域面积，km^2；n 为指数，一般的大中河流 $n=0.5\sim0.7$，小河 $n=0.7\sim0.8$。

(2)水位—流量关系曲线法。当上、下游水文站间无较大支流汇入，两站同步系列的洪峰流量大致存在一定比例关系时，可用此法进行插补。如甲站缺某年的流量资料，而乙站有此项资料时，可分别绘制。

(3)直线相关法。使用相关法，是基于两站各水文因素之间存在着较密切的成因联系，应对两站的洪水成因及自然地理、气候等特征因素，进行分析后应用相关法。同时，应避免辗转相关。

2. 历史洪水调查及评定

历史洪水调查，原则上应调查远年和近年来所能调查到的洪水，弄清洪水大小的次序。调查近年洪水的内容包括洪水发生年份和大小顺序、洪水来源、洪水痕迹、洪水涨落过程等，并了解流域的植被、水土保持情况，搜集有关洪水记载的历史文献考证资料。

1)调查河段的选择

宜在桥渡附近或在居民集中的老居民点，选择洪痕较多、河段顺直、断面比较平整、河床较稳定、控制条件好、无较大支流汇入，以及河段内无壅水、回水、分流现象，且河床质的组成及岸边植被比较一致的区段。要尽量避开受人工建筑物影响的地点。

2)洪水发生年份的调查

可以联系历史上发生的较大事件，如水灾、旱灾、虫灾、地震、战争等，或结合当时的生活情况，如年龄、属相、生育、婚丧、搬家、收成好坏等来推算。广泛收集民谚、刻字、碑文及地方县志有关水旱灾害记载的文献，并参照上、下游及临近河流的洪水发生日期来确定历史洪水发生年份。

3)洪水痕迹的调查

要注意洪痕位置的选择，即确定的洪痕标志应明显、固定且可靠。

(1)洪痕位置。一般应在顺直河段、水文站附近或在控制断面上游调查。当洪痕位于河湾两岸或两岸有居民点时,应尽量调查河段两岸的水位,以考虑水流横向比降的影响;对于同一河段的同一洪痕,应力求从不同人和不同实物得出几个洪痕相互印证。应尽量避免在水流不稳定、河床变化剧烈及两河汇合河段进行调查。

(2)洪痕辨认。对具有明显标志的洪痕,要分析考证标志物是否有变动并查明可能变动的幅度及距离;无特定标志的洪痕,可通过洪水后发现或看到岸壁、陡崖、窑洞处留下的冲刷痕迹、水痕或泥痕来确定;当洪水到达的高度或位置记忆不详时,要让群众自动选择,防止勉强指引;若群众说不出确切位置,却能描述其特性时,则可据此定出洪水位的可能上限或可能下限,像这样的洪痕信息不能随意放弃。河流两岸受洪水冲刷后在未被淹没部分的下缘,常呈现一条明显的界线,尤其从远处望去,在纵向上呈现一条与水面比降基本接近的明显界限。岩石或碎石类河岸遭洪水冲刷后,水流带走了地表的植物和细颗粒泥沙,显露新鲜岩面,碎石颗粒间无细颗粒充填,洪水位以上仍保持原状;在偏僻、人烟稀少地区可根据洪水淹侵对两岸淤积物所引起的物理、化学和生物变化的标志去判定分析。

(3)洪痕的评定。洪水痕迹经检查分析后,其可靠程度可按表6-3予以适当评定。

表6-3 洪痕可靠程度的判定

评定因素	等级		
	可靠	较可靠	供参考
指认的印象和旁证	亲眼目睹,印象深刻,所讲情况逼真,旁证确凿	亲眼所见,印象深刻,所讲情况逼真,旁证材料较少	听传说,印象不深,讲述情况不够清楚具体,缺乏旁证
标志物和洪痕情况	标志物固定位置具体,或有明显洪痕	标志物变化不大,洪痕位置较具体	标志物已有较大变化,洪痕位置不够具体
可能误差范围	0.2m以下	0.2～0.5m	0.5m以上

4)河道及流域状况调查

河道及流域情况与河道横断面的过水能力及洪水形成有密切的关系。由于自然界的变化和人类活动的影响,河道和流域情况都有不同程度的变化,推求洪水流量时,必须考虑这些变化的影响。

(1)调查河段的水流情况,包括主槽与河滩的划分、地表特征、植物、土类、洪水中漂流物的种类与大小以及堵塞情况。

(2)断面处有无大河倒灌影响、断面附近死水和回水所占的阻水面积、历年来冲淤变化的程度等必须调查清楚,以便在计算流量时作适当的扣除或更正。

(3)调查河段上、下游有无河流改道、溃坝、决堤、疏浚河道、裁弯取直、筑堤开渠、建桥修坝或人类活动对洪水造成的影响。

(4)调查流域内植被、地形、土质、水土保持情况及历史上的变化,有无湖泊、沼泽、洼地、闭流区和岩溶区,以及对洪水的影响如何、历史洪水发生时与现在的情况有何差异等。

3.历史洪水分析

历史洪水的大小,一般结合历史文献中对洪水的描述程度和灾害大小来判断;而历史洪水的重现期则是通过调查和历史文献的考证来综合确定的。历史洪水的重现期可用下式确定：

$$T=\frac{\text{现在}-\text{老人记忆年代}+1}{m} \tag{6-2}$$

式中：T 为重现期，年；m 为历史洪水在考证期内以大小顺序排队的序号。

若历史洪水发生年份距今较近，采用上述方法确定的重现期往往偏小，此时应尽量通过历史文献考证向前追溯（但必须注意不要遗漏同量级的洪水），以大小排队的位置决定重现期。由下式确定：

$$T=\frac{\text{现在}-\text{考证年份}+1}{m} \tag{6-3}$$

式中符号的含义同前。

1）历史洪水的洪峰流量计算

由历史洪水资料推算洪峰流量时，应根据洪痕点的分布及河道水力特性等，分别选用不同的计算方法。常用的方法有比降法、水面曲线法、延长 $H\sim Q$ 曲线法及控制断面法。

(1)当桥渡附近有水文站实测资料可参考时，尽量利用水文站实测资料，采用延长 $H\sim Q$ 曲线推求洪峰流量。注意计算断面与水文站断面的水力特性、水力要素及河床质组成情况。

(2)当无实测资料，采用比降法计算时，注意对过水断面、河床糙率及水面比降等因素进行分析研究。

(3)当河段较长、洪痕点较少，且河段的纵、横断面变化较大时，宜采用水面曲线法计算洪峰流量；应用比降法和水面线法时，其精度除受水位误差影响外，还受断面、水面比降及河床糙率的影响，应注意对上、下游河段各断面的计算成果进行综合分析。

(4)控制断面法用于河段上、下游有人工控制断面，如急滩、陡坡、卡口等，可用相应的水力学公式计算流量。该法的精度仅受水位影响。因此，在条件适宜、选用方法正确时，常能得到令人满意的计算成果。

2）由实测洪水量成果反推综合阻力系数

由水文站实测流量成果资料反推河段的综合阻力系数 $mI^{1/2}$ 的值。

当调查河段上、下游有水文站时，应尽量利用水文站的实测流量成果，反推综合阻力系数 $mI^{1/2}$ 值，并点绘 $H\sim mI^{1/2}$ 关系曲线，视其高水位时的变化趋势，结合河段的平面、纵断面与横断面形态以及河床岸壁的地貌特征，确定相应洪水时的综合阻力系数 $mI^{1/2}$。具体做法如下：

(1)在水文站的实测流量成果表上选择几场涨落过程完整的大洪水资料。

(2)摘取每场洪水涨落时刻相应的水力要素 H、Q、ω、$\bar{v}$、h、B 等。

(3)按下式计算综合阻力系数：

$$mI^{1/2}=\frac{Q}{\omega R^{2/3}}$$

或

$$mI^{1/2}=\frac{\bar{v}}{R^{2/3}} \tag{6-4}$$

式中：ω、$\bar{v}$、R 分别为实测流量 Q 时相应的过水面积、平均流速、水力半径，其中 $R=\omega/p$，

p 为湿周。

当测流断面为矩形或接近矩形时，$p=B+2h$；当 $B/H>20$ 时，$p=B$；一般情况下，按 $p=B+h$ 近似计算。B 为水面宽，这时 $h=\omega/B$ 为平均水深。

(4)根据各级水位下计算的 $mI^{1/2}$，点绘 $H\sim mI^{1/2}$ 关系曲线，如图 6-1 所示。

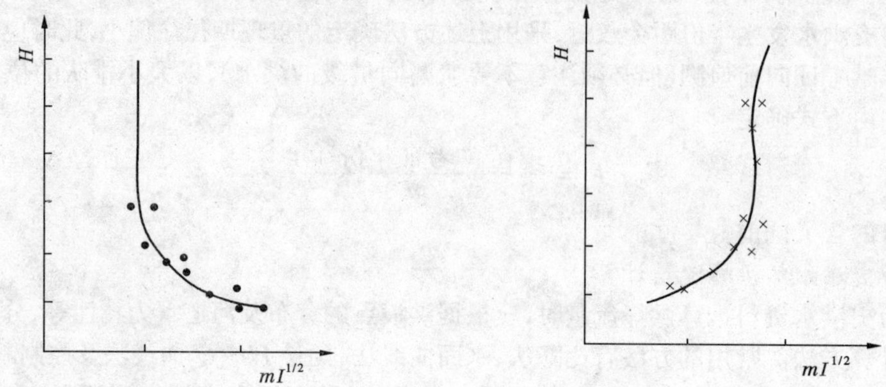

图 6-1　$H\sim mI^{1/2}$ 关系示意图

(5)根据 $H\sim mI^{1/2}$ 关系曲线点群分布趋势，结合高水位时 $mI^{1/2}$ 趋于稳定的特点，确定水文站相应高水位时的 $mI^{1/2}$ 值。如有调查的高水位水面比降资料，则粗糙系数 m 由下式确定：

$$m=\frac{mI^{1/2}}{I_{实测}^{1/2}} \tag{6-5}$$

3)历史洪水调查资料的整理分析

(1)成果整理。历史洪水的调查成果包括：①调查情况说明表；②洪痕、洪水情况调查表；③调查河段的平面图、断面图；④水位比降线；⑤洪峰流量计算成果表。

(2)综合分析及合理性检查。该项包括：①同一地区历史洪水成果的对比分析；②用同频率或相近频率的 $Q_P\sim F$ 关系分析对比。当流域内进行了较多河段的洪水调查和各次洪水年的重现期分析时，对于非特别稀遇洪水，可分区点绘不同重视期的洪峰流量与流域面积的关系，以此分析检查成果的合理性。

4)历史洪水的分析

历史洪水的分析主要是根据洪水淹没建筑物的情况，结合雨情、灾情、水情记载，分析洪水来源、大小及组成等。

(1)洪水量级分析。通过文献、文物考证，当洪水位所至之建筑物仍在时，则可现场调查核实并估测洪水位，分析洪水大小。根据当时的雨情、水情、灾情和如“大雨倾盆”、“猛雨三日夜”、“河水猛涨”、“洪水滔天”、“陆地行舟”、“城墙房舍坍塌殆尽”、“人畜伤亡”等分析洪水大小时，应采用各种指标，从各个角度综合分析。各级洪水的划分并无严格的标准和界限，可根据本地区(区域)的情况和文献记载，概括归纳具有代表性的材料，作为权衡本地区各级洪水的尺度。某流域洪水分级指标如表 6-4 所示。

(2)洪水过程特性分析。根据暴雨大小、洪水涨落的急缓等记载，可大致分析是单峰洪水还是双峰(多峰)洪水。

表 6-4　某流域洪水分级指标

序号	综合指标	洪水等级
1	全城被淹,人口死亡数千以上,迁城移居,灾情十分严重	非常洪水
2	全城汪洋一片,古老寺庙被毁,房舍坍塌殆尽,人畜死亡严重	特大洪水
3	决城墙,溃堤坝,房屋大量倒塌,灾情严重	大洪水
4	洪水猛涨,灾情不重	一般洪水

(3)洪水的地区分析。洪水的地区分析是指对历史上大洪水年在较大范围内分析其雨情、雨区范围、中心位置等,以及水情、灾情记载与相邻流域进行比较。

(4)历史洪水的顺位分析。通过调查、文献考证,弄清近百年或更长时期内,大洪水发生次数、大小次序、有无遗漏的可能,估算其历史洪水的重现期。我们通常把所有实测资料的年份(即实测期)之前并能调查到的历史洪水最远年份的这一段时期称为调查期;把有历史文献资料可考证的时期称为文献考证期。

一般在调查期获得的历史洪水量级、大小顺位及重现期是较可靠的,而文献考证期的洪水,由于年代久远且多为定性描述,对洪水量级的确定仅有参考价值。如某河流某水文站,自 1953～1982 年有 30 年实测资料,1982 年洪峰流量系 30 年中最大值,又在测站上游实地调查了 5 次较大历史洪水,即 1877、1878、1914、1915、1931 年,其中 1915、1931 年的洪峰流量均超过 1982 年实测值。为了判定 1915、1931 年历史洪水的重现期,又收集整理并考证了附近地区的文献(县志)等,考证出自 1764 年以来没有发生过比 1915 年和 1931 年量级更大的洪水,且 1764 年的洪水与 1982 年的洪水相当。这样可得知,自 1764 年以来约 220 年间共发生 7 次(包括 1982 年洪水)大洪水,1915 年洪水系自 1764 年以来最大的,1931 年为第二大洪水,1764、1877 年与 1982 年洪水相当,而 1878、1914 年洪水量级或与 1982 年相当或较 1982 年洪水为小,认为它们的顺位可分别排在第 6、第 7 位。7 次洪水的大小顺位如表 6-5 及图 6-2 所示。

表 6-5　7 次洪水的大小顺位

时间	1915 年	1931 年	1982 年	1764 年	1877 年	1878 年	1914 年
顺位	1	2	3	4	5	6	7
重现期(a)	220	110	73	55	44	36	31

5)频率流量计算

进行频率流量计算的目的就是根据水文站的实测与插补的流量系列和历史洪水资料,分析确定各自序位或重现期,通过频率计算估算洪峰流量总体分布曲线,从而推求指定频率的设计洪峰流量。

频率流量计算需要解决线型和传统参数问题,规范规定设计参数的估算方法采用矩形法、图解适线法,这些方法具有简便、直观、灵活等特点。计算成果精度主要取决于每一

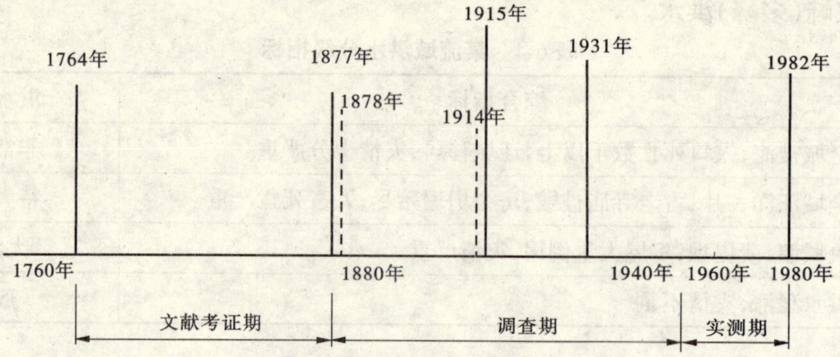

图 6-2　7 次洪水的大小顺位排列

项洪水值的经验频率、适线准则以及线型是否合理。

经验频率的估算需要由实测和插补延长所组成的系列。该系列可视为从总体分布中独立随机选样得到的。系列中没有特大洪水时,需提出单独处理。若仅就各项洪水值直接按其大小顺序统一排队,这种样本称为连续系列;反之,通过调查和文献考证后,有特大洪水值,需在较长时期内进行排位时,这种样本称为不连续系列。

连续系列中各项的经验频率常用数学期望公式来估算经验频率:

$$P_m = \frac{m}{n+1} \tag{6-6}$$

式中:P_m 为等于或大于某一变量 X_m 的经验频率;m 为由大到小的顺序号,即 $m=1$、2、…、n;n 为系列中的总年数。

不连续系列中各项经验频率,在实测系列以外,当调查到若干个历史洪水或实测系列中出现特大洪水,需作特大值处理时,应首先对各次洪水的重现期进行考证,并确定其应在哪个重现期内排位,然后进行经验频率的估算。铁路勘测规范中规定了两种方法:

(1)将实测系列与特大值系列看做是从总体中独立抽取的 n 个随机连续样本,各项流量只可在各个系列中分别排位,其中实测系列中各项经验频率可按 $P=m/(n+1)$ 公式计算;在调查或考证期 N 年中的前 a 项特大洪水(无遗漏时),序号为 M($M=1$、2、3、…、a)的经验频率为

$$P = \frac{M}{N+1} \tag{6-7}$$

应用上式计算各项经验频率时,须注意以下情形:①在 N 年调查或考证期内,特大洪水有可能遗漏时,可据考证情况,分别在不同调查期内排位估算其经验频率;②当按前述方法估算的历史洪水和实测系列的前几项洪水的经验频率出现重叠现象时,可将实测系列的前几项洪水除保留其在实测系列中的位置外,另按历史洪水重现期顺位排于 a 个历史洪水之后,用 $P=M/(N+1)$ 公式估算,以修正其经验频率。

(2)将实测系列与特大值系列共同组成一个不连续系列作为代表总体的一个样本,实测系列为其中的组成部分,不连续系列各项可在调查期 N 年内统一排位。

设 N 年中有 a 项特大洪水,其中有 L 项发生在 n 年实测系列中;N 年中的 a 项特大洪水仍按 $P=M/(N+1)$ 式估算。实测系列中其余的($n-L$)项,因为抽样是在总体内小

于末位特大洪水的条件下进行的,其经验频率用下式估算:

$$P_m = \frac{a}{N+1} + \left(1 - \frac{a}{N+1}\right)\left(\frac{M-L}{n-L+1}\right) \tag{6-8}$$

式中:a 为在 N 年中连续顺位的特大洪水项数(包括发生在实测系列内的 L 项);N 为调查考证期;n 为实测系列项数;L 为实测系列中抽出作特大洪水处理的项目;m 为实测洪水的序位;P_m 为实测系列第 m 项的经验频率。

如果在 N 年之外有更久远的 N' 年的调查洪水,则同样可把 N 与 N' 年组成不连续系列,按上述公式估算各项经验频率。

上述两种方法,目前都在使用。一般说来,第一种方法比较简单,适用于系列代表性较好而历史洪水排位有可能遗漏的情况;第二种方法适用于在调查考证期 N 年内为首的项数历史洪水为连续无遗漏时,该法可避免历史洪水的经验频率与实测系列的经验频率产生的重叠现象。

【例 6-1】 某站自 1935~1972 年的 38 年中,有 5 年缺测,故实有 33 年资料。其中 1949 年为最大,并考证应从实测系列中抽出作特大值处理。另外,经考证自 1903 年以来的 70 年中,有为首的 3 次大洪水,其顺位为 1921 年、1949 年、1903 年,并确定在这 70 年中不会遗漏比 1903 年更大的洪水。同时,还调查到比 1921 年更大的 3 次洪水,其顺位为 1867 年、1852 年、1832 年。按上述两种方法计算各项经验频率列于表 6-6。

表 6-6　各种洪水频率计算

调查及实测	系列年数 (实测) a	系列年数 (调查) m	洪水序位 (实) m	洪水序位 (调) M	洪水年份	经验频率 P 第一种方法	经验频率 P 第二种方法
调查期 N_2		141 (1832~1972 年)		1	1867	$P_{m2-1}=\frac{1}{142}=0.0070$	同方法一
				2	1852	$P_{m2-2}=\frac{2}{142}=0.0141$	
				3	1832	$P_{m2-3}=\frac{3}{142}=0.0211$	
				4	1921	$P_{m2-4}=\frac{4}{142}=0.0282$	
调查期 N_1		70 (1903~1972 年)		1	1921	抽出到上栏排位	
				2	1949	$P_{m1-2}=\frac{2}{71}=0.0282$	$P_{m1-2}=0.0282+(1-0.0282)\frac{2-1}{70-1+1}=0.042$
				3	1903	$P_{m1-3}=\frac{3}{71}=0.0423$	$P_{m1-3}=0.0282+(1-0.0282)\frac{3-1}{70}=0.0559$
实测期 n			1		1949	抽出到上栏排位	
			2		1940	$P_{m-2}=\frac{2}{33+1}=0.0588$	$P_{m-2}=0.059+(1-0.059)\frac{2-1}{33-1+1}=0.0845$

设计流量计算需要完成统计参数估算。任何一个随机系列都可用频率密度曲线或频率曲线来反映该系列的特征,也可以用某些特征数值即分布参数来反映它的特征。分布参数是根据样本资料来计算的,也称为统计参数,水文上常用的统计参数有以下几种。

(1)均值 $\overline{X}$,为 N 年观测资料的算术平均值。

对于 n 年连续系列,均值 $\overline{X}$ 为

$$\overline{X} = \frac{1}{n}\sum_{i=1}^{n} X_i \tag{6-9}$$

对于不连续系列,均值 $\overline{X}$ 为

$$\overline{X} = \frac{1}{N}\left[\sum_{j=1}^{a} X_j + \frac{N-a}{n-1}\sum_{i=L+1}^{n} X_i\right] \tag{6-10}$$

均值反映了系列的平均情况,即系列水平。随着系列项数的增加,均值渐渐稳定。其缺点是易受极端值的影响,尤其在短系列中最为明显。另外,均值的大小对密度曲线和频率曲线有显著影响。

(2)中位数 $\check{X}$(也称中值),为系列中位居中间的一个数值。如总数项为偶数,应求其最中间两项的平均值。中值仅与项数有关,对系列中随机变量的变动情况,即除掉中位数这项外,其他项的变量大小都与它无关。

(3)众数 $\hat{X}$(也称众值)。它是系列中出现次数最多的一个数值,也即最常见的数值,在频率密度曲线上顶点(峰)所相应的横坐标就是众值。

(4)均方差 σ。有时两个系列虽然均值相等,但分布在均值两旁的系列离散程度不一样,为了区别这种不同,常用均方差来表示。其计算公式为

$$\sigma = \sqrt{\frac{\sum (X_i - \overline{X})^2}{n}} \tag{6-11}$$

该公式仅用于总体或当 n 很大时才是合理的。当系列的样本容量不大时,应用下列修正公式来计算:

$$\sigma = \sqrt{\frac{\sum (X_i - \overline{X})^2}{n-1}} \tag{6-12}$$

有了均方差,就可以判别均值相同的两个系列的离散程度。如有两系列

甲:	12	11	10	9	8
乙:	18	14	10	6	2

它们的均值 $\overline{X}$ 都为 10,其均方差为 $\sigma_{甲} = 1.6$、$\sigma_{乙} = 6.3$,$\sigma_{乙} > \sigma_{甲}$,显然,在均值相等的情况下,均方差愈大,它的离散度也愈大。

(5)变差系数 C_v。上述均方差只是用来反映均值相同情况下系列的离散程度,而在均值不等的情况下,均方差就不能反映,因为它不仅受变量变动的影响,而且还受系列水平的影响。因此,常用均方差与均值的比值(相对量)来反映离散程度,这个比值称为变差系数 C_v。计算公式为

$$C_v = \frac{\sigma}{\overline{X}} = \frac{1}{\overline{X}}\sqrt{\frac{\sum (X_i - \overline{X})^2}{n-1}} = \sqrt{\frac{\sum (K_i - 1)^2}{n-1}} \tag{6-13}$$

例如，有两系列

甲：	995	1 000	1 005
乙：	5	10	15

两者均方差都为5，两者均值分别为1 000和10，相差100倍，而其C_v值分别为0.005和0.5。显然，甲系列的离散度要较乙系列小得多。又如甲、乙两条河，甲河的平均流量$\overline{Q}_甲=24\ 600m^3/s$，乙河$Q_乙=2\ 010m^3/s$，经计算，$\sigma_甲=3\ 940\ m^3/s$，$\sigma_乙=560\ m^3/s$，虽然$\sigma_甲>\sigma_乙$，但甲河的平均流量较乙河大10倍以上，两者$C_v$值为

$$C_{v甲}=\frac{\sigma}{\overline{Q}}=\frac{3\ 940}{24\ 600}=0.16$$

$$C_{v乙}=\frac{\sigma}{\overline{Q}}=\frac{560}{2\ 010}=0.28$$

$C_{v甲}<C_{v乙}$，说明甲河的离散程度较乙河小。因此，变差系数C_v值可以相对说明各河流量的稳定情况。

(6)偏差系数C_s。C_v值只表示系列的离散程度，不反映对称于均值位置各随机变量出现频率大小的情况。此时，须用偏差系数C_s来反映，其计算公式为

$$C_s=\frac{\sum(X_i-\overline{X})^3}{n\sigma^3} \tag{6-14}$$

对于样本，可采用如下修正公式：

$$C_s=\frac{\sum(X_i-\overline{X})^3}{(n-3)\sigma^3}=\frac{\sum(K_i-1)^3}{(n-3)C_v^3} \tag{6-15}$$

由上式可知：当$C_s=0$时，即$\sum(X_i-\overline{X})^3=0$，为对称分布，说明对称于均值的各随机变量都一一相等；当$C_s>0$时，即$\sum(X_i-\overline{X})^3>0$，为正偏分布，表示小于均值的随机变量比大于均值的出现概率大，频率密度曲线右边尾巴拖得长；当$C_s<0$时，即$\sum(X_i-\overline{X})^3<0$，为负偏分布，情况同正偏分布相反。

水文系列大多$C_s>0$，为正偏。在水文计算中由于实测资料年数不多，一般只有几十年，计算C_s值误差很大。因此，在频率计算中，不用公式计算C_s值，而常采用等于n倍的C_v来表示，如$C_s=2C_v$、$C_s=3C_v$、$C_s=4C_v$等。

对于N年不连续系列

流量均值

$$\overline{Q}=\frac{1}{n}\left[\sum_{j=1}^{a}Q_j+\frac{N-a}{n_1-L}\sum_{i=L+1}^{n_1}Q'_i\right] \tag{6-16}$$

变差系数

$$C_v=\frac{1}{\overline{Q}}\sqrt{\frac{1}{N-1}\left[\sum_{j=1}^{a}(Q_i-\overline{Q})^2+\frac{N-a}{n_1-L}\sum_{i=L+1}^{n_1}(Q'_i-\overline{Q})^2\right]} \tag{6-17}$$

式中：Q_i为特大洪水流量($j=1、2、\cdots、a$)，m^3/s；Q'_i为一般洪水流量($i=L+1、L+2、\cdots、n_1$)，m^3/s；其他符号含义同前。

统计参数适线调整时，流量均值 $\overline{Q}$ 不可调整，变差系数 C_v 值可在 $\pm\sigma_{C_v}$ 范围内调整。

σ_{C_v} 的近似计算式为

$$\sigma_{C_v} = \frac{C_v}{\sqrt{2n}}\sqrt{1 + 2C_v^2 + \frac{3}{4}C_s^2 - 2C_vC_s} \tag{6-18}$$

式中：偏差系数 C_s 值可直接参考相似流域的统计经验资料，选用的 C_s 值可为 C_v 数值的 2～5 倍。

目前，在桥渡水文计算中广泛采用适线法。适线法估计或优选参数的基本思路，是使经验点据同欲求的理论频率曲线之间的关系在一定的目标函数下达到的最优，从而估算统计参数。

通常采用如下优化表达式：

$$Q = \sum_{i=1}^{n} | X_i - X_i^* |^b = \min \tag{6-19}$$

式中：X_i 为相应频率的实测值；X_i^* 为相应频率的理论频率曲线；n 为实测系列的总项数；b 为方次（指数），当 $b=2$ 时即为熟知的最小二乘法，当 $b=1$ 时即为离差绝对值之和最小方法。

采用上述准则适线，可充分利用计算机快速计算，其成果避免了因人而异所出现的误差。

(7)离均系数 Φ_P。在我国的水文计算中，使用的最为广泛的是 P — Ⅲ型曲线。为了方便使用，将 $C_s=0$～5.0 及各种 P 值对应的 Φ 值算出，制成专用的表，即 P — Ⅲ型曲线的离均系数 Φ_P 值表。

进行频率分析计算时，先有已知的 C_s 值，查出制定 P 的 Φ_P 值，然后将此值及已知的 $\overline{X}$、C_v 代入下式，即可求出对应于 P 的 X_P 值。

$$X_P = (\Phi_P C_v + 1)\overline{X} \tag{6-20}$$

当参数 $\overline{X}$、C_v 和 C_s 确定以后，X_P 只随 P 变化。因此，可以据此绘出相应的参数 $X_P \sim P$ 变化曲线，称为 P — Ⅲ型曲线，亦即所谓的“理论”频率曲线。假定 C_s 时，通常用 C_v 的某一倍数表示。对于年径流，一般为 C_v 的 2～3 倍；而对于暴雨和洪水，一般为 C_v 的2～4 倍。绘出若干条“理论”频率曲线，从中（或加修正）选出一条与经验频率点配合最好的曲线作为最后采用的“理论”频率曲线，从而可确定计算中所需的参数 $\overline{X}$、C_v、C_s。

上述适线法成果的可靠性如何，还需要进行大量的综合分析对比，其影响成果可靠性的主要因素为：①经验频率的估计。经验频率点据是适线的主要依据，纵坐标的误差来源于测量误差，对计算成果的影响不大，横坐标（即经验频率系由期望公式计算的），抽样误差较大，所以实测样本系列的代表性分析以及稀遇洪水的重现期的确定要充分论证其可靠性与合理性。②经验及附加信息的合理性。适线时常常运用工作经验或某种水文气象特征信息，对统计参数进行人工干预，如历史洪水经验频率的可能变幅的调整，上、中、下段点据的分段权衡协调，以及区域内的水文、气象、下垫面特征等因素的综合考虑。因此，在适线时，对参数的协调要注意综合分析，合理确定，以增加可靠性。

(8)设计洪水成果的合理性分析。洪水存在地区性的变化规律,其统计特征值在上、下游及各地区之间也具有一定的关系,并呈现一定的地区分布规律。所谓合理性,就是利用这些参数之间的相互关系和地理分布规律,对单站计算成果进行对比分析,以减小因资料系列带来的抽样误差,所以该项工作是提高成果可靠性的重要环节。

(二)根据雨量资料推算设计流量

暴雨是形成洪水的主要因素。根据雨量资料推算设计洪水是一种间接的办法,即对降雨、融雪、经过损失及集流而形成流量的全过程加以分析研究,从而估算流量。为保证设计流量的精度,对雨量资料的观测精度、系列长短、地区特性以及暴雨的独立性和代表性等,均须作细致的调查分析研究工作。

由雨量资料推求设计流量的途径包括确定设计暴雨、产流及汇流分析,转换成河沟出口断面流量及流量过程。

20 世纪 60 年代以来,铁路设计院和科研单位协作研制了适合铁路特点的小流域暴雨径流计算公式,用于小流域暴雨洪峰流量计算。需要说明的是,实用中还要明确以下几个方面:

(1)在制定暴雨公式和暴雨参数时,广泛收集了水文气象台站及其他有关部门的自记资料,是按不同成果选出不同时段的最大值进行统计计算的。

(2)小流域暴雨径流可采用铁路各设计单位根据地区特点制定的公式计算;水利部门和有关地区的成果亦可参照使用,但计算时宜对所采用的公式进行验证。

(3)对有实测暴雨资料的流域,可根据实测资料分析出单位线,推算设计流量。当流域面积很大或流域形状特殊,产流面积很不均匀时,可分区分别推算各区的单位线,叠加后推算设计流量。在缺乏实测暴雨资料的流域,可移用邻近流域地理条件相似的单位线,或应用本地区的综合单位线推算设计流量。

(4)采用地区性经验公式推算设计流量时,应了解编制公式的依据和参数概化的条件,并应按本地区已发生过的较大暴雨径流资料、历史洪水调查资料推算的设计流量进行对比分析,检验其合理性。

总的来说,各设计院的公式中,都包含有暴雨、产流、汇流三个方面的常数,这些参数在流量计算中都需要认真对待和解决。首先应对流域内的短历时暴雨参数进行细致分析和研究,推求各时段的设计暴雨,合理选配暴雨强度公式,确定暴雨参数 S、n 值,并据此综合或编制参数等值线图,为桥涵勘测设计提出足够的水文基础资料;其次,勘测中应深入调查了解流域的自然地理特征、河道断面形态、流域内土壤、植被的类别及分布特征,合理选用产流参数;最后,有条件时,尽量收集沿线河流发生较大洪水的水文资料,验证公式参数。同时,在一定数量实测资料的情况下,采用多种方法计算流量,以提高成果的精度。

(三)根据历史洪水调查资料推算设计流量

在遇到缺乏水文资料的地区或虽有水文实测资料但系列较短、不能满足设计要求时,为弥补这些缺陷,应按洪水痕迹的分布、河段水力特征和具体条件,分别采用平均比降法、水面曲线法、控制断面法等进行流量计算,必要时可同时采用几种方法进行比较和分析,以提高计算精度。在进行洪水的调查和计算时,对调查的洪水资料,要认真分析,多方面论证,去伪存真。

1. 推算历史洪水时有关水力要素的确定

1)对水文断面位置的要求

水文断面一般宜选在河段顺直、河床稳定、冲淤变化不大、断面形状比较规则、泛滥宽度较小之处,并应尽量靠近洪痕点,与水流流向垂直。同时,当采用不同的计算方法时,对断面位置的要求,还有如下几点:

(1)当采用平均比降法推算流量时,水文断面的数目不得少于两处,以便互相核对。

(2)当采用水面曲线法推算流量时,水文断面应设在水面转折、河谷断面变化和土质覆盖变化等处,两断面相应水位的平均面积、水力半径、粗糙系数等因素基本代表该河段的基本情况,且断面不宜少于2个。

(3)当采用临界流的方法(急滩)估算流量时,水文断面应布设在河底纵坡转折处及其上游洪痕处。

(4)当卡口法计算流量时,水文断面应布设在收缩断面和其上游的渐近断面处。

(5)如利用水文站实测的水位—流量关系推算流量时,断面与水文站的断面一致。

2)河床粗糙系数

粗糙系数除无实测资料时参照天然河道洪水粗糙系数表选用外,一般应尽量利用调查河段上、下游或临近地区河段特征相似的水文站较大洪水资料分析求得的水位—粗糙系数关系曲线外延的数值。

3)水面比降

计算流量所用的水面比降,应从可靠或较可靠的代表性好的洪痕点、参照测绘时的水面线、河底线及近期实测的大洪水或中高水位的水面中求得,并考虑河段断面形态等因素绘制的洪水水面线求得。

2. 利用平均比降法计算洪水流量

在天然河道中,如果河段比较顺直,且具有相当长度,断面变化均匀,冲淤变化较小,水面比降平稳,调查到的洪痕点分布均匀,左右岸不存在横向比降,可采用此法计算。

1)恒定均匀流洪峰流量计算

当河段顺直,上、下游断面变化较小,河床糙率一致,通过某一固定流量时,其河底线、水面线和能面线三线平行。水流状态为稳定的等速流时,用谢才－曼宁公式计算:

$$Q = \omega m R^{2/3} I^{1/2} \tag{6-21}$$

2)恒定非均匀流洪峰流量计算

当河段内各断面形状和面积相差较大时,各断面通过的流量虽然相同,但各断面的水流流态和平均流速却不一样。因此,河底线、水面线和能面线互不平行,这种水流称为恒定非均匀流,计算时需考虑流速水头的变化和局部损失。

$$Q = \overline{K}\sqrt{\frac{\Delta H}{L_{\mathrm{d}}\dfrac{1 \pm \xi}{2g}\left(\dfrac{\overline{K}^2}{\omega_1^2} - \dfrac{\overline{K}^2}{\omega_2^2}\right)}} \tag{6-22}$$

式中:$\overline{K}$ 为上、下断面输水率的平均值,$\overline{K} = \omega m R^{2/3}$,对于复式断面,应结合上下游较长河段情况、河床植被情况、水深及有无底沙运动等,正确划分滩槽,分别选用 m 和分别计算 K,最后累加计算;ω_1、ω_2 为上下断面的有效过水面积,m^2;ξ 为局部损失系数,收缩断面

$\xi=0\sim0.1$,逐渐扩散河段 $\xi=0.3\sim0.5$,突然扩散河段 $\xi=0.5\sim1.0$,式中收缩河段取 $1+\xi$,扩散河段取 $1-\xi$;L_d 为上、下断面间距,m;g 为重力加速度,m/s^2;ΔH 为水面落差,m。

3.利用水面曲线法计算洪水流量

当调查河段较长,可靠洪痕点较少,或调查洪痕点较多,但按点群趋势,水面线出现明显曲折,或河底比降及横断面变化较大又无控制断面存在,且不受变动回水影响时,可采用水面曲线法推算流量。先假定一个流量值,根据选定的各河段糙率,自下游已知(或估定的)某一洪水位开始,向上游诸段推算水面线。经试算,使推算的水面线与调查的洪水痕迹多数符合,则假定的流量即为所推求的流量。其基本公式如下:

$$H_1+\frac{a_1\overline{v}_1^2}{2g}=H_2+\frac{a_2\overline{v}_2^2}{2g}+h_f+h_j \tag{6-23}$$

式中:H_1、H_2 分别为上、下断面处的水位高度,m;$\overline{v}_1$、$\overline{v}_2$ 分别为上、下断面处的平均流速,m/s;h_f 为摩阻损失,$h_f=\frac{Q^2}{K^2}L$;h_j 为扩散损失,$h_j=\xi\left(\frac{a_1\overline{v}_1^2}{2g}-\frac{a_2\overline{v}_2^2}{2g}\right)$;$a_1$、$a_2$ 分别为上、下断面处动能修正系数。

4.控制断面法

当调查河段内具有人工的或天然的控制断面(如瀑布、石梁、急滩、卡口、桥涵等),水流在控制断面处发生剧烈变化,但其上游范围内都能保持稳定状态,并在控制断面与洪痕间无别的控制断面存在,也无支流汇入,其下游也无束窄断面产生壅水时,则可采用本法计算洪水流量,若在控制断面上有调查洪痕,则可根据控制断面直接推算流量;若调查洪痕在控制断面上游,则按水面曲线法要求,测几个断面,首先在控制断面处估算流量,求出相应的水位,然后以水面曲线法往上推算至洪痕处。若与洪痕相符,则此时的估算流量即为所求流量;如不相符,则重新假定 Q 进行计算,直至相符为止。

1)急滩计算法

当断面以上河底比降小于临界比降、断面以下大于临界比降时,则比降转折点处将形成临界流。若临界水深为 h_k,则可按临界流公式推算流量,并由此向上推算水面线直至调查到的洪痕处。若二者相符,即为所求流量;否则应重新假设 h_k,重新推算,直至符合为止。此时,临界流量和河底比降的计算公式分别为

$$Q=\sqrt{\frac{g\omega_k^3}{B_k}} \tag{6-24}$$

$$I_k=\frac{n^2Q^2}{\omega_k^3R_k^{4/3}} \tag{6-25}$$

式中:ω_k 为临界水深时的过水断面面积,m^2;B_k 为临界水深时的过水断面水面宽,m;I_k 为临界比降;R_k 为临界流的水力半径,m;其他符号含义同前。

有关水面线的推算可参考有关文献。

2)卡口计算法

在河道束窄形成卡口处(如峡谷、压缩的既有桥涵等),由于卡口前水位壅高,卡口内流速增大使水面下降,且河底为岩石(或铺砌)不发生冲刷时,可根据上、下游调查洪痕间

的水位差计算流量，其计算公式为

$$Q = \omega_2 \sqrt{\frac{2g(H_1 - H_2)}{\left(1 - \frac{\omega_2^2}{\omega_1^2}\right) + \frac{2gL\omega_2^2}{K_1 K_2}}} \tag{6-26}$$

式中符号的含义同前。

3)利用堰坝计算洪峰流量

在调查的河段附近有滚水坝之类的小型建筑物时，只要水坝上游有洪水痕迹，就可以用它来计算洪峰流量。滚水坝也叫堰，堰顶过水情况按其上、下游水深可分为自由式堰流及淹没式堰流两类。计算公式为

$$Q = m\sqrt{2g}bH_0^{3/2} \tag{6-27}$$

式中：Q 为洪峰流量，m^3/s；b 为堰顶宽，m；H_0 为堰顶总水头，$H_0 = H + (v_0^2/2g)$，H 为在距堰上游 $3H$ 处测得的高于堰顶的水深，m；v_0 为堰上游断面的平均流速，m/s；m 为过堰流量系数，其值为0.32～0.49，与堰的断面形状有关。

利用以上途径推求设计流量时，应遵循《规范》的规定，并尽可能采用多种方法计算。经分析论证后，选用合理者。

三、设计水位

在桥梁孔径设计中，必须确定桥址处的设计水位。在已知设计流量的条件下，可按以下方法确定：

(1)桥址附近有水文站且河段顺直，可利用水文站测流断面计算设计水位。用相关法或比降法将水位推移至桥址处；当桥址处河底坡度及横断面变化较大时，可用水面曲线法推算。

(2)在桥址附近河床断面规则并有多年历史洪水位资料时，可按《规范》中有关频率计算规定直接推算设计水位。

(3)确定桥下设计水位时，对一些水位并非完全随流量大小而变化的情况必须充分注意，如潮汐、大河倒灌、水库壅水、冰塞及河湾处水位超高等。

(4)在桥址处绘制水位—流量关系曲线，利用已知桥址设计流量，反推桥址处的设计水位。但往往由于观测资料序列较短，资料变化范围满足不了设计需要，需对实测的水位—流量关系进行延长。

下面简单介绍几种延长方法。

(一)相对稳定河段水位流量关系曲线延长

当有实测资料的河段均匀顺直，断面较稳定，不受下游变动回水影响，其水位流量关系呈单一关系时，可以根据具体情况利用以下几种方法外延。

1.外延水位—流速关系

河床比较稳定，河槽形状没有特殊变化时，水位流速关系点子常较集中，曲线趋势明显，一般高水位的水位—流速关系曲线常趋近于直线，且与纵轴接近平行。据此可延长水位—流速关系曲线，再利用水位—断面面积关系曲线，求得需要延长部分的断面面积数

值，将延长部分的流速和断面面积相乘就可延长水位—流量关系曲线(见图 6-3)。

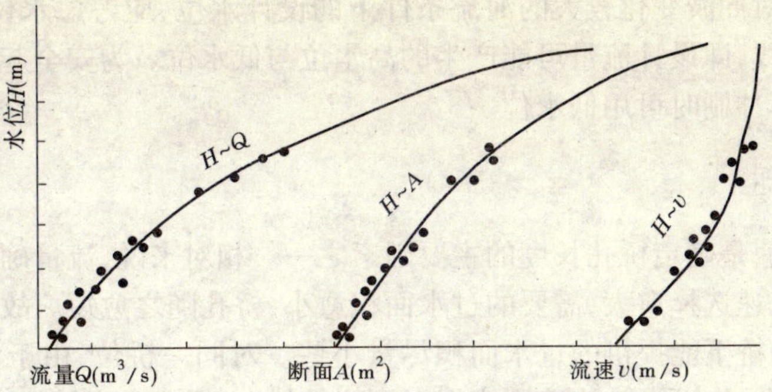

图 6-3　外延水位—流速的关系

2. 用 $H\sim\frac{1}{n}J^{1/2}$ 法延长

在河道整齐顺直、断面变化均匀时，高水部分水面比降 J 及糙率 n 值比较稳定。设高水位时，J、n 值接近于常数，则 $\frac{1}{n}J^{1/2}$ 也接近于常数，$H\sim\frac{1}{n}J^{1/2}$ 关系线在高水部分接近于垂线，可顺曲线趋势沿平行于纵轴的方向延长高水部分。然后再根据实测大断面资料计算各级高水位时的断面面积与平均水深，并自 $H\sim\frac{1}{n}J^{1/2}$ 关系曲线上查得 $\frac{1}{n}J^{1/2}$ 值，即可用公式 $Q=AR^{2/3}\frac{1}{n}J^{1/2}$ 计算流量，从而得到高水部分水位—流量关系曲线(见图 6-4)。在复式河槽高水位有漫滩现象时，如应用本法延长，则河槽与漫滩流量应分别计算。

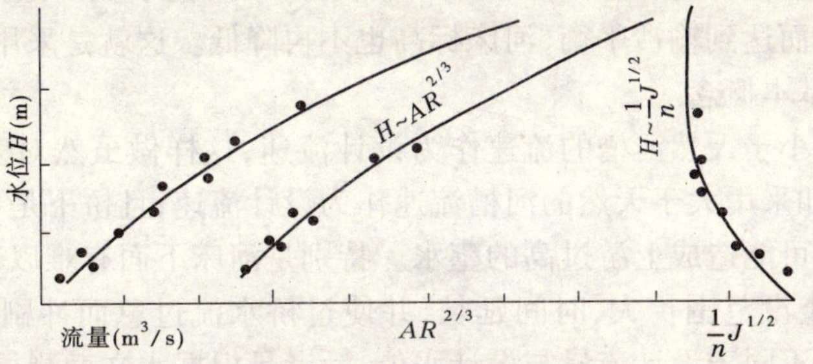

图 6-4　外延水位与 $\frac{1}{n}J^{1/2}$ 的关系

3. 顺势外延水位流量关系曲线

单一断面，$H\sim Q$ 关系曲线稳定，趋势明显，高水位河段水力特性无特殊变化时，可顺势外延，但外延幅度不宜超过实测水位变幅的 20%。如外延较多时，应与其他方法所计算的成果相校正。

(二)受冲淤影响河段的水位—流量关系曲线延长

在冲淤变化不太严重的河道上，高水位时冲淤部分在全断面所占比重不大，高水水位—流量关系曲线基本上是稳定的，仍可用上述方法加以延长。在冲淤变化严重的河道上，情况就比较复杂。一般来说，冲淤影响又包括历史洪水发生以来断面的年际冲淤变化和在一次洪水过程中的冲淤变化两个方面。年际冲淤变化的数量主要依靠调查访问和文献资料的考证等方面获得,年内一次洪水过程中的冲淤变化数量主要通过实测资料的分析计算来解决。对冲淤变化较大的河流条件下的设计水位,应考虑水位—流量关系曲线的上包线与下包线,即设计流量可能产生的高水位与低水位。为安全起见,在计算壅水时可用高水位,计算冲刷时可用低水位。

四、设计流速

桥下设计流速是确定桥孔长度的主要因素之一。相对来说,流量确定后,流速与过水面积成反比,即流速选择愈大,需要的过水面积愈小,桥孔随之愈短。故而设计中,总希望流速尽量大些,使桥下能提供的过水面积尽量小些。对同一桥位,由于流速的不同,桥梁可以采用不同的孔径,而设计流速则应根据河流的特点、桥式方案等拟定。选用设计流速时,必须考虑桥前河流断面上流速分布、建桥后桥下流速的大小、建桥后的河床冲淤情况等。

"设计"流速值的大小,就是受到这种设计思想支配。它不一定是河流天然状态下相应设计流量或设计水位下的某个流速,而是受到桥孔布置、桥孔大小影响的一个量。在同一个选定的桥址断面上,由于桥梁孔径不同,设计流速就可能不一样。

以往设计时,一般采用主槽天然平均流速作为设计流速。采用这一假定是基于如下的考虑。天然河流在发生洪水时,主槽天然平均流速是河槽所能承受的最大流速,在这种流速作用下,河槽范围内河床面上的泥沙处于运动状态,但输沙是平衡的。建桥后,由于桥头路堤截断一部分河滩上的水流,这部分水流汇入桥下通过,所以桥孔范围内的流速增大了,增大的流速将超过洪水时天然河槽所能承受的最大流速,这时桥下河床将发生冲刷,降低桥下流速,直到桥下流速降低到等于天然的河槽所能承受的最大平均流速时,桥下不再有超量冲刷,而达到输沙平衡,河床标高也不再降低。这就是采用天然河槽平均流速作为设计流速的基本概念。

当然,可以采用小于天然河槽的流速作为设计流速,这样做虽然对安全有保障,但可能造成桥孔过大。如采用大于天然的河槽流速作为设计流速,且桥下是可冲刷的,则将产生过深的冲刷,且有可能造成上游过高的壅水。特别是河床下面有难以冲刷的地层时,过高的壅水使桥上游淹没范围扩大,时间延长,并使过桥水流过急而冲刷下游滩岸甚至滩面。因此,设计流速不同于设计流量与设计水位,后者是根据水文勘测得到的原始资料推求出来的,而设计流速则可根据河流特点、桥式方案等拟定,由设计者预估建桥后可能达到的桥下流速。

选用设计流速时,必须考虑建桥前天然河流断面上的流速分布情况;因建桥被路堤截断的水流汇入桥下后,桥下流速将达到多大;恢复到天然河槽流速时,要求的超量冲刷有多大等因素。对河滩较小、压缩不多的河段,可以采用通过设计流量时河槽(包括边滩)的天然流速作为设计流速;对变迁性河段和山前扩散性河段,河槽往往摆动很宽,设计流速一般应采用最大有效河槽宽度范围内的较大平均流速作为设计流速,而不宜采用局部深泓河槽范围内的较大平均流速作为设计流速。另外,为了充分发挥桥下过水断面的过水能力,又不增加河床演变,也可考虑采用河滩土壤不冲刷流速和主槽河床土壤的不冲刷流速作为设计河滩桥孔和河槽桥孔时的设计流速。

在长期的生产实践中认识到，桥下河槽存在着可冲刷河流的自动调节作用，即被桥孔压缩的水流流速增大到一定值时，桥下河槽开始冲刷。随着冲刷后水深的加大，扩大了桥下过水面积，桥下流速逐渐降低，冲刷相应减缓，最终趋于停止。因此，对于冲刷河流，桥下过水面积增大到使桥下流速等于天然河槽流速时，桥下冲刷即停止。故计算桥梁孔径时，采用河槽的天然平均流速作为设计流速，亦即桥下一般冲刷完成时的流速。

第三节　桥涵孔径计算

桥涵孔径主要是根据桥位断面的设计流量和设计水位、河道演变、地形和地质特征、桥台和桥头河滩路堤高度、填料来源、占用耕地情况及便于养护和配合防洪等因素考虑确定。

一、过水条件及其他因素

过水条件是指水文、水力等条件，包括流量、水位、流速、流势、冰情、滩槽情况等主要因素在内。流量大小与孔径长短有密切关系，一般是流量越大，桥梁相应增长。但有时桥梁长度或高度不只是由流量确定的，还有其他因素如路堤填料或地形因素等控制着桥长或桥高。一般情况下，流量越大，水位越高，水面随之加宽，桥梁就要长些；反之，流量小、水位低，水面也随之变窄。当与流量相应的水位出槽以前，一般是流量增长率要大于水面宽度增长率，相应桥长增长率最小；但当水位出槽以后，进入河滩行洪时则相反，即水面宽度增长率迅速，大于流量的增长率，桥长增长率也将大于流量出槽以前的增长率，桥长将急剧加长。在这种情况下，若无实测洪水资料时，正确选用河滩、河槽糙率及其水面比降，以期能正确计算出滩、槽流量及所需桥孔是很重要的。

流势与河床演变、河岸形态变化有密切关系，桥孔设计时需要考虑这些变化，必要时桥长及其布置均应留有余地。冰情表现为流冰、冰塞、冰坝、冰锥等现象，与桥孔设计也有密切关系。滩槽划分在冲刷系数计算中反映特别明显，而冲刷系数大小不是确定桥孔压缩程度的综合反映。正确划分滩、槽，选择合适的滩、槽糙率和水面比降，计算出较切合实际的滩、槽流量，是合理确定桥孔、桥长的重要环节。

20 世纪 50 年代前后修建的宝天、宝成、鹰厦、京承等山区铁路，由于对河流的特性认识不足，加之水文资料有限、计算中采用参数不合理、桥孔压缩过甚等原因，致使上述 4 条铁路的个别地段水害事故时有发生，教训是深刻的。

建桥后，桥位河段的水流和泥沙运动状态是桥孔水力计算的依据，但桥位河段的水流和泥沙运动十分复杂，目前只能在试验和某些假定的基础上，对缓流河段的水流提出简化的计算公式。绝大多数的桥梁是处于缓流河段上的，所以缓流河段的水流图式及其孔径计算方法，对大多数孔径计算是适宜的。

不设导流堤时，桥位河段水流状态可简化为图 6-5 所示的水流图示。

在天然河流上建桥后，由于桥孔对水流的压缩，从桥上游相当远处的断面①—①起，水面开始壅高，至桥位上游附近的断面②—②处，达到最大壅水高度 ΔZ，再向下游，水流在宽度和水深方向都急剧收缩，直到桥梁轴线稍下游的断面③′—③′处，水流呈现“颈口”

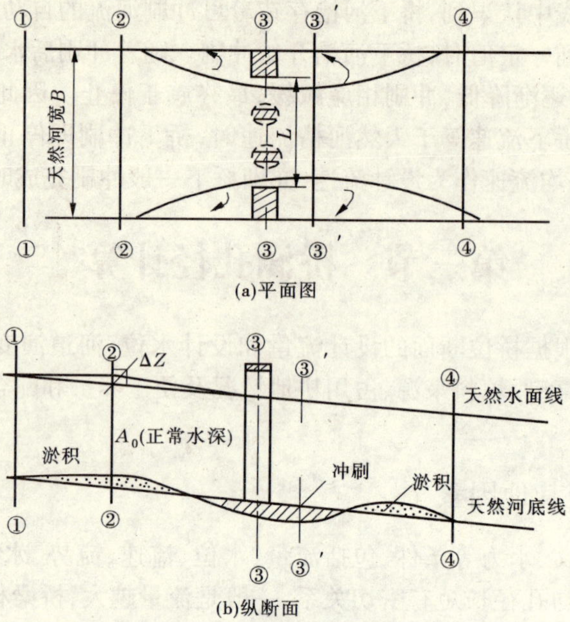

图 6-5　桥位河段水流状态

形状，流速最大，水面最窄，称为颈口断面，颈口断面以下，水流逐渐扩散，到断面④—④即恢复天然状态，在水流收缩的主流与河岸之间，由于水流分离现象，在桥台上下游两侧出现两对主轴旋涡，形成回流区。

河槽纵断面上，在壅水范围内，流速减小，水流挟沙能力降低，泥沙沉积；而最大壅水断面以下，流速加大，水流挟沙能力增强，发生冲刷，颈口断面处冲刷最甚。

地形和地质特征是确定桥孔的另一个主要因素。山区深谷河沟流量虽不大，但往往因深谷路基填土高度太大而需要设置长大旱桥；同时，两岸岩石陡峻，河中水深流急，墩台基础施工困难，往往以一孔大跨将两桥台稳置于两岸岩面上。地质不良地段，桥孔也常常因为墩台布置需要避开不良地基而增加桥长。

桥台型式和桥头河滩路基高度也是控制桥长的因素。对T型、U型和填土高度较小的耳墙桥台，其锥体护坡不会伸出桥台前缘，不致因此而产生侵占桥下流水断面面积；而埋式桥台和填土较高的耳墙桥台，其锥体护坡必须伸出桥台前缘，侵占第一个桥孔（有时占至第二个桥孔）部分或全部流水面积。当桥头填土高度超过12m（T型台）或18m（埋式台）时，则相应高度的T型台和埋式台均不能设置，此时势必加大桥长，直到填土高度适合某一种桥台设置型式为止，这种情况是属于锥体填土高度控制桥长。有时虽不存在上述情况，但因线路跨越高产农田或靠近城镇建筑群时，为了少占良田，减少拆迁工程和便利城镇交通，也可采用桥梁代替路基，设置长大旱桥或增加引桥长度。

填料来源方便与否，有时也控制桥长。平原或山脊表面覆土很薄的地区，路堤填料往往需要远运，填方单价昂贵，若增加桥长，则降低桥头填土高度。

二、桥涵分类标准

按照公路技术标准的规定，桥涵大小通常以桥长分类。在设计水位条件下，两岸桥前缘之间的距离称为桥长，常以 L 表示，如图 6-6 所示。它包括桥墩厚度，故又称为桥的毛长。桥孔中的泄水水面宽度称为桥的净长，常以 L_j 表示。梁式桥、板式桥（涵洞）桥墩中线间的距离称为标准跨径，常以 L_0 表示。拱式桥的跨径为两岸桥台内起拱线间的距离，其他型式的桥梁跨径则为桥面系车道长度。按定义有

$$\left.\begin{aligned} L &= L_j + nd \\ L_j &= nl_j \\ A_q &= A_c + A_x + A_d = A_j + A_d \end{aligned}\right\} \tag{6-28}$$

式中：n 为桥孔的孔径；l_j 为单孔桥净跨；A_q 为桥孔毛长内的净过水面积；A_j 为桥孔净长内的净过水面积；A_c 为桥孔泄流有效过水面积，当为无侧收缩时，$A_x=0$；A_d 为桥墩所占面积；d 为桥墩厚度。

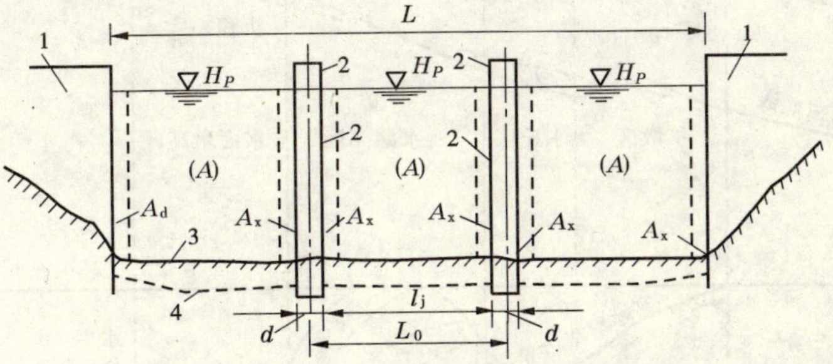

图 6-6 桥长示意图

1—桥台；2—桥墩；3—冲刷前断面；4—冲刷后断面

按经验关系，有

$$\left.\begin{aligned} \varepsilon &= \frac{A_c}{A_j} = 1 - 0.375\frac{v}{l_j} \\ \lambda &= \frac{A_d}{A_q} \approx \frac{d}{L_0} \end{aligned}\right\} \tag{6-29}$$

式中：ε 为桥孔收缩系数；λ 为桥墩阻水面积折算系数；v 为天然河槽断面平均流速；其余符号含义同上。

桥涵的标准跨径 L_0 有 0.75、1.0、1.25、1.5、2.0、3.0、4.0、5.0、6.0、8.0、10、13、16、20、25、30、35、40、50、60m 等。

这类跨径已有定型设计标准图可供选用。当桥的跨径 $L_0 \leqslant 60$m 时，通常应选用标准跨径。桥涵的分类详见表 6-7。

表 6-7 桥涵分类标准

（单位：m）

类型	多孔跨径总长 L	单孔跨径总长 L_0	类型	多孔跨径总长 L	单孔跨径总长 L_0
特大桥	$L \geqslant 500$	$L_0 \geqslant 100$	小桥	$8 < L \leqslant 30$	$5 \leqslant L_0 < 20$
大桥	$100 \leqslant L < 500$	$40 \leqslant L_0 < 100$			$L_0 < 5$
中桥	$30 \leqslant L < 100$	$20 \leqslant L_0 < 40$			

三、桥位处水流分析

建桥后，过水断面受到压缩和墩台的阻水影响，改变了水流和泥沙运动的天然状态，而水流和泥沙运动状态是确定桥梁孔径的依据。如不设导流堤，桥位河段水流状态可简化为图 6-7 所示。

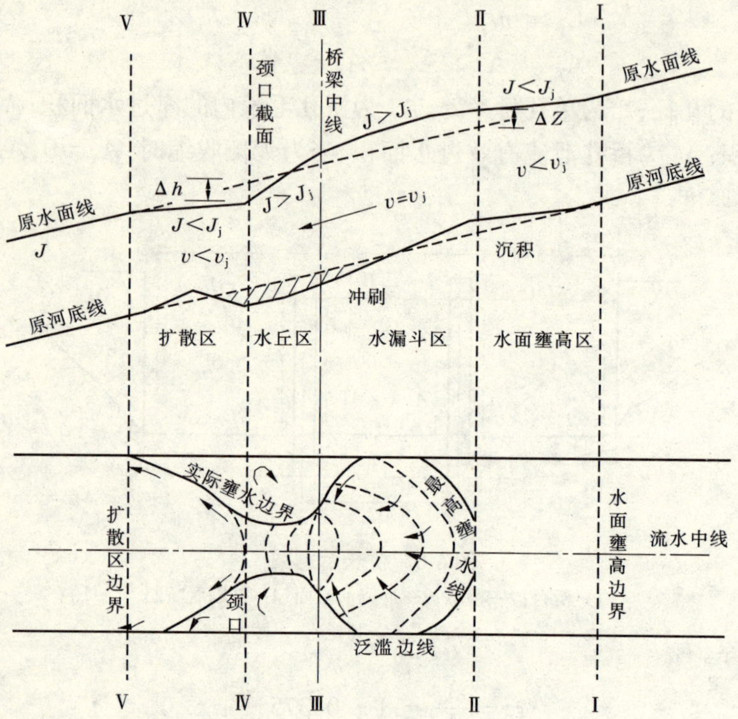

图 6-7　桥位处流水平面及中线剖面图

从桥位上游的断面Ⅰ，水面开始壅高；从断面Ⅰ到断面Ⅱ，水深逐渐增加，水面纵坡和流速逐渐减小，泥沙发生淤积；至断面Ⅱ处，达到最大壅水高度 ΔZ；再向下游，流水中线水面纵坡呈凸形下倾曲线，流水有效宽度及水深都逐渐缩减，流速相应加大，挟沙能力增强；但由于上游壅水区部分泥沙淤积，水流含沙量减少，不能满足挟沙能力的要求，则由冲刷河床补给，这种冲刷向桥孔逐渐增大；直到桥梁中线稍下游的断面Ⅳ处，水流呈现颈口形状，此断面流速最大，水面最窄，冲刷最大，称为颈口断面。当桥头有合理的导流堤或桥头锥形填土能起导流作用时，桥轴断面与水流最大挤压断面重合，桥轴处断面即为颈口断面。

四、桥下过水面积计算

桥梁孔径主要应保证设计流量能顺利宣泄，即计算孔径必须提供满足河道排洪和输沙所需的最小过水面积。

桥下过水面积的计算是假定修桥前后桥下水位不变。建桥后，桥下水流一般都或多或少受到压缩，由于桥下过水面积因压缩而减小，势必引起桥下流速加大和河床冲刷。当桥下过水面积因冲刷而逐渐扩大时，桥下流速必随之减小。待桥下流速恢复到河槽的天然流速时，冲刷即行停止。桥下过水面积的计算，就是在上述假定的基础上进行的。

桥下过水断面如图6-8所示，根据桥下过水面积的变化情况，建立桥下供给面积计算公式。通常把桥下断面分为以下几个部分：ω_g'为冲刷前桥下有效过水面积；ω_d为冲刷前被桥墩占去的过水面积；ω_k为冲刷前被墩侧涡流占去的过水面积；ω_g为冲刷前桥下供给面积，$\omega_g=\omega_g'+\omega_d+\omega_k$；$\omega_0$为冲刷前桥下净过水面积，其中不包括桥墩所占过水面积，$\omega_0=\omega_g-\omega_d$。

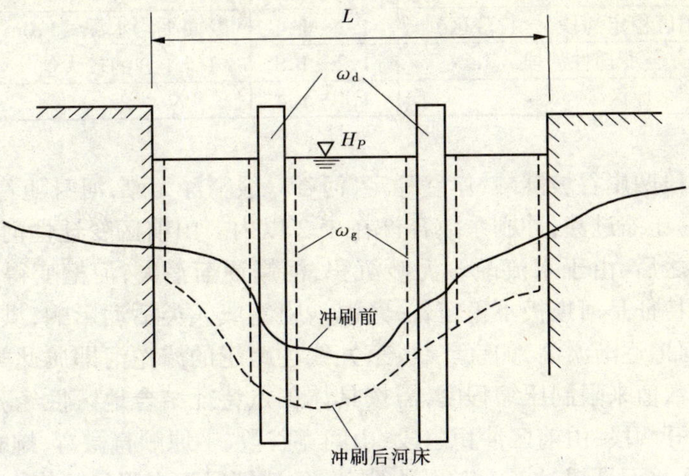

图6-8　桥位处过水断面

根据水力学公式$Q=\omega v$，桥孔必须满足下式：

$$\omega_g \geqslant \frac{Q_P}{v_P} = \omega_x \tag{6-30}$$

式(6-30)中的ω_x是指河床没有被压缩情况时的过水面积，即指河床演变基本上维持天然状态。实际上，通常是桥下河床被压缩，使所供给的过水面积小于ω_x。设计时，实际上采取的用式(6-30)计算出的ω_x与桥下过水面积ω_g'之比反映河床压缩程度，可用冲刷系数P来表示，即

$$P = \frac{\omega_x}{\omega_g} \tag{6-31}$$

式(6-31)表示，冲刷系数是桥下需要的过水面积与供给面积之比，此值应是大于1.0的系数。但有时因“设计需要过水面积”中的“设计”不当，即选用设计流速大于天然河道设计水位相应的平均流速，此时可能出现小于1.0的冲刷系数。

随着认识和经验的积累，人们对冲刷系数采用的上限值在逐步减小。20世纪50年代取为2.0，70年代取为1.8，现行的规范则是“按地区经验确定”。

规范中的容许冲刷系数值(见表6-8)，就是总结了50多年以来的经验后拟定的。表中“山前区变迁性河段，可按地区经验确定”，1975年桥渡规划中虽明确规定1.2~1.8，但在“附注”栏内指出：“在断面平均水深小于等于1.0m时，方可用接近1.8的较大值”，而

在现行规范中的“注:平原宽浅河流的平均水深小于或等于1.0m时,容许冲刷系数可大于表列数值”(即为1.4)。两个附注虽说的不是同类河流,但其中的用意都是提醒人们不要轻易采用上限值,即在水深小于或等于1.0m的条件下,即使冲刷系数大到2.0时,也只有在其冲刷深度的绝对值小于等于1.0m时才被允许使用。

表6-8　各类河段的容许冲刷系数值

河流类型		P	附注
山区	峡谷段	1.0～1.2	无滩
	开阔段	1.1～1.4	有滩
山前区	半山区稳定河段(含丘陵区)	1.2～1.4	断面平均水深≤1.0m时才能使用接近$P=1.8$的较大值
	变迁性河段	1.2～1.8	
平原区		1.1～1.4	

山区峡谷河段两岸谷坡陡峻,岸壁稳定,河谷一般窄深无滩,河身随着峡谷弯曲,多急弯卡口,桥孔不易压缩过甚,冲刷系数容许在1.2以内。山前区变迁性河段,河流出山口进入广阔的平原之后,由于水流渐缓泥沙沉积,河岸逐渐消失,河槽变得平浅,滩槽不明显。这类河流的特征是河道极不稳定,一经泥沙阻塞或人类活动影响,洪水即泛滥成灾,河道改移后,旧河道逐渐淤高,如京广线、京九线均跨越的滹沱河即属此类。这类河流的桥孔很难用一个数值来限制压缩程度,需按具体工点特征结合地区性经验确定。其他各类河段包括山区开阔段、山前区冲积扇段、山间宽谷段、平原顺直微弯,蜿蜒(弯曲)、游荡、汊道河段,冲刷系数不易超过1.4,这是上限值,一般情况不宜用足此值。

桥下河槽存在着冲刷河流的自动调节作用。被桥孔压缩的流速超过天然河槽所能承受的最大流速时,桥下河床将发生冲刷,桥下过水面积增大,流速降低,冲刷变缓,终趋停止。冲刷系数亦可用桥下冲刷前的过水断面面积$\omega_{冲前}$与冲刷后的过水断面面积$\omega_{冲后}$之比表示,即

$$P=\omega_{冲后}/\omega_{冲前} \tag{6-32}$$

由于墩台侧面涡旋的阻水,应引入一个压缩系数μ,即

$$\mu=\omega_g{}'/\omega_0 \tag{6-33}$$

对于不等跨的桥孔可采用各孔跨μ值的加权平均值,也可直接查表6-9。

表6-9　水流压缩系数μ值

序号	设计流速(m/s)	桥梁净跨(m)												
		≤10	13	16	18	21	25	30	42	52	63	106	124	200
1	<1.0	1	1	1	1	1	1	1	1	1	1	1	1	1
2	1.0	0.96	0.97	0.98	0.98	0.99	0.99	0.99	1	1	1	1	1	1
3	1.5	0.94	0.96	0.97	0.97	0.97	0.98	0.99	0.99	0.99	0.99	1	1	1
4	2.0	0.93	0.94	0.95	0.96	0.97	0.97	0.98	0.98	0.99	0.99	0.99	0.99	1
5	2.5	0.90	0.93	0.94	0.95	0.96	0.96	0.97	0.98	0.98	0.98	0.99	0.99	1
6	3.0	0.89	0.91	0.93	0.94	0.95	0.96	0.96	0.97	0.98	0.98	0.99	0.99	0.99
7	3.5	0.87	0.90	0.92	0.93	0.94	0.95	0.96	0.97	0.98	0.98	0.99	0.99	0.99
8	≥4.0	0.85	0.88	0.91	0.92	0.93	0.94	0.95	0.96	0.97	0.98	0.99	0.99	0.99

μ 也称水流挤压系数。在常用跨度的梁式桥中，μ 值一般在 0.85～1.0 之间。当粗略估算桥孔时，也可忽略 μ 值。

通常，天然河流多为宽浅河道，各桥墩的淹没深度相差不大，可近似认为相等。冲前桥墩所占的过水面积 ω_d 与桥下供给过水面积 ω_g 之比值 λ（见表 6-10），可近似用墩宽 b 与跨径 L_0 之比表示，即

$$\lambda = \omega_d / \omega_g = b / L_0 \tag{6-34}$$

表 6-10 λ 值

桥下平均水深(m)	桥梁跨度 (m)											
	8	10	12	16	20	24	32	40	48	64	96	128
2	0.20	0.17	0.14	0.11	0.10	0.10						
5	0.21	0.18	0.15	0.11	0.10	0.10	0.07	0.07	0.06	0.05		
10	0.23	0.19	0.16	0.13	0.10	0.10	0.08	0.07	0.06	0.05	0.04	0.03
15		0.21	0.18	0.14	0.12	0.11	0.09	0.07	0.07	0.05	0.04	0.03
20			0.19	0.15	0.13	0.12	0.09	0.08	0.07	0.06	0.04	0.03
30						0.13	0.10	0.09	0.08	0.06	0.05	0.04

可得桥下供给面积公式：

$$\omega_g = \frac{Q_P}{(1-\lambda)\mu P v_P} \tag{6-35}$$

当桥位与水流斜交时，桥孔的大小须满足下式：

$$\omega_g = \frac{Q_P}{(1-\lambda)\mu P v_P \cos\alpha} \tag{6-36}$$

式中：α 为桥轴线的法线与水流方向的夹角；μ 为压缩系数，应由下式计算：

$$\mu = 1 - 0.375\frac{v_P}{L_0} \tag{6-37}$$

若用孔径表示（见图 6-9），则有

$$L = l\cos\alpha - a\sin\alpha \tag{6-38}$$

或

$$L = l\cos\alpha \tag{6-39}$$

式中：L 为有效孔径长；l 为设计水位下墩间距；a 为墩垂直于线路方向的长度。

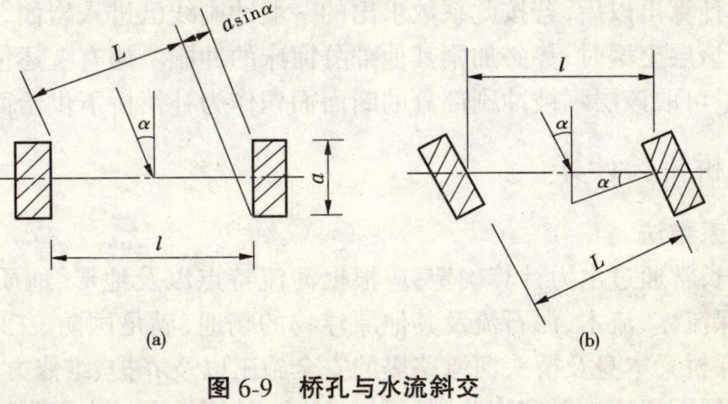

图 6-9 桥孔与水流斜交

严格来说,桥轴线的法线与水流方向的夹角 α 应是建桥以后桥下水流方向与桥梁轴线之法线夹角,这个角度在孔径未选定前是个未知值,只有从建桥前天然水流斜交角与建桥后由于桥孔和墩台的压缩形成的桥下水流斜交角来确定,才是实际的桥下水流方向角。这两种角度之差,我们称之为水流转向角,并用 γ 来表示。当缺乏建桥前高水位实测的水流角度时,实用上多是从桥址地形平面图上,按两岸的设计洪水泛滥线间定出洪水流向,这样的取法不过是一个近似值,特别是在弯曲河段上,主流与滩流流向不一致时,难以取得一个定值。根据试验资料证实,桥下水流转向角 γ 如图 6-10 所示。计算公式为

$$\gamma = f(\alpha, M_0) \tag{6-40}$$

式中:M_0 为总压缩比,$M_0 = M(1-j)$;j 为桥墩阻水比,$j = A_P/\omega_m$,其中 A_P 为桥墩阻水面积,ω_m 为桥下毛过水面积;M 为桥孔压缩比,$M = Q_m/Q$,其中 Q_m 为桥孔流量,Q 为总流量。

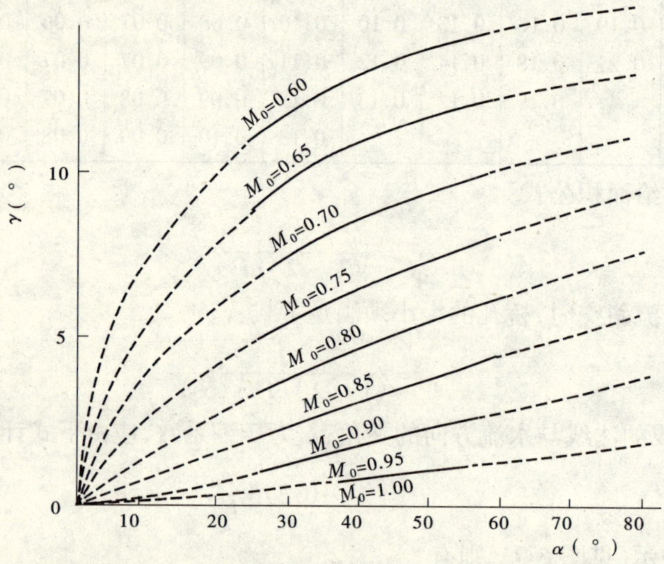

图 6-10　斜交桥下水流转向角 γ 与 α 的关系

因此,桥下需过水面积可用下式计算:

$$\omega_x = Q_P/[\mu v_P \cos(\alpha - \gamma)] \tag{6-41}$$

冲刷系数计算出以后,若按此系数求出的一般冲刷线已进入岩面,或按冲刷后的平均流速已冲不动该层土壤时,势必加剧其他部分河床的冲刷。遇有上述情况时,桥孔应适当加大,其加大量可取该层不被冲刷部分的断面面积作为补偿桥下供给面积。

五、大中桥桥长计算

(一)冲刷系数法

大中桥桥长常通过水力计算确定,应根据河流特点以及地形、地质等自然条件,确定设计洪水,确保流冰、流木、泥石流及其他漂浮物的畅通,满足国防、工农业生产和水陆交通的要求,确保桥梁本身及桥头河滩路堤的安全施工以及养护、维修方便等。

大中桥的桥下河床一般容许冲刷,不加护砌。计算桥下过水面积时,假定建桥前后桥

下水位不变、设计流量不变，使桥轴线与流向垂直。建桥后，由于桥孔压缩了水流、桥下河床将发生冲刷并使过水断面不断扩大，由此将导致桥下流速减小，水流挟沙力下降，冲淤又出现新的平衡。早在1875年，H. A. Вепелюбский 提出如下假定：当桥下断面平均流速等于天然河槽（断面被冲刷前的河槽）断面平均流速 v 时，桥下冲刷将随之停止，过水断面亦将不再变形。设冲刷后的过水面积为 $A_{冲后}$（建桥后的待定面积），容许冲刷系数为 P，则有

$$P = \frac{A_{冲前}}{A_{冲后}} = \frac{A_{冲后}}{A_c} \geqslant 1$$

由式(6-28)、式(6-29)有

$$A_c = \varepsilon A_j$$

$$A_j = A_q - A_d = (1-\lambda)A_q$$

得

$$A_{冲后} = A_c P = \varepsilon(1-\lambda)PA_q \tag{6-42}$$

按桥孔泄流条件，令 $v_{冲后} = v_s$，有

$$Q_P = v_{冲后}A_{冲后} = \varepsilon(1-\lambda)vPA_q$$

$$\left.\begin{aligned} A_q &= \frac{Q_P}{\varepsilon P(1-\lambda)v} \\ A_j &= (1-\lambda)A_q = \frac{Q_P}{\varepsilon P v} \end{aligned}\right\} \tag{6-43}$$

式中：，A_q 为冲刷前桥待求的最小毛过水面积；A_j 为冲刷前桥下应有的最小净过水面积；Q_P 为设计流量。

上式中，A_q、A_j 即冲刷前桥下应有的最小毛过水面积与净过水面积，它是用以确定桥长的控制条件。由于引入了冲刷系数因素，称为冲刷系数法。容许冲刷系数见表6-8。

当桥轴线与流向正交时，按公式(6-43)确定大中桥桥孔长度的计算步骤如下：

(1)绘制设计水位过水面积沿河宽的累积曲线 $A=A(B)$，如图6-11所示。

(2)在深水段布设桥孔，以 A_q 在 $A=A(B)$ 曲线上截取同面积最小宽度 B_{min}，初步确定桥孔位置与桥长 $L=B_{min}$。

(3)结合大中桥设计的一般要求，尽可能按标准跨径选择与划分桥孔长及孔数。桥孔长应取整米数。

(4)按所定桥孔长验算桥前壅水位及桥下冲刷。其结果如不在容许范围内，应加大桥孔重新进行水力计算。

(二)经验公式法

《公路桥位勘测设计规范》规定，对于狭谷性河段，一向按地形布设桥孔，可不作桥长计算。对于其他类型河段，推荐用下列公式计算桥孔净长 L_j。

1. 稳定、次稳定及宽滩性河段

稳定、次稳定及宽滩性河段的计算公式为

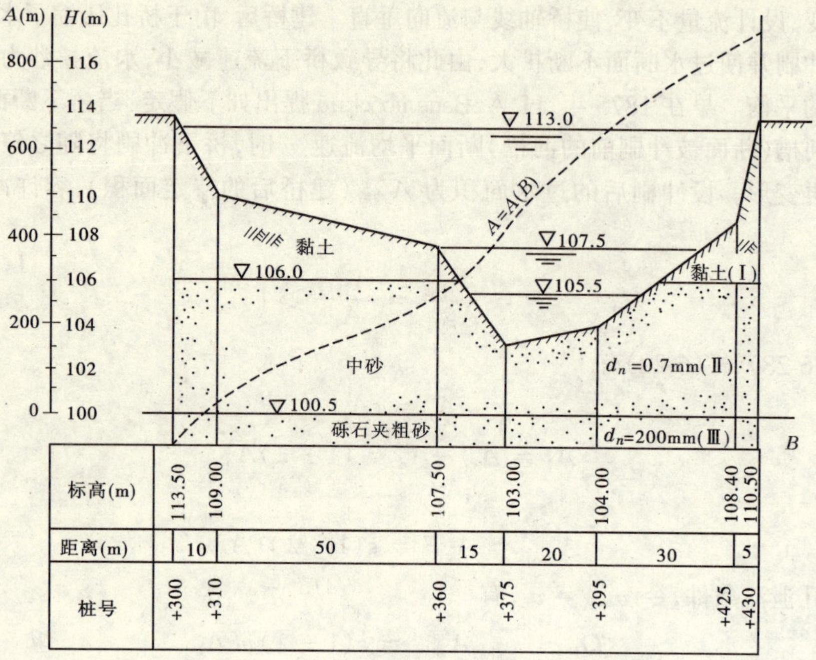

图 6-11　设计水位过水面积沿河宽的累计曲线

$$\left.\begin{aligned} L_j &= \frac{Q_P}{\varepsilon Q_c} \\ \varepsilon &= K_1\left(\frac{B_c}{\overline{h}_c}\right)^{0.06} \quad \text{(稳定性与次稳定性河段)} \\ \varepsilon &= 1.02\left(\frac{Q_t}{Q_c}\right)^{-0.15}\left(\frac{av}{g\overline{h}}\right)^{-0.11} \quad \text{(宽滩性河段)} \end{aligned}\right\} \tag{6-44}$$

式中:L_j 为桥孔净长,m;Q_P 为设计流量,m^3/s;Q_c 为河槽平均单宽流量,$m^3/(s \cdot m)$;ε 为桥孔侧收系数;$\overline{h}_c$ 为河槽平均水深,m;B_c 为河槽水面宽度,m;Q_t 为河滩流量,m^3/s;v 为断面平均流速,m/s;$\overline{h}$ 为断面平均深度,m;K_1 为系数,稳定性河段,$K_1=1$,次稳定河段,$K_1=0.92$;g 为重力加速度,m/s^2;a 为断面流速分布不均匀修正系数,按下式计算

$$a = \frac{v^2 Q_c + v_{ti}^2 Q_{ti} + v_{12}^2 Q_{12} + L}{v^2 Q_P} \tag{6-45}$$

式中:v_{ti}、Q_{ti} 分别为河滩分部流速及流量;其余符号含义同前。

式(6-44)称为单宽流量公式。它适用于桥轴线与水流流向正交的情况。当桥轴线与流向斜交时,如图 6-9 所示,分如下两种情况:

(1)桥墩纵横轴与流向平行(如图 6-9(a)所示)

$$L_\beta = L_j \cos\beta \tag{6-46}$$

(2)桥墩纵横轴与流向斜交(如图 6-9(b)所示)

$$L_\beta = L_j \cos\beta - l\sin\beta \tag{6-47}$$

式中:β 为桥墩纵横轴与流向的夹角。

2. 稳定、次稳定、宽滩性、不稳定(滩槽可分)河段

稳定、次稳定、宽滩性、不稳定(滩槽可分)河段的计算公式为

$$L_j = K\left(\frac{Q_P}{Q_c}\right)^n B_c \tag{6-48}$$

式中:K 为系数,稳定河段 $K=0.84$、$n=0.90$,次稳定河段及宽滩性河段 $K=0.95$、$n=0.87$,不稳定(滩槽可分)河段 $K=0.69$、$n=1.59$;其余符号含义同前。

3. 滩槽可分的变迁性、游荡型河段

滩槽可分的变迁性、游荡型河段的计算公式为

$$L_j = K\left(\frac{Q_P}{Q_c}\right)^{0.3}(\overline{h}_c)^{0.2}B_c^{0.8} \tag{6-49}$$

式中:K 为系数,游荡型河段 $K=2.1\sim2.3$,变迁性河段 $K=1.7\sim2.3$;其余符号含义同前。

式(6-49)称为输沙平衡公式。

4. 滩槽难分的不稳定性河段

滩槽难分的不稳定性河段的计算公式为

$$\left.\begin{aligned} L_j &= 0.8C_P B_0 \\ B_0 &= 16.07\frac{\overline{Q}^{0.24}}{\overline{d}^{0.3}} \\ C_P &= \left(\frac{Q_P}{Q_{2\%}}\right)^{\frac{1}{3}} \end{aligned}\right\} \tag{6-50}$$

式中:$\overline{Q}$ 为多年洪峰流量均值,m^3/s;$\overline{d}$ 为河床泥沙平均粒径,mm;B_0 为基本河槽宽度,m;C_P 为设计洪水频率桥长换算系数;其余符号含义同前。

5. 滩槽难分的变迁性、游荡型河段

滩槽难分的变迁性、游荡型河段的计算公式为

$$\left.\begin{aligned} L_j &= KB_0 \\ B_0 &= \zeta_0\left(\frac{Q_P^{0.5}}{J^{0.25}}\right) \\ \zeta_0 &= \frac{\varepsilon_1}{\overline{d}^{0.2}} \end{aligned}\right\} \tag{6-51}$$

式中:K 为系数,$K=1.0\sim0.78$;ε_1 为系数,一般 $\varepsilon_1=0.25$,无滩浅河床 $\varepsilon_1=4.5$;J 为水面比降,以小数计,亦可取河床比降 i,即取 $i=J$;$\overline{d}$ 为河床泥沙平均粒径,mm。

6. 冲积漫流性河段

冲积漫流性河段的 L_j 按式(6-51)计算,$\zeta_0=1.5\sim3.0$。

六、小桥涵孔径计算

(一)小桥涵孔径设计的一般要求

(1)小桥涵孔径计算通常考虑护砌,水力计算以容许不冲刷流速作控制。不设铺砌的

孔径计算方法与大中桥相同。

(2)小桥涵孔径必须保证能够安全宣泄设计洪水、流水和漂浮物，满足交通、农田灌溉、排涝和排碱等合理需要，防止桥涵前积水危及路堤、农田和村舍，防止出水流冲刷耕地，便于施工和养护等。

(3)小桥涵孔径由水力计算提出基本尺寸，并综合考虑流域水文特征、沟槽形态、地质特性、冲淤情况及人类活动影响等因素后选定。

(4)小桥涵孔径应采取标准跨径。

(5)小桥涵孔径型式在同一区段内应力求简化，以便于施工、养护。

(6)涵洞一般应设计为无压流，以防渗漏危及路堤。

(7)涵洞可设计成单孔或双孔形式，以防止流量分配不均匀超过设计标准。

(8)为便于养护维修，按桥渡规范规定，排洪涵洞孔径不应小于 1m，各式涵洞的长度按其净高(或内径)h_j 加以控制。当超过限制时，应加大孔径。灌溉涵洞的淤积轻微，清淤工作不大，可采用 $h_j \geqslant 0.75$m。

灌渠上的涵洞可采用 $h_j = 0.75$m。当 $h_j < 1$m 时，$L \leqslant 10$m；当 $h_j \geqslant 1$m 时，$L \leqslant 15$m。

(二)小桥孔径计算

小桥的泄流特性与宽顶堰相似，又称为无槛宽顶堰。其水力计算主要是确定孔径大小及桥前水深。设计流量由水文计算提供。

小桥孔通常考虑了足够的净空高度，一般桥孔不致全淹没，孔径计算主要是确定桥长，并以容许不冲刷流速为控制条件。采用人工加固河床以提高容许不冲刷流速的办法，虽可缩短桥长，但会造成过高的桥前水位壅高，导致淹没损失加大，设计中不宜用过大的容许不冲刷流速。

1. 小桥淹没标准

小桥泄流有两类，即自由出流与淹没出流，如图 6-12 所示。其差别标准称为淹没标准。对于矩形桥孔，有

$$\left.\begin{aligned} h_k &= \sqrt[3]{\frac{\alpha Q^2}{(\varepsilon B)^2 g}} = \frac{\alpha v_k^2}{g} \\ Q &= m(\varepsilon B)\sqrt{2g}H_0^{3/2} \\ h_c &= \Psi h_k \end{aligned}\right\} \tag{6-52}$$

式中：B 为桥孔净宽，$B = L_j$；Ψ 为进口形状系数；其余符号含义同前。

解公式(6-52)得

$$h_k = \sqrt[3]{2\alpha m^2} H_0 \tag{6-53}$$

取宽顶堰流量系数平均值 $m = 0.344\ 2$，$\alpha = 1.0$，$h_k = 0.618H_0$，$1.3h_k = 1.3 \times 0.618\ 8H_0 = 0.804\ 4H_0$，比照堰流，设下游水深为 h_t，有：①$1.3h_k > h_t$，自由出流；②$1.3h_k \leqslant h_t$，淹没出流。

2. 小桥孔临界水深计算

(1)按防冲刷条件，计算公式为

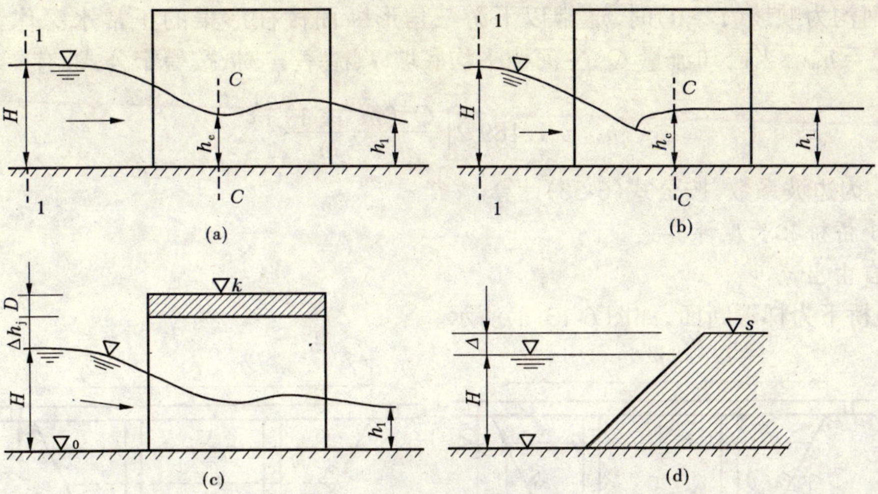

图 6-12　小桥泄流及淹没标准

(a)小桥自由出流；(b)小桥淹没出流；(c)桥面最低标高；(d)桥头路堤最低标高

$$\left.\begin{aligned} h_k &= \frac{\alpha \Psi v_{max}^2}{g} \\ v_k &= \Psi v_{max} \end{aligned}\right\} \tag{6-54}$$

式中：α 为动能修正系数；Ψ 为进口形状系数，非平滑进口，$\Psi = 0.75 \sim 0.8$，平滑进口，$\Psi = 0.80 \sim 0.89$，通常取 $\Psi = 0.90$；v_{max} 为容许不冲刷流速。

(2)按小桥进口阻力条件

$$\left.\begin{aligned} h_k &= \frac{2\alpha\varphi^2\Psi^2}{1 + 2\alpha\varphi^2\Psi^3} H_0 \\ H_0 &= H + \frac{\alpha_0 v_0^2}{2g} \end{aligned}\right\} \tag{6-55}$$

式中：H 为桥前水深；v_0 为桥前行近流速；φ 为流速系数，见表 6-11。

表 6-11　小桥侧收缩系数 ε 及流速系数 φ

桥台形状	ε	φ
单孔桥，锥坡填土	0.90	0.90
单孔桥，有八字翼墙	0.85	0.90
多孔桥，或无锥坡，或桥台伸出锥坡之外	0.80	0.85
拱脚淹没的拱桥	0.75	0.80

3. 下游水深计算

下游通常概化为三角形，其边坡系数按下式计算：

$$m = \frac{B}{2h} \tag{6-56}$$

式中：B 为河沟水面宽度，m；h 为河沟水深，m。

当河沟为顺坡($I>0$)时,通常以下游三角形断面棱柱形渠的正常水深作为下游水深,即 $h_t=h_0$。当已知流量 Q、主河槽平均底坡 I、糙率 n 时,按曼宁公式,有

$$h_t = 1.189\,2\left[\frac{Q^3(m^2+1)}{n^3 i^{3/2} m^5}\right]^{\frac{1}{8}} \tag{6-57}$$

式中:m 为边坡系数,按公式(6-56)计算。

4. 小桥桥孔长度计算

1) 自由出流

(1)桥下为梯形断面,如图 6-13(a)所示。

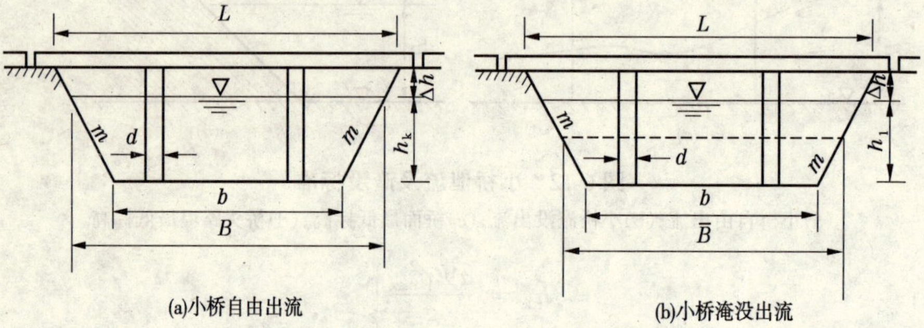

图 6-13 梯形断面小桥桥孔长度示意图

按断面平均水深计算,有

$$\bar{h}_c = \Psi \bar{h}_k$$

$$Q_P = A_c v_c = \varepsilon B \bar{h}_k v_c = \varepsilon \Psi B \bar{h}_k v_c = A_k \Psi v_c$$

按防冲刷要求应有

$$v_c \leqslant v_{\max}$$

$$v_k = \Psi v_c = \Psi v_{\max}$$

由

$$\frac{A_k^3}{\varepsilon B_k} = \frac{\alpha Q_P^2}{g}$$

$$A_k = \frac{Q_P}{v_k},\ v_c = v_{\max} = \frac{v_k}{\Psi}$$

得桥下水面宽度

$$\left.\begin{aligned} B &= B_k = \frac{gQ_P}{\alpha\varepsilon v_k^3} \\ B &= \frac{gQ_P}{\alpha\varepsilon \Psi^3 v_{\max}^3}\text{(防冲刷条件)} \end{aligned}\right\} \tag{6-58}$$

故

$$\left.\begin{aligned} &\text{单孔桥长 } L_j = B + 2m\Delta h \\ &\text{多孔桥长 } L = B + 2m\Delta h + Nd \end{aligned}\right\} \tag{6-59}$$

式中:ε 为小桥侧收缩系数,见表 6-11;N 为桥孔孔数;d 为桥墩厚度,m;Δh 为小桥净空(上部结构底面距水面的高度);m 为边坡系数;$v_{\max}$为容许不冲刷流速;Q_P 为设计流量。

(2)桥下为矩形断面，令 $m=0$，按公式有

$$\left.\begin{aligned}\text{单孔桥长 } L_j &= B \\ \text{多孔桥长 } L &= B + Nd\end{aligned}\right\} \tag{6-60}$$

2)淹没出流

(1)桥下为梯形断面，如图 6-13(b)所示。

桥下平均水面宽度

$$\overline{B} = \frac{Q_P}{\varepsilon h_t v_c} = \frac{Q_P}{\varepsilon h_t v_{max}} \tag{6-61}$$

$$\left.\begin{aligned}\text{单孔桥长 } L_j &= \overline{B} + 2m\left(\frac{1}{2}h_t + \Delta h\right) \\ \text{多孔桥长 } L &= \overline{B} + 2m\left(\frac{1}{2}h_t + \Delta h\right) + Nd\end{aligned}\right\} \tag{6-62}$$

(2)桥下矩形断面，有

$$\left.\begin{aligned}\text{单孔桥长 } L_j &= \overline{B} \\ \text{多孔桥长 } L &= L_j + Nd\end{aligned}\right\} \tag{6-63}$$

式中：h_t 为下游河沟正常水深。

5. 小桥桥前水深 H

(1)桥下为矩形断面时，计算公式为

$$\left.\begin{aligned}H &= \Psi h_k + \frac{v_k^2}{2g\varphi^2\Psi^2} - \frac{\alpha_0 Q^2}{2gA_0^2} \\ v_k &= \Psi v_{max} \\ A_0 &= A_0(H)\end{aligned}\right\} \tag{6-64}$$

式中：h_k 为断面临界水深；v_k 为临界流速，m/s；v_{max} 为容许不冲刷流速，m/s；A_0 为上游行近流速断面。

式(6-64)的 H 需试算求解，程序如图 6-14 所示。

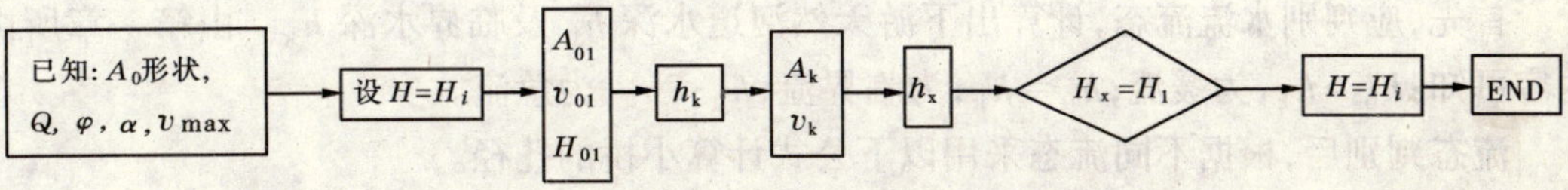

图 6-14　小桥桥前水深试算程序框图

(2)桥下为梯形断面时，桥下临界水深需要试算求解，计算较繁，常取断面水深简化为矩形条件计算。设断面平均临界水深为 $\overline{h}_k$，实际临界水深为 h_k，按简化的矩形断面，有

$$A_k = (b + mh_k)h_k = B_k\overline{h}_k$$

$$\overline{h}_k = \sqrt[3]{\frac{\alpha Q^2}{(\varepsilon B)^2 g}}$$

$$b = B_k - 2mh_k$$

故
$$B_k\overline{h}_k = (B_k - mh_k)h_k$$

有 $$\overline{m}h_k^2 - B_k h_k + B_k \overline{h}_k = 0$$

得 $$\left.\begin{aligned} h_k &= \frac{B_k - \sqrt{B_k^2 - 4mB_k\overline{h}_k}}{2m} \\ \overline{h}_k &= \frac{A_k}{B_k} = \frac{\alpha\Psi^2 v_{max}^2}{g} \end{aligned}\right\} \tag{6-65}$$

当为自由出流时(见图 6-13(a)),有

$$\left.\begin{aligned} H &= \Psi h_k + \frac{v_k^2}{2g\varphi^2\Psi^2} - \frac{\alpha_0 Q^2}{2gA_0^2} \\ A_0 &= A_0(H) \end{aligned}\right\} \tag{6-66}$$

如前所述,H 可通过试算求解。

当为淹没出流时,如图 6-13(b)所示,有

$$\left.\begin{aligned} H &= h_t + \frac{v_{max}^2}{2g\varphi^2} - \frac{\alpha_0 v_0^2}{2gA_0^2} \\ A_0 &= A_0(H) \end{aligned}\right\} \tag{6-67}$$

上式对于矩形断面或梯形断面均适用,需试算求解。

v_{max}为矩形渠槽中的试验值,用于梯形断面,应有控制条件。

由式(6-65),应有

$$B_k \geqslant 4mh_k = 4m\frac{a\Psi^2 v_{max}^2}{g}$$

$$B_k = \frac{Qg}{v_k} = \frac{gQ}{a\varepsilon\Psi^3 v_{max}^3}$$

得 $$v_{max} \leqslant \frac{1}{\Psi}\left(\frac{g^2 Q}{4a^2\varepsilon m}\right)^{\frac{1}{5}} \tag{6-68}$$

上式即 v_{max} 控制条件,通常取 $\Psi = a = \varepsilon = 1$。

当桥下河床不允许冲刷时,可采取铺砌防冲的办法。大中桥不宜采取铺砌防冲,小桥则可。桥下河床设置铺砌防冲的小桥,其孔径计算应按不同过水状态选用不同的公式。

首先,应判别水流流态,计算出下游天然河道水深 h_0 及临界水深 h_k。由第一章所讲内容可知:$h_0 > h_k$,为缓流;$h_0 = h_k$,为临界流;$h_0 < h_k$,为急流。

流态判别后,根据不同流态采用以下公式计算小桥的孔径。

(1)缓流时,此时桥下水深为天然水深 h_0,则桥下需要的净孔宽度 B 为

$$B = \frac{Q_P}{\varepsilon v_d h_0} \tag{6-69}$$

式中:Q_P 为设计流量,m^3/s;ε 为侧收缩系数,有锥体护坡的单孔桥可取 0.9,多孔桥可取 0.8;v_d 为设计流速,m^3/s,可根据河床铺砌类型选用相应的允许流速。

桥前积水后的水深为

$$H_0 = h_0 + \frac{v^2}{2g\varphi^2} - \frac{v_0^2}{2g} \tag{6-70}$$

式中:v 为桥下流速,m/s,应根据最后采用的标准孔径计算决定;v_0 为桥前水流行近流

速,m/s,可用桥前积水断面积去除设计流量得到;φ 为流速系数,有多锥体护坡的单孔桥可采用 0.9,多孔桥可采用 0.85;h_0 为天然情况下河道水深,m。

(2)临界流时,桥下需要的净孔宽度 B 为

$$B = \frac{Q_P g}{\varepsilon v_P^3} \tag{6-71}$$

桥前积水后的水深 H_0 为

$$H_0 = h_k + \frac{v_k^2}{2g\varphi^2} - \frac{v_0^2}{2g} \tag{6-72}$$

式中:h_k 为临界水深,m,$h_k = v_k^2/g$。

将桥下需要的净孔宽度 B 延至标准梁跨度的净孔宽度 b 后,桥下的临界流速 v_k 可按下式计算:

$$v_k = \sqrt[3]{\frac{Q_P g}{\varepsilon b}} \tag{6-73}$$

(3)急流状态下的小桥,其孔径宜按沟槽的天然宽度设计,桥前水深为河道的天然水深。当桥孔压缩河槽时,其计算公式同缓流。利用以上公式,就可求出小桥的孔径与桥前积水深,然后与实际允许水深进行比较,调整到合理高度。

(三)小桥孔径表解法

在实际工作中,小桥孔径可按专用表的经验值确定,有

$$\left.\begin{aligned} L_j &= \beta Q_P (\text{单孔桥长}) \\ L &= \beta Q_P + Nd (\text{多孔桥长}) \end{aligned}\right\} \tag{6-74}$$

式中:β 为孔径系数,见表 6-12、表 6-13;N、d 为孔径及桥墩厚度,m;L_j、L 为净桥长及桥长,m;Q_P 为设计流量,m^3/s。

表解程序如图 6-15 所示。

表 6-12 自由出流的桥梁孔径系数 β

流速(m/s)			2.0	2.25	2.50	2.75	3.00	3.25	3.50	3.75	4.00	4.25	4.50	4.75	5.00	5.25	5.50
孔径系数	桥台形状	伸出锥外	1.53	1.08	0.79	0.59	0.45	0.36	0.29	0.23	0.19	0.16	0.13	0.11	0.098	0.085	0.074
		八字翼墙	1.44	1.02	0.74	0.56	0.42	0.34	0.27	0.22	0.18	0.15	0.12	0.10	0.092	0.080	0.070
		锥坡填土	1.36	0.96	0.70	0.53	0.40	0.32	0.26	2.02	0.17	0.14	0.12	0.098	0.087	0.070	0.066
桥下临界水深 h_k(m)			0.41	0.52	0.64	0.77	0.92	1.08	1.25	1.44	1.63	1.84	2.07	2.30	2.55	2.82	3.09
桥前水深 H(m)	桥台形状	伸出锥外	0.69	0.08	1.09	1.30	1.56	1.83	2.11	2.43	2.75	3.11	3.50	3.89	4.31	4.76	5.23
		锥坡填土或八字翼墙	0.66	0.84	1.04	1.25	1.49	1.75	2.02	2.33	2.64	2.89	3.35	3.72	4.12	4.56	5.00

表 6-13　淹没出流的桥梁孔径系数 β_s

流速(m/s)			2.00	2.25	2.75	3.00	3.25	3.50	3.75	4.00	4.25	4.50	4.75	5.00	5.25	5.50
桥下游水深 h_t (m)	0.5	孔径系数	1.17	1.05	0.85	0.78	0.72	0.67	0.63	0.59	0.55	0.52	0.50	0.47	0.45	0.43
		桥前水深(m)	0.75	0.82	0.98	1.07	1.17	1.28	1.39	1.51	1.64	1.78	1.92	2.08	2.34	2.41
	1.0	孔径系数	0.59	0.53	0.43	0.39	0.36	0.34	0.32	0.30	0.28	0.26	0.25	0.24	0.23	0.21
		桥前水深(m)	1.25	1.32	1.48	1.57	1.67	1.78	1.89	2.01	2.14	2.28	2.42	2.58	2.74	2.91
	1.5	孔径系数	0.39	0.35	0.28	0.26	0.24	0.23	0.21	0.20	0.19	0.17	0.16	0.16	0.15	0.14
		桥前水深(m)	1.75	1.82	1.98	2.07	2.17	2.28	2.39	2.51	2.64	2.78	2.29	3.08	3.24	3.41
	2.0	孔径系数	0.29	0.26	0.21	0.20	0.18	0.17	0.16	0.15	0.14	0.13	0.13	0.12	0.11	0.11
		桥前水深(m)	2.25	2.32	2.48	2.57	2.67	2.78	2.89	3.01	3.14	3.28	3.42	3.58	3.74	3.91
	2.5	孔径系数	0.23	0.21	0.17	0.16	0.15	0.13	0.12	0.12	0.11	0.10	0.10	0.09	0.09	0.09
		桥前水深(m)	2.75	2.82	2.98	3.09	3.19	3.28	3.39	3.51	3.64	3.78	3.92	4.08	4.24	4.41
	3.0	孔径系数	0.19	0.17	0.14	0.13	0.12	0.11	0.11	0.10	0.09	0.09	0.08	0.08	0.08	0.07
		桥前水深(m)	3.25	3.32	3.48	3.57	3.67	3.78	3.89	4.01	4.14	4.28	4.42	4.58	4.74	4.91
	3.5	孔径系数	0.16	0.15	0.12	0.11	0.10	0.10	0.08	0.08	0.08	0.07	0.07	0.07	0.06	0.06
		桥前水深(m)	3.75	3.82	3.98	4.07	4.17	4.28	4.39	4.51	4.64	4.78	4.92	5.08	5.24	5.41
	4.0	孔径系数	0.14	0.13	0.11	0.10	0.09	0.08	0.08	0.07	0.07	0.06	0.06	0.06	0.06	0.05
		桥前水深(m)	4.25	4.32	4.43	4.57	4.67	4.78	4.89	5.01	5.14	5.28	5.42	5.58	5.74	5.91

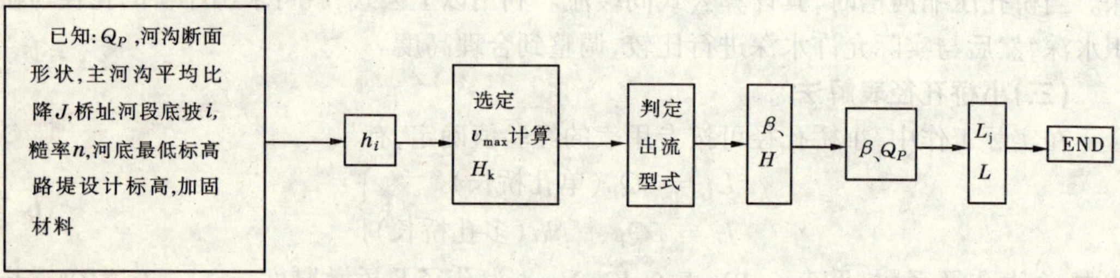

图 6-15　小桥孔径表解程序图

七、桥下净空

不通航亦无筏运的桥孔,其桥下净空高度应符合表 6-14 的规定。

表 6-14　桥下净空高度　　(单位:m)

序号	桥的部位		高出设计水位加 Δh 后的最小高度	高出检算水位加 Δh 后的最小高度
1	梁底	一般情况	0.50	0.25
		洪水期有大漂流物	1.50	1.00
		有泥石流	1.00	–
2	支承垫石顶		0.25	–
3	拱肋和拱圈的拱脚		0.25	–

注:(1)表列的"设计(或检算)水位"系指相应于《铁路桥渡勘测设计规范》第 1.0.8 条表 1.0.8 中的设计(或检算)洪水频率的水位;"Δh"系表示根据河流具体情况,分别考虑桥下壅水、局部股流涌高、河床淤积等影响的高度。

(2)洪水期无大漂流物通过的河流,实钵无铰拱桥(拱圈或拱肋)的拱脚,允许被"设计水位加 Δh"后的水位淹没,但此水位不应超过矢高之半,且距拱顶的净高亦不应小于 1.0m。

(3)有严重泥石流或钢桥下在洪水期有大漂流物通过时,可根据具体情况,采用大于表列的净空高度。

通航与筏运桥孔的桥下净孔和通航水位，应与航运及有关部门协商确定，单航线与桥梁轴线法线间的夹角超过 5°时，通航净宽应适当加大。为了正确选择桥梁跨径及墩台尺度能满足通航净宽的要求，还应求得最低通航水位。

通航河流的桥下净高，应按设计量最高通航水位时通过最大船舶的高度和航行技术要求确定，一般可按航道标准净高或协议规定。桥下净跨一般按船队单向通过规定(一孔跨越全部航道者除外)，以免发生碰撞或触损事故；单线或双航道的选择以及预留通航孔需要与否，应与有关部门商定。具体计算净跨则应按设计最低通航水位时，船舶设计吃水的船底断面水平宽及墩与墩间的净距，再按墩身边坡及墩高算出需要的桥高。

1981 年 8 月 1 日开始实施的《内河通航标准》规定：天然河流设计最高通航水位洪水频率为：Ⅰ～Ⅲ级航道 5%、Ⅳ～Ⅴ级 10%、Ⅵ～Ⅶ级 20%；对出现高于设计最高通航水位历时很长的山区河流，Ⅲ级航道的洪水频率可降低为 10%，Ⅳ～Ⅴ级可降低为 20%，Ⅵ～Ⅶ级可降低为 30%～50%。

天然河流设计最低通航水位洪水频率是按各级航道的设计最低通航水位保证率进行计算的，即：Ⅰ～Ⅲ级航道保证率为 98%～99%，相应洪水频率为 20%～10%；Ⅲ～Ⅳ级为 95%～98%，相应洪水频率为 25%～20%；Ⅴ～Ⅶ级为 90%～95%，相应洪水频率为 50%～25%。

流冰和流木的河流上确定桥下净空时，应按调查的流冰、流木实际情况，酌留一定的富余量。从东北、内蒙古严寒地区的调查资料来看，流冰最高水位均低于洪水时最高水位。因此，规范中未列入流冰水位对净空的要求。在有冰塞或冰坝现象的河段上，桥下净空应按调查资料适当加大净空。

八、桥孔计算的其他方法

桥孔设计要考虑桥下排水、输沙通畅，并使河床趋向于有利的方向变形；要考虑桥前壅水影响、施工条件及经济效益，还要结合治河和排灌。影响桥孔净长的因素较多，下面介绍几个从不同途径导出的桥孔长度计算公式。

(一)稳定、次稳定河段

对于稳定和次稳定的河段，在勘测设计阶段，可用下式估算桥长：

$$L_j = KB_c \tag{6-75}$$

式中：K 为综合系数，稳定河段取 $K=0.75\sim1.05$，次稳定河段取 $K=0.8\sim1.5$；B_c 为河槽宽度，m；L_j 为桥孔净长，m。

根据设计流量导出的计算桥孔净长的单宽流量公式如下，它适用于稳定和次稳定河段。

$$L_j = \frac{Q_P}{\beta \overline{q}_c} \tag{6-76}$$

式中：Q_P 为设计流量，m^3/s；$\overline{q}_c$ 为河槽平均单宽流量，$m^3/(s\cdot m)$；β 为水流压缩系数，即

$$\beta = K_1\left(\frac{B_c}{\overline{h}_c}\right)^{0.06} \tag{6-77}$$

式中：$\overline{h}_c$ 为河槽平均水深，m；K_1 为系数，稳定河段取 1，次稳定河段取 0.92。

(二)宽滩性河段

桥孔净长仍按式(6-76)计算,该式中的水流压缩系数为

$$\beta = 1.19\left(\frac{Q_c}{Q_t}\right)^{0.1} \tag{6-78}$$

式中:Q_c 为河槽流量,m^3/s;Q_t 为河滩流量,m^3/s。

(三)变迁性或游荡型河段

(1)可以划分出滩、槽的河段,其桥孔净长为

$$L_j = K_e\left(\frac{Q_P}{Q_c}\right)^{1.3} h_c^{0.2} B_c^{0.8} \tag{6-79}$$

式中:K_e 为系数,游荡型河段取 2.1~2.3,变迁性河段取 1.7~2.0。

(2)不能划分出滩、槽的河段,其桥孔净长为

$$L_j = \frac{B_0}{K_s^{1.37}} \tag{6-80}$$

式中:K_s 为河床压缩系数,一般取 1.0~1.2;B_0 为基本河槽宽度,m,即

$$B_0 = A\frac{Q_P^{0.5}}{J^{0.25}} \tag{6-81}$$

式中:J 为河床纵坡;A 为河段特性系数,一般为 1.0~1.5。

(四)泥石流地区

有泥石流通过的桥梁,宜采用单孔,不可压缩沟床。但在流通区与沉积区之间的过渡段跨越的桥梁,允许压缩部分沟床。但为使桥前壅水不致过高,桥长可按坡度和糙率进行换算:

$$L_j = \frac{1}{\mu}\frac{n_1}{n_2}\frac{J_1^{0.5}}{J_2^{0.5}}B_1 \tag{6-82}$$

式中:L_j 为桥孔净长,m;B_1 为上游稳定段沟宽;n_1、n_2 分别为上游稳定段与桥位段糙率;J_1、J_2 分别为上游稳定段与桥位段比降;μ 为墩台侧收缩系数,由下式计算:

$$\mu = 1 - 0.375\frac{\sqrt{\gamma_E}\,v_E}{L_1 + \left(\sqrt{\gamma_E} - 1\right)} \tag{6-83}$$

式中:v_E 为泥石流设计流速,m/s;γ_E 为泥石流设计容重,t/m^3;L_1 为桥梁单孔跨径,m。

九、能量平衡方程式

根据水流的连续性方程和能量方程导出的桥孔净长公式为

$$L_j = K_1K_2\left(\frac{Q_t}{Q_c}\right)B_c \tag{6-84}$$

式中:K_2 为桥下断面能量转换系数,取 0.8~1.0;K_1 为天然河床水力系数,由下式计算:

$$K_1 = \left[\frac{Fr + 2}{Fr + 2(2 + \lambda Fr)(Q_t/Q_c)}\right]^{1/2} \tag{6-85}$$

式中:Fr 为天然河槽佛汝德数;λ 为滩槽流速比,即

$$\lambda = (v_t/v_c)^2 \tag{6-86}$$

此式适用于稳定、次稳定、变迁、游荡和宽滩性河流。

第四节　涵管孔径计算

根据《规范》规定，涵洞应设计为无压的，可以设计成单孔或双孔的，当技术和经济许可时，亦可设置多孔涵洞。无压状态下临界流时的涵洞孔径可按下列公式计算。

(1)流水断面为曲线形时，可以先假定洞内临界水深 h_k，并采用涵洞的标准孔径按以下公式计算，选合适者。

$$\frac{Q_P^2}{g} = \frac{\varepsilon^3 \omega_k^3}{B_k} \tag{6-87}$$

由于 $v_k = \sqrt{g\frac{\omega_k}{B_k}}$，故上式可写成

$$Q_P = \varepsilon \omega_k v_k \tag{6-88}$$

式中：Q_P 为设计流量，m^3/s；ε 为侧收缩系数；ω_k 为临界过水面积，m^2；v_k 为临界流速，m/s。

(2)矩形流水断面时，用下式计算孔径：

$$B_k = \frac{Q_P g}{\varepsilon v_k^3} \tag{6-89}$$

$$h_k = \sqrt[3]{\frac{Q_P^2}{\varepsilon^2 B_k^2 g}} \tag{6-90}$$

或

$$h_k = \frac{v_k^2}{g} \tag{6-91}$$

式中：h_k 为临界水深，m。

(3)涵前积水深度 H_0 用下式计算：

$$H_0 = h_c + \frac{v_c^2}{2g\varphi^2} - \frac{v_0^2}{2g} = 0.9h_k + \frac{Q_P^2}{2g\varphi^2\varepsilon^2\omega_c^2} - \frac{v_0^2}{2g} \tag{6-92}$$

式中：φ 为流速系数，可从表 6-15 查得；v_c 为收缩断面处流速，m/s，可取 $v_c = \frac{v_k}{0.9}$；ω_c 为水流收缩断面面积，m^2。

表 6-15　流速系数

入口情况	断面形状		流速系数 φ
涵前积水不淹没八字翼墙的前墙	矩形		0.90
	曲线形	圆形	0.85
		其他	
涵前积水淹没八字翼墙的前墙或端墙式进口	矩形		0.85
	曲线形	圆形	0.80
		其他	

一般城市内的涵洞可酌情予以加大孔径,排洪涵洞的最小孔径不应小于 1.0m;位于淤积中等或较少的灌溉渠道上的涵洞,其孔径不宜小于 0.75m。灌渠上的涵洞中无压涵洞的孔径一般用下式计算:

$$d = \frac{\sqrt{Q_P}}{1.49\sqrt[4]{Z}} \tag{6-93}$$

式中:Z 为涵洞上、下游水位差,m;d 为涵洞直径,m。

参考文献

[1] 中华人民共和国铁道部标准.1986

[2] 成都科技大学,华东水利学院,武汉水利电力学院．工程水文及水利计算．北京:水利出版社,1981

[3] 华东水利学院,天津大学,清华大学．水文及水利水电规划．北京:水利出版社,1981

[4] 姚文艺,张遂业．对水沙变化分析中代表系列选择问题的讨论．人民黄河,1995(3)

[5] 张红武,江恩惠,白咏梅,等．黄河高含沙洪水模型的相似律．郑州:河南科学技术出版社,1994

[6] 刘有录．桥渡．郑州:黄河水利出版社,1995

[7] 华东水利学院．水力学(第二版).北京:科学出版社,1983

[8] 铁道部第三勘测设计院．桥涵水文．北京:人民铁道出版社,1979

[9] 张俊华,马继业,等.河流桥渡设计.北京:中国建材工业出版社,1993

[10] R.V.法德拉,F.G.卡尔通,等．桥渡水力设计．阚译,康笃材,王群,等译.北京:中国铁道出版社,1992

[11] J.N.布拉德利.桥梁河道水力学．郑光谦译．北京:人民交通出版社,1980

第七章　桥渡冲刷计算

河流在自然条件下的演变规律在第三章中已有阐述。就桥渡规划设计而言，除深刻认识河流在自然条件下的演变规律外，还应对桥渡中的引堤、桥墩和桥台等建筑物对水流的束窄和干扰作用下的河床调整作出正确预测，以确保工程的安全。

第一节　桥渡与河床演变

一、河床自然演变与桥渡设计

河床的演变是一个连续不断的过程。桥渡建筑物虽不能使河床演变的天然过程终止，然而能使这一过程受到一定的影响，使其更加复杂化。桥头路堤使洪流束窄后，在桥渡建筑物处，除河流在自由状态时所固有的天然河床演变以外，还可以观测到与桥渡建筑物有关的一般冲刷和局部冲刷。

众所周知，河床演变既有累积性的冲刷或淤积的单向发展，也有冲淤交替的变化。如水利枢纽库区的河床在一个相当长的时段内(如拦沙期)是不断淤积抬高的，而坝下游一定范围内的河床则是单向冲刷的，拦沙期完成后，坝下游又将产生回淤。又如黄河下游等游荡型河道，就总体来说是不断淤积抬高的，但就某个断面来看，随着主流变迁、滩槽互易以及来水来沙的年际变化，冲淤则是交替发展的。此外，河床演变还具有复归性和周期性，如蜿蜒型河段在主流顶冲及弯道环流作用下，弯顶不断崩塌下移，凹岸边滩深槽、凸岸边滩也相应随之变迁，发展到一定程度就可能发生自然裁弯，然后在新的基础上重演上述过程。分汊河道中主、支流呈周期性的兴衰，顺直河道中边滩与深槽一个跟一个不断地向下游缓慢移动。从以上河床演变特性可以清楚地看到，在桥渡设计中，应深刻认识到这些规律，并在设计中给予充分而合理的考虑。必要时应修建河工建筑物对桥渡附近河段进行整治，用以调整水流、改善水流结构、稳定河床，以确保桥位设计的安全可靠。

二、修建桥渡后河床演变特点

由于引堤、墩、台等受建筑物的挤压作用，桥渡上游常产生壅水升高、流速减缓、水流挟沙能力有所降低的现象。建桥前原有的边滩、心滩等成型堆积体，建桥后淤积范围可能进一步扩大，滩面高程可能会有所抬高；同时，这些又会对水流起反作用，使主流及河随之变迁。上游水位壅高还会带来危及堤防安全、影响沿岸排水等问题。

各类河段的特性不同，修建桥渡后，河床演变的表现也不尽相同。

无论是一般冲刷或是局部冲刷，其计算均应反映桥渡处发生冲刷的实际物理过程。特别是进行局部冲刷计算时，应考虑水流的顶冲及水流在其所绕流的障碍物作用下，水力结构会发生的局部变化。

在桥渡处，因漫滩水流受桥头引堤挤压和桥墩的阻壅作用，河槽中单宽流量增加，局部水面比降和流速加大，导致河床产生一般冲刷；同时，在桥墩附近形成复杂的水流结构，导致桥墩周围的河床出现局部冲刷。

不论何种类型的河床，都存在着天然的演变，大致表现为以下三种情况：①河流成长过程中纵断面的变形；②因边滩下移而引起的深泓线在河槽内的摆动，或河湾发展而产生的河槽横向移动；③在一个水文周期内发生的周期性河槽冲淤变化。第一种变形过程非常缓慢，在桥梁使用期限内，大多数不易察觉到；但其余两种演变过程都发展较快，设计时必须充分加以考虑。

在稳定河段上，天然河床的变化只是以深水槽从河床的一岸向另一岸移动的形式出现。在此河段上设置桥孔，一般均不压缩河槽，故而桥孔对河床的天然演变影响不甚明显，桥渡上、下游的河床演变大致相同。

在平原弯曲型河流上，桥渡附近的天然变化表现为河床向边墩、桥头路堤和导流建筑物贴近，导致桥渡附近河湾曲率加大，并由此常常造成河床内水深的增大。

在游荡型河流上，在河流的每一个断面的任一垂线上，实际上都可能出现很大的水深。桥渡所在的任何位置都可能变成深槽、心滩或边滩。

在游荡型河流河岸变形的同时，形成一种特有的凹地，在直接靠近桥渡的地方，如两岸没有加固，凹地的发展就会使墩台或路堤遭到淘刷的威胁。

山区河流上，桥孔一般不压缩河槽，不会引起河床的明显变形。

由于桥渡附近水面比降加大和流速要经过一段距离的重新调整才能逐步过渡到河流的自然状态，所以桥渡下游一定范围内河床仍会有不同程度的冲刷。此后，水流逐渐扩散，流速渐减，最后又恢复到自然情况，上游冲刷的泥沙中的一部分也能在适当的地方淤积下来。

第二节　桥渡附近的河床变形及冲刷现象

桥下河床冲刷包括河槽的天然演变冲刷、桥梁压缩河槽所引起的桥下一般冲刷和桥渡周围的局部冲刷。显然，这三类冲刷是相互关联的，必须综合考虑以上三类变形，才能最终确定桥墩附近的最大冲刷深度。

桥梁修建后，由于墩台和引堤改变了河流的水流状态，促使河床发生相应变化。一般在桥位上游，由于桥墩台壅水，流速减小，常发生淤积；而在桥位处断面束窄，流速增大，往往发生冲刷；在桥位的下游河道，由于水流的扩散，流速减小，又将发生淤积。本节将着重介绍桥渡一般冲刷和桥墩附近的局部冲刷。

一、河流自然演变引起的冲刷

河流的自然演变所引起的河床变形可细分为以下几种。

（一）水流动力轴线摆动引起的冲刷

由水流动力轴线摆动引起的冲刷称为集中冲刷。由于水流动力轴线的变迁，可能导致滩槽易位，弯顶后退、下移，甚至裁弯取直。这类河床变形的速度视河段的稳定程度不同而异。若为较稳定的蜿蜒型及顺直微弯型河段,其演变进程往往只需数月或更短的时间。大量资料表明,傍岸集中冲刷和中泓集中冲刷都是经常发生的,特别是当桥头河岸是坚固的、不可冲动的,而河中深槽的坡壁是松散可冲的时候,所以傍岸的弯曲水流可坐得稳固,傍岸环流可以得到充分发展。而在河中,即使傍抗冲性较好的胶泥嘴,环流也难以得到充分的发展。对此,阚译研究员在系统地研究后指出,傍岸集中冲刷深度,不但超过河中集中冲刷深度,而且超过所有包括桥墩局部冲刷深度在内的总冲深,所以在计算桥台和近岸桥墩基础埋深时,必须考虑此点。对集中冲刷变形,一般是通过分析实测资料及历史调查进行估算,有时也可通过物理模型试验预测。

(二)河流发育过程中产生的纵向变形

如上游河床的逐渐下切、下游及河口段河床的逐渐淤高等,这类变形速度极为缓慢,桥渡设计中,可以通过一些较长时期的观测或调查资料推算在桥梁使用期限内,河床可能升降的幅度,合理地加深基础埋深或提高桥下净空。

(三)河道上修建建筑物所引起的再造床过程

如修建水库库区的淤积和坝下游的冲刷,其冲淤量可用河床变形数值计算方法进行估算,也可通过分析资料或模型试验加以确定。在水库蓄水范围内,受水库河床不断淤高蓄水的影响,流速减小,桥址上、下游水位差也较小,因而桥下通过的设计流量有所改变。另外,对库区风浪增大、土质库岸发生坍岸等特点,均必须有所考虑。

设计跨越水库下游河段的桥渡时,必须分析研究水库的运用方式、下泄流量的大小、水流的清浊、下游河道的河床组成及形状等情况,以此分析在水库的不同运用阶段坝下河床的纵向冲刷、横向变化及河型转化。

影响河道演变的因素极为复杂。目前,桥渡设计所采用的原始断面都是建桥前测量的中、枯水断面,计算精度不够。因此,桥渡设计中,一般不采用上述桥渡处实测断面,而是采用附近水深较大的断面作为设计断面,并以断面最大水深或最大单宽流量作为设计依据。

二、桥渡的一般冲刷

一般常把河流的洪水冲刷和压缩冲刷合称为桥渡的一般冲刷。桥墩周围的局部冲刷虽然范围不大,但在工程实际中却是经常见到的。水流中各种柱状体周围局部冲刷的水力现象,水流结构复杂,直至今日,桥墩局部冲刷的机理仍是河流动力学的重要研究内容之一。

河流上建桥后,桥下过水断面因桥渡中的引堤桥台和桥墩等建筑物的压缩而减小。为通过建桥前同样大小的流量,桥下流速增大,水流挟沙能力也相应增加,这样就要在桥下产生新的冲刷。冲刷可分为两种情况:一种是上游来清水,此时河床必须冲深到流速小于起动流速时,冲刷才会终止,故最大冲刷深度应按床沙起动流速计算;另一种是上游来浑水,此时必须通过河床的冲深,使水流挟沙力降低到恢复原有的输沙平衡,冲刷才会终止,故最大冲刷深度应按水流输沙平衡计算。随着冲刷的发展,桥下河床加深,过水面积增大,流速逐渐下降,待达到新的输沙平衡状态或桥下流速降低到土的容许不冲刷流速时,冲刷停止。这种由于建桥压缩水流而在桥下河床全断面内发生的普遍冲刷,称为一般冲刷。

三、桥墩附近的局部冲刷

从前人及张红武的试验都能看到，河道中设置桥墩后，周围的水流情况会发生很大变化。由于桥墩阻水，在桥墩上游不远处水面壅高，至墩前达到最高，两侧水流收缩集中，动能增加，水面逐渐下降，在墩后很大范围内，水面很不稳定。当水面附近的高速水流碰到桥墩时，水流方向偏转，使绕墩水流流线弯曲。近底水流流速因受河床摩阻作用而使纵向流速沿垂线存在流速梯度，因而桥墩沿水深上、下相邻两个单位面积所受水流的冲击压力也不同，其压力差可表示为

$$\Delta P = \frac{\gamma}{g}(u_1^2 - u_2^2)$$

正是由于这个压力差，水流由高压区向低压区流动。

从测得的墩前水流沿水深的分布结果可知，最大流速在相对水深 $z/h = 0.8$ 附近，此处相邻两点流速相同，冲击压力差 ΔP 等于零。在这点以上，压差的作用使水流折转向上，表层水流形成逆时针旋流；而在这点以下的水流则折转向下，形成横轴反向旋流，与临底纵向水流汇合后，产生围绕桥墩的所谓马蹄形旋涡。这种旋涡是引起桥墩周围局部冲刷的主要原因。在桥墩尾部，两侧的马蹄形旋涡在上升过程中相互推撞，两旋涡的强度大小交错变化，在水面上可以观察到来回摇摆的旋涡尾迹。我们在细沙河床的桥桩冲刷试验中看到，局部冲刷都是从桥墩两侧开始的；随着两侧冲穴的加深与扩大，墩前冲坑联成一体；最后冲刷发展稳定时，冲刷坑似为漏斗形，上游及两侧边坡的坡角与床沙的水下休止角相当(所用模型沙的水下休止角为 30.4°，桥墩冲坑坡角为 30°左右)，最大冲刷水深位于桥墩前缘中心处。另外，我们在玻璃水槽中进行的粗颗粒桥墩冲刷试验中，还能较为清楚地看到在桥墩尾部，随着挟带有泥沙的旋涡上升，泥沙就此落淤成丘。而在细沙试验中，墩后淤积较少，原因是细颗粒一旦扬起即难以沉淤。初步看来，墩后淤积量与比值 ω/u_*(此处 ω 为床沙的沉降速度)呈正比。

第三节　研究桥渡冲刷的意义及现状

一、研究桥渡冲刷的意义

广义的一般冲刷除指因桥墩存在而引起的墩身周围的局部冲刷以外，各种原因造成的桥下河床降低都包含在内。桥墩附近所发生的最大冲刷深度应是一般冲刷及局部冲刷二者之和。目前对冲刷深度的计算，一般先算出可能的一般冲刷，再用一般冲刷后的水流条件计算可能的局部冲刷，二者相加即为总冲刷深度；并以此给出冲刷线，定出桥墩的基础埋深。

局部冲刷仅仅是指桥墩阻水所引起的墩周河床变形。桥墩基础埋深是决定于河床的最大冲深的，它是前述河床变形的综合结果，所以如何求得桥址断面上的最大可能冲刷深度，到目前为止仍是一个很有意义的科研课题。

在实际生产中，国内外计算冲刷的方法很多。目前，铁路、公路各部门对桥下冲刷计算的处理方法是：假定一般冲刷与局部冲刷是分别进行的，先算出最大的一般冲刷深度，而后在这个深度上继续计算局部冲刷，待局部冲刷充分发展，河床高程不变，冲刷就停止了，作为最大冲刷深度；同时，假定产生最大冲刷深度的设计流量持续时间是足够长的。这里需要强调的是，这仅是一种“处理桥渡冲刷的办法”，而不能够理解为实际情况下的桥渡冲刷就是这样一前一后地相继进行着。

二、桥渡冲刷的野外观测

公路、铁路上跨越河流修建桥渡建筑物时，由于我们水文资料掌握不够、冲刷设计不切实际，或桥渡建筑物布置不当，遇到较大洪水往往引起水毁事故，不但修复工程要直接耗费国家大量财力，而且运输中断，使国民经济遭受更为严重的损失。

在所有的桥渡水毁事故中，出现最多、情况最严重的，首推冲刷造成的桥渡水害。1958 年郑州黄河铁路旧桥冲毁了一个桥墩，中断行车达 15 天，直接影响了南北铁路干线的运输。1963 年宝兰线上渭河 5 号桥也因一个桥墩倾倒，使东西铁路干线运输立刻中断。1963 年汛期水害严重，京广线北段很多大小桥桥墩产生偏移或沉陷倾倒，相当长的一段时间内，运输中断，对国民经济影响十分严重。1981 年 8 月，秦西陇南连日阴雨，水土饱和，又见暴雨，山洪暴发，泥土俱下，流木漂浮，田舍浸泡，河床防护及路基冲毁，桥台被淘刷而倾倒，桥墩被冲倒或剪断，江水漫道，隧道灌水，多段线路被洪水冲毁，致使行车中断。洪水固然很大，但墩台浅基不能抵御洪水冲刷仍是主要原因之一。

桥渡设计是一门比较年轻的学科，从 20 世纪 30 年代才发展起来。新中国成立前，修建铁路桥梁根本无冲刷计算，只凭经验确定基础埋深。因此，很多大中桥基础经不起洪水冲刷，需要防洪抢险，抛投片石和修筑防洪工程。即便如此，尚不能保证安全，桥梁水害仍时有所闻。

1949 年后我国学习外国经验，同时也用外国公式进行计算。由于其他国家河流的特性与我国河流不同，又受到这一门学科当前水平的限制，所以在生产实际中发生了许多问题，生产上迫切要求解决桥梁由于基础埋深不够而发生水毁的问题。

桥渡冲刷计算不仅对新桥设计必不可少，对原有桥渡的养护也同样不可缺少。由于缺乏可靠的冲刷计算公式，养护工作者对于桥渡可能发生的冲刷深度心中无数，所以在发现桥渡有冲刷情况时，常常由于防护措施不当，耗费大量资金，而不能完全达到防护的目的，有时甚至会引起不良的后果。

20 世纪 50 年代，我国水文工作者针对水文、桥渡冲刷这一迫切问题，通过研究机构、生产单位、高等院校的大力协作，展开了这方面的观测和试验工作，特别是从 1960 年以后，根据铁道科学研究院和交通科学研究院的倡议，把全国参加观测和试验研究的近百个单位，组成西北、西南、中南华东、东北华北四个桥渡水文科研协作片区，进入大规模的集体观测、系统试验和群众性理论探讨阶段。桥渡观测工作取得了显著的成绩，一般冲刷总共观测了 118 桥年的资料，局部冲刷总观测了 99 桥年的资料，见表 7-1。

这些为 1964 年 5 月召开的全国的“桥渡冲刷计算学术会议”提供了宝贵的现场观测资料，也为桥渡一般冲刷和局部冲刷公式的制定和修订打下了良好的基础。正是利用这些资料制订了我国的自己桥渡一般冲刷公式和桥墩局部冲刷计算公式。从此全国的一些重要桥梁(如郑州黄河大桥、三道坎黄河大桥等)都设立了观测机构,坚持水文、桥渡冲刷及河道演变观测至今。我国是桥渡观测资料最丰富的国家。

表 7-1 桥渡冲刷野外观测情况一览

片区	一般冲刷观测		局部冲刷观测		片区共观测	
	座数	站年数	座数	站年数	座数	站年数
西北	21	56	12	18	22	57
西南	11	23	11	24	17	32
华北、东北	15	28	15	32	21	44
中南、华东	5	11	14	25	16	29
合计	52	118	52	99	76	162

自 1958 年起,我国铁路与公路部门就开始摸索拟定适合于我国情况的桥渡一般冲刷计算公式和桥墩局部冲刷计算公式途径,确定了这一研究专题,开始了桥渡的现场观测,同时进行模型试验和理论探讨。铁道科学研究院和长沙公路工程研究所等单位,从 1961 年起对桥墩的局部冲刷进行水槽试验研究,对局部冲刷的水流现象、冲刷过程进行观测,对各个冲刷因素对局部冲刷坑深的影响进行量测,取得了大量资料。

三、桥渡一般冲刷计算研究

1960 年 12 月召开了全国第一次桥渡冲刷汇总会议,分析了 18 座桥渡观测资料,制定了我国一般冲刷计算公式。

$$h_{\mathrm{P}}=\frac{q}{v_{\mathrm{s}}}=\frac{\dfrac{Q}{kuL}\left(\dfrac{h}{h_{\mathrm{cP}}}\right)^{m}}{Ed^{y}h_{\mathrm{P}}^{x}}=\left[\frac{k\dfrac{Q}{uL}\left(\dfrac{h}{h_{\mathrm{cP}}}\right)^{m}}{Ed^{y}}\right]^{\frac{i}{1+x}} \tag{7-1}$$

式(7-1)是根据单宽流量、冲止流速关系建立了一般冲刷公式,其中单宽流量系数反映了我国变迁性河流的特点,冲止流速系数 E 反映了我国河流含沙量大的特点。但由于这一公式是初次建立的,依据的资料尚不够全面,因而尚存在着一定的缺点。

随着参加观测研究单位的增加和观测资料的增多,经过生产单位的试用和检验,对桥渡一般冲刷的认识也逐步深入。有的单位根据输沙平衡原理进行一般冲刷的研究。

1962 年经过对 22 座桥渡的观测资料进行总结分析,部分地改变了 1960 年分析资料的方法,提高了公式精度,将式(7-1)改为

$$h_{\mathrm{P}}=\frac{q}{v_{\mathrm{s}}}=\left[\frac{Aq_{\text{计}}^{x}}{v_{\mathrm{s}}}\right]=1.1\left[\frac{A\dfrac{Q}{uL}\left(\dfrac{h_1}{h_{\mathrm{cP}}}\right)^{5/3}}{Ed^{0.18}}\right]^{\frac{1}{1.7}} \tag{7-2}$$

而后,针对一般冲刷计算中的几个关键问题,如关于单宽流量和冲止流速、关于输沙平衡公式的原理与建立、原始断面的选定、关于一般冲刷与天然河床演变的如何区分或结合计算等进行了广泛的讨论,得出下列公式:

$$h_{\mathrm{p}}=\left[\frac{A\dfrac{Q}{uL}\left(\dfrac{h_1}{h_{\mathrm{cP}}}\right)^{5/3}}{Ed^{1/6}}\right]^{3/5} \tag{7-3}$$

在 1964 年召开的全国桥渡计算学术会议上，各生产单位介绍了现有一般冲刷公式的使用情况和目前提供正式资料的 27 座桥渡水害及大中洪水后的实测调查数据。通过对当时常用公式进行验证，推荐了如下公式：

$$A = \left(\frac{\sqrt{B}}{H}\right)^{0.15} \tag{7-4}$$

$$E = f(\xi) \tag{7-5}$$

式(7-3)～式(7-5)被称为 64—1 公式，即桥渡一般冲刷计算公式。

四、桥墩局部冲刷计算研究

1960 年铁路和交通两个系统正式开展对桥墩局部冲刷的协作研究，按照天然观测、模型试验和理论分析三结合的途径，首先开展了现场桥渡的观测工作，取得了第一手天然资料，同时加强了模型试验和理论分析的研究工作。通过几年的观测和试验，为桥渡冲刷这一研究课题，积累了丰富的资料，为这一研究工作的开展奠定了良好的基础。

首先对公认有一定理论依据、模型试验资料较多的雅罗斯拉夫采夫公式进行了验证，发现了一些新问题。1967 年开始转向以建立桥墩局部冲刷理论和提出我国冲刷计算公式的研究。针对桥墩局部冲刷形成的原因、局部冲刷的基本物理图式、局部冲刷各个因素对局部冲刷深度的影响关系展开讨论。经分析验证，在众多的公式中，本着概念清晰合理、结构简单、使用方便、精度较高的原则，推荐上述 64—1 公式和下式共 4 个公式供生产单位试用。

$$h_{\mathrm{b}} = AK_{\xi}K_{H}B\left[\frac{v - v_0'}{v_0}\right] \tag{7-6}$$

使用 64—1 公式时，认为决定冲刷深度大小的因素包括墩前行近流速、桥墩阻水宽度、河床质组成、开始冲刷的条件、底沙运动、桥墩形状、水深等方面。

通过对各因素的具体分析，确定的具体计算公式为

$$h_{\mathrm{b}} = f\left(v, B, d, v'_{\mathrm{c}}, \frac{v}{v_0}, K_{\xi}, h\right) \tag{7-7}$$

当 $v \leqslant v_0$ 时

$$h_{\mathrm{b}} = K_{\xi} K_{\eta} B^{0.6} (v - v_0') \tag{7-8}$$

当 $v \geqslant v_0$ 时

$$h_{\mathrm{b}} = K_{\xi} K_{\eta} B^{0.6} (v - v_0') \left(\frac{v}{v_0}\right)^n \tag{7-9}$$

式中

$$K_{\eta} = \left(\frac{2.16}{d^{0.4}} + \frac{0.11}{d^{1.9}}\right)^{1/2} \tag{7-10}$$

$$v_0 = \left(\frac{h}{d}\right)^{0.14} \left(29d + 0.000\,000\,605 \times \frac{10 + h}{d^{0.72}}\right)^{1/2} \tag{7-11}$$

$$v_0' = 0.75\left(\frac{d}{h}\right)^{0.1} \frac{v_0}{K_{\zeta}} \tag{7-12}$$

$$\eta = \frac{1}{\left(\frac{v}{v_0}\right)^t} \tag{7-13}$$

$$t = 0.2d^{0.15} \tag{7-14}$$

通过多年的运用、实验室的试验、理论分析，1984年将式(7-8)和式(7-9)更改为

当 $v \leqslant v_0$ 时

$$h_b = K_\xi K_\eta B^{0.6}(v - v_0') \tag{7-15}$$

当 $v \geqslant v_0$ 时

$$h_b = K_\xi K_\eta B^{0.6}(v - v_0')\left(\frac{v - v_0'}{v_0 - v_0'}\right)^n \tag{7-16}$$

在20世纪70年代又制定了一套较完整的墩形系数表，成为当前铁路工程水文勘测设计规范中桥墩局部冲刷计算公式。

根据冲刷机理，可将影响墩局部冲刷深度的原因归纳成5个因素，即水流深度(h)、流速(v)、泥沙平均粒径(D)、墩形(K_f)、计算墩宽(b)。这是墩、水流、床沙三者相互作用的结果，它们作用的错综复杂性是很难单从理论研究确定墩局部冲刷深度的。因此，到目前为止，还没有一个严格的解析表达式说明冲刷深度与有关因素之间的关系，现在使用的公式都属于半经验半理论性的公式。对于一些典型工程，需进行物理模型试验，定出局部冲刷的深度。

五、国外桥渡冲刷研究现状及发展趋势

国外开始对桥墩局部冲刷的研究已有一个多世纪的历史了，其中以俄(前苏联)、美等国的试验研究工作较为广泛、系统，特别是对局部冲刷机理作用及冲刷过程中起主要影响的几项参变量与冲刷深度的关系等研究颇有成就。

在20世纪50～70年代，前苏联许多学者在这方面研究出了很多成果。50年代曾被我国参用的E.B.鲍氏公式，其结构式为

$$H_s = H_P[(v_P/v)^n - 1] \tag{7-17}$$

N.A.雅罗斯拉切夫公式是以研究桥墩绕流结构局部变化为基础的，认为局部冲刷坑的能量损失与冲刷坑的深度成正比。他提出的公式是

$$H_\sigma = K_\xi K_V(\alpha + K_H)v^2/g - bv_H^2/g \tag{7-18}$$

式(7-18)反映了桥墩最不利的工作状况。A.M.拉笛申可夫认为下降水流产生涡带，在河底环绕桥墩并产生冲刷。拉氏提出

$$\Delta H = 0.52K_\phi M_B\sqrt{b_n u_0} \tag{7-19}$$

1978年茹氏采用既有资料，通过统计分析得出与劳尔逊相似的公式

$$H_b = 1.1(v/v_{bn})^n B^{0.5} H^{0.5} \tag{7-20}$$

前苏联多数设计院使用的公式是1972年《桥渡勘测设计规程》中提出的对非黏性土、黏性土、水流有无挟带底沙及底沙能否进入冲刷坑等不同情况下的局部冲刷深度计算公式。

当河床为非黏性土、水流不挟带底沙或底沙不能进入冲刷坑时

$$H_{\mathrm{B}} = H_0[(v - v_H)/(v_0 - v_H)]^{0.75}MK \tag{7-21}$$

当河床为黏性土时

$$H_{\mathrm{B}} = \frac{6.2\beta H}{(v_0/\omega)} = (2\frac{v}{v_0} - 1)^{0.75}MK \tag{7-22}$$

20 世纪 70～80 年代，前苏联在这方面除了室内试验的研究以外，加强了既有的实测工作，取得了不少实效。罗金布尔格等运用挟沙纵向平衡公式，经试验分析与现场观测资料，得出下式：

$$H = N_{\mathrm{b}}{}^{y}H^{1-y} \tag{7-23}$$

式中的 N_{b} 与流速、泥沙水力粗度及相对粗糙度有关。从前苏联的研究来看，除对各家的墩形和斜交角的校正系数已深信无疑外，都力图从不同角度得出更为简要而又便于应用的结构形式。

1960 年贝塔(Bata.G)提出以下关系式：

$$D/H = 10(v^2/gH - 3D/H) \tag{7-24}$$

20 世纪 60 年代有人研究了劳尔逊和雅氏在理论上的差别：劳氏认为冲刷深度同水深和墩形有关，而雅氏认为冲刷深度同流速的平方、粒径和墩形有关。

布莱赛斯(Breusers)按模型试验导出的简单公式为

$$D_{\max}/B = 1.4 \tag{7-25}$$

沈学文等人根据许多人的试验资料和野外资料得到冲刷深度与 Re 的函数关系：

$$D_{\max} = 1.42KB^{5/4} \tag{7-26}$$

$$D_e = 0.000\,73Re^{0.619} \tag{7-27}$$

从美国等的现采用的公式来看，差不多都是经验性或半经验性的，归纳起来可表示为

$$\frac{\text{水深}}{\text{墩坑}} = f\left[Fr, \frac{\text{水深}}{\text{墩坑}}, \text{泥沙特性}\right] \tag{7-28}$$

20 世纪 70 年代以来，不少研究者认为局部冲刷的机理仅与由边界层分离引起的马蹄形旋涡体系的特征有关，并试图从旋涡体系与泥沙运动相关来获得定量解。目前，桥墩局部冲刷研究倾向于旋涡机理与泥沙颗粒力学分析方面的试验研究，并考虑到不同土层对冲刷深度的影响以及冲刷的历时关系。

国外常用的桥墩局部冲刷深度计算公式见表 7-2。

奈尔(Neil)和莫瑞斯(Morris)近年来指出："尽管对局部冲刷的试验与研究历史悠久，由于影响因素过于复杂，多半仍须判断，即使在简单的均匀河床上的桥渡冲刷公式也相当不一致。"这就说明任何一种计算方法都有局限性。如此看来，既要有较为简单可行的应用公式，又要有较能符合局部的普遍使用条件，还必须加强既有桥渡的观测检验和试验研究。

国外对桥墩局部冲刷的研究虽较早，但由于这一问题比较复杂，虽然研究了这么多年，还没有提出一个满意的、可供生产上使用的公式。例如，日本石原藤次郎从 1934～1940 年连续进行了 6 年多的大量试验研究工作，但在其最后写出的研究报告中只提出了各个因素对冲刷的影响性质，没有能够提出一个计算公式。近年来不少国家都在对桥墩局部冲刷进行不断的研究，但他们的研究多半是依靠实验室内的试验来进行的，虽然提出

了好几个由试验资料统计分析得来的计算公式,但由于没有经过天然观测资料的检验与修正,公式很少得到使用。

表 7-2　国外常用桥墩局部冲刷深度计算公式一览

作　者	桥墩局部冲刷深度计算公式
Ahmad	$H_s/B = Y_0/B(4.77Fr^{2/3}-1)$
Blench	$H_s/B = 3.72Fr^{1/2}(Y_0/B)^{3/4} - Y_0/B$
Breusrs	$H_s/B = 1.4$
Chitale	$H_s/B = Y_0/B(-5.49\ Fr^2+6.55Fr-0.51)$
Inglis－Poona	$H_s/B = 4.05(Y_0/B)^{3/4}Fr^{1/2} - Y_0/B$
LaurseuⅡ	$H_s/B = 5.5H_s/\ Y_0[(1/11.5\times H_s/\ Y_0+1)^{1.7}-1]$
Neil	$H_s/B = 1.5(Y_0/B)^{0.3}$
Shen－Ⅰ	$H_s/B = 4.43Fr^{2/3}(Y_0/B)^{1/3}$
Shen－Ⅱ	$H_s/B = 3.4Fr^{2/3}(Y_0/B)^{1/3}$

注:H_s 为冲刷深度,B 为计算墩宽,Fr 为佛汝德数,Y_0 为水深。

我国组织了全国性的片区大协作、大讨论,集中人力、物力进行桥渡的观测。正是有了这些第一手的资料,通过分析研究,逐步地认识了冲刷的一些自然现象、冲刷的一些规律,得出一些计算公式和决定桥渡免于冲刷破坏的墩台埋置深度。据不完全统计,1960～1964 年,参加观测工作的达 2 000 余人,约 20 万个工日。洪水观测是在极其艰巨,有时甚至冒生命危险的情况下进行的。目前,我国的桥渡冲刷研究水平居世界领先地位。

六、复线桥线间距对局部冲刷影响研究现状

京广铁路上的蒲圻老桥建于 1915 年,基础埋深较浅;1957 年,在老桥下游 138m 处修建了复线桥;20 世纪 70 年代,拟在复线桥上游 40m 处再建新桥一座,以确保运输安全,老桥留作战备用。为此,武汉铁路分局、铁道部第四设计院与武汉水利电力学院联合进行了陆水水坝下游蒲圻大桥局部动床模型试验。试验中,主要对三线桥的冲刷深度及相互影响进行了探讨,以便为新桥基础埋深提供设计依据。拟建的新线桥与复线桥孔跨不一样,桥墩中心线错开。试验结果发现,由于复线桥与新线桥相距仅 40m,存在着相互影响。在冲刷初期,由于上游桥冲起的泥沙淤积在下游复线桥冲坑内,使得上游新桥冲深大于下游桥冲刷深度;但随着冲刷的发展,上游桥的冲刷首先达到平衡,不再发展,而下游桥的冲刷仍继续发展,且由于两桥桥墩中心线不对应,使得下游桥墩前的水流相当紊乱,这种紊乱的水流促使下游墩冲刷不断发展,最终反而大于上游桥墩冲深。

西安公路学院曾就咸阳渭河桥扩建进行了断面模型试验。因已修建的咸阳渭河桥路面窄,不能满足交通要求,有关部门拟在旧桥上游或下游侧增宽路面,新建桥与旧桥并在一起。为考察新建桥对旧桥局部冲刷的影响,进行断面模型试验。试验结果发现,在两墩间距为 $3.5b$、水流正交、新桥在上游时,对旧桥有保护作用;新桥在下游时,对原桥没有明

显影响；水流斜交10°时，不论新桥在下游还是在上游，位于下游的桥墩的冲刷深度均大于上游桥墩的冲深。

铁道科学院与大桥局进行了大桥施工平台桩腿局部冲刷模型试验。大桥施工平台主要用于长江中、下游及干、支流深水作业区，平台有4条桩腿插入河底，用以支撑整个平台的重量。桩腿插入河底后，在其周围产生局部冲刷。施工期间，桥墩基础沉入水中，又会对桩腿冲刷产生影响。该试验的目的就是研究各种条件下桩腿的局部冲刷深度，以确保平台安全使用。试验发现，在水流正交时，上、下游两断面的冲深，不管有无管柱，都是上游桩腿的局部冲深大于下游桩腿的冲深，而就上游桩腿本身而言，有管柱时的冲深又大于无管柱时的冲深，而且管柱尺寸愈大，冲深增值愈大。当水流斜交15°时，上游桩腿冲深变化不大，而下游桩腿冲深则有较大增长，而且普遍大于上游桩腿冲深，且有管柱较无管柱表现得更明显。

日本的石原藤次郎在“关于桥墩引起河床冲刷的试验研究”中谈到，设计并列的新旧桥时，两桥墩的中心应重合，若旧桥基不够坚固，则希望把新桥建于旧桥上游，线间距最小要在两倍墩宽左右，方能保持两桥间河床的稳定；当桥墩中心不重合时，则希望两墩间距做到互不干扰的程度。显然石原藤次郎的建议只是定性的描述。

美国的Chabert和Engelolinger在进行单墩局部冲刷试验时，曾在水槽内同时放三个桥墩，间距均为5m，他们只知道下墩周流速分布恢复到单墩情况，但不知道上墩尾涡对下墩的紊动是否有影响。他们在成果分析中谈到，两墩间可能存在着相互影响，从而影响了试验结果。美国跨越Sioux河的一对同样大小的桥梁，在1962年的洪水中，只有上游桥被冲毁，而下游桥安然无恙，分析原因时认为是上游桥的堆积体淤在下游桥下，对下游桥起到了保护作用的结果。

由上可见，国内外虽有较多的涉及复线桥桥墩冲刷方面的试验研究，但多是针对某一具体问题而言，不具有普遍指导意义，所得结论难以推广。因此，为了合理地选择桥位，并在此基础上正确确定新桥基础埋深，检验老桥在修建新桥后基础埋深是否仍满足要求，保证桥梁安全，进行这方面的试验研究是有必要的。

第四节　桥渡一般冲刷计算

为了使桥孔安全地通过设计洪水，桥梁不但要有足够的长度和桥下过水面积，还必须保证墩台基础有足够的埋置深度，以免因水流冲刷而遭受破坏。河流对桥渡最不利的影响有两方面，一是平面上的岸线迁移，二是竖向的河床冲刷。只有不稳定的河流才可能对桥渡冲刷产生迅不及防的岸线迁移，出现水毁，而冲刷则几乎是每条河流都有的自然现象。对冲刷而言，影响因素众多，难以较准确地预估，加之随着水文现象的变化，其对桥渡的破坏多具突发性和偶然性，极易造成危及生命财产的破坏。因此，桥渡冲刷计算是桥渡设计中最重要和最需要解决的课题。在具体桥渡设计中，必须合理确定河床冲刷深度和预计天然演变，为解决桥梁墩台的埋置深度提供依据。

前面已讲到一般冲刷的广义概念，本节将主要介绍一般冲刷的计算公式。

一、包达柯夫公式

假定桥下流速等于河槽天然流速时冲刷停止，并认为冲刷前后相应的垂线水深成正比，即得包达柯夫公式：

$$h_P = Ph_0 \tag{7-29}$$

式中：h_P 为一般冲刷后的垂线水深，m；h_0 为冲刷前相应的水深，m；P 为桥渡实际采用的冲刷系数。

式(7-30)适用于稳定河段。

二、非黏性土河床的桥下一般冲刷公式

(一)64—1 公式

该式为 1964 年“桥渡冲刷计算学术会议”推荐公式，已列入桥渡设计规范之中。它适用于平原次稳定性河段和山区稳定性河段。平原游荡型河段和山区变迁性河段亦可参考本公式。

一般冲刷的基本方程是桥下冲刷停止时垂线上的水流连续方程，即

$$q_P = h_P v_s \tag{7-30}$$

式中：h_P 为桥下一般冲刷后的最大水深，m；q_P 为冲刷停止时断面垂线上的最大单宽流量，m；v_s 为冲刷停止时的垂线流速，m/s，简称冲止流速。

为了由上式求解 h_P，需确定 q_P 与 v_s 值，首先求解 q_P，假定冲刷前后河床糙率 n 与比降 J 不变，则将谢才－曼公式用于垂线后可得：

$$q_m = \frac{Q_P}{\mu B}\left(\frac{h_{max}}{\overline{h}}\right)^{5/3} \tag{7-31}$$

式中：q_m 为冲刷前单宽流量；Q_P 为设计流量；B 为桥孔净长度；h_{max}、$\overline{h}$ 为桥下冲刷前最大水深与断面平均水深；μ 为墩台引起的水流压缩系数(指墩台侧面因旋涡形成滞流区而减少过水面的折减系数)，可由表 7-3 查得。

表 7-3　水流压缩系数 μ 值

设计流速	孔径净宽(m)												
(m/s)	≤10	13	16	18	21	25	30	42	52	63	106	124	200
<1.0	1.00	1.00	1.00	1.00	1.00	1.00	1.00	1.00	1.00	1.00	1.00	1.00	1.00
1.0	0.96	0.97	0.98	0.98	0.99	0.99	1.00	1.00	1.00	1.00	1.00	1.00	1.00
1.5	0.94	0.96	0.97	0.97	0.97	0.98	0.99	0.99	0.99	0.99	1.00	1.00	1.00
2.0	0.93	0.94	0.95	0.96	0.97	0.97	0.97	0.98	0.99	0.99	0.99	0.99	1.00
2.5	0.90	0.93	0.94	0.95	0.96	0.96	0.97	0.98	0.98	0.99	0.99	0.99	1.00
3.0	0.89	0.91	0.93	0.94	0.95	0.96	0.96	0.97	0.98	0.98	0.99	0.99	0.99
3.5	0.87	0.90	0.92	0.93	0.94	0.95	0.96	0.97	0.98	0.98	0.99	0.99	0.99
≥4.0	0.85	0.89	0.91	0.91	0.93	0.94	0.95	0.96	0.97	0.98	0.99	0.99	0.99

河床冲刷后各垂线单宽流量将重新分配并有集中趋势。因此，有

$$q_P = K_g q_m \tag{7-32}$$

式中：K_g 为单宽流量集中系数。

根据观测资料，可得出：

$$K_g = \left(\frac{\sqrt{B}}{H}\right)^{0.15} \tag{7-33}$$

式中：B、H 分别为造床流量时的河槽宽和平均水深。

一般稳定河流，$K_g = 1.0 \sim 1.2$；次稳定河流，$K_g = 1.3 \sim 1.4$；不稳定河流，$K_g = 1.5 \sim 1.7$；K_g 最大不宜超过 1.8（相当于 $\sqrt{B}/H = 50$）。

冲止流速应与泥沙粒径 D、水深 h_P 以及水流含沙量有关，根据观测资料可得到：

$$v_s = ED^{1/6} h_P^{2/3} \tag{7-34}$$

式中：D 为泥沙平均粒径，mm；E 为床面泥沙运动强度系数，E 与汛期最大月平均含沙量的平均值 S_{cp}（单位为 kg/m^3）有关，当 $S_{cp} < 0.1$、$S_{cp} = 10$、$S_{cp} > 10\ kg/m^3$ 时，E 分别取为 0.46、0.66 及 0.86。

将式(7-31)、式(7-32)、式(7-34)代入式(7-30)，可得出河槽处一般冲刷后的最大水深公式（以下脚标"c"代表河槽部分）：

$$h_P = \left[\frac{K_q Q_c}{\mu B_c E D_c^{1/6}}\left(\frac{h_{mc}}{h_c}\right)^{5/3}\right]^{3/5} \tag{7-35}$$

当桥下河槽扩宽至全桥下时，B_c 为全桥桥孔净宽；当桥下河槽不能扩宽至全桥时，B_c 为河槽部分的桥孔净宽。

对于桥下河槽部分通过的设计流量 Q_c，当桥下河槽部分能扩宽至全桥时，$Q_c = Q_P$；而当桥下河槽不能扩宽至全桥时，则 Q_c 按下式计算：

$$Q_c = \frac{W_c C_c \sqrt{\bar{h}_c}}{W_c C_c \sqrt{\bar{h}_c} + \sum W_t C_t \sqrt{\bar{h}_t}} Q_P \tag{7-36}$$

式中：W_c 为桥下河槽部分的过水断面面积，m^2；C_c 为桥下河槽部分的谢才系数；$\bar{h}_c$ 为桥下河槽部分的平均水深，m；W_t 为桥下河滩部分的过水面面积，m^2；C_t 为桥下河滩部分的谢才系数；$\bar{h}_t$ 为桥下河滩部分的平均水深，m。

按上述原理，还可得出河滩部分的一般冲刷计算公式为

$$h_{Pt} = \left[\frac{\frac{Q_t}{B_t}\left(\frac{h_{mt}}{h_t}\right)^{5/3}}{v_{H1}}\right]^{5/6} \tag{7-37}$$

式中：h_{mt} 为桥下河滩最大水深，m，；v_{H1} 为河滩水深为 1m 时非黏性土不冲刷流速，m/s；B_t 为桥下河滩部分桥孔过水净宽，m；Q_t 为桥下河滩部分通过的设计流量，m^3/s，可按下式计算：

$$Q_t = \frac{\sum W_t C_t \sqrt{\bar{h}_t}}{W_c C_c \sqrt{\bar{h}_c} + \sum W_t C_t \sqrt{\bar{h}_t}} Q_P \tag{7-38}$$

应该指出，实际运用后发现，64—1 公式计算结果在浅水、粗颗粒河床组成条件下或黄河游荡河段偏大，在深水、细颗粒河床组成条件下则偏小。此外，公式量纲不和谐也是

缺陷之一。

(二)64—2 公式

根据输沙平衡原理,参照国外同类公式结构,得出一般冲刷经验公式为

$$h_P = K_m\left(K_q \frac{Q_2}{Q_c}\right)^{4m_1}\left[\frac{B_c}{\mu(1-\lambda)B_2}\right]^{3m_1} h_m \tag{7-39}$$

式中:B_c、B_2 为设计断面上的河槽宽度和桥孔部分宽度,m;Q_c、Q_2 为设计断面上的河槽天然流量和桥孔部分的河槽流量,m^3/s;μ 为常数,由表 6-9 查得;λ 为设计水位下桥墩总阻水面积和桥下两台间的毛孔径面积的比值,对于一般宽浅断面,可近似地等于桥墩平均宽度与桥墩中心距之比;m_1 为随相对糙率而变的指数;K_m 为综合系数,可按下列经验公式计算:

$$K_m = 1 + 0.02\lg\left(H_m/\sqrt{HD}\right) \tag{7-40}$$

式中:H_m、H 为造床流量下的最大水深和平均水深,m;D 为河床质平均粒径,m 。

根据有关图表资料,将 m_1 用下式表示:

$$m_1 = 0.215 + \frac{h_m/D_{95}}{2\,700 + 38h_m/D_{95}} \tag{7-41}$$

应该指出的是,64—1 及 64—2 两个公式计算的结果,包括了桥下压缩水流产生的桥下一般最大冲刷和洪水时河槽天然冲刷和集中冲刷。64—2 公式对平原稳定河段较适用。

三、黏性土河床的桥下一般冲刷公式

黏性土由于颗粒细且有黏结性、不均匀性与化学不稳定性,其冲刷计算不同于散粒土。因问题过于复杂,目前对于黏性土壤河床一般冲刷深度的计算方法,研究得还不够。作为粗略估算,可用黏性土不冲流速代替冲止流速进行计算。此外,铁道部第四勘测设计院实际资料,将 v_s 表示为

$$v_s = 0.33\left(\frac{1}{I_l}\right)h_P^{3/5} \tag{7-42}$$

再采用上述原理,不难得出黏性土河床的桥河下一般冲刷公式。

河槽部分的冲刷公式为

$$h_P = \left[\frac{K_g \dfrac{Q_c}{B_c}\left(\dfrac{h_{mc}}{h_c}\right)^{5/3}}{0.33\left(\dfrac{1}{I_l}\right)}\right]^{5/8} \tag{7-43}$$

式中:K_g 为系数,可取 1.0～1.2;I_l 为冲刷范围内黏性土样的液性指数,一般取 0.16～1.19,必要时可用下式计算:

$$I_l = (W - W_P)/(W_t - W_P) \tag{7-44}$$

式中:W 为黏性土天然状态含水量;W_t 为黏性土液限;W_P 为黏性土塑限。

河滩部分的冲刷公式为

$$h_P = \left[\frac{\frac{Q_t}{B_t}\left(\frac{h_{mc}}{h_t}\right)^{5/3}}{0.33\left(\frac{1}{I_l}\right)} \right]^{6/7} \tag{7-45}$$

式中符号的含义同前。

四、武汉水利学院公式

武汉水利学院根据桥下河槽垂线冲止流速的概念，将一般冲刷分为上游来清水和来浑水时的情况，分别给出了计算公式。

(一)上游来清水时的冲刷计算公式

当上游来的是清水时，由于桥渡束窄了河床，桥下流速增加，当超过了起动流速时，河床便开始冲刷，直至流速小于起动流速时，冲刷停止。在这种情况下，起控制作用的是起动流速，故最大冲刷深度应按床沙起动流速进行计算。如河床系由黏性土组成，则冲刷后最大水深应为

$$h_P = \frac{q}{v_c'} \tag{7-46}$$

式中：v_c' 为黏性土在相应水深下的冲刷流速，当系新淤土时可用张瑞瑾等新淤黏性细颗粒起动流速公式估算，当为结构密实的老土时可参考专用表大致确定。

如河床系由非黏性土组成，则冲刷后最大水深为

$$h_P = \frac{q}{v_c} \tag{7-47}$$

式中：v_c 为起动流速，可采用有关起动流速公式计算。

一般上游来清水的情况是不多的，因为河槽中泥沙一般总是处于运动状态，但在河漫部分，由于流速较小，上游来沙不多，可看做是清水的情况。另外，在上游修建了水库、采取蓄水运用方式、截断了泥沙来路的情况下，在其下游一定范围内修筑桥梁时，可作为上游清水的情况进行一般冲刷的计算，但应考虑冲刷后水面的降低。

(二)上游来浑水时的冲刷计算公式

当上游来浑水时，由于桥渡束窄水流，使水流挟沙力增加，破坏了原有的输沙平衡，河床发生冲刷。但当桥渡处断面恢复到平衡状态时，任一垂线的水流挟沙力应等于上游的来沙量，故可按输沙平衡的原则进行一般冲刷计算。

若上游来沙主要是推移质时，则有

$$h_P = \frac{q}{v_{sb}} \tag{7-48}$$

式中：v_{sb}为能挟带走上游推移质来沙量的流速，可根据相应的推移质输沙率公式反求。

若上游来沙主要是悬移质时，则有

$$h_P = \frac{q}{v_s} \tag{7-49}$$

式中：v_s 为能挟带走上游悬移质来沙量的流速，可根椐符合实际情况的水流挟沙力公式进行反求。

例如，我们在进行某桥渡的一般冲刷计算时，由于上游来水挟带较多的悬移质，桥渡附近由于束窄而引起的冲刷是由于输沙平衡被破坏所致，所以水流挟沙能力公式为

$$S_* = 0.14\left(\frac{v^3}{gh\omega}\ln\frac{h}{D_{50}}\right)^{0.6} \tag{7-50}$$

取 $h \approx h_P$，由上式可进一步导出一般冲刷停止时冲刷坑水深为

$$h_P = 0.037\,75\,\frac{1}{S^{5/3}}\,\frac{v_s^3}{g\omega}\ln\left(\frac{h_P}{6D_{50}}\right) \tag{7-51}$$

式中：D_{50}为床沙中值粒径，与 h_P 单位相同；v 为悬沙沉速，与流速单位相同；v_s 为冲刷停止时的冲止流速，为安全计，可用冲刷前断面上最大垂线平均流速或设计最大垂线平均流速代替。

另外，还有一些计算一般冲刷深度的公式及方法，如逐步冲刷计算法等，限于篇幅，在此不再介绍。

第五节　桥墩周围的局部冲刷

桥墩附近水流结构十分复杂，就目前研究水平而言，尚不可能对局部冲刷过程进行圆满的分析或数值模拟。因此，对于重要的工程问题，主要依靠物理局部模型试验的结果。现在使用的局部冲刷公式，大多是采用模型试验结合野外实测资料分析的方法建立的经验公式，实际运用时应有所考虑。

桥墩局部冲刷深度的计算方法，国内外研究得很多，现做一简要介绍。

一、桥墩周围局部冲刷的机理

当水流行近桥墩时，由于桥墩的阻挡，水流结构发生急剧变化，受桥墩阻碍的水流在墩的迎水面形成向下水流，向下水流遇墩前河床的阻碍沿河床面折向上游，形成顺时针（设水流自左向右流动）横轴旋滚。横轴旋滚的两端来自上游水流推动沿墩侧绕墩而流向下游，与旋滚一起形成包围墩的前半部的马蹄形旋涡。旋涡系统至墩的后部，受绕流水流的吸动作用自河床面向上升起，并被水流带向下游，在墩后形成分裂的涡街。

旋涡和涡系冲起床面上泥沙，并被水流带走，形成冲刷坑。随着冲刷坑的冲深和扩大，涡系落入坑中，并逐渐减少自冲刷坑内冲走的沙量，最终冲刷坑不再加深，局部冲刷即行停止。

当行近桥墩水流的速度（行近流速）等于或小于河床泥沙的起动流速时，在局部冲刷坑冲深扩大过程中，没有来自上游床面的泥沙补充坑中，同时没有泥沙自坑内被带走，局部冲刷就停止了，这种情况的局部冲刷称之为清水冲刷。当行近流速大于河床泥沙起动流速后，直至局部冲刷坑不再加深扩大时，仍有来自上游床面的推移质泥沙补充坑中，不断地有泥沙被冲出坑，但处于平衡状态的泥沙输送，这种冲刷称之为输沙局部冲刷。

桥墩局部冲刷深度的计算方法国内外研究得很多，下面介绍几种常用的方法。

二、非黏性土河床的桥墩局部冲刷公式

计算公式为

当 $v \leqslant v_0$ 时

$$h_b = K_\xi K_\eta B_1^{0.6}(v - v_0') \tag{7-52}$$

当 $v > v_0$ 时

$$h_b = K_\xi K_\eta B_1^{0.6}(v_0 - v_0')\left(\frac{v_0 - v_0'}{v - v_0'}\right) \tag{7-53}$$

式中：h_b 为桥墩局部冲刷坑深度，m；B_1 为桥墩计算宽度，m；v 为一般冲刷后墩前行近流速，m/s；K_ξ 为墩形系数；K_η 为河床颗粒的影响系数，$K_\eta = 0.8\left(\frac{1}{\overline{d}^{0.45}} + \frac{1}{\overline{d}^{0.15}}\right)$；$v_0'$ 为墩前始冲流速，m/s，$v_0' = 0.462\left(\frac{\overline{d}}{B_1}\right)^{0.65} v_0$；$v_0$ 为河床泥沙起动流速，m/s，$v_0 = 0.024\,6\left(\frac{h_P}{\overline{d}}\right)^{0.14}\sqrt{332\overline{d} + \frac{10 + h_P}{\overline{d}^{0.72}}}$，其中 $\overline{d}$ 为河床土平均粒径，mm。

王国华等曾对桥墩局部冲刷墩形系数进行过试验研究，提出了墩形系数计算方法。在有关桥梁设计规程中均已给出桥墩墩形系数的查算图表。

B. C. Jain 得到的泥沙临界运动状态下桥墩最大清水冲刷深度 h_j 的公式为

$$\frac{h_j}{b} = 1.84\left(\frac{h}{b}\right)^{0.3} Fr_c^{0.25} \tag{7-54}$$

式中：b 为桥墩宽度，m；h 为水深，m；Fr_c 为临界佛汝德数，$Fr_c = v_c/\sqrt{gh}$；v_c 为床沙的起动流速。

我国桥渡勘测设计规范中建议采用的公式(称为 65—1 修改式)为

当 $v \leqslant v_c$ 时

$$h_j = K_\xi K_\eta B_1{}^{0.6}(v - v_c') \tag{7-55}$$

当 $v > v_c$ 时

$$h_j = K_\xi K_\eta B_1{}^{0.6}(v - v_c')\left(\frac{v - v_c'}{v_c - v_c'}\right)^n \tag{7-56}$$

式中：h_j 为桥墩局部冲刷坑深度，m；B_1 为桥墩计算宽度，m，对于圆形墩 $B_1 = d$，一般情况下可根据图 7-1 及表 7-4 确定；v_c 为河床泥沙起动流速，m/s，可按武汉水利电力学院公式计算，即

$$v_c = 0.024\,6\left(\frac{h_P}{\overline{d}}\right)^{0.14}\sqrt{332\overline{d} + \frac{10 + h_P}{\overline{d}^{0.72}}} \tag{7-57}$$

其中：$\overline{d}$ 为床沙平均粒径，m；v 为一般冲刷后墩前行近流速，m/s；$K_\xi = 1.0$，一般情况下可根据图 7-1 及表 7-5 确定；K_η 为河底颗粒的影响系数，可按下式计算：

$$K_\eta = 0.8\left(\frac{1}{\overline{d}^{0.45}} + \frac{1}{\overline{d}^{0.15}}\right) \tag{7-58}$$

v_c' 为墩前始冲流速，m/s，按下式计算：

$$v_c' = 0.462\left(\frac{\overline{d}}{B_1}\right)^{0.06} v_c \tag{7-59}$$

n 为指数，可按下式计算：

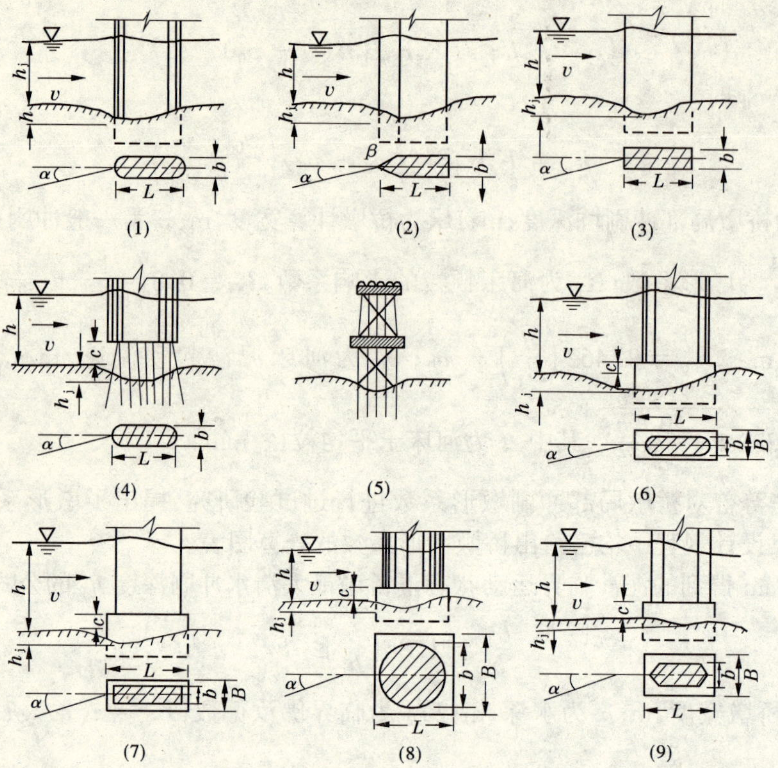

图 7-1　桥墩常见墩形示意

表 7-4　桥墩计算宽度　　（单位：mm）

图 7-1 中墩编号	桥墩计算宽度 B_1
(1)	$B_1=(L-b)\sin\alpha+b$
(2)	同编号(1)
(3)	$B_1=L\sin\alpha+b\cos\alpha$
(4)	同编号(1)
(5)	$B_1=d$
(6)	当 $c/h\leqslant0.3$ 时 $B_1=(L-b_0)\sin\alpha+b+(B-b)\frac{c}{h}$ 当 $c/h>0.3$ 时 $B_1=L\sin\alpha+b_0\cos\alpha$
(7)	$B_1=L\sin\alpha+\left[b+(B-b)\frac{c}{h}\right]\cos\alpha$
(8)	同编号(6)
(9)	$B_1=[B'(h-c)+B''c]/h$ $B'=(L_1-b)\sin\alpha+b$　（L_1 为上部墩长） $B''=L\sin\alpha+B_0\cos\alpha$

表 7-5　桥墩墩形系数

图 7-1 中墩形编号	桥墩墩形系数 K_ε
(1)	$K_\xi=0.85+0.39\tan\alpha\cdot\exp(-\cos2\alpha)$
(2)	$K_\xi=0.0082\beta+0.24$
(3)	$K_\varepsilon=1.24$
(4)	$K_\varepsilon=\left(1+A\dfrac{e}{b}\right)^n[0.85+0.39\tan\alpha\cdot\exp(-\cos\alpha)]$ 式中,$A=0.002\alpha+0.002$,$n=-0.002\alpha-0.34$
(5)	$K_\xi=0.65$
(6)	$K_\xi=(1+2.2\dfrac{c}{h})^{0.43}[0.85+0.39\tan\alpha\cdot\exp(-\cos2\alpha)]$ 如计算 $K_\xi>1.24$,取 $K_\xi=1.24$
(7)	$K_\xi=1.24$
(8)	$K_\xi=(1+0.2\dfrac{c}{h})^{2.2}[1.0+0.5\tan\alpha\cdot\exp(-\cos2\alpha)]$ 如计算 $K_\xi>1.24$,取 $K_\xi=1.24$
(9)	当 $\beta=90°$时同编号(8) 当 $\beta=60°$时 $K_\xi=(1+0.3\dfrac{c}{h})^{3.78}[0.73+0.4\tan\alpha\cdot\exp(-\cos2\alpha)]$ 如计算 $K_\xi>1.24$,取 $K_\xi=1.24$

$$n=\left(\frac{v_c}{v}\right)^{0.25}\bar{d}^{0.19} \tag{7-60}$$

65－1 修改式采用的资料范围较广,有一定的精度。

通过分析各类桥渡局部冲刷公式可见,局部冲刷深度是桥墩尺寸、水深、流速和河床泥沙粒径 4 个变量的函数。因此,不少研究者在局部冲刷深度与此 4 个变量之间,通过量纲分析建立某种函数关系式,结合对试验资料的分析,求得计算公式。

如前苏联运输建筑科学院提出的函数式为

$$\frac{h_j}{b}=\varphi\left(\frac{v}{\omega},\frac{v}{v_c},\frac{h}{b}\right) \tag{7-61}$$

根据试验资料分析,最后得

有底沙补给时

$$h_j=\left(h_0+0.014\frac{v-v_c}{\omega}b\right)K_\xi K \tag{7-62}$$

无底沙补给时

$$h_j = \left(\frac{v - v_H}{v_c - v_H}^{3/4}\right) K_\xi K \tag{7-63}$$

式中：h_0 为 $v = v_c$ 时圆柱桥墩处极限局部冲刷深度，$h_0 = \frac{6.2\beta h}{(v_c/\omega)^\beta}$；$b$ 为桥墩计算宽度；h 为墩前水深；v 为墩前垂线平均流速；v_c 为泥沙起动流速，$v_c = 3.6(hd)^{0.25}$；v_H 为墩侧附近非黏性土起动流速，$v_H = v(\frac{d}{b})^y$；d 为床沙平均粒径；$\beta = 0.18(b/h)^{0.867}$；$y \approx 0.125$；$\omega$ 为泥沙沉速；K_ξ 为墩形系数；K 为水流斜交系数。

以上公式被推荐为前苏联1972年"桥渡勘测设计规范"中局部冲刷计算公式。

此外，亚罗斯拉夫提出了如下公式：

$$h_j = K_\xi K_\mu (a + K_H) \frac{v^2}{g} - 30d \tag{7-64}$$

式中：K_ξ 为桥墩形系数；K_μ 为与桥墩计算宽度有关的系数，按下式确定：

$$\lg K_\mu = -0.28 \sqrt[3]{v^2/gb} \tag{7-65}$$

式中：b 为桥墩计算宽度；a 为考虑垂线流速分布有关系数，有边滩挤压的断面的边滩 $a = 1.0$、深槽 $a = 0.6$，浅滩断面 $a = 0.9$；K_H 为考虑水深及桥墩计算宽度的系数，按下式决定：

$$\lg K_H = 0.17 - 0.35 \frac{h}{d} \tag{7-66}$$

式中：h 为桥墩临近处水深；d 为泥沙计算粒径。

近来，对桥墩局部冲刷机理研究逐步深入，不少人试图从理论上进行探索。例如沈学文(X.W.Shen)等根据实验室及部分野外实测资料，在《局部冲刷动力学》中认为，引起桥墩局部冲刷的原因在于环绕桥墩形成的大规模的涡流系统。对于圆形桥墩来说，由于桥墩阻挡，使水流集中，形成马蹄形旋涡，而马蹄形旋涡的强度是桥墩雷诺数的函数，所以进一步应用马蹄形旋涡系理论，通过积分冲刷坑中的边界内的纳维－斯托克斯方程，揭示了马蹄形旋涡系强度和局部冲刷之间的关系。然后，由试验资料确定参数，求得如下非黏性均匀沙土桥墩前最大局部冲刷深度公式：

$$h_j = 0.91(k')^{0.43} b^{0.645} h^{0.38} \tag{7-67}$$

式中：h 为冲刷前水深；b 为墩宽；k' 为与河床糙率及能坡有关的参数，其取值有待进一步研究。

对于清水冲刷的情况，局部冲刷深度可采用以下公式进行计算：

$$h_j = 1.05 K_\xi b^{0.75} \tag{7-68}$$

式中：K_ξ 为墩形系数，对于圆形墩，$K_\xi = 1$，对于与水流成直线的长方形墩，$K_\xi = 1.4$。

三、黏性土河床桥墩局部冲刷

这类冲刷仍引入黏土液性指数 I_1，局部冲刷深度 h_j 可由下式计算：

当 $\frac{h_j}{B_1} \geqslant 2.5$ 时

$$h_j = 0.83K_\xi B_1^{0.6} I_1^{1.25} v \tag{7-69}$$

当$\frac{h_j}{B_1}<2.5$时

$$h_j = 0.55K_\xi B_1^{0.6} h_P^{0.1} I_1 v \tag{7-70}$$

式中：I_1 为冲刷范围内黏性土样的液性指数，取 $I_1=0.16\sim1.48$，也可按照式(7-44)计算。

在冲刷计算中，墩前行近流速 v 按下述两种情况选用。

第一种情况：当最大一般冲刷和局部冲刷发生在同一地点时，则一般冲刷后的水深即为造成局部冲刷的水深，桥下冲止流速即为计算局部冲刷的墩前行近流速，按下式计算：

$$v = 0.23(\frac{1}{I_1})^{1.3} h_P^{2/3} \tag{7-71}$$

或

$$v = 0.22(\frac{1}{I_1\sqrt{\varepsilon_1}})^{1.15} h_P^{2/3} \tag{7-72}$$

式中：ε_1 为黏性土孔隙比。

第二种情况：如桥下未发生一般冲刷，仅发生局部冲刷，最大局部冲刷和一般冲刷不发生在同一个地方，则墩前水深为造成局部冲刷的水深，墩前行近流速按下式计算：

$$v = v_c\left(\frac{h_{sh}}{\overline{h}_c}\right)^{\frac{2}{3}} \tag{7-73}$$

式中：v_c 为设计流速，m/s，可选用河槽平均流速或按曼宁公式计算；$\overline{h}_c$ 为设计水深，m，可选用河槽平均水深或桥下断面平均水深；h_{sh}为发生冲刷时实际洪水水深，m。

上述桥墩局部冲刷计算公式都是针对顺直水流而言的。根据阚译、康笃材等学者的研究，在弯曲型河道中，环流充分发展所产生的傍岸集中冲刷是决定桥渡冲刷深度的控制因素，此时桥墩周围的局部冲刷很小或没有。产生这种现象的主要原因，作者解释为由底部环流引起的推移质输移量对冲刷坑的补给作用。通过室内试验，建立弯曲水流局部冲刷深度 h_{jc}与顺下水流局部冲刷深度 h_j 的关系：

$$h_{jc} = \left(1 - \frac{1.54}{r_0/B}\right)h_j \tag{7-74}$$

式中：r_0 为曲率半径；B 为河宽。

试验水槽为边壁固定的矩形断面，$r_0/B=3\sim5$。式(7-74)表明，当 $r_0/B\leqslant1.54$ 时，$h_{jc}\leqslant0$，亦即墩周不可出现局部冲刷；当 $r_0/B\to\infty$，$h_{jc}\to h_j$，亦即与顺直水流局部冲刷深度相等。

第六节　其他类型的冲刷计算及桥墩的防护

沈学文等人根据实验室及部分野外的观测资料，认为引起桥墩局部冲刷的原因在于环绕桥墩形成的大规模的涡流系统。对于原型桥墩来说，桥墩的阻挡使水流集中，形成马蹄形旋涡，马蹄形旋涡的强度是桥墩雷诺数(R_{qi})的函数。因此，对于清水冲刷情况，局部冲刷深度建议采用如下公式：

$$h_{\mathrm{j}} = 0.000\,222 R_{\mathrm{qi}}^{9.619} \tag{7-75}$$

式中：h_{j} 为局部冲刷深度，m；R_{qi} 为桥墩雷诺数，$R_{\mathrm{qi}} = ub/\mu$，其中 u 为行近流速，m/s；b 为桥墩宽度，m；μ 为水流运动黏滞系数。

对于有推移质运动的冲刷情况，建议采用下面公式进行计算：

$$h_{\mathrm{j}} = 1.05 K_{\xi} b^{0.75} \tag{7-76}$$

式中：K_{ξ} 为墩形系数，对于圆形墩，$K_{\xi}=1$，对于与水流成直线的长方形墩，$K_{\xi}=1.4$。

当桥前无导流堤，而河滩水流较大时，河滩水流在桥台附近集中，形成偏斜冲刷，其冲刷深度按下式计算：

$$h_{\mathrm{P}}' = K\left[(h_{\max} - h)\frac{h}{h_{\max}} + h\right] \tag{7-77}$$

式中：h_{P}' 为桥台冲刷后水深，m；$h_{\max}$ 为冲刷前桥下最大水深，m；h 为冲刷前桥台附近水深，m；K 为设计流量 Q_P 和天然情况下桥孔范围内通过的流量 Q_{qti} 的比值，$K = Q_P/Q_{\mathrm{qti}}$。

当桥下河床部分为岩石或不可能冲刷的土壤时，则可冲土壤的冲刷深度按下式计算：

$$h_{\mathrm{P}}'' = \frac{K\omega_{\mathrm{q}} - \omega_2}{\omega_1} \tag{7-78}$$

式中：ω_{q} 为冲刷前桥下供给净过水面积，m^2；ω_1 为冲刷前可冲部分土壤的净过水面积，m^2；ω_2 为不冲刷土壤表层覆盖层冲去后的过水面积，m^2；K 的意义同式(7-77)；h 为冲刷前墩台附近水深，m。

张红武认为，桥渡一般冲刷和局部冲刷实际上并不是独立存在的，而是相互影响、相互关联的。因此，在建立计算公式时，最好一同考虑。例如，对于非黏性细沙（$D_{50} <$ 0.15mm）多沙河流，张红武于1983年曾根据桥墩墩旁水流集中情况，考虑过水断面冲刷后的变化，并同时引用泥沙起动流速公式(2-64)，最后推导出墩旁最大冲刷公式为

$$h_{\mathrm{Pj}} = K_{\xi}\left[\frac{h_0 v_0 \sqrt{D_{50}}}{\left(\dfrac{\gamma_{\mathrm{s}} - \gamma}{\gamma} g\right)^{2/9} \nu^{5/9}}\right]^{6/7} \cdot \frac{1}{1 + 1\,000 S_{\mathrm{u}}^{5/3}} \tag{7-79}$$

式中：h_{Pj} 为墩前冲坑水深；K_{ξ} 为墩形系数，对于圆形墩，$K_{\xi}=1$；h_0 为相应的行近水深，一般以上游某断面的平均水深代替；D_{50} 为床沙中值粒径；γ_{s}、γ 分别为泥沙及水的容重；ν 为水流运动黏滞性系数；S_{u} 为体积计的含沙量。

式(7-79)综合考虑了一般挟沙水流条件下细沙河床桥渡的冲刷特点。该式在黄河有关工程问题的应用情况表明，其计算值与实测结果比较接近。例如黄河京广铁桥1957年汛期测得 $v_0 = 2.4\mathrm{m/s}$，$h_0 = 2.0\mathrm{m}$，$S_{\mathrm{u}} = 30 \sim 50\mathrm{kg/m^3}$，其桥墩冲刷最大达12m左右。依式(6-46)计算，若取 $D_{50} = 0.1\mathrm{mm}$，则得 $\Delta h_{\mathrm{m}} = h_{\mathrm{Pj}} - h_0 = 9.41 \sim 14.87\mathrm{m}$，与实际比较吻合。

此外，从局部冲刷发展过程及最大冲深大小的角度谈，床沙粗细以及颗粒级配也是较为重要的影响因素。试验表明，相对于粗沙，细沙河床上局部冲刷坑始阶段冲刷发展较为迅速，但直到冲坑最大水深不再增加之时，冲坑范围还随着时间的增加而增加，即使是冲

坑范围不再变化，坑内沙粒还可有运动，真正达到稳定，将需要相当长的时间。图 7-2 点绘了我们进行的不同粒径情况下细沙桥墩冲刷试验曲线。从图中可以看出，床沙粒径对于局部冲刷过程及冲坑深度是有一定的影响的。当粒径小于 0.1mm 后，黏结力的作用逐渐明显，抗冲能力也相应增加，最终冲坑水深有所减少。至于颗粒级配的影响，由于问题的复杂性，靠不系统的几组试验资料尚难以找出定量关系。仅从试验结果来看，非均匀床沙的局部冲刷与均匀床沙大不相同，特别是非均匀系数大于 2 之后，初始冲刷速率较大，但由于冲刷坑内颗粒的粗化作用，最终冲深反而比均匀床沙要小。

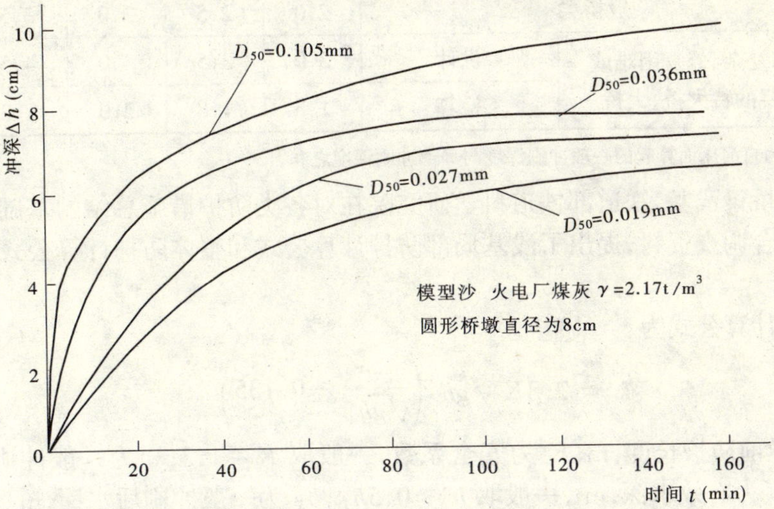

图 7-2 床沙粗细对局部冲刷影响的试验结果

当桥梁基础埋置深度不够时，往往容易发生水毁事故。因此，桥梁浅基防护问题是生产上的重要课题。根据我国多年来科研和生产实践的经验，可把浅基防护工程分为以下几种主要类型。

(1)整孔防护工程的主要类型包括浆砌片石护底、混凝土护底、拦沙坝等。

(2)局部防护工程的主要类型包括：①平面防护时有浆砌片石护基、混凝土护基、混凝土块排、混凝土包基等；②立体防护时有钻孔桩加承台、桩围堰内填片石、板桩或钻孔桩围幕压浆，以及土壤化学加固护基等。

浅基防护主要用于旧桥的防护加固，可根据具体条件选择上述各类防护工程之一。例如当河流不宽，桥梁净空较小，枯水期水深较小，便于施工，局部防护工程难以设在一般冲刷线下时，可采用整孔防护；当河床为沙质或砂卵石组成，桥梁孔径较大，天然河床下切及一般冲刷较小，护基顶面能设在一般冲刷线者，可采用局部平面防护；当天然河床下切一般冲刷较大，枯水水深较深，难以改流或抽水施工时，可采用局部立体防护；当河床组成为粗沙时，可采用化学加固方法。

岩石河床上墩台基底埋入岩面的深度，应考虑岩石的可能冲刷情况，这可根据岩石的硬度、胶结物类别、风化程度、节理、裂隙、层理发育情况等分析确定。岩体完整的硬质岩上的墩台，其基底宜埋入岩面下不小于 0.2～0.5m。

在非岩石河床而无冲刷处或河床设有铺砌防冲处，基底埋在地面以下的深度应不小于2.0m，困难情况下应不小于1.0m。

在有冲刷处，基底埋在局部冲刷以下应小不于下列安全值：对于一般桥梁，为2.0m加冲刷总深度的10%；对于技术复杂、修复困难或重要的特大桥、大桥，为3.0m加冲刷总深度的10%。如表7-6所示。

表7-6　基底埋置安全值　　(单位：m)

冲刷总深度			0	5	10	15	20
安全值	一般桥梁		2.0	2.5	3.0	3.5	4.0
	技术复杂、修复困难或重要的特大桥、大桥	设计	3.0	3.5	4.0	4.5	5.0
		检算	1.5	1.8	2.0	2.3	2.5

注：冲刷总深度为自河床面算起的一般冲刷深度与局部冲刷深度之和。

为了防护桥梁浅基，铁道部铁道科学研究院在对各类防护措施总结的基础上，利用水工模型试验结合调查资料，提出了浅基局部防护计算公式和整体防护计算公式，现分别介绍如下。

局部防护计算公式为

$$L = 2.3K\sqrt{gh'}\left(\frac{v}{\sqrt{gh_{\mathrm{P}}}} - 0.135\right)^{0.5} \tag{7-80}$$

式中：L为桥墩前防护长度，m；K为安全系数，一般取$K=1.3$；v为一般冲刷后墩前行近流速，m/s；h'为有效水深，m，一般取$h'\approx 0.5h_{\mathrm{P}}$；$h_{\mathrm{P}}$为一般冲刷后水深，m。

墩侧可采用$1.2L$，墩后可采用$1.5L$。

整体防护计算公式为

$$h_{\mathrm{s}}' = 4.0K\left(\frac{v_{\mathrm{b}} - v_{\mathrm{c}}'}{\sqrt{2g}}\right)\left(\frac{b}{L_{\mathrm{S}}}\right)^{1/3}(h')^{1/10} \tag{7-81}$$

式中：h_{s}'为整体防护下游垂裙深度，m；K为安全系数，一般取$K=1.3$；b为桥下部宽度，m；L_{S}为整体防护下游长度，m；v_{c}'为墩前始冲流速，m/s；v_{b}为桥下流速，m/s。

对于稳定河段可采用最低冲刷线的高程作为墩台基础埋置深度的依据，最低冲刷线是指桥下全部冲刷完成后的冲刷最低各点的连线。

实际上，对于一座桥梁，即使是基础埋置深度足够，采取桥墩防护措施，减少墩旁冲刷坑深度，对桥渡的稳定性也是大有好处的。为此，我们在研究某重大工程的基础埋置问题时，还开展了"网罩块石"防护桥墩的试验，亦即按照民间鱼网的构成形式(拟以8号铅丝制成护网，大块石及铅丝笼作为网坠)，将围护桥墩的抛石罩护起来。为保证水流淘刷后网护效果，可根据"石块在细沙河流上运动时溯流逆上"的原理，在迎水面的网缘上设置更大块度的块石或预制块石。试验结果表明，水流冲刷后，上游有五块石果然逆水上移，其他处网坠也随河床冲刷而有所位移，只是桥墩墩后泥沙落淤，网坠被淤埋。整个网护效果颇佳，减小了冲深，且最大冲深点所在位置远离墩桩，移至8～10m以外，加强了桥墩的稳定性。实际上，类似方法已在黄河马渡险工根石走失防护中得到了应用。

此外，张红武用随机过程计算冲刷坑大小方面的探讨，在理论上也颇有意义。

第七节　墩台基础埋置深度

在前面几节中，介绍了河床冲刷、一般冲刷等情况下的冲刷计算方法。由于影响河道演变的因素极为复杂，而且冲刷计算又是安全经济地确定墩台埋置深度的主要依据，所以在引用以上计算方法时，除根据公式的适应条件合理地选用外，建议采用不同的计算方法进行敏感性分析，必要时通过模型试验确定冲刷深度。

在确定建桥后的冲刷深度后，墩台基底埋置深度应符合下列规定：

(1)在非岩石河床而无冲刷处或河床设有铺砌防冲处，基底埋于地面以下的深度不应小于 2.0m，困难情况下不应小于 1.0m。

(2)在有冲刷处，基底埋在墩台局部冲刷线下不应小于下列安全值：对一般桥梁，安全值为 2.0m 加冲刷总深度的 10%；对技术复杂、修复困难或重要的特大桥、大桥，安全值为 3.0m 加冲刷总深度的 10%。

(3)岩石河床上墩台基底部埋入岩面的深度，应考虑岩石的可能冲刷，一般不小于 0.2～0.5m。

对于稳定河段可采用最低冲刷线的标高作为墩台基础埋置深度的依据。最低冲刷线是指桥下全部冲刷完成后的冲刷坑底各点的连线。

有些情况下，桥下最大深泓点可在整个河槽内摆动，快则一二年，慢则数十年。因此，设置在河槽中的桥墩，原则上应置于同一标高。对有可能因河槽扩宽而冲深的河滩部分，墩台的埋置应与河槽桥墩同一标高；其余的河滩桥墩，可视断面的稳定程度，在满足计算河滩冲刷深度的要求下适当埋浅一些。

参考文献

[1] 叶镇国．实用桥涵水力水文计算原理与习题解法指南．北京：人民交通出版社，2001

[2] 刘有录．桥渡．郑州：黄河水利出版社，1995

[3] 张红武，马继业，张俊华，等．河流桥渡设计．北京：中国建材工业出版社，1993

[4] 武汉水利电力学院．河流动力学.北京：中国工业出版社，1961

[5] 铁道部第三勘测设计院．铁路涵设计规范．中华人民共和国铁道部标准，1986

[6] 谢鉴衡，丁君松，王运辉．河床演变及整治．北京：水利电力出版社，1990

[7] 交通部公路规划设计院．公路桥位勘测设计规程．中华人民共和国交通部标准，1982

[8] 李保如，阚译，韩少发．桥渡冲刷．见：泥沙手册.北京：中国环境科学出版社，1992

[9] 谢鉴衡主编.河流泥沙工程学(下册).北京：水利出版社，1981

[10] 张红武．黄河丁坝冲刷及其防护途径的研究．见：黄委会水利科学研究院研究论文集(第三集)．北京：中国环境科学出版社，1992

第八章 桥渡设计实例*

第一节 概 况

一、项目背景

国家重点干线太(原)澳(门)高速公路济源至洛阳段位于207国道的东侧,是从山西省省会太原直至澳门的南北运输大通道的重要段落,是洛阳至大安高速公路向北的延伸,并与开洛三高速公路、济焦新高速公路在洛阳和济源实现连接,从而疏缓了207国道的车流量,加强了国道主干线连云港至霍尔果斯公路(GZ45)在河南省纵、横向的辐射,对充分发挥国道主干线、省道干线的整体社会经济效益具有重要意义。该项目的实施解决了济源市不通高速公路的现状;同时,晋城经济源至洛阳段的实施,将洛阳至大安高速公路与山西长晋高速公路连接成一体,形成南北向的又一运输通道,大大缩短了晋煤南运的运输距离。本项目的建设将带动河南省经济的发展,缓解该区域运输紧张的状况。其中的黄河特大桥是该项目的关键工程。该桥北岸位于洛阳市吉利区,南岸位于洛阳市孟津县境内,桥位距黄河小浪底水利枢纽工程下游约25km,距西霞院水利工程大坝约9km,工程可行性研究阶段推荐的桥位位于1977年修建的207国道洛阳黄河特大桥下游约750m,桥轴线方向与老洛阳黄河特大桥的轴线方向接近平行,距铁谢断面大约1.8km。

河南境内的黄河河身宽浅,滩地宽广,受泥沙运动影响较大,具有强烈的堆积性和游荡性,河床冲淤变化及主槽摆动规律复杂。因此,河南境内跨越黄河的桥梁具有桥梁长、桥墩受水流冲刷及河势摆动大等特点,桥渡设计中有关问题是否能够得到妥善的解决,直接影响到黄河大桥结构的安全性与耐久性。

基于上述原因,必须通过动床模型试验开展相应的研究工作,掌握该黄河公路特大桥对河床演变及行洪的影响。

本项目拟通过科学分析、河工模型试验及数学模型等手段,研究吉利黄河特大桥修建后对行洪、河势变化以及对河道工程的影响,研究桥位河段河床演变规律,给出桥位断面冲淤变形及洪水水位变化范围等技术数据,并研究分别采取50、100m跨径时对行洪影响程度及可行性,为有关部门决策、优化设计及施工运行提供科学的依据。本试验的具体技术要求及预期达到的指标包括如下几个方面:

(1)河道资料应着重收集影响行洪的地形、地貌资料,其精度应满足本研究需要,保证成果结论具有很强的说服力。

(2)模型设计应采用最先进的模型相似理论,水平比尺为550～650,垂直比尺为60～

---

* 张红武,叶东升,钟德钰,等.太澳公路济源至洛阳高速段吉利黄河特大桥对河床演变及行洪影响研究报告.清华大学黄河研究中心及河南省交通勘察规划设计院科研报告,2002

80,通过预备试验及验证试验,使模型满足水流泥沙运动相似及河床冲淤变形相似等条件,在模型中能复演黄河原型河段河势变化及动床条件下的行洪规律。

(3)洪水研究范围应包括大、中、小流量级,含沙量范围也要具有代表性。典型洪水过程应同黄河水利委员会设计成果一致。

(4)本研究应反映黄河近期及小浪底水库正常运用期河道变化情况。为偏于最不利情况,选用小浪底水库拦沙期含沙量较小时的水沙过程研究桥位河段河床冲刷;在小浪底水库对下游减淤失去作用后桥位河段河床恢复到现状地形条件下,研究行洪影响及河势变化。

(5)为预测公路桥施工期及未来几年的河床变化,应选用代表性水沙条件,开展第一年和近几年桥位河段河势、河床冲刷、水位变化试验。

(6)关于建桥后对上下游洪水影响及对河岸、高滩的冲刷与影响试验,以现状地形为初始边界条件,取300年一遇洪水组合,水沙过程参照典型年洪水设计,开展相应的防护措施研究。

(7)对于建桥后最大壅水高度、桥墩埋置深度,通过专门研究后,向设计部门提出成果。

(8)在相同水沙及初始地形边界条件下,研究分别采取50、100m跨径时对行洪影响程度,论证各方案的可行性。

二、研究方法

根据工作需要,本项目专门开展了桥位河段河势变化规律试验、桥墩局部冲刷试验等研究内容。主要通过河工模型试验,在不同水沙过程及初始地形边界条件下,研究桥位河段河势变化及建桥后对行洪的影响,论证不同设计方案的可靠性和可行性;通过黄河准二维非恒定流数学模型计算,预测桥位河段未来20年中河床冲淤变化趋势(特别是小浪底水库拦沙期桥位河段河床最大冲刷深度);在完成桥墩冲刷计算和整体模型试验的基础上,利用正态动床模型开展桥墩局部冲刷试验。此外,还采用科学的分析方法对历史资料进行了分析,采取专家咨询的途径对关键问题进行讨论。几种研究方法相互结合,力求达到相互印证、相互补充的目的。

本桥渡动床模型采用了张红武、江恩惠等提出的模型相似律开展设计。这套模型相似律解决了高含沙洪水的模拟、变态模型泥沙悬移相似、不同河型的模拟等问题,以中国工程院院士谢鉴衡教授为首的鉴定委员会评价为"国际先进水平,在高含沙水流设计等方面具有领先水平"。

该模型相似律已被不少科研单位及高等院校成功地应用于50多座黄河上、中、下游及其支流模型设计之中,在其他江河的模型设计中运用后发现,这一相似律更容易满足水沙运动及河床变形的相似性。在最近出版的高等学校教材中也被推荐。因此,以此为设计基础,能保证本桥渡模型设计的正确性。

至于数学模型,采用黄河准二维非恒定流泥沙数学模型(由于该模型系黄河水利科学研究院与清华大学共同研制成功的,因而被简称为黄—清模型),有效模拟范围为铁谢至伊洛河河口段。该数学模型是在前人研究成果的基础上,首先完善了河床变形方程和泥沙连续方程,改变了主要靠调整和率定恢复饱和系数且实际取值与理论前提相悖的常见处理手法;而后引入了一般挟沙水流和高含沙水流均适用的水流挟沙力公式、动床糙率公式、泥沙级配调整计算公式、含沙量沿河宽分布计算式等,模拟泥沙运动及其相应的动床阻力变化;又以河床综合稳定性指标作为河相关系的均衡调整准则,试图模拟河道断面形态的调整规律。该数学模型通过了黄河下游“77·7”、“82·8”、“92·8”、“96·8”四场特殊洪水的检验,本次又利用1960年9月~1965年6月(考虑三门峡水库运用对下游影响)、1986年11月~1996年10月(考虑近期影响变化)两种水沙系列年进行了验证计算,保证计算成果的可靠性。

三、桥位河段概况

桥位河段地处山区河流向平原河流的过渡段上,河段北岸在招贤镇至孟县一带为清风岭,属形态比较破碎的黄土高崖,一般高出河道10~40m;南岸为邙山平岗地带,一般高出河面100~150m,属于黄土覆盖的岩石山丘。黄河在白坡出峡谷后,河道逐渐放宽,流速相对减缓,上游峡谷河床带来的砂卵石推移在此段沉积,从而形成了多股河汊分流的砂卵石河心滩。白坡至铁谢以上河段有三处较大的心滩,从上至下分别为西霞院滩、白坡滩和铁谢滩。中水以下均不会完全漫滩,它们将大河一分为二,形成南北两河。从多年河势的总体情况看,中水以下三个心滩的北河分流均较南河为小。如白坡滩北河,分流比一般在10%~40%;尤其在铁谢险工段,主流多年靠险工走南河,分流比可达70%~80%,北河保持在30%左右。铁谢滩滩头在大水时仅略有蚀退,铁谢工程前的一些心滩、低滩在大水时冲蚀刷退现象较明显。

桥位处北岸无明显河堤,南岸有防洪堤,堤防长度7.6km,是小浪底水库以下河南黄河右岸上首的一处堤防工程,1999年加高加宽,现桥位处堤顶高程为122.0m。桥位处河段比较顺直,主河槽与岸地高差不大,主槽偏于南岸。

桥位河段进口处为砂卵石河床组成,厚度达20~25m,中值粒径为30~70mm(如白坡闸附近床沙中径为63.2~71.0mm),且床沙组成相对不均匀,卵石含量在80%左右(见图8-1),非汛期床面上也可偶见粒径在60cm以上的卵石。白坡至铁谢河段,河床逐渐变缓,平均比降约为0.6‰,床沙逐渐变细,铁谢险工附近中值粒径为48~58mm(床沙级配见图8-2及表8-1)。图8-3及表8-2为铁谢断面滩地泥沙级配,其中值粒径为0.4mm以上,以沙质组成为主。铁谢以上河段整体来讲,河床抗冲能力较强,断面冲淤变化不大。对比20世纪60年代至今卫星图片可以看出,河床形态变化不大,除王庄闸下游因修建引黄大渠使南股河局部裁弯外,整个河段一直保持多股河的平面形态。根据黄委勘测规划设计研究院《黄河西霞院工程可行性研究报告》(第三卷)给出的西霞院东至白坡西断面(位于西霞院坝址下游约2.5km处)套绘结果,1985年5月的主流深泓点高程为115.5m,比1933年洪水过后的主流深泓点高程仅高出0.1m,大断面形态基本相近(见图8-4)。与黄河下游河道的剧烈冲淤变化相比,本河段变形甚小。在洛阳公路桥以下,卵石埋深逐渐加大,床面由粗沙组成,下部床沙为砂卵石组成。不过,铁炉至花园镇工程之间的滩地存在较大规模的沙泥嘴(级配曲线见图8-5),其泥沙中径为0.018mm,黏土占20%以上,形成一个自然节点,二三十年来,该滩未发生明显的冲蚀后退。至于铁谢至洛阳公路桥之间的1km多河段，显然处于两者的过渡状态。尽管泥沙组成同砂卵石河床有一定区别，但在公路桥附近床面取样时，仍可发现有最大长径为50～60mm的卵石。

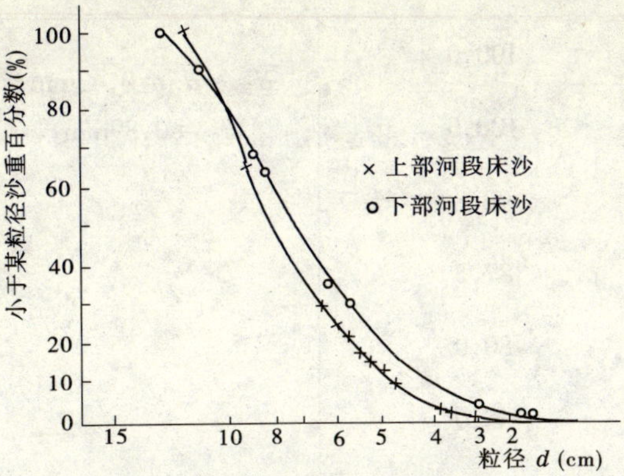

图 8-1　白坡河段床沙级配举例

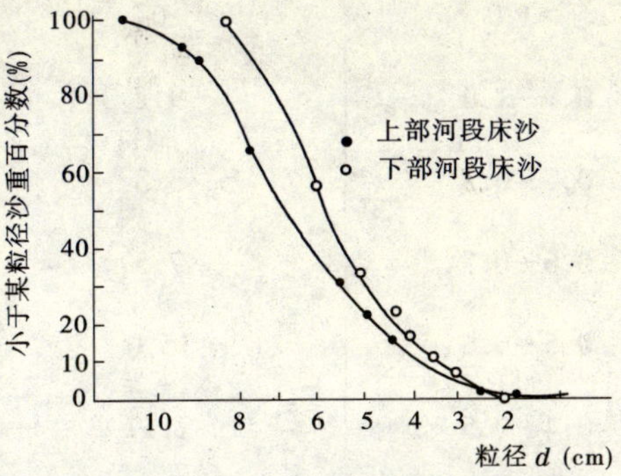

图 8-2　铁谢险工附近床沙级配举例

表 8-1　铁谢附近上部河床泥沙级配

粒径(mm)	比例(%)	累计百分比(%)	备注
＞80	42.8	100.0	
50～80	23.8	57.2	
40～50	10.4	33.4	
33～40	7.0	23.0	$d_{50}=46.8$mm
30.8～33	5.0	16.0	$d_{pj}=48.9$mm
28～30.8	3.0	11.0	$d_{95}=76.7$mm
23～28	5.0	8.0	
16～23	3.0	3.0	

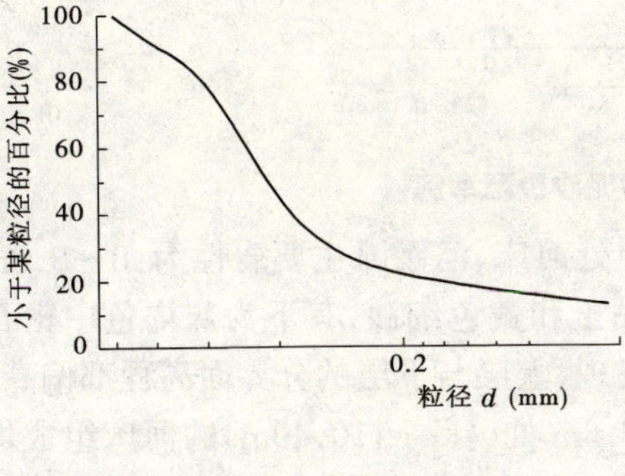

图 8-3　铁谢滩地泥沙级配举例

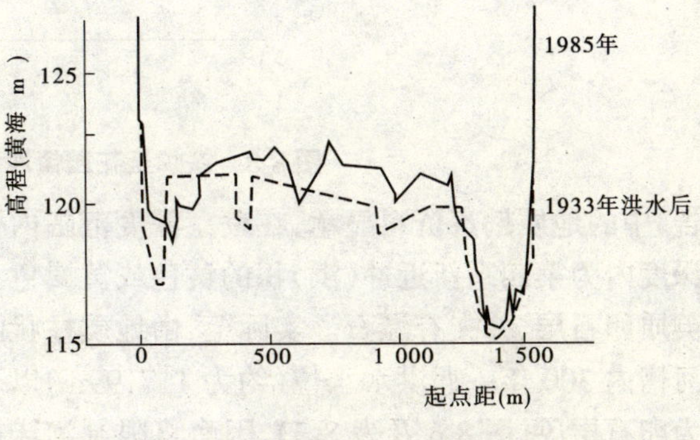

图 8-4　西霞院东至白坡西断面套绘图

根据《黄河小浪底水利枢纽温孟滩移民安置区河道工程初步设计》资料，铁谢附近卵石层埋深5～6m，逯村工程附近8～10m，花园镇埋深约15m。本桥《工程可行性研究报

表 8-2　铁谢滩地河床泥沙级配

粒径(mm)	比例(%)	累计百分比(%)	备注
>1.0	0	100.0	$d_{50} \approx d_{pj} = 0.43$mm $d_{95} = 0.89$mm
0.8~1.0	9.2	100.0	
0.7~0.8	3.3	90.8	
0.6~0.7	7.5	87.5	
0.5~0.6	15.0	80.0	
0.4~0.5	21.7	65.0	
0.3~0.4	15.0	43.3	
0.2~0.3	8.3	28.3	
0.064~0.2	8.3	20.0	
0~0.064	11.7	11.7	

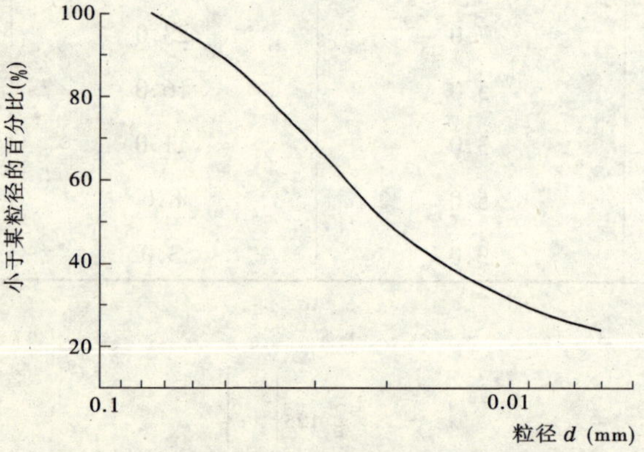

图 8-5　铁炉至花园镇沙泥嘴泥沙级配举例

告》中的地质勘察资料显示,在勘察深度范围内桥位处河床、河漫滩主要岩性为:0~8.8m深度内为第四系新近冲(洪)积的黄色或黄褐色亚黏土和黄色细沙,其下为灰褐色中密石英质卵石层,并夹有漂石。实际上,由地质柱状图发现,上层与下层的分界面高程都偏高。河槽内 300 年一遇洪水水位(约为 117.99m)以下 7.5m 处(标高 110.49m)的河床组成均为卵石层(见图 8-6 及表 8-3),因而将限制河床的冲刷。作为桥渡设计,分析铁道部第三勘测设计院及河南省交通设计院土工试验结果(见表 8-4 及图 8-7),确定出桥位断面上层泥沙中值粒径 $d_{50}=0.18$mm,平均粒径 $d_{pj}=0.23$mm;至于下层卵石,为偏于安全,取泥沙中值粒径 $d_{50}=20$mm,平均粒径 $d_{pj}=36$mm。

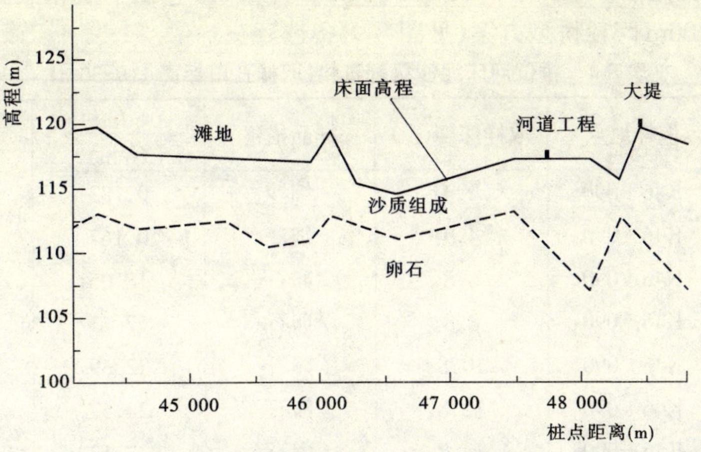

图 8-6　桥位断面河床组成分布图

表 8-3　桥位断面河床沙质与卵石分界层标高　　　　（单位:m）

里程	河床高程	沙、卵石分界层标高
48 833	118.24	106.94
48 460	119.63	111.13
48 300	115.50	112.60
48 060	117.18	106.98
47 500	117.14	113.14
46 600	114.52	111.02
46 290	115.27	112.17
46 090	119.30	112.90
45 940	116.97	111.07
45 590	117.14	110.49
45 290	117.26	112.46
44 940	117.37	112.07
44 590	117.66	111.91
44 290	119.77	113.07
44 100	119.56	112.06

四、特大桥概况

根据《太澳高速公路济源至洛阳段黄河公路特大桥桥位河流水文专题论证报告》，从桥位河段河势变化情况看，主流摆幅有限，河槽宽度约 1 500m，实测多年平均水量为 404.29 亿 m^3，300 年一遇洪水流量为 11 000m^3/s，设计洪水位约为 118m。

设计部门本着经济、耐用、结构与施工新颖的原则，满足主槽宽度 1 500m 和通航净宽的要求前提下，首先推荐选择主桥长度 1 500m、跨径 50m 预制拼装箱梁方案（见图 8-8），同时以相应的 100m 跨径桥型方案（见图 8-9）备选。

表 8-4　桥位河床泥沙级配资料（取样孔口标高 119.30m）

试验编号	取样地点	取样深度（m）	样品描述	d_{50}（mm）	d_{cp}（mm）
2	K46＋090	2.4	细沙	0.183	0.227
3	K46＋090	4.9	细沙	0.167	0.216
4	K46＋090	6.8	卵石	18.05	35.53
5	K46＋090	8.8	卵石	17.43	35.77
6	K46＋090	10.8	卵石	22.69	39.83
7	K46＋090	12.8	卵石	24.57	46.82
8	K46＋090	14.8	卵石	37.13	46.49
9	K46＋090	16.8	卵石	29.54	45.41
10	K46＋090	18.5	卵石	31.83	53.44

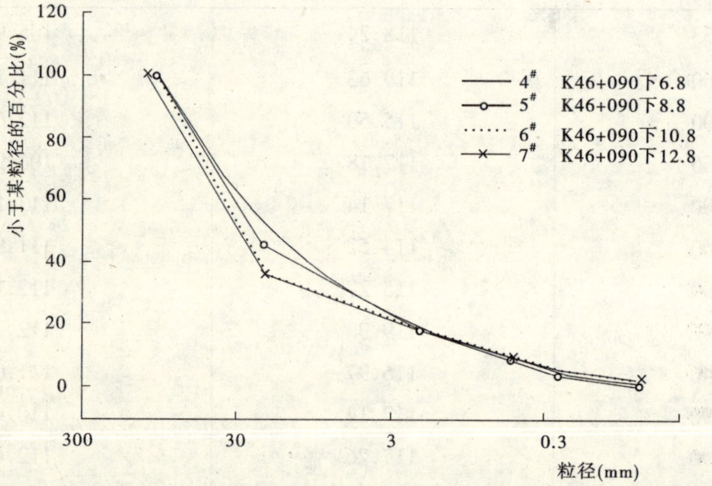

图 8-7　桥位断面 K46＋090 处中层床沙级配曲线

图 8-8　跨径 50m 预制拼装箱梁方案

图 8-9　100m 跨径桥型方案

第二节　模型设计与验证试验

一、模型相似条件

桥位河段位于峡谷进入平原的过渡性河段，河道初出峡谷时，流势突然趋于平缓。在铁谢以上，堆积了由粗沙和卵石构成的鸡心滩，有的业已开垦，由于沙洲棋布，水流分汊多变；铁谢特别是逯村以下，河床逐渐细化，接近沙质河床。本河段河床比降比黄河下游河段比降大许多倍，河床冲淤变化主要是推移质运动引起的。但考虑到汛期悬移质泥沙含沙量较高，对河床演变特别是滩地淤积有较大影响，还须同时模拟悬移质泥沙运动。因此，根据清华大学黄河研究中心已开展的黄河上、中、下游河道模型试验经验，为保证水流泥沙运动相似及河床冲淤变形相似都能得到满足，本模型必须遵循如下相似条件：

(1)水流重力相似条件

$$\lambda_v = \lambda_H^{1/2} \tag{8-1}$$

(2)水流阻力相似条件

$$\lambda_n = \frac{1}{\lambda_v}\lambda_H^{2/3}\lambda_J^{1/2} = \lambda_H^{2/3}\lambda_L^{-1/2} \tag{8-2}$$

(3)水流挟沙相似条件

$$\lambda_S = \lambda_{S*} \tag{8-3}$$

(4)泥沙悬移相似条件

$$\lambda_\omega = \lambda_v \frac{\lambda_H}{\lambda_L \lambda_{S_*}} \tag{8-4}$$

(5)泥沙起动相似条件

$$\lambda_v = \lambda_{vc} \tag{8-5}$$

(6)悬移质引起河床冲淤变形相似条件

$$\lambda_{t2} = \frac{\lambda_{\gamma0}\lambda_L}{\lambda_S \lambda_v} \tag{8-6}$$

式中：λ_L、λ_H 分别为水平及垂直比尺；λ_v 为流速比尺；λ_n 为糙率比尺；λ_J 为比降比尺；λ_S、λ_{S*} 分别为含沙量比尺和水流挟沙力比尺；λ_ω 为泥沙沉速比尺；λ_{vc} 为泥沙起动流速比尺；λ_{t2} 为河床变形时间比尺；$\lambda_{\gamma0}$ 为悬移质淤积物干容重比尺。

根据最新研究结果，沙质及卵石推移质单宽输沙率可统一采用张俊华、张红武、王严平公式计算，即

$$g_b = 2.3\gamma_s\left(\frac{\gamma}{\gamma_s - \gamma}\right)^2 \frac{v(v^3 - v_c^3)}{A^2 g^{1.5} R^{1/2}}\left(\frac{D_{65}}{R}\right)^{1/3}\cot\varphi \tag{8-7}$$

式中：φ 为泥沙水下休止角；A 为计算谢才系数引入的参数，$A = C\left(\frac{D_{65}}{R}\right)^{1/6}$。

由式(8-7)可得出推移质单宽输沙率比尺为

$$\lambda_{gb} = \lambda_{k_1} \frac{1}{\lambda_A^2} \frac{\lambda_{\gamma s}}{\left(\lambda_{\frac{\gamma s-\gamma}{\gamma}}\right)^2} \lambda_H^{7/6} \lambda_D^{1/3} \lambda_{\cot\varphi} \tag{8-8}$$

推移质引起的河床冲淤变形方程为

$$\frac{\partial g_b}{\partial x} + \gamma'_b \frac{\partial Z}{\partial t} = 0 \tag{8-9}$$

由上式可得

$$\lambda_{t3} = \frac{\lambda_L \lambda_H \lambda_{\gamma' b}}{\lambda_{gb}} \tag{8-10}$$

式中：$\lambda_{\gamma' b}$为推移质淤积物的干容重比尺，不同的泥沙取不同的值；λ_D 为推移质粒径比尺；$\lambda_{\frac{\gamma s-\gamma}{\gamma}}$为泥沙水下容重比尺；$\lambda_{gb}$为单宽输沙率比尺；$\lambda_{\gamma s}$为泥沙的重率比尺；$\lambda_{k_1}$ 为单宽输沙率系数比尺；λ_{t3}为推移质泥沙引起的河床冲淤时间比尺；γ'_b 为推移质淤积泥沙的干容重。

(7) 河型相似条件

$$\left[\frac{\left(\frac{\gamma_s - \gamma}{\gamma} D_{50} H\right)^{1/3}}{iB^{2/3}}\right]_m = \left[\frac{\left(\frac{\gamma_s - \gamma}{\gamma} D_{50} H\right)^{1/3}}{iB^{2/3}}\right]_p \tag{8-11}$$

此外，为保证模型与原型水流流态相似，还需满足如下两个限制条件：

(1)模型水流必须是紊流，故要求模型水流雷诺数

$$Re_m > 1\,000 \sim 2\,000 \tag{8-12}$$

(2)水流不受表面张力的干扰，故要求模型水深

$$h_m > 1.5\text{cm} \tag{8-13}$$

二、几何比尺

通过场地条件比较，模型建在清华大学黄河研究中心试验基地 1 号厅内。为正确模拟试验进口和出口条件，模型进口选在西霞院附近，模型出口选在花园镇，模拟原型河道全长约为 25km。

根据场地情况及模型相似的要求，经反复权衡比选，为尽量将模型做大，最后确定水平比尺 $\lambda_L = 600$，垂直比尺 $\lambda_H = 80$，几何变率 $D_t = 7.5$。

对于几何变率的选择，目前国内不同学者有不同的观点和处理方法。张瑞瑾等学者认为水力半径 R 对模型变态十分敏感，提出了一个表达河道水流二度性的模型变态指标 $D_R = R_x / R_1$，这里 R_1 为正态模型中的水力半径，R_x 为垂直比尺与正态模型垂直比尺相等的变态模型中的水力半径。若假定过水断面为矩形，可给出 D_R 的具体表达形式。原作者以 $D_R = 0.95 \sim 1.0$ 时为理想区，以 $D_R = 0.90 \sim 0.95$ 时作为良好区段，以 $D_R = 0.85 \sim 0.90$时为勉强可以区段。如果以 $D_R \leqslant 0.925$(介于理想区和良好区之间)为条件，可导出如下变率限制式：

$$D_t \leqslant 0.045 \frac{B}{H} + 1.08 \tag{8-14}$$

窦国仁从控制变态模型边壁阻力与河底阻力的比值，以保证模型水流与原型相似的

概念出发,提出了如下模型变率限制关系式:

$$D_t \leqslant \left(1 + \frac{1}{20}\frac{B}{H}\right) \tag{8-15}$$

张红武提出相对保证率的概念,即

$$P_* = \frac{B - 4.7HD_t}{B - 4.7H} \tag{8-16}$$

若以保证率 P_* 不小于 85%作为模型与原型相似良好的标准,则变率限制条件为

$$D_t \leqslant 0.032\frac{B}{H} + 0.85 \tag{8-17}$$

利用各家公式,根据原型河道特征值,若取河槽宽度 $B = 1\ 116$m,水深 $H = 4.79$m,可得出如表 8-5 所列变率限制值。

表 8-5 模型几何变率限制值计算结果

公 式	(8-14)	(8-15)	(8-17)
变率 D_t	≤11.56	≤12.65	≤8.31

谢鉴衡主编的《河流模拟》(下册)根据冈恰洛夫、坎鲁根及洛西耶夫斯基等人的研究成果,综合提出了模型水流的宽深关系应满足下式(下角标"m"表示模型量,下同):

$$\frac{B_m}{H_m} > 5 \sim 10 \tag{8-18}$$

将模型的特征值代入上式,模型河道宽深比不难满足上式。上述各家公式计算和分析结果表明,模型选定的几何变率 D_t 都在各家公式的允许范围内,变态影响较小,可满足工程实际需要。此外,所取垂直比尺 λ_H 也均能使模型最小水深满足限制条件式(8-13)。

近 10 年来,彭瑞善、张红武、江恩惠、胡春宏、陈建国、张俊华、刘海凌等完成黄河下游游荡型河段防洪及河道整治模型、南水北调中线桥位河段模型、渭河下游河道模型、官厅水库妫水河口疏浚整治方案模型、京沪高速铁路济南黄河大桥河工模型等模型,其几何变率都较大。从研究成果看,模型较好地满足了原型水流泥沙运动相似、河床冲淤变形相似和河型相似条件。

实际上,以往教科书关于几何变态对流速场相似影响的讨论所依据的理论都是些不十分成熟的方程和公式,如对数流速分布公式和谢才公式。应该指出,由半经验半理论公式推导的结论有一定的局限性。对于几何变态的影响,已有不少学者进行了专门的研究。如张瑞瑾认为:"与冲积平原河流比较,研究山区河流一般说来不宜采用变态模型,同时冲积河流与顺直、宽浅段相比较,分汊及弯道段对于模型变态的适应性显然降低。"李昌华认为:"变态模型变率的限制主要依据于原体的宽深比,原体愈宽浅,模型变率就愈大一些,当水流宽深比大于 10 时,水流基本上属于二元水流,模型宽深比的限制可由 $(B_m/H_m) \geqslant 6 \sim 10$ 决定。"丁易等人的研究也表明,水力模型为保证所谓的阻力相似而采取的减糙和加糙措施,改变了原型壁面的紊动状况,往往使原型的粗糙床面变成光滑壁面,或者原型的光滑床面变得非常粗糙,必然导致壁面流区紊动强度的失真,也正因为如

此，有些模型特别是山区河流（包括枢纽）模型，即使是保持几何正态，所给出的紊动强度甚至时均流速沿水深分布的验证结果往往与原型相差甚多，一般教科书上所给出的正态模型能保证水流内部结构相似的结论实际上是不可靠的。窦国仁曾利用三个不同宽度的水槽进行了正态、变态模型回流相似情况的试验，结果表明，模型只要同时满足水流重力和阻力相似，不论是正态模型还是变态模型（变率小于5），回流情况均能保证相似。根据张红武、李保如开展的专门研究结果，在2～4的变率范围内，对流场相似性的影响较小，对含沙量分布的影响也自然不大。清华大学在钱宁教授的指导下，惠遇甲、王桂仙、张仁等开展的葛洲坝枢纽回水变动区模型的几何变率大于2，流速及含沙量分布与原型也做到了相似。我们的研究表明，模型变率大小主要取决于原型河道宽深比和河床糙率。宽深比越大和糙率越小，变率就得大一些；否则，变率就应小一些。由大量试验资料看出，只要适当选取变率，模型变态对流速分布的影响是有限的。同时也发现，即使是正态模型，当河床床面减糙较多后，其流速沿垂线的分布与原型也有明显出入（某单位开展的葛洲坝水利枢纽模型验证结果就有类似情况）。

由于黄河冲积河段的模型必须做成变态的，因而对几何变态影响问题有了较多的认识。近两年来，随着三峡工程泥沙问题研究的不断深入，对模型变态影响问题开展了研究总结。研究结论认为，针对不同的模型试验研究目的要求和河道特性等因素，采用变率从2到8.33、模型宽深比在5～30之间的变态模型，其流速、流态和河床冲淤规律与原型可能达到基本相似。这一研究进展显然突破了传统的框框。

严格的正态模型，模型沙也应遵守几何相似的原理。但模型沙粒径若按几何比尺缩小，则会使模型沙的物理化学性质发生变化，并且粒径过细的粉末在紊动水流中会为最小涡旋所挟运，与原型悬沙中的粗颗粒沉浮有着质的差别，从而很难保证悬移质运动的相似性。因此，对于悬移质动床模型，几何方面若不变态，模型沙很难选择。不少试验由于模型悬移质泥沙运动的失真，未能保证研究成果的可靠性。这是确实需要动床模型变态的原因之一。

上述分析结果表明，本模型所选取的几何变率，完全能满足吉利黄河特大桥所在河段模型试验有关问题研究的需要。

三、模型沙选择

河工动床模型试验中，模型沙的物理特性对于正确模拟原型泥沙运动规律具有重要影响。本试验为模拟砂卵石河床的冲淤变形，根据我们开展宁夏黄河上中游砂卵石河段河道整治模型试验的经验，再综合考虑原型河道水流、泥沙运动特征，选取 $\gamma_s=2.70\times10^4\text{N/m}^4$ 的天然沙（由潮白河床沙精选而成）模拟底沙，选用 $\gamma_s=1.75\times10^4\text{N/m}^3$ 的拟焦沙模拟床沙中的粒径小于10mm的沙质部分及悬移质泥沙。对于后者，干容重 $\gamma_0\approx0.68\times10^4\text{N/m}^3$，取原型沙干容重 $\gamma_0\approx1.35\times10^4\text{N/m}^3$，则 $\lambda_{\gamma0}=1.99$。

四、模型比尺计算

由水流重力相似条件式（8-1）求得 $\lambda_v=\sqrt{80}$，由此求得流量比尺 $\lambda_Q=\lambda_v\lambda_H\lambda_L=$

429 325;由水流阻力相似条件式(8-2)求得糙率比尺 $\lambda_n=0.76$,即要求模型糙率大于原型糙率。根据现场踏勘和设计提供的资料,原型河槽糙率值一般为 0.015～0.020,模型糙率 n_m 相应为 0.020～0.026。预备试验表明,采用天然沙同拟焦沙组成的复合型模型沙复演模型床沙的冲淤变形,水流阻力相似条件是不难满足要求的。

为满足泥沙运动相似,常由起动相似条件确定泥沙粒径比尺 λ_D。采用如下适合于卵石夹沙河床的起动流速公式:

$$v_c=\kappa\left(\frac{\gamma_s-\gamma}{\gamma}gD\right)^{1/2}\left(\frac{h}{D}\right)^{1/5} \tag{8-19}$$

由式(8-5)及上式可得

$$\lambda_D=\lambda_H\lambda_{\gamma s-\gamma}^{-5/3}\lambda_\kappa^{-10/3} \tag{8-20}$$

式中:λ_κ 为起动流速系数比尺。

由开展的推移质泥沙预备试验结果看,当以天然沙为模型沙时,$\lambda_{\gamma s-\gamma}\approx1$,$\lambda_\kappa$ 也可取为 1,由此得 $\lambda_D=\lambda_H=80$。图 8-10 为按此比尺所选的铁谢附近模型沙级配曲线同原型比较图(其他部位都将根据原型情况而选沙)。由图可见,实际选取的模型沙级配与要求的级配接近,特别是较粗部分的泥沙相当吻合,保证了影响本模型水流运动及河床冲淤变形相似的主要部分的可靠性。至于粒径小于 10mm 的沙质颗粒一般只占 20%～30%,如果仍采用天然沙作为模型沙,按 $\lambda_D=80$ 缩小后,模型沙粒径将小于 0.1mm,其起动流速随粒径的变化可能同原型沙的起动规律相悖(原型沙起动流速随粒径增大而增加,而模型沙因黏性影响则变化相反)。因此,对于这部分有可能与悬移质泥沙交换的床沙,我们取用了拟焦沙作为模型沙。

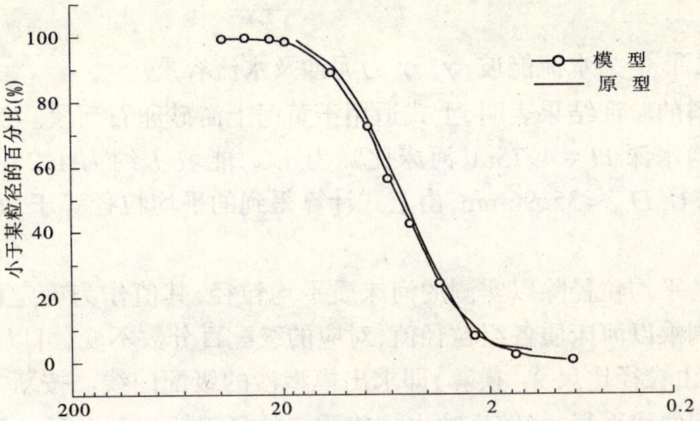

图 8-10　模型沙级配曲线

此时 $\lambda_{\gamma s-\gamma}=1.7/0.75=2.27$,代入式(8-20),并取 $\lambda_\kappa\approx1$,可求得 $\lambda_D\approx20$。

取 $\lambda_A\approx1$,$\lambda_\kappa=1$ 及 $\lambda_{\cot\varphi}\approx1$ 再将 $\lambda_{\gamma s}$ 及 λ_D、λ_L 及 $\lambda_{\gamma s-\gamma}$ 等比尺代入式(8-8),求得 $\lambda_{gb}=716$(天然沙)及 136(拟焦沙)。由于原型粗颗粒泥沙干容重 $\lambda_{0m}=2.0\times10^4\text{N/m}^3$,模型沙相应的干容重 $\lambda_{0m}=1.6\times10^4\text{N/m}^3$(天然沙)及 $0.68\times10^4\text{N/m}^3$(拟焦沙),故两种模型沙干容重比 $\lambda_{\gamma'_0}$ 分别为 1.25 及 2.94,于是可由式(8-10)求出模拟推移质运动引起河床

变形的时间比尺 λ_{t3} 相应为 84.8 及 1 038，前者同水流运动时间比尺 $\lambda_{t1}=\lambda_L/\lambda_v\approx 67$ 接近，而采用拟焦沙时则存在时间变态。如果采用常见的推移质单宽输沙率公式推演比尺关系，则得

$$\lambda_{gb} = \lambda_{\gamma s}\lambda_H^{1/4}\lambda_D^{5/4}$$

由上式求得拟焦沙时的 $\lambda_{gb}\approx 195$，相应的 $\lambda_{t3}\approx 724$。作为复合模型沙，必须通过验证试验来确定 λ_{gb} 及 λ_{t3}。

需要说明的是，推移质运动规律十分复杂，特别是由砂卵石构成宽级配河床中推移质的运动规律目前研究尚不充分，具体试验操作中的问题是模型试验时各流量级下如何加推移质泥沙。一般讲，泥沙运动以推移为主要形式的河段，床沙粒配范围较广，对于枯水、中水、洪水每一级流量，所能输移的推移质泥沙的粒径及其组成有所差异，模型试验在各级流量加沙量，如果加同一种模型沙，则在较小流量时，就会出现河床淤积偏多的情况（水流强度较低时，有些粗颗粒将因输移困难而淤积在河床上），表明各级流量的推移质泥沙的粒径及其级配是不同的，一般缺少原型各流量级的实测推移质级配资料。因此，需要找出一个解决方法。

在水槽试验中发现，即使水流强度较大，一些粗颗粒也已起动，但仍有不少较小颗粒因相互间的制约作用或受颗粒的隐蔽作用而不能在水流的作用下起动。人们获取的河床质泥沙级配资料，实际上又是床面下一定深度的泥沙资料，水流作用难以将位于床面下一定深度的那部分细颗粒带走。为此，张红武提出的方法是：首先按照下式求出各级流量下的原型床面颗粒平均粒径为

$$D_{cp} = 11.137\frac{HJ}{\frac{\gamma_s-\gamma}{\gamma}} \tag{8-21}$$

式中：H 为平均水深；J 为水流能坡；γ_s、γ 为泥沙及水流容重。

大量实测资料的验证结果表明，上式适用于黄河上游砂卵石河段。例如，黄河兰州河段刘家堡附近平均水深 $H=4.75$m，河床比降为 1‰，能坡 J 约为 1.2‰，河床表层（0～2m）颗粒的平均粒径 $D_{cp}\approx 35.96$mm，由上式计算得到的平均粒径等于 36.48mm，其结果与实际颇为接近。

以计算得到的平均粒径除以实测的河床质平均粒径，其值作为确定推移质粒径的系数。继而用此值同乘以河床质各组粒径值，对应的级配百分数不变，可以得到该条件下的推移质级配曲线，由粒径比尺 λ_D 换算，即求出模型沙的级配曲线。按新方法得到的级配曲线与河床质级配曲线平行，能够反映出推移质诸粒径组成占百分数与原河床组成状况的密切关系，这一实际状况也反映了颗粒之间的制约作用或隐蔽作用。经试验检验，该方法与实测资料颇为接近。刘有录等在黄河上游兰州河段河道整治模型试验中，成功地使用了这一方法。近两年，张红武、钟德钰、曹丰生、李远发、姚振华及王仲梅等人开展的大量推移质动床模型试验，对该方法也进行了检验。

野外资料表明，逯村至花园镇河段以沙质河床为主，为保证河型相似条件，在选择拟焦沙作为模型床沙时，我们按照式（8-11），确定出模型沙中值粒径约为 0.04mm，相当于 $\lambda_D\approx 5$。

变态模型设计时，对于泥沙悬移相似条件，往往存在如下两个比尺关系式：

$$\lambda_\omega = \lambda_{u_*} = \lambda_v\sqrt{\frac{\lambda_H}{\lambda_L}} \tag{8-22}$$

$$\lambda_\omega = \lambda_v\frac{\lambda_H}{\lambda_L} \tag{8-23}$$

李昌华的模型律中同时包含以上两式，并根据悬浮指标的大小提出取用范围：对于悬浮指标小于 0.062 5 的细沙，式(8-23)是主要的；对于悬浮指标大于 1 的粗沙，式(8-22)是主要的；介于这两部分之间的泥沙，两个条件同等重要。因此，建议模型选沙时，泥沙沉速比尺值取两个条件的中间值。西北水科所及河海大学进行的黄河壶口河段模型试验，正是按照这一建议设计的。

窦国仁于 1977 年提出的泥沙运动相似条件除包括输沙相似条件、输沙量连续相似条件、泥沙沉降相似条件及异重流发生相似条件外，还有泥沙起动、扬动相似条件。

谢鉴衡曾全面、系统地研究了动床河工模型及试验中的若干问题。例如，从悬移质运动的三维扩散方程出发，同时导出了式(8-22)及式(8-23)。他指出，式(8-23)表示由时均流速及重力沉降引起的进出沙量变化比相等，式(8-22)表示紊动扩散及重力沉降引起的进出沙量变化相等。在变态模型中，这两个相似条件不能同时满足。为此，谢鉴衡认为，就一般而言，由于紊动扩散作用及重力作用是决定悬移质运动的一对主要矛盾，变态模型相似以表征这一主要矛盾的比尺关系式(8-22)得到遵守为宜。

彭瑞善等从满足平均淤积位置相似的要求出发，引入含沙量垂线分布重心高度的概念，以该重心高度比尺代替式(8-23)中的 λ_H，为进行悬移质泥沙模型设计提供了一个新的途径，显然比直接采用式(8-23)或者式(8-22)合理得多。

泥沙悬移相似条件式(8-4)中的 λ_{α_*} 值，研究表明是随泥沙的悬浮指标 $\omega/\kappa u_*$ 的改变而变化的。若原型 $\omega/\kappa u_* \geqslant 0.15$，式(8-4)可归纳为

$$\lambda_\omega = \lambda_v\left(\frac{\lambda_H}{\lambda_L}\right)^m \tag{8-24}$$

对于 $\omega/\kappa u_* \leqslant 0.15$ 的细沙，其悬移相似条件为

$$\lambda_\omega = \lambda_v\left(\frac{\lambda_H}{\lambda_L}\right)^{0.97}\exp\left[4.4\left(\frac{\omega}{\kappa u_*}\right)_p\left[\frac{\lambda_v}{\lambda_\omega}\sqrt{\frac{\lambda_H}{\lambda_L}}-1\right]\right] \tag{8-25}$$

利用原型河段水力泥沙因子，可求得一般情况下 $\omega/\kappa u_* \leqslant 0.15$。因此，可以采用式(8-25)计算泥沙的沉速比尺。参照青铜峡至石嘴山河段模型设计，并结合本河段原型资料，计算得出 $\lambda_\omega = 2.4 \sim 2.9$，其平均值约为 2.65。由于原型及模型的悬移质泥沙都很细，可采用滞流公式计算沉速，由此可得到悬沙粒径比尺关系式为

$$\lambda_d = \left(\frac{\lambda_\omega\lambda_\nu}{\lambda_{\gamma_s-\gamma}}\right)^{1/2} \tag{8-26}$$

式中：λ_ν 为水流运动黏滞系数比尺。

由于河道整治试验时水温与原型河道水温接近，取 $\lambda_\nu \approx 0.8$，则悬沙粒径比尺 $\lambda_d = 0.97$。初步统计情况看，原型悬沙中径在 0.015～0.024mm 之间，因而要求所选的模型悬

沙中径也是这个范围。

从式(8-3)知,含沙量比尺可通过计算水流挟沙力比尺来确定。大量实测资料检验表明,张红武及张清、舒安平、钟德钰等学者提出的水流挟沙力公式的计算值与实测值符合较好。由舒安平、江恩惠、朱太顺、王严平及武汉水利电力大学陈雪峰、陈立、李义天等学者采用黄河、长江等河流大量资料开展的检验结果表明,现有公式中,张红武及张清提出的水流挟沙力公式与实测资料相比精度最高,而且在最近改编的教科书中被认为是最适用于高含沙水流的公式。根据原型河段实测资料,采用同时适用于原型沙及轻质沙的张红武公式进行计算,验证计算结果亦令人满意。

对于本次选用的作为悬移质的模型沙 γ_s 约为 $1.75\times10^4\text{N/m}^3$,则 $\xi=5.89$。对原型沙 $\gamma_s=2.71\times10^4\text{N/m}^3$,则 $\xi\approx1$。

采用式(2-141)计算水流挟沙力,应考虑含沙量对 κ 值及 ω 的影响,两者与含沙量的关系分别用式(1-43)和式(2-28)计算。

将距离桥位河段不远处的裴峪水文观测资料代入式(2-141),可得到原型的水流挟沙力 S_{*p}。同时采用原型有关物理量及相关的比尺值代入模型相应的计算式,可得到模型的水流挟沙力 S_{*m},进而求出了两者的比值 S_{*p}/S_{*m} 在 1.63~2.10 之间(见表 8-6),本模型设计可取其平均值 $\lambda_S=\lambda_{S*}=1.97\approx2$。

表 8-6 水流挟沙力比尺分析计算

原型测验时间	Q (m³/s)	v (m/s)	H (m)	S_p (kg/m³)	S_{*p} (kg/m³)	S_{*m} (kg/m³)	λ_{S_*}
1963-09-09	2 070	1.82	1.43	37.3	32.7	15.6	2.10
1963-09-24	3 980	2.04	1.83	2.10	21.2	13.0	1.63
1963-10-03	3 580	2.17	1.59	1.49	24.1	11.5	2.10
1963-10-16	3 360	2.07	1.59	3.80	26.8	13.3	2.02
1963-10-28	2 600	2.30	1.45	12.0	52.9	26.4	2.00
1963-11-10	1 450	1.56	1.39	1.91	14.5	7.30	1.99

河道泥沙模型一般存在着三个时间比尺,即除由水流连续相似条件导出的水流运动时间比尺 $\lambda_{t1}=\lambda_L/\lambda_v$ 之外,还有分别由悬移质和推移质运动引起的河床变形相似导出的时间比尺 λ_{t2} 及 λ_{t3}。当模型几何比尺确定后,水流运动时间比尺即为定值,$\lambda_{t1}=\lambda_L/\lambda_v\approx67.1$。河床冲淤变形时间比尺还与泥沙干容重比尺、输沙比尺有关。

对于 λ_{t2},先由原型及模型悬沙淤积物干容重可求得 $\lambda_{\gamma0}\approx1.99$。由式(8-6)可以求得河床变形时间比尺 $\lambda_{t2}\approx66.7$,同水流运动时间比尺 $\lambda_{t1}=67.1$ 相近。

由上述计算可知,水流运动时间比尺与悬移质及推移质运动引起的河床变形时间比尺相差不多,这对于模拟水流、泥沙运动是十分有利的。

表 8-7 汇总了吉利黄河特大桥所在河段模型的主要比尺。上述采用的模型相似律已在众多模型试验中成功应用,是目前最为先进的模型设计方法之一。

表 8-7　桥位河段模型比尺汇总

比尺名称	符号	比尺值	备注
水平比尺	λ_L	600	拟焦沙作为沙质床沙模型材料时，$\lambda_{gb}=136:195$，$\lambda_D=20$，$\lambda_{t3}=724:1\ 038$
垂直比尺	λ_H	80	
流速比尺	λ_v	8.94	
流量比尺	λ_Q	429 325	
水流运动时间比尺	λ_{t1}	67.1	
糙率比尺	λ_n	0.76	
沉速比尺	λ_ω	2.65	
悬沙粒径比尺	λ_d	0.97	
床沙粒径比尺	λ_D	80	
推移质单宽输沙率比尺	λ_{qb}	716	尚待验证试验确定
含沙量比尺	λ_S	2	
悬移质河床变形时间比尺	λ_{t2}	66.7	
推移质河床变形时间比尺	λ_{t3}	84.8	

五、模型概况及验证试验

(一)模型概况

1. 模型制作

这座模型建在清华大学黄河研究中心 1 号厅内，长河段模型全长 40 余米，见图 8-11 及图 8-12。

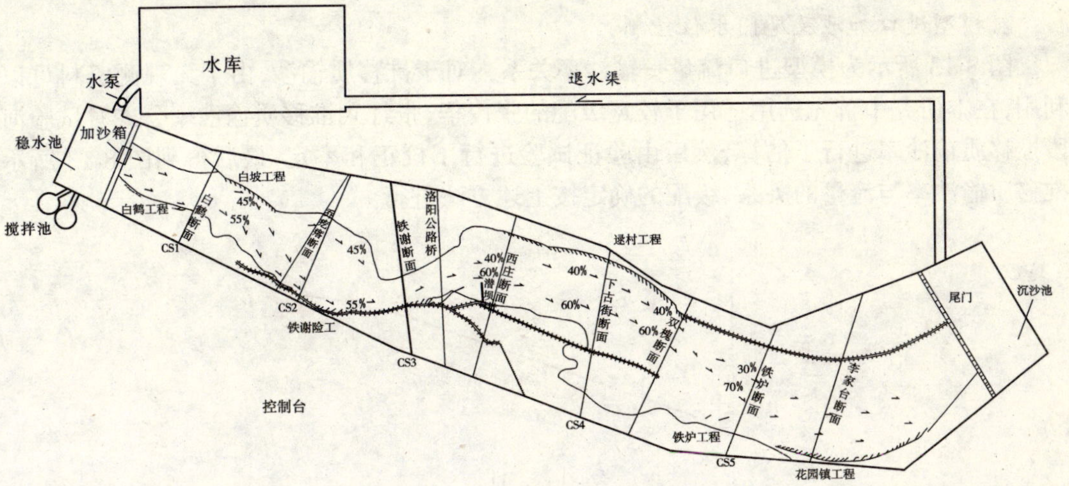

图 8-11　桥位河段模型布置图

模型初始地形根据 2002 年小浪底水库调水调沙试验后的实测大断面和河势资料进行塑制，所模拟的河段内不仅有西霞院、白鹤、铁谢、下古街、铁炉、花园镇等 6 个大断面，而且最近还加测了乔疙瘩、西庄、双槐、李家台等 4 个断面。为提高制模精度，专门内插了 44 个断面，整个模型共布置了 54 个断面。滩地、村庄、植被状况按 1999 年调绘并测图的

图 8-12　桥位河段模型外观

1∶10 000 黄河下游河道地形塑制，并结合现场踏勘情况给予修正。

河道工程按有关图纸及河务部门提供的最新资料布设。模型制作完成后，黄委有关部门专家多次到试验现场指导检查，使模型与实际更为符合。

2. 模型进口加沙及尾门水位控制

图 8-13 所示为模型进口流量—输沙率关系。对于推移质输沙，由于无观测资料可以利用，在本研究中首先选用适用于较宽级配的张俊华、张红武推移质输沙率公式对试验河段推移质输沙率进行了估算，然后由验证试验进行了校正和率定，最后得到图 8-13 所示推移质输沙率与流量的关系，级配的确定按上述方法进行。

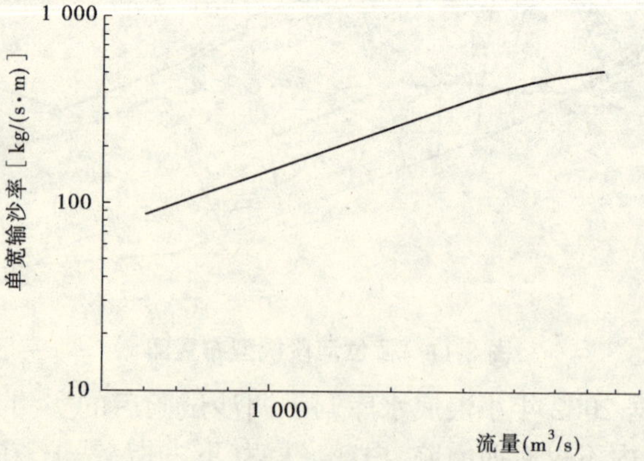

图 8-13　模型进口流量与推移质输沙率关系

实际上，我们在模型设计中有意延长了模型进口至试验河段的过渡距离，这样做的优点是：首先使得水流经上游河段充分调整，流态更接近自然状况；其次可使推移质泥沙在上游河段得到自然补充，对正确模拟推移质运动十分必要。该方法已在云南开远电厂取水模型试验、宁夏中宁电厂取水及扬黄扶贫取水模型试验等研究中取得成功。

模型尾门水位控制参见有关文献。

(二)验证试验

本次验证试验以黄河小浪底水库开展的调水调沙试验前后实测的断面资料、河势图以及在此期间观测的水位资料作为验证试验的基本资料。这套资料是黄河最新测验结果，具有很强的说服力。

1. 水流阻力相似的验证

模型水流阻力与原型相似与否对于正确模拟水流及泥沙运动至关重要。验证模型与原型水面线是否一致是检验阻力相似与否的基本途径。

表 8-8 给出了不同流量级模型水位与原型的比较结果。从表中可以看出，除个别点据因原型测量结果有一定误差外，两者十分接近。

表 8-8　不同流量级原型与模型水位的比较　（单位：m）

小浪底泄流量 (m^3/s)	水尺位置	模型水位	原型水位	误　差	日　期 (年-月-日)
959	白　鹤	119.76	119.75	0.01	2002-07-04
	白　坡	116.97	117.00	-0.03	2002-07-04
	铁　谢	114.86	114.85	0.01	2002-07-04
	逯　村	113.15	113.03	0.12	2002-07-15
	花园镇	112.87	112.95	-0.08	2002-07-04
2 500	白　鹤	120.70	120.66	0.04	2002-07-08
	白　坡	119.42	119.44	-0.02	2002-07-08
	铁　谢	116.45	116.49	-0.04	2002-07-08
	逯　村	113.64	113.32	0.32	2002-07-10
	花园镇	113.09	113.07	0.02	2002-07-07
2 500	白　鹤	120.74	120.77	-0.03	2002-07-06
	白　坡	119.57	119.57	0	2002-07-12
	铁　谢	116.62	116.65	-0.03	2002-07-14
	逯　村	114.14	113.61	0.53	2002-07-04
	花园镇	113.25	113.21	0.04	2002-07-12

图 8-14 所示为模型与原型观测水位的对比，表 8-9 中列出了具体数据。通过比较，可知两者较为一致。

此外，验证试验还对白鹤水位—流量关系进行了验证（见图 8-15），图中实线为由白鹤实测水位—流量关系整理得到的曲线，由图可见模型试验结果与原型符合较好。

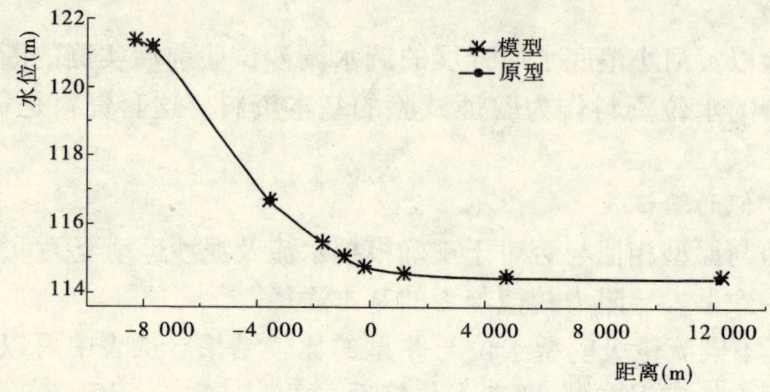

图 8-14　桥位河段 $Q=2\ 600m^3/s$ 水面线验证试验结果

表 8-9　流量为 $2\ 600m^3/s$ 时水位验证结果　（单位：m）

水尺位置	距离	模型试验水位	原型观测水位	误差
白坡	816.36	121.17	121.00	-0.17
铁谢	4 760.64	116.61	116.56	-0.05
逯村	13 084.60	114.36	114.54	0.18
花园镇	20 811.60	114.33	114.37	0.04

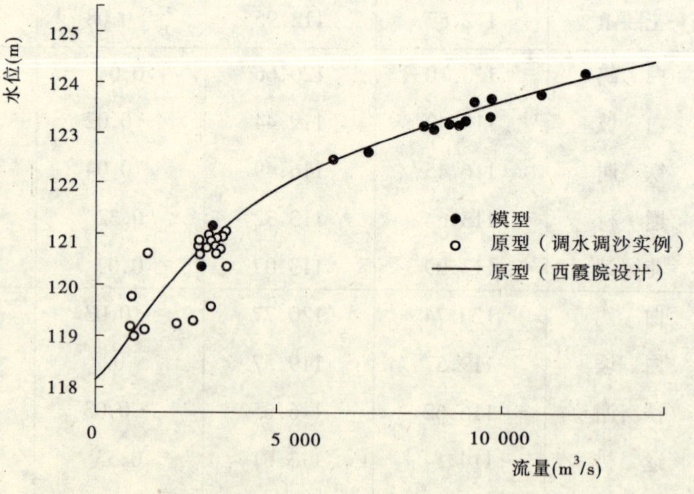

图 8-15　模型中白鹤水位—流量关系与原型资料的对比

2. 河势验证

图 8-16 所示为原型在调水调沙期间河势与模型试验结果的对比。由图可见，两者在主流位置、水边线等方面都较为接近，表明模型与原型的河势是相似的。

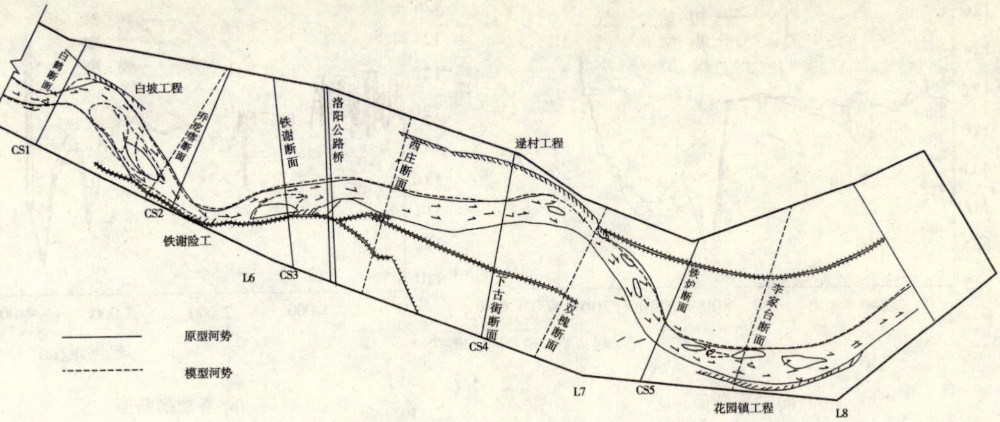

(a) $Q=1\ 000\text{m}^3/\text{s}$

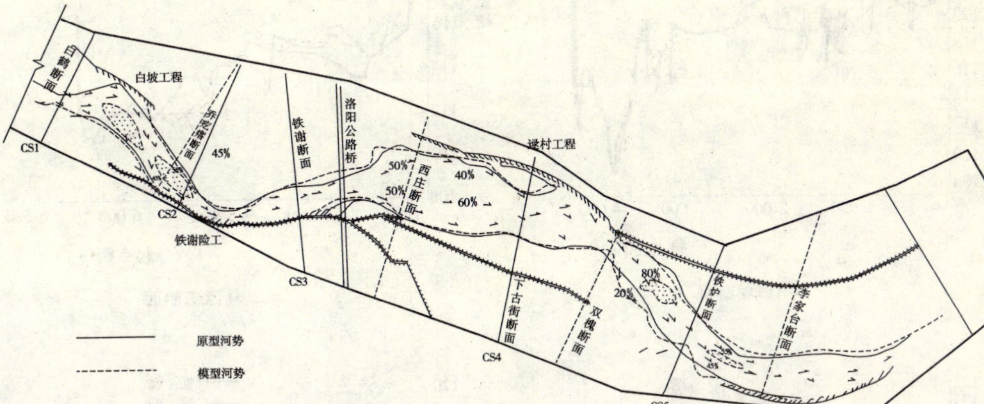

(b) $Q=3\ 000\text{m}^3/\text{s}$

图 8-16　模型与原型河势的对比

3. 河床冲淤变形相似的验证

河床冲淤变形的相似性，在很大程度上反映了水流运动、泥沙运动（包括悬移质运动相似、推移运动相似）等方面模型与原型的相似性。由于桥位河段河床除在垂向上出现冲淤变化外，而且在平面上也有一定幅度的变化。验证试验主要以河床断面形态的变化为标准进行比较。图 8-17～图 8-19 给出了小浪底水库调水调沙前后各代表断面河床冲淤变形与原型实测资料的比较结果，由此看出，本模型满足了河床冲淤变形相似条件。

上述水位、河势及河床变形验证结果表明，取时间比尺为 67、推移质单宽输沙率比尺为 906 及悬移质含沙量比尺为 2 时，模型可较好地满足水流泥沙运动相似条件，而且在河势变化及河型方面也与原型相近。利用该模型研究吉利黄河特大桥不同方案产生的变化，是可以满足工程精度要求的。

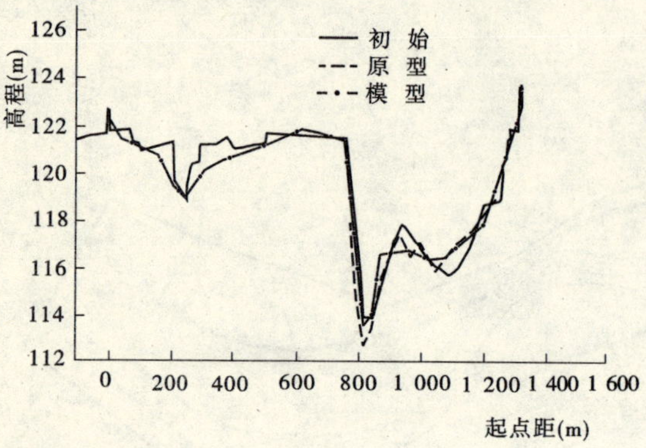

(a) 白鹤断面

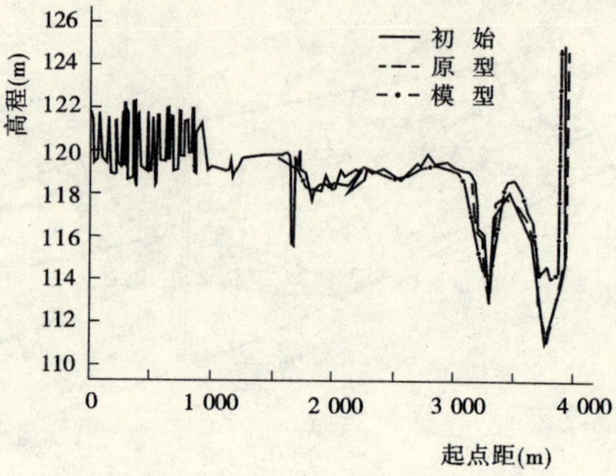

(b) 乔疙瘩断面

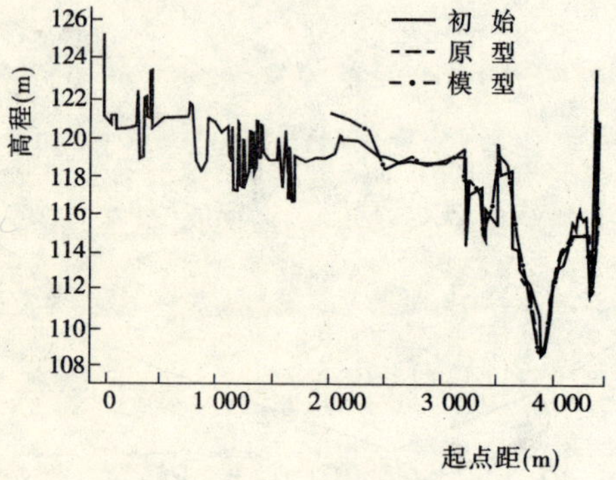

(c) 铁谢断面

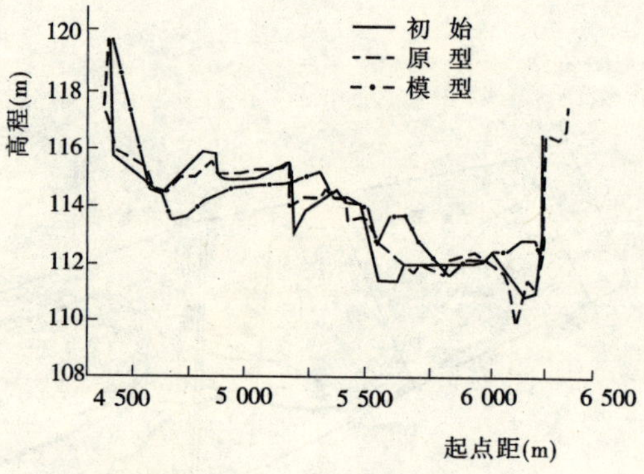

(d) 西庄断面

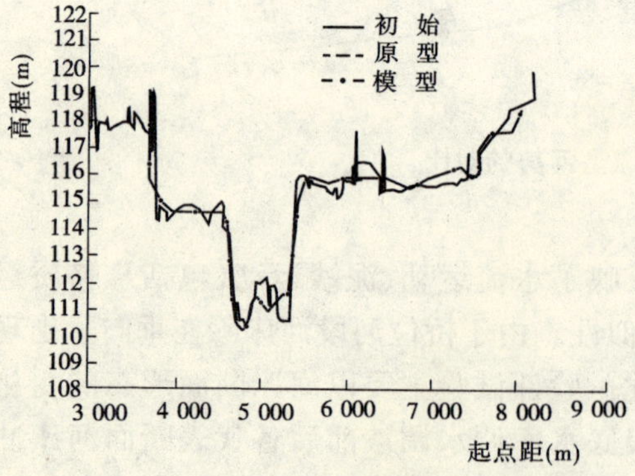

(e) 下古街断面

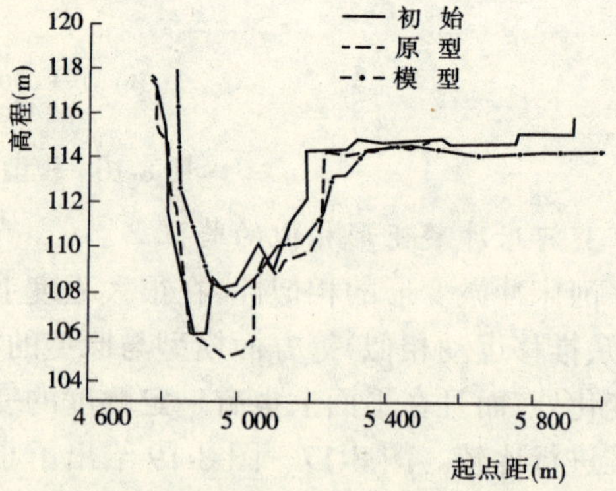

(f) 双槐断面

图 8-17　桥位河段各断面冲淤变形验证结果之一

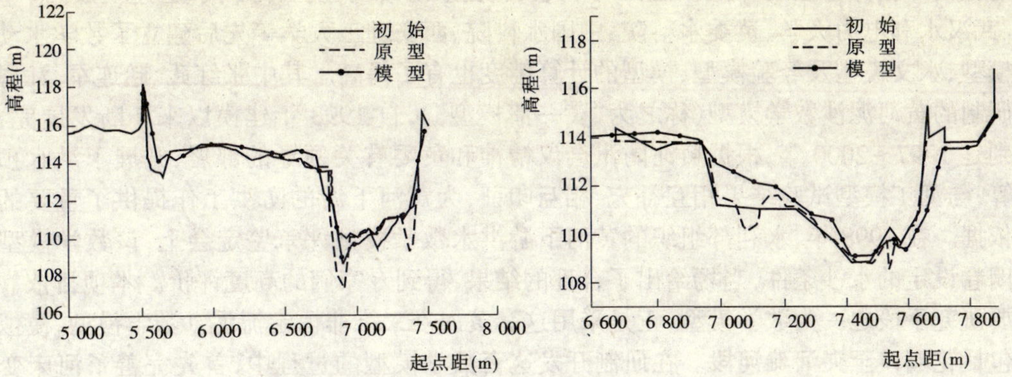

(a)铁炉断面　　(b)李家台断面

图 8-18　桥位河段各断面冲淤变形验证结果之二

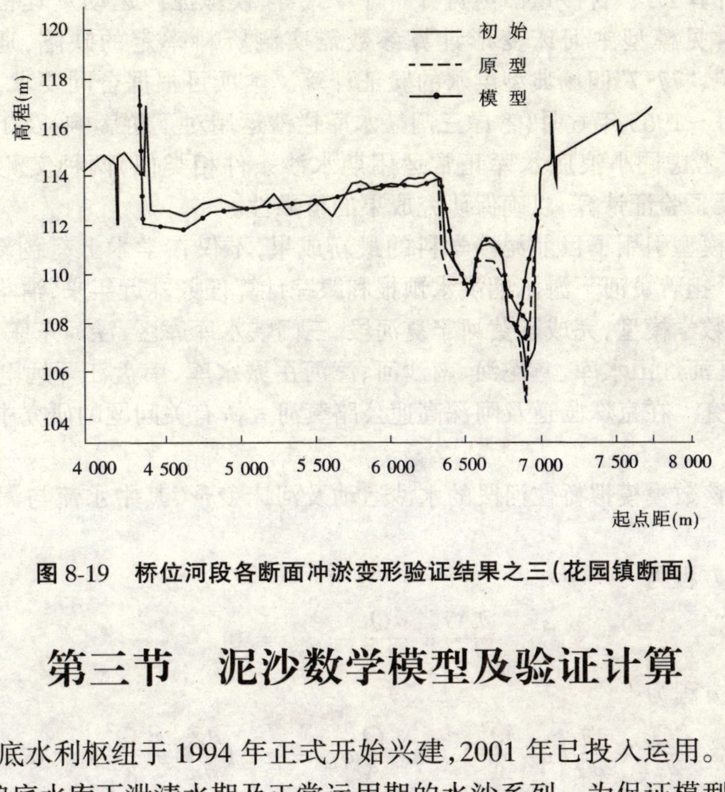

图 8-19　桥位河段各断面冲淤变形验证结果之三(花园镇断面)

第三节　泥沙数学模型及验证计算

黄河小浪底水利枢纽于 1994 年正式开始兴建,2001 年已投入运用。在规划水平年内,将包含小浪底水库下泄清水期及正常运用期的水沙系列。为保证模型对不同水沙系列的适用性,特选用三门峡下泄清水期 1960 年 9 月～1965 年 6 月水沙系列和近期的 1986 年 11 月～1996 年 10 月水沙系列对模型进行检验。

一、数模概况

在国内外大江大河的治理规划中,由于泥沙数学模型在开展长河段长时段和不同水沙组合及边界条件的河床冲淤变形预测等方面,具有周期短、投资少的优点,因而得到了广泛应用并发挥了重要作用。近几年，黄河河道泥沙数学模型得到了迅速发展，清华大学、武汉水利电力大学、黄委水科院、中国水科院、西安理工大学等先后建立了数学水动力学模型、水文模型及经验模型，模型的计算精度也有了提高。其中张红武、赵连军、江恩惠等研制的黄河泥沙数学模型(称之为“黄一清模型”)，自1993年建模以来不断发展完善，特别是1997～2000年，根据黄河防汛会议精神和黄委有关领导的部署，开展了洪水预测计算，与河工模型试验结果相互补充，相互印证，为黄河下游的防洪工作提供了重要的参考依据。在1998年，水利部组织的黄河下游洪水数学模型评审鉴定会上，该数学模型采用闭卷设定的水沙条件，当场给出了合理的结果，得到专家们的高度评价。本项目依靠的主要研究手段之一为数学模型，正是采用这套黄河准二维非恒定流泥沙数学模型，模拟范围包括花园口至夹河滩河段。在研制开发这套数学模型的过程中，首先完善了河床变形方程和泥沙连续方程，改变了主要靠调整和率定恢复饱和系数 α 且取值与理论前提相悖的常见处理手法；而后，引入了适用于一般挟沙水流和高含沙水流的挟沙力公式、糙率公式、泥沙级配计算公式、含沙量沿河宽分布计算式等，模拟泥沙运动及其相应的动床阻力变化，克服了常见模型中河床变形计算参数需实测资料率定的缺陷，通过了“96·8”、“92·8”、“82·8”、“77·7”四场典型洪水的验证计算。本项目根据合同要求，有针对性地利用1960年9月～1965年6月(考虑三门峡水库拦沙运用对下游影响)及1986年11月～1996年10月(考虑同小浪底水库正常运用期水沙条件相类似)两种实测水沙系列年资料，对数模开展了验证计算，以确保研究成果的可靠性。

这套数学模型引用了目前泥沙学科的最新成果，不仅在学术上有创新，而且自1996年以来，一直承担着黄河下游汛期洪水预报和跟踪计算任务。近年来，清华大学黄河研究中心还运用该数学模型，完成了黄河宁夏河段、三门峡水库库区、泾河东庄水库、渭河咸阳至潼关河段、辽河红山水库、滹沱河、南沙河、漳河岳城水库、南盘江开远电厂取水等工程泥沙问题的研究。在京珠国道及阿深高速公路黄河大桥有关问题的研究中也发挥了很大作用。

我们运用该数模模拟桥位河段的水沙运动及河床变形，其中水流与泥沙运动的基本方程如下。

水流连续方程为

$$\frac{\partial A_i}{\partial t} + \frac{\partial Q_i}{\partial x} - q_{Li} = 0 \tag{8-27}$$

水流运动方程为

$$\frac{\partial Q_i}{\partial t} + \frac{\partial}{\partial x}\left(\alpha_{1i}\frac{Q_i^2}{A_i}\right) + \alpha_{2i}\frac{Q_i}{A_i}q_{Li} + gA_i\left(\frac{\partial Z_i}{\partial x} + \frac{Q_i^2}{K_i^2}\right) = 0 \tag{8-28}$$

泥沙连续方程为

$$\frac{\partial}{\partial t}(A_iS_i) + \frac{\partial(A_iV_iS_i)}{\partial x} + \sum_{j=1}^{m}(K_{1ij}\alpha_{*ij}f_{1ij}b_{ij}S_{ij}\omega_{ij}) - \sum_{j=1}^{m}(K_{1ij}\alpha_{*ij}b_{ij}S_{*ij}\omega_{ij}) - S_{Li}q_{Li} = 0 \tag{8-29}$$

河床变形方程为

$$\frac{\partial Z_{bij}}{\partial t} - \frac{K_{1ij}\alpha_{*ij}}{\gamma_0}\omega_{ij}(f_{1ij}S_{ij} - S_{*ij}) = 0 \tag{8-30}$$

式中：i 为断面号；j 为子断面号，河床高程最低的子断面取 j 为 1，最高的取 j 为 m；Q 为流量；A 为过水面积；t 为时间；x 为沿流程坐标；Z 为水位；K 为断面流量模数；α_1 为动量修正系数；q_L、S_L 为河段单位长度侧向入流量及相应的含沙量；ω 为泥沙浑水沉速；S 为含沙量；S_* 为水流挟沙力；γ_0 为淤积物干容重；b_{ij} 为子断面宽度；Z_{bij} 为子断面平均河床高程；m 为子断面数；f_1 为泥沙非饱和系数；K_1 为附加系数；α_* 为平衡含沙量分布系数，可由下式计算：

$$\alpha_* = \frac{1}{N_0}\exp(8.21\frac{\omega}{\kappa u_*}) \tag{8-31}$$

其中

$$N_0 = \int_0^1 f(\frac{\sqrt{g}}{c_n C},\eta)\exp(5.33\frac{\omega}{\kappa u_*}\arctan\sqrt{\frac{1}{\eta}-1})\mathrm{d}\eta \tag{8-32}$$

式中：κ 为浑水卡门系数；c_n 为涡团参数（$c_n = 0.375\kappa$）；u_* 为摩阻流速；C 为谢才系数；$f(\frac{\sqrt{g}}{c_n C},\eta)$ 由下式表示：

$$f(\frac{\sqrt{g}}{c_n C},\eta) = 1 - \frac{3\pi}{8c_n}\frac{\sqrt{g}}{C} + \frac{\sqrt{g}}{c_n C}(\sqrt{\eta-\eta^2} + \arcsin\sqrt{\eta}) \tag{8-33}$$

在式(8-29)、式(8-30)中出现的附加系数 K_1，运用量纲分析及相似转化原理，并根据动床河工模型资料，将 K_1 的形式表达为

$$K_1 = \frac{\kappa^{4.5}}{2.65}\left(\frac{u_*^{1.5}}{v^{0.5}\omega}\right)^{1.14} \tag{8-34}$$

对于非饱和系数 f_1，通过归纳分析，再借助试验资料，得出

$$f_1 = \left(\frac{S}{S_*}\right)^{[0.1/\arctan(\frac{S}{S_*})]} \tag{8-35}$$

模型计算采用非耦合解法，即先单独求解水流连续方程和水流运动方程，求出有关水力要素后，再求解泥沙连续方程和河床变形方程，推求河床冲淤变形结果。如此交替进行。

先对方程式(8-27)、式(8-28)采用四点隐式差分格式进行离散。四点隐格式即 Preissmann格式，这是对邻近四点平均(或加权平均)的向前差分格式。对 t 的微商取相邻结点上向前时间差商的平均值，对 x 的微商则取相邻两层向前空间差商的平均值或加权平均值。对于网格中的 M 点，令

$$f(M) = \frac{(1-\theta)(f_i^n + f_{i+1}^n) + \theta(f_i^{n+1} + f_{i+1}^{n+1})}{2} = f_{i+1/2}^{n+\theta} \tag{8-36}$$

则有

$$\frac{\partial f(M)}{\partial t} = \frac{f_i^{n+1} + f_{i+1}^{n+1} - f_i^n - f_{i+1}^n}{2\Delta t} \tag{8-37}$$

$$\frac{\partial f(M)}{\partial x} = \theta\frac{(f_{i+1}^{n+1} - f_i^{n+1}) + (1-\theta)(f_{i+1}^n - f_i^n)}{\Delta x_i} \tag{8-38}$$

式中：f 为任一函数，f_i^n 为 $f(x_i, t_n)$；θ 为权重因子，其值为小于或等于 1 的正数。

依据式(8-36)～式(8-38)，不难得出方程式(8-27)、式(8-28)的离散形式。在给定了初始条件后，采用追赶法对未知数进行迭代计算，直到满足精度要求为止。

方程(8-29)采用全隐式进行离散，给出边界条件 $S_1^{n+1}=S_1(t_{n+1})$，即可求出各断面 $n+1$ 时刻的平均含沙量。再将断面平均含沙量分配到各个子断面上，各个子断面的河床变形方程(8-30)即可离散为

$$Z_{bij}^{n+1}=Z_{bij}^{n}+\Delta t\frac{K_{1ij}\alpha_{*ij}}{\gamma_0}\omega_{ij}(f_{1ij}S_{ij}^{n+1}-S_{*ij}^{n+1}) \tag{8-39}$$

上式计算结果即为 $n+1$ 时刻河床冲淤变形后的高程。

为保证本数学模型在研究桥位河段冲淤变化等问题时正确可靠，保证模型对不同水沙系列的适用性，我们选用三门峡水库下泄清水期 1960 年 9 月～1965 年 6 月水沙系列和近期的 1986 年 11 月～1996 年 10 月水沙系列对模型进行检验计算。

二、1960 年 9 月～1965 年 6 月水沙系列的验证

三门峡水库自建成并投入运用后，大大改变了进入下游河道的水沙过程。1960 年 9 月～1962 年 3 月为三门峡水库蓄水运用期，除洪水期以异重流排出少量细颗粒泥沙外，其他时间均下泄清水。1962 年 3 月～1973 年 10 月，水库改为滞洪排沙运用，但在 1964 年 10 月以前，由于水库泄流能力小、滞洪作用大，水库继续拦沙，出库沙量仍较小。在 1960 年 9 月～1964 年 10 月期间，小浪底站来水量为2 288.5亿 m^3，来沙量为 22.77 亿 t，平均含沙量仅有 9.95kg/m^3。加上支流来水来沙及上游河道的冲刷，花园口站来水量为 2 329.8亿 m^3，来沙量为 31.48 亿 t，平均含沙量也仅有 13.5kg/m^3。进入黄河下游的水多沙少，特别是又遇到 1964 年的丰水年，造成了河道的持续强烈冲刷，其中铁谢—官庄峪河段累计冲刷 7.2 亿 t。从 1964 年 10 月底，三门峡水库中大量前期淤积的泥沙被冲刷出库，形成小水带大沙。到 1965 年 6 月，小浪底站来水量为 242.3 亿 m^3，来沙量为 7.33 亿 t，平均含沙量高达 30.25kg/m^3；花园口来水量为 288.5 亿 m^3，来沙量为 5.02 亿 t，平均含沙量为 17.4kg/m^3，且悬移质泥沙粒径偏粗。同时，桥位河段床沙已发生了明显粗化，糙率增大，水流挟沙能力减小，河道开始回淤，该阶段铁谢—官庄峪河段淤积了 1.3 亿 t。

模型验证河段为铁谢—官庄峪河段。模型计算进口水沙过程及悬沙组成分别采用小浪底站实测过程，同时选取黑石关站水沙过程及悬沙组成作为伊洛河入黄水沙条件，初始地形资料采用 1960 年汛后实测大断面，对于每一个大断面，根据滩槽变化情况概化为 12～15个子断面，各断面的初始床沙组成利用 1960 年汛后实测资料按河段间距内插求得。模型末端水位采用官庄峪断面不同时期的水位—流量关系确定。

表 8-10 列举出了不同时段内铁谢—官庄峪河段的模型计算冲淤量与实测值的对比，图 8-20 为本河段随时间累计冲淤量过程的比较结果。计算得本河段冲刷 4.026 亿 m^3，与实测值 4.193 亿 m^3 非常接近，同时还可以发现，该模型不仅较准确计算出了河道处于连续冲刷时的河床变形过程，而且冲刷停止后的河道回淤变化过程，计算结果与实测结果也吻合较好。

表 8-11 为计算河段内沿程各小河段的冲刷过程和回淤过程的计算值与实测值的对比结果，图 8-21 为沿程累计冲淤过程计算结果与实测过程的对比。各个小河段内，模拟计算出的河道冲刷、回淤过程与天然情况基本一致。本模型验证计算对应的河段，由于实测断面较密，床沙组成等资料也较详细，计算精度是较高的。

表 8-10 三门峡水库下泄清水期不同时段冲淤量验证计算结果 (单位:亿 m^3)

时段(年-月)	铁谢—官庄峪	
	计算值	实测值
1960-09～1961-06	-0.650	-0.659
1961-07～1961-10	-1.226	-1.193
1961-11～1962-06	-0.994	-0.884
1962-07～1962-10	-0.173	-0.325
1962-11～1963-06	-0.005	-0.021
1963-07～1963-10	-0.507	-0.595
1963-11～1964-06	-0.277	-0.361
1964-07～1964-10	-1.193	-1.101
1964-11～1965-06	0.999	0.946
1960-09～1965-06	-4.026	-4.193

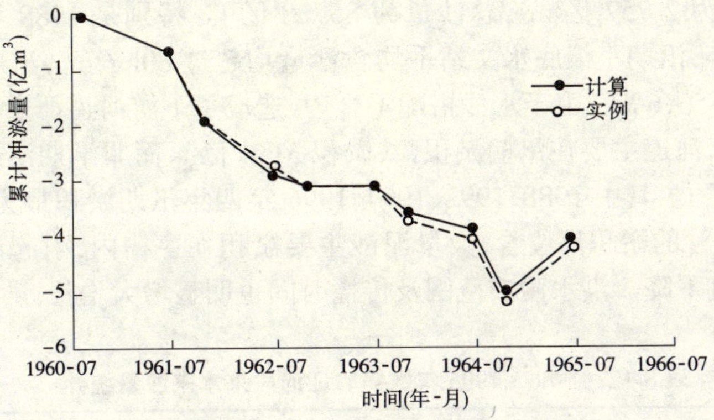

图 8-20 三门峡下泄清水期铁谢—官庄峪冲淤量随时间累计过程的验证

表 8-11 三门峡水库下泄清水期沿程各河段冲淤量验证计算结果

河段	1960-09～1964-10		1964-11～1965-06		1960-09～1965-06	
	计算值	实测值	计算值	实测值	计算值	实测值
铁谢—花园镇	-0.764	-0.701	0.098	0.108	-0.666	-0.593
花园镇—扣马	-0.379	-0.348	0.064	0.071	-0.315	-0.277
扣马—塌坡村	-0.309	-0.370	0.081	0.086	-0.228	-0.284
塌坡村—裴峪	-0.261	-0.302	0.133	0.114	-0.128	-0.188
裴峪—东寺湾	-0.278	-0.290	0.057	0.067	-0.221	-0.223
东寺湾—神堤	-0.344	-0.333	0.067	0.072	-0.277	-0.261
神堤—伊洛河河口	-0.313	-0.280	0.050	0.060	-0.263	-0.220
伊洛河河口—孤柏嘴	-1.313	-1.488	0.200	0.145	-1.113	-1.343
孤柏嘴—石槽	-0.735	-0.766	0.177	0.158	-0.558	-0.608
石槽—官庄峪	-0.329	-0.260	0.072	0.065	-0.257	-0.195

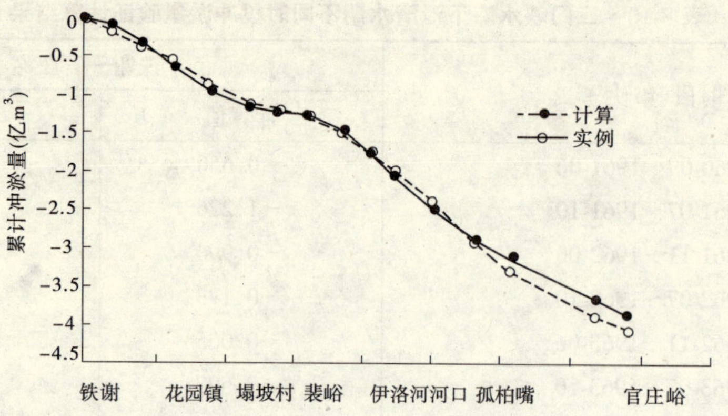

图 8-21 三门峡下泄清水期铁谢—官庄峪冲淤量沿程累计过程的验证

三、1986 年 11 月～1996 年 10 月水沙系列验证

表 8-12 列举出了 1986～1996 年进入桥位河段的水量和沙量。在这 10 年内，进入桥位河段的总来水量为 2 757 亿 m^3，总沙量为 85.38 亿 t。特别是 1988、1992、1994、1996 年，这四年为丰沙年，汛期小浪底水文站平均含沙量均超过 80kg/m^3，汛期来沙量为 48.6 亿 t，占总来沙量的 56.6%。由于水沙搭配不合理，造成了下游河道严重淤积。从淤积的年际年内分配上看，河道主要在汛期淤积，共淤积 31.4 亿 t，而非汛期河道基本处于冲刷状态，共冲刷 6.4 亿 t。其中 1988、1992、1994、1996 年四年汛期淤积最为严重，占总淤积量的 89.5%。从泥沙的淤积部位看，大量泥沙主要淤积在主槽内，引起河槽高程明显抬升，平滩流量大幅度下降。洪水漫滩范围及传播时间也明显增大增长，洪水造成的经济损失加大。

表 8-12 1986～1996 年数模验证河段来水来沙量统计

时段（年-月）	小浪底			黑石关		
	来水量（亿 m^3）	来沙量（亿 t）	平均含沙量（kg/m^3）	来水量（亿 m^3）	来沙量（亿 t）	平均含沙量（kg/m^3）
1986-11～1987-06	121.52	0.246	2.03	11.24	0.036 9	3.29
1987-07～1987-10	81.78	2.487	30.41	8.28	0.020 7	2.49
1987-11～1988-06	127.60	0.115	0.90	7.23	0.001 0	0.14
1988-07～1988-10	186.77	15.222	81.50	16.11	0.006 0	3.72
1988-11～1989-06	171.80	0.267	1.56	13.12	0.001 3	0.10
1989-07～1989-10	200.45	7.781	38.82	14.91	0.034 8	2.33
1989-11～1990-06	214.54	0.306	1.43	15.42	0.002 8	0.18
1990-07～1990-10	134.31	6.800	50.63	6.72	0.002 4	0.35
1990-11～1991-06	182.84	2.190	11.98	7.47	0.001 0	0.13
1991-07～1991-10	59.88	2.431	40.60	2.52	0.001 9	0.76

续表 8-12

时段（年-月）	小浪底			黑石关		
	来水量（亿 m^3）	来沙量（亿 t）	平均含沙量（kg/m^3）	来水量（亿 m^3）	来沙量（亿 t）	平均含沙量（kg/m^3）
1991-11～1992-06	116.61	0.541	4.64	2.50	0	0
1992-07～1992-10	124.86	11.175	89.50	6.54	0.005 2	0.79
1992-11～1993-06	154.55	0.096	0.62	10.74	0.000 1	0.01
1993-07～1993-10	133.97	5.466	40.80	6.93	0.003 0	0.43
1993-11～1994-06	142.58	0.105	0.74	9.38	0.002 2	0.24
1994-07～1994-10	128.62	11.141	86.62	7.02	0.006 9	0.98
1994-11～1995-06	133.14	0	0	3.96	0	0
1995-07～1995-10	112.14	8.120	72.41	2.63	0.006 7	2.55
1995-11～1996-06	116.94	0.088	0.76	2.87	0	0
1996-07～1996-10	120.98	10.801	89.28	15.41	0.036 8	2.39
1986-11～1996-10	2 756.89	85.381	30.87	171.00	0.223 6	1.31

在本时间段验证计算中，初始地形采用黄河下游1986年汛后河南黄河河务局实测的大断面控制，并将每一个大断面概化为12～15个子断面。初始床沙组成根据实测床沙组成按断面间距内插或外延，个别断面依照实际情况略加调整。末端水位采用相应年份水位—流量关系控制。

表8-13给出了铁谢—花园口河段不同河段不同时段冲淤量计算值与实测值。计算得1986年11月～1996年10月，铁谢—花园口河段共淤积3.62亿 m^3，实测值依据分析方法的不同而有所不同，如按曲少军的计算，本河段淤积为3.7亿 m^3，与本计算结果非常接近；而按照黄委龙毓骞的结果为4.3亿 m^3，比本结果偏大。

从以上结果来看，数学模型计算值和实测资料在定性和定量上都是较符合桥位河段实际情况的。

通过上述两个水沙系列的验证表明，本模型采用笔者重新建立的河床变形方程和泥沙连续方程，并引入黄河水流挟沙力公式、黄河下游河道糙率计算公式、含沙量沿横向分布公式、悬沙平均粒径沿横向分布公式、悬沙与床沙的级配计算公式及悬沙与床沙交换计算方法等基础研究成果，同时选用河床综合稳定性指标来均衡调整断面形态后，该模型不仅能模拟长系列一般洪水的水沙传播、水位变化、河床变形及断面形态变化等，还能成功地复演河道处于长期冲刷状态及高含沙洪水的水沙运动、河床冲淤变形及断面形态调整过程，大大提高了河流泥沙数学模型的可预测性。

综上可见，将该数学模型用于研究小浪底水库修建后不同时期和不同水沙条件下桥位河段的冲淤变化规律是可靠的。

表 8-13　1986～1996 年系列沿程冲淤量验证计算结果　（单位:亿 m^3）

时　　段 (年-月)	铁谢—伊洛河河口沿程冲淤(计算结果)	铁谢—伊洛河河口沿程冲淤(实测分析结果)	伊洛河河口—官庄峪沿程冲淤(实测分析结果)	伊洛河河口—官庄峪沿程冲淤(计算结果)	铁谢—花园口河段累计冲淤(计算结果)	铁谢—花园口累计冲淤(实测分析结果)
1986-11～1987-06	－0.124	－0.247 5	－0.174 2	－0.046	－0.272	－0.447 2
1987-07～1987-10	0.150	0.149 6	0.156 5	0.080	0.552	0.557
1987-11～1988-06	－0.239	－0.087 8	－0.109 6	－0.099	－0.348	－0.293 9
1988-07～1988-10	0.845	1.171 7	0.460 7	0.360	1.475	1.851 8
1988-11～1989-06	－0.282	－0.495 9	－0.14	－0.230	－0.659	－0.827 9
1989-07～1989-10	－0.082	0.036 4	0.038 3	0.042	0.082	0.266 3
1989-11～1990-06	－0.311	－0.459 7	－0.124 3	－0.134	－0.503	－0.623 3
1990-07～1990-10	0.475	0.403 7	0.168 4	0.266	0.940	0.778 6
1990-11～1991-06	－0.526	－0.311 9	0.014 6	0.080	－0.624	－0.422 8
1991-07～1991-10	0.385	0.317 6	0.241	0.207	0.701	0.779 4
1991-11～1992-06	－0.333	－0.220 2	－0.117 8	－0.173	－0.497	－0.462 2
1992-07～1992-10	0.423	0.536 9	0.531 5	0.607	1.219	1.366 5
1992-11～1993-06	－0.126	－0.449 9	－0.158 9	－0.345	－0.525	－0.828 9
1993-07～1993-10	0.080	0.159 6	0.285 3	0.290	0.376	0.590 2
1993-11～1994-06	－0.369	－0.135 8	－0.041 4	－0.082	－0.704	－0.415 4
1994-07～1994-10	0.174	0.403 6	0.285 2	0.265	0.881	1.095
1994-11～1995-06	－0.174	－0.303	－0.194 8	－0.145	－0.470	－0.645 2
1995-07～1995-10	0.499	0.404 6	0.296 2	0.350	1.086	0.984 3
1995-11～1996-06	－0.208	－0.150 2	－0.330 9	－0.254	－0.483	－0.66
1996-07～1996-10	1.058	1.196	0.450 7	0.347	1.397	1.654 7

第四节　整体模型试验结果

在完成验证试验的基础上，试验研究开展了 300 年一遇洪水条件下桥位河段动床模型试验，用以研究桥位河段河势及桥渡附近河床的冲淤变化，分析建桥对河势及河道防洪的影响，并进行方案一（50m 跨度）和方案二（100m 跨度）的方案对比论证，同时开展桥渡辅助建筑物布局的试验研究。

一、试验水沙条件

黄河下游洪水按来源不同分为“上大洪水”和“下大洪水”，两者并不遭遇。“上大洪水”指以河口镇至龙门区间和龙门至三门峡区间为主形成的大洪水；“下大洪水”指三门峡至花园口区间形成的大洪水，主要包括伊洛河、沁河两大支流的入汇。小浪底水库修建后，能有效控制的是“上大洪水”。“上大洪水”和“下大洪水”对比，“上大洪水”时西霞院水库设计洪水和校核洪水的峰量均大于“下大洪水”。铁谢险工上游有即将兴建的西霞院枢纽，其间无支流汇入。因此，本河段设计洪水采用西霞院工程的设计标准。根据水库联合防洪运用中小浪底水库运用方式，以及西霞院工程泄流规模，100 年一遇洪水西霞院最大入库流量与最大出库流量相同，为9 870m^3/s，5 000年一遇洪水最大入库流量为13 940 m^3/s，最大出库流量为13 860m^3/s，水库滞洪削峰的影响很小。

根据这些数据，绘出桥位河段设计洪水频率曲线，可查得 300 年一遇设计洪水为10 960m^3/s，试验中取 11 000m^3/s。

模型试验采用的水沙过程是参照西霞院坝址处 300 年一遇洪水水沙过程概化得到的，如图 8-22 所示。

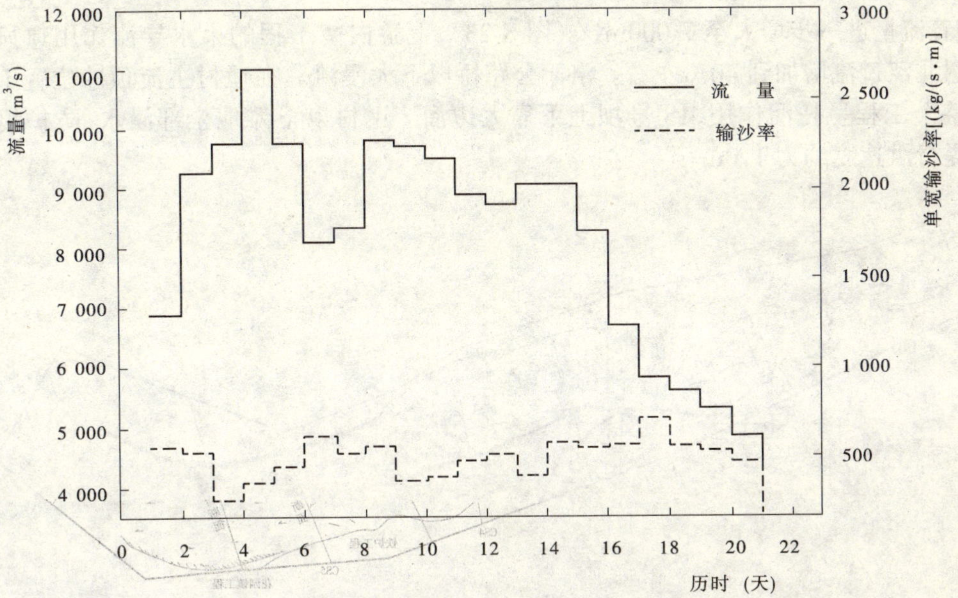

图 8-22　模型试验概化洪峰水沙过程

对于由试验河道上游区间进入的推移质泥沙，模型中采用经过验证试验检验的推移质输沙率控制。

模型试验尾门水位按花园镇实测水位—流量关系控制。

二、桥位河段河势变化试验

为研究桥位河段河势变化规律，我们首先在现状地形上，开展了 $Q = 3\ 000$、5 000、

7 000、10 000m^3/s等流量级的试验。

从河势变化的整个过程来讲，在试验水沙条件下，各工程均靠河，对河势起到了明显的控导作用，河势没有出现剧烈摆动。

在涨水期，$Q=3\ 000m^3/s$时，白鹤工程前大河分两路，主流走南路，流量约占90%。在白坡工程下首主流折转下行，直顶铁谢滩滩嘴，且再次分两汊，南股仍为主流，过流约80%。铁谢滩南北两汊均有心滩出露。南汊水流相对集中，流速较大。主流顶冲铁谢上填湾2号、3号坝后，因水流动能大，紧靠上填湾坝以下山体，逐渐偏移北岸。在铁谢下延坝段虽然有北股汇合，但因其过流小，水流动能远不及南股大，所以大河流势仍无明显改变。逯村前河走两股，但心滩不大，南股过流为主流，显然受初始流路影响，河势下挫。

由于花园镇工程坝头连线不平滑，尤其下段凸凹不整，主流在坝前下泄不畅，形成回流。花园镇靠大溜范围在20号～29号坝之间。

当流量涨至5 000m^3/s时，整个河势有所下挫。铁谢滩北汊分流比增大，约为20%。同时，较初步试验相同流量下的分流比为大，这可能是白鹤下延挑流作用较强所致。主流入铁谢上填湾2号～3号坝，出铁谢湾后，主流仍靠左岸行走，铁谢下延着边溜。逯村前水面明显展宽，已基本没有心滩出露。但水流仍分南、北两股，主流仍走南股，分流比有所减小。逯村送溜至花园镇15号坝上下。

随着流量进一步增大至7 000m^3/s(图8-23)，上游白鹤工程的束水导流作用愈显增强，铁谢北汊过流增加到40%左右。洛阳公路桥以下大漫滩。在逯村主流顶冲位置不甚明显，整个工程呈托溜作用，18号坝上下靠大边溜。逯村以下滩地全部漫水，防护堤偎水，傍堤行洪速度约为1.0m/s。

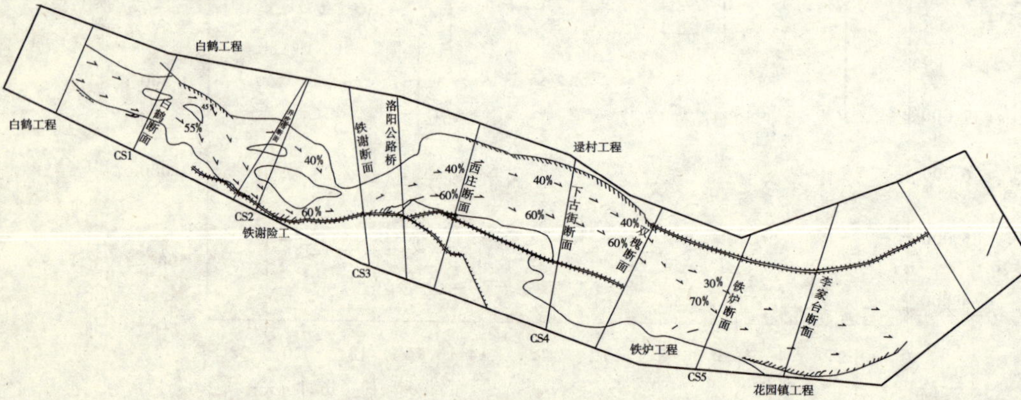

图8-23　桥位河段洪水期河势($Q=7\ 000m^3/s$)

在$Q=10\ 000m^3/s$、$S=60.6kg/m^3$条件下，主流呈现出大水趋中之势。同时，河势的下挫、漫滩偎堤情况也较明显。白坡工程下游滩地已上水，表明在大水期主流下挫后，白坡工程下首难以完全控导河势。铁谢滩北汊过流较$Q=7\ 000m^3/s$时稍有增加，约在40%以上，河面也明显展宽，且北汊心滩已全被淹没。铁谢滩滩头约有500m宽的范围上水，南股主流下挫趋中。逯村前漫水至围堤。逯村上延坝段有一半靠河，约有70%的水流傍坝下行，另一股水流走南汊流路，于下延坝段与主流汇合。铁炉仍靠边溜，沿下游胶泥嘴老滩沿入花园镇。左岸围堤全部偎水。

洪水落至 5 000m^3/s 时，白坡工程下游河岸冲蚀后退，较涨水初期有所北移。铁谢北汊过流仍有 30％左右，较涨水期同流量下有所增大，南汊心滩略有出露，逯村前心滩出露后范围较涨水时大。南、北两汊在 26 号坝前汇合，下首着大溜，围堤不靠水。逯村至花园镇河段河势比涨水期归顺一些。

上述试验表明，桥位河段河势尽管在不同流量级会出现一定的变化，但在整体上基本是稳定的，南岸以上有铁谢工程，北岸以下有逯村控导工程，相互对应，河槽位置一目了然，因此，在铁谢至逯村之间选取桥位是合适的。

三、不建桥时 300 年一遇洪水试验

试验中看出，太澳高速公路桥上游河势主要受白鹤、白坡控导工程及铁谢险工的控制，下游河势主要受逯村及花园镇控导工程制约。由于河道整治工程相对完备，对水流约束能力强，河势比较稳定。图 8-24 给出了洪峰期桥位河段河势及漫水范围，可看出河势变化与上节类同，且桥位断面行洪宽度不足 2 000m（范围一般在桩号 K46＋500～K48＋360 之间），只是在北部有一片死水区。

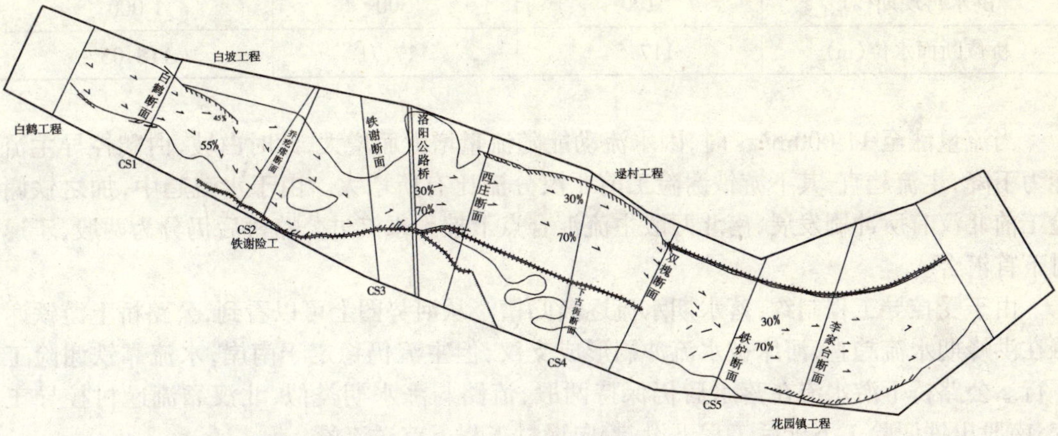

图 8-24　建桥前桥位河段洪峰河势（$Q=11\ 000m^3/s$）

试验给出了沿程最高水位，发现桥位断面以上河道窄，河床比降大，水面比降陡，铁谢至桥位断面水面比降为 3.2‰。图 8-25 所示为桥位断面水位—流量关系。与太澳高速公路济源至洛阳段黄河公路特大桥桥位河流水文专题论证报告给出的水位—流量关系曲线相比，本模型试验值略低，系河床在洪水期出现冲刷所致，其结果是合理的。

在表 8-14 中给出了不同频率洪水桥位断面的水位，300 年一遇洪水时桥位断面水位为 117.71m。

四、采取桥渡方案一时 300 年一遇洪水试验结果

按方案一将新桥布置上去后，采用同样的 300 年一遇洪水水沙条件开展了试验。从模型中看出，在涨水期流量为 8 125m^3/s 时，白鹤工程前水流分为两股，其中南支为主流。

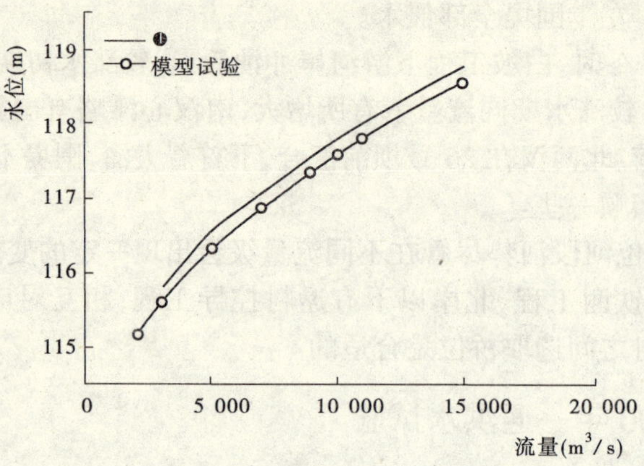

图 8-25　桥位断面水位—流量关系

铁谢险工前水流仍分为两汊，其中南汊水深流急，北汊宽浅。分汊水流于铁谢险工下延段汇合，水流穿过公路桥后分为两股，一股基本沿治导线靠逯村工程下行，另外一股出铁谢险工弯道后有所下败，流路指向逯村控导工程下首。其中南股流量略大于北股。

表 8-14　桥位断面不同频率洪水水位

洪水再现期(a)	100	300	1 000
桥位断面水位(m)	117.54	117.71	118.05

当流量涨至 11 000m^3/s 时，因水流动能随流量增大而增大，此时白坡、白鹤控导主流能力下降，主流趋直，其下游铁谢险工前北汊分流比有所增大。由于水流趋中，加之铁谢险工前北汊有所冲刷发展，南北两股主流汇合点下挫。水流过公路桥后仍分为两股，于逯村下首汇合。

由于受控导工程制约，落水期水流逐渐归槽。从河势图上可以看到，公路桥上游铁谢滩在洪峰期水流趋直，河床被水流冲刷形成支汊，但主流仍稳定于南岸，水流靠铁谢险工下行。公路桥下游水流在落水后仍保持两股，流路与涨水期类似，北汊靠流逯村控导工程，南股出铁谢险工下延后工程下滑，趋向逯村工程下首送流段。

由新桥建桥前后 300 年一遇洪水洪峰期主流线的套绘结果，比较两者可见，新桥上游主流重合，下游因两座桥梁的桥墩对水流有分散作用，建桥后主流略有下挫。

由于桥下断面净宽与河道断面自然宽度接近，而河道行洪断面本身宽度近 2 000m，所以建桥对水流影响较为有限。由桥位断面流速沿河宽分布测验结果，发现修建有方案一公路桥后与修建前的流速分布差别不大。

由建桥后水面线与建桥前的比较结果，可得出方案一条件下桥梁最大壅水高度为 0.35～0.38m，出现最大壅水高度处位于桥上游 120～150m，整个向上游的壅水距离为 1.5～2.0km。根据建桥前后桥位断面流速变化对比及壅水影响等方面看，建桥对河道行洪影响都是有限的。桥位断面行洪宽度同建桥前无明显变化，仍不足 2 000m。

❶ 据黄河水利委员会勘测规划设计研究院《黄河西霞院水利枢纽工程规划报告》(3)，1994

由300年一遇洪水前后河床冲淤变化测验结果可看出，桥位断面主槽发生明显冲刷，最深点高程为109.67m，因而可求得河床一般冲刷深度为8.04m，而滩地则有少量淤积。洪峰期含沙量沿程变化测验资料表明，因滩地有所淤积而使含沙量沿程有所衰减。图8-26所示为同时刻白坡至花园镇悬移质泥沙级配，分析表明悬沙中值粒径由白坡的0.026mm减小到花园镇的0.023mm，说明悬移质较粗部分的泥沙发生了淤积。

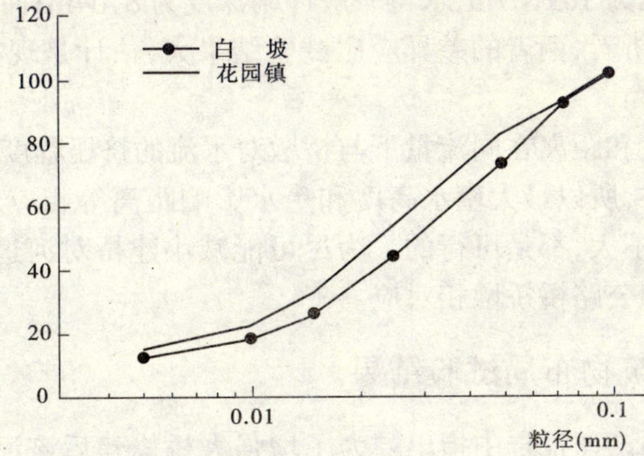

图8-26 悬移质泥沙级配沿程变化

五、桥渡方案二时300年一遇洪水试验结果

方案二中公路桥跨径为100m，较方案一的50m增大了一倍。在300年一遇洪水试验中，涨水、洪峰及落水期河势与方案一情况相比较，两方案之间没有明显差别。

与方案一在洪水过程中的河势变化情况相类似，公路桥上游涨水水流漫滩前主流受白坡和铁谢滩的影响靠流南岸大堤，并由铁谢险工导流过桥后分为两股。两股水流在逯村送流段汇合而下，行至花园镇工程。在大流量时，洪水漫滩，水流趋直，主流在桥下略向北岸移动，主槽北岸相应地出现侧向冲刷而北移，同时伴有垂向冲刷。

公路桥上游铁谢滩为洪水所切割而形成支汊，但规模不大，落水后主流仍维持在南岸铁谢险工处，然后经铁谢险工后分为两汊，北汊流路指向逯村控导工程送流段，南汊则靠南岸，与逯村工程下游汇合。

表8-15中列出了方案二条件下，公路桥在300年一遇洪水时最大壅水高度及壅水距离。

表8-15 方案二最大壅水高度及壅水范围

桥位自然水位(m)	最大壅水处水位(m)	最大壅水高度(m)	最大壅水处距桥长度(m)	壅水距离(km)
117.71	118.06	0.30～0.32	120～150	1～1.5

由洪水后桥墩附近冲刷情况，测出方案二桥位最深点高程为109.75m，由此求得一般冲刷深度为7.96m。

将方案一和方案二300年一遇洪水洪峰主流线对比可知，两者无明显区别。

从300年一遇洪水洪峰期桥位断面流速分布测验资料可以看出，由于方案二桥下河道断面净宽略大于方案一，水流受桥渡挤压程度也相应较低，所以方案二最大流速4.3m/s也相应比方案一的4.5m/s小（新桥修建前相应的最大流速为4.2m/s），分布也均匀一些。

由方案一和方案二桥位断面洪水前后冲淤变化测验资料表明，按方案一建桥后在洪峰期测得的深泓点高程为109.67m，求得一般冲刷深度为8.04m；而方案二一般冲刷深度也略小一些（从定性分析看，两者的差异应比试验结果大，估计是现有试验测试精度限制所致）。

由于桥梁壅水高度和距离在同流量下与桥墩对水流的挤压程度有关。方案二因桥下河道净宽略大于方案一，所以最大壅水高度和壅水影响距离等相应地比方案一略小。整个来讲，两个方案差异不大，都是可行的。为尽可能减小建桥对河道河势及行洪的影响，新桥桥墩应与上游洛阳公路桥桥墩相对应。

六、桥渡辅助建筑物布局试验结果

本桥河流水文专题论证报告中指出："为了增强大桥修建后该河势的稳定性，建议建设部门适当延长铁谢下首的挑流潜坝，在逯村工程上首修建围堤，对高滩做适当防护，并考虑对逯村工程沿治导线进行下延。"这一认识是有根据的，也是合理的。

我们在模型试验中看出，已建洛阳老桥对新桥有一定的掩护作用，因而新桥的冲刷深度也是有限的。但是，公路桥上游铁谢险工为增强控导水流的能力，改变水流在工程下游下败，而导致水流在下游逯村控导工程送流段着流不利局面，曾在送流段最后一道丁坝（下延5号坝）后增建了300m长的潜坝。模型试验中发现，水流在铁谢险工下游翻过潜坝后有所下败。由300年一遇洪水落水后河势图可知，大水期间水流漫过潜坝在南岸滩地切割成槽，流量大于逯村前的北汊。因此，铁谢险工送流能力不足、水流下败的局面未能有效改善。由于铁谢下延5号坝潜坝距离新桥主桥与引桥的连接墩仅132m左右，距9号主桥墩159m，对新桥南岸桥墩附近流态及桥墩冲刷影响很大。受丁坝及潜坝导流影响，水流在桥下比较集中，水流紊动剧烈，加大了桥墩附近的冲刷强度，长期冲刷可能危及大桥安全。

另一方面，在试验中看出，修建新桥后，由于桥墩对水流的梳理作用，使过桥后的水流有所发散，水流在桥渡附近的集中状况受到影响，河势有所右移，下败状况更为明显，进而导致主流在逯村的靠流部位有所下挫。

为解决河势下败问题，同时减轻新桥上游因河道工程挑流而对桥墩的威胁，我们在铁谢下首潜坝不能继续下延的条件下，建议在新桥下游以南岸工程为依托，修建一道长为400～500m的潜坝。如果担心潜坝在中水期坝头冲刷严重，也可采用与南岸工程有一定夹角的下挑丁坝型式。

从放水试验可以看出，修建桥下潜坝前后，新桥附近水流流态发生了较大变化，修建下游潜坝后水流集中程度明显缓解，局部水流紊动强度降低。其作用有以下两方面：一是在桥后形成程度不大的壅水，略微抬高南岸桥下游水位，减小桥上、下游水位差，降低桥位断面流速；另一方面，迫使水流向北岸分散，降低水流集中程度，缓解因水流过分集中导致的强烈冲刷。

从试验中看出，修建潜坝后桥下游丁坝对于增强铁谢控导水流能力、改善逯村迎流条件、归顺主流的作用是非常明显的。图8-27给出了主流线套绘结果，从图中可看出，由于桥下游潜坝坝头与治导线没有矛盾，同时为潜坝，大流量时仍可过水，不但不会对河道行洪及洪水河势产生不利影响，而且有助于增强铁谢险工的控导能力，同时改善下游逯村控导工程的靠流条件，利于桥位河段河势稳定。

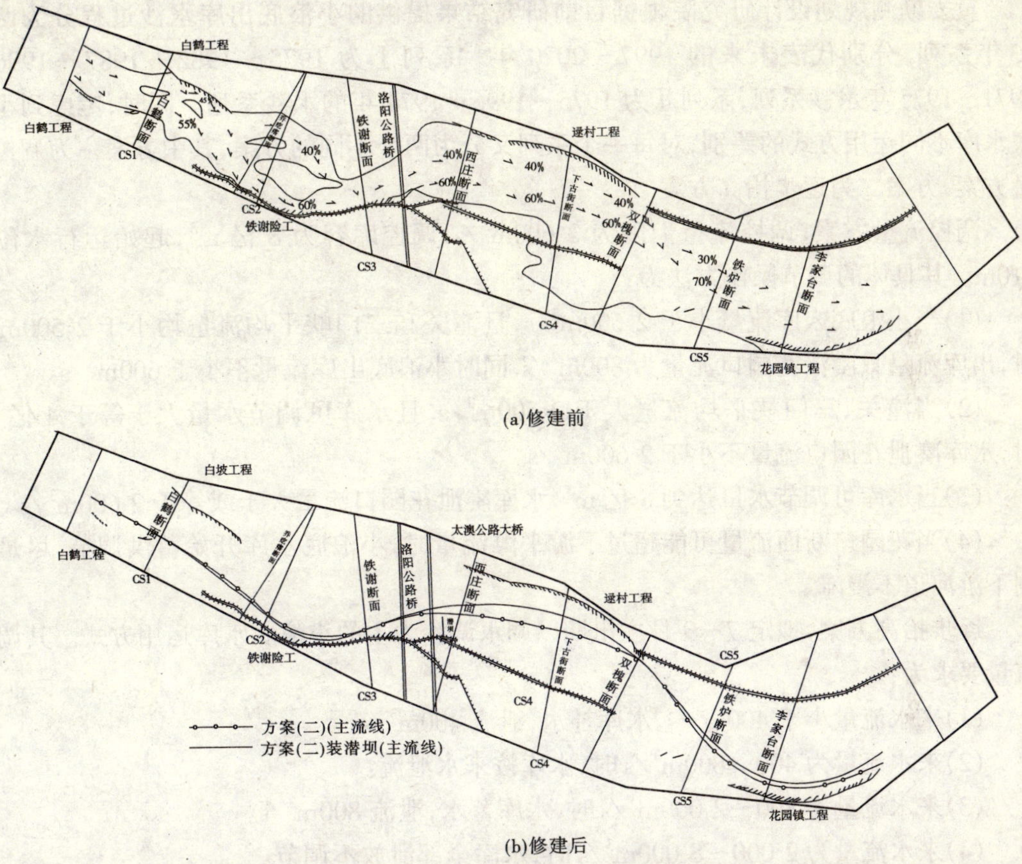

图8-27　修建潜坝前后主流线套绘图

为掌握未来几年内桥位河段将出现的变化，还开展了河床演变预测试验。限于篇幅，在此不再赘述。

第五节　未来20年河床冲淤预测计算

一、计算方案概况

数学模型计算，除了计算所用的基本公式、算法和一些细节上的概化处理外，模型计算时本身所应用的地形条件、水沙系列等也对计算结果产生决定性的影响。因此，在进行计算之前,确定和论证计算所用地形条件和水文泥沙条件的合理性,是必不可少的工作,它是说明计算结果合理性和可靠性的重要依据。

为与国家计委和水利部的要求一致,按照黄委《黄河流域(片)水利发展“十五”计划和到2015年规划工作大纲》,数学模型研究未来状况时以1997年为基准年,水平年为2010年和2020年。因此,设计的小浪底水利枢纽工程出库水沙过程必将考虑水库不同运用方式的影响。

黄委勘测规划设计研究院根据目前研究结果提供的小浪底出库水沙过程分为两个23年系列,分别代表未来的1997～2020年。系列Ⅰ为1975～1982+1987～1996+1971～1975年水沙系列,系列Ⅱ为1975～1996+1974年的水沙系列。同时,考虑到小浪底水库不同运用方式的差别,对每一个系列又分为两个不同的方案,其中方案一为调控流量方案,方案二为逐步抬高方案。

调控流量方案,调控流量上限为2 600m^3/s,调控库容为8亿m^3,起始运行水位为210m。其具体的调节操作方法为:

(1)当小浪底入库流量小于2 600m^3/s,且潼关和三门峡平均流量均小于2 500m^3/s时,出库流量只凑泄花园口流量为800m^3/s,同时小浪底出库流量不小于600m^3/s。

(2)当潼关、三门峡平均流量大于2 500m^3/s,且水库可调节水量大于等于4亿m^3时,水库凑泄花园口流量不小于2 600m^3/s。

(3)当水库可调节水量达到8亿m^3,水库凑泄花园口流量大于或等于2 600m^3/s。

(4)当花园口断面流量可能超过下游平滩流量时,小浪底水库开始蓄洪调节,尽量控制下游河道不漫滩。

逐步抬高方案,拟定7～9月主汛期以调水调沙为主的小浪底水库运用方式。其调节流量要求为:

(1)来水流量小于400m^3/s,水库补水,泄流400m^3/s。

(2)来水流量为400～800m^3/s时,水库按来水泄流。

(3)来水流量为800～2 000m^3/s时,水库蓄水,泄流800m^3/s。

(4)来水流量为2 000～8 000m^3/s时,水库全部泄放不调节。

(5)当蓄水量大于3亿m^3时,按5 000m^3/s下泄,直至预留2亿m^3蓄水库容为止。

(6)来水大于8 000m^3/s,水库转入滞洪运用,泄流8 000m^3/s。

表8-16和表8-17统计了两个不同水沙系列不同运用方案时小浪底来水来沙量。系列Ⅰ中的两个方案的总来水量(小浪底+黑石关+小董)分别为7 946.44亿m^3、7 943.74亿m^3,来沙量分别为131.58亿t、122.22亿t;系列Ⅱ中的两个方案的来水量分别为7 493.76亿m^3、7 409.46亿m^3,总来沙量分别为107.41亿t、101.90亿t。由此可以看出:对于来水量而言,系列Ⅰ比系列Ⅱ多出452.68亿m^3和534.28亿m^3,同一个系列不同方案水量相差不大;对于来沙量来说,相同方案系列Ⅰ比系列Ⅱ分别多出24.17亿t、20.32亿t,系列Ⅰ中的方案一比方案二多9.36亿t,系列Ⅱ中的方案一比方案二多5.51亿t。

表 8-16　系列Ⅰ不同方案小浪底出库水量沙量统计

方案	时段(年)		总来水量(亿 m³)	总来沙量(亿 t)				年平均来水量(亿 m³)	年平均来沙量(亿 t)			
				全沙	细沙	中沙	粗沙		全沙	细沙	中沙	粗沙
一	1997～2000	汛期	706.3	41.40	16.69	10.48	14.22	235.4	13.80	5.56	3.49	4.74
		非汛期	517.3	0.35	0.24	0.03	0.09	172.4	0.12	0.08	0.01	0.03
		全年	1 223.6	41.75	16.93	10.51	14.31	407.9	13.92	5.64	3.50	4.77
	2000～2010	汛期	1 440.4	27.87	20.13	3.95	3.79	144.0	2.79	2.01	0.40	0.38
		非汛期	1 785.2	0.11	0.08	0.005	0.022	178.5	0.01	0.01	0.000 5	0.002
		全年	3 225.5	27.98	20.21	3.96	3.81	322.6	2.80	2.02	0.40	0.38
	2010～2020	汛期	1 274.0	59.86	35.89	13.19	10.77	127.4	5.99	3.59	1.32	1.08
		非汛期	1 619.5	0.18	0.15	0.006	0.028	161.9	0.02	0.01	0.000 6	0.003
		全年	2 893.5	60.04	36.04	13.2	10.80	289.3	6.00	3.60	1.32	1.08
	1997～2020	全年	7 342.6	129.77	73.18	27.67	28.92	319.2	5.64	3.18	1.20	1.26
二	1997～2000	汛期	706.3	41.40	16.69	10.48	14.22	235.4	13.80	5.56	3.49	4.74
		非汛期	517.3	0.35	0.24	0.03	0.09	172.4	0.12	0.08	0.01	0.03
		全年	1 223.6	41.75	16.93	10.51	14.31	407.9	13.92	5.64	3.50	4.77
	2000～2010	汛期	1 454.6	24.25	19.23	2.71	2.32	145.5	2.43	1.92	0.27	0.23
		非汛期	1 769.4	0.019 5	0.019 1	0.000 1	0.000 3	176.9	0.001 95	0.001 91	0.000 01	0.000 03
		全年	3 224.1	24.27	19.25	2.71	2.32	322.4	2.43	1.92	0.27	0.23
	2010～2020	汛期	1 284.7	54.20	34.60	10.32	9.29	128.5	5.42	3.46	1.03	0.93
		非汛期	1 607.5	0.18	0.15	0.006	0.03	160.7	0.02	0.01	0.000 6	0.003
		全年	2 892.2	54.39	34.74	10.33	9.31	289.2	5.44	3.47	1.03	0.93
	1997～2020	全年	7 339.9	120.41	70.92	23.54	25.94	319.1	5.24	3.08	1.02	1.13

表 8-17　系列Ⅱ不同方案小浪底出库水量沙量统计

方案	时段(年)		总来水量(亿 m³)	总来沙量(亿 t)				年平均来水量(亿 m³)	年平均来沙量(亿 t)			
				全沙	细沙	中沙	粗沙		全沙	细沙	中沙	粗沙
一	1997～2000	汛期	592.6	36.98	14.70	9.00	13.27	197.5	12.33	4.90	3.00	4.42
		非汛期	491.4	0.47	0.23	0.06	0.19	163.8	0.16	0.08	0.02	0.06
		全年	1 084.0	37.45	14.93	9.07	13.46	361.3	12.48	4.98	3.02	4.49
	2000～2010	汛期	1 326.0	16.76	12.95	1.75	2.05	132.6	1.68	1.30	0.18	0.20
		非汛期	1 820.4	0.085	0.073	0.003	0.01	182.0	0.008 5	0.007 3	0.000 3	0.001 1
		全年	3 146.4	16.84	13.03	1.75	2.06	314.6	1.68	1.30	0.18	0.21
	2010～2020	汛期	1 151.5	51.20	31.70	9.58	9.91	115.1	5.12	3.17	0.96	0.99
		非汛期	1 457.8	0.08	0.07	0.003	0.009	145.8	0.008 4	0.007 3	0.000 3	0.000 9
		全年	2 609.3	51.29	31.78	9.59	9.92	260.9	5.13	3.18	0.96	0.99
	1997～2020	全年	6 839.7	105.58	59.73	20.41	25.44	297.4	4.59	2.60	0.89	1.11

续表 8-17

方案	时段(年)		总来水量(亿 m^3)	总来沙量(亿 t)				年平均来水量(亿 m^3)	年平均来沙量(亿 t)			
				全沙	细沙	中沙	粗沙		全沙	细沙	中沙	粗沙
二	1997～2000	汛期	592.6	36.98	14.7	9.00	13.27	197.5	12.33	4.90	3.00	4.42
		非汛期	491.4	0.47	0.23	0.06	0.19	163.8	0.16	0.08	0.02	0.06
		全年	1 084.0	37.45	14.93	9.07	13.46	361.3	12.48	4.98	3.02	4.49
	2000～2010	汛期	1 332.8	15.92	13.03	1.50	1.38	133.3	1.59	1.30	0.15	0.14
		非汛期	1 813.5	0.012	0.012	0.000 03	0.000 05	181.3	0.001	0.001 2	0.000 003	0.000 005
		全年	3 146.2	15.93	13.04	1.50	1.38	314.6	1.59	1.30	0.15	0.14
	2010～2020	汛期	1 162.1	46.60	30.97	7.55	8.08	116.2	4.66	3.10	0.75	0.81
		非汛期	1 444.0	0.10	0.084	0.003	0.008	144.4	0.009 6	0.008 4	0.000 3	0.000 8
		全年	2 606.2	46.69	31.05	7.55	8.09	260.6	4.67	3.11	0.76	0.81
	1997～2020	全年	6 836.4	100.07	59.02	18.12	22.92	297.2	4.35	2.57	0.79	1.00

计算的初始地形采用1997年汛后实测的大断面控制，并将每个大断面概化为12～15个子断面，每个断面的初始床沙级配按照实测资料确定，再按河段间距内插和外延。两岸引水量根据黄委勘测规划设计研究院提供的引水资料，分不同的河段按断面间距分配，各断面的引水含沙量采用数学模型计算的各断面平均含沙量。

对于本次长系列的预测计算而言，因计算时间较长，水沙组成比较复杂，河道的冲淤幅度较大，出口断面水位—流量关系与初始水位—流量关系差别较大，直接影响尾部边界条件的确定。为此，我们根据河道上某一个测站的水位与其相邻站水位关系密切的规律，采用上游相邻断面水位直接顺延的办法加以处理，即令上断面水位为 Z_1，尾部断面水位为 Z_0，两断面的间距为 Δx，Z_0 可以用如下表达式计算：

$$Z_0 = Z_1 - J\Delta x \tag{8-40}$$

式中：J 为两断面间的水面比降，其取值大小与该河段的冲淤及涨落水过程有关。

具体计算时，首先采用1997年汛后水位—流量关系控制尾部水位，然后再与式(8-40)结合跟踪计算。

表8-18统计了不同系列和不同方案时小浪底水文站来水来沙中的细、中、粗沙所占的比例。由此可以发现，小浪底水库两种运用方式的拦粗排细作用都比较明显，且逐步抬高方案的效果会更好一些。同时，通过小浪底水库调节运用后，出库流量大于2 000m^3/s的天数也明显增多(见表8-19)。

此外，同一个水沙系列，两个方案的前三年(1997～1999年)是相同的，均为无小浪底水库现状工程的水沙过程；方案一与方案二的第4～7年进入下游的水沙过程也完全相同，都为调控流量方案；从第8年开始，两方案出库水沙过程才有明显变化。

表 8-18　不同水沙系列及不同方案小浪底水文站来沙组成　（单位:%）

系列	方案	时段(年-月)	细沙	中沙	粗沙
Ⅰ	一	2000-07～2010-06	72.2	14.2	13.6
		2010-07～2020-06	60.0	22.0	18.0
	二	2000-07～2010-06	79.3	11.2	9.5
		2010-07～2020-06	63.9	19.0	17.1
Ⅱ	一	2000-07～2010-06	77.4	10.4	12.2
		2010-07～2020-06	62.0	18.7	19.3
	二	2000-07～2010-06	81.9	9.4	8.7
		2010-07～2020-06	66.5	16.2	17.3

表 8-19　不同水沙系列及不同方案小浪底＋黑石关＋小董流量大于 2 600m³/s 的天数统计　（单位:d）

系列	方案	2000-07～2010-06	2010-07-2020-06	2000-07～2020-06
Ⅰ	方案一	529	360	889
	方案二	474	206	680
	方案一－方案二	55	154	209
Ⅱ	方案一	462	300	762
	方案二	395	209	604
	方案一－方案二	67	91	158

二、未来 20 年预测计算结果

(一)系列Ⅰ计算

从计算结果可知，系列Ⅰ的方案一计算得铁谢至伊洛河河口河段共冲刷了 0.291 亿 m^3，铁谢至下古街、下古街至花园镇、花园镇至伊洛河河口三河段分别冲刷 0.094 亿 m^3、0.142 亿 m^3、0.059 亿 m^3。在计算的 23 年中，2000 年 7 月～2010 年 6 月的 10 年，因小浪底水库的拦沙量大，出库沙量较小，桥位河段沿程普遍发生冲刷，共冲刷了 1.287 亿 m^3，三河段冲刷量依次为 0.184 亿 m^3、0.299 亿 m^3、0.804 亿 m^3，分别占全桥位河段冲刷量的 14.3%、23.2%、62.5%。如果河槽宽度按 1.6km 计，则铁谢至下古街河段、下古街至花园镇河段河槽分别刷深 1.99m 及 2.19m。2010 年 7 月～2020 年 6 月的 10 年，全桥位河段呈回淤状态。从 2000 年 7 月～2020 年 6 月的 20 年情况看，铁谢至伊洛河河口河段共冲刷了 1.011 亿 m^3。

系列Ⅰ的方案二计算得铁谢至伊洛河河口河段在 23 年内共冲刷了 0.408 亿 m^3，三个分河段分别冲刷了 0.114 亿 m^3、0.178 亿 m^3、0.116 亿 m^3。其中，2000 年 7 月～2010 年 6 月的 10 年中全下游共冲刷了 1.508 亿 m^3，三个河段依次冲刷 0.210 亿 m^3、0.345 亿 m^3、0.953 亿 m^3，分别占总冲刷量的 13.9%、22.9%、63.2%。如同样按 1.6km 宽计，铁谢至下古街、下古街至花园镇两河段分别冲深了 2.27m、2.52m。2010 年 7 月～2020 年 6 月的 10 年,全桥位河段呈回淤状态,共回淤了 0.358 亿 m^3。从 2000 年 7 月～2020 年 6 月 20 年情况来看,铁谢至伊洛河河口河段普遍表现为冲刷,共冲刷了 1.151 亿 m^3。

(二)系列Ⅱ计算

系列Ⅱ方案一计算得铁谢至伊洛河河口段在 23 年内泥沙冲刷了 0.485 亿 m^3,三河段分别冲刷了 0.130 亿 m^3、0.190 亿 m^3、0.165 亿 m^3。其中 2000 年 7 月～2010 年 6 月的 10 年中,铁谢至伊洛河河口河段共冲刷了 1.559 亿 m^3,三个分河段依次冲刷 0.231 亿 m^3、0.360 亿 m^3、0.968 亿 m^3,分别占 14.8%、23.1%、62.1%。在 1.6km 的河槽宽度内,铁谢至下古街、下古街至花园镇两个河段河槽相应刷深了 2.49m 及 2.63m。而后 10 年全河段又回淤了 0.356 亿 m^3。从 2000 年 7 月～2020 年 6 月 20 年的统计结果看,铁谢至伊洛河河口河段共冲刷 1.203 亿 m^3,三个分河段分别占 16.7%、25.7%、57.6%。

系列Ⅱ方案二计算得铁谢至伊洛河河口河段共冲刷了 0.515 亿 m^3,三河段分别冲刷了 0.140 亿 m^3、0.209 亿 m^3、0.166 亿 m^3。其中 2000 年 7 月～2010 年 6 月的 10 年中铁谢至伊洛河河口河段共冲刷了 1.643 亿 m^3,三个分河段依次冲刷 0.246 亿 m^3、0.393 亿 m^3、1.004 亿 m^3,分别占 15.0%、23.9%、61.1%。在 1.6km 的河槽宽度内,铁谢至下古街、下古街至花园镇河段河槽共冲深了 2.67m 及 2.87m。而后 10 年全河段淤积 0.385 亿 m^3。故此 2000 年 7 月～2020 年 6 月的 20 年中,铁谢至伊洛河河口河段共冲刷 1.258 亿 m^3,三个河段分别占 17.0%、26.7%、56.3%。

由上述计算可知,小浪底水库运用 20 多年后,同系列不同方案相比较,系列Ⅰ和系列Ⅱ的方案二比方案一分别多冲了 0.117 亿 m^3、0.030 亿 m^3;不同系列的同方案相比,两个方案系列Ⅱ比系列Ⅰ分别多冲了 0.194 亿 m^3、0.107 亿 m^3。因此,在考虑桥位河床冲刷问题时,系列Ⅱ的方案二可作为依据;而在研究行洪影响时,系列Ⅰ的方案一可作为依据。

若研究小浪底水库拦沙期河槽最大冲刷时的平均深度,可采用系列Ⅱ的方案二的计算结果。铁谢至下古街、下古街至花园镇两河段最大冲刷下切深度为 2.67m 及 2.87m。作为桥位断面,小浪底水库拦沙期河床最大冲刷时的平均深度应取为 2.67m。

第六节　桥墩冲深

一、桥渡冲刷计算

(一)一般冲刷计算

进行一般冲刷计算时,应将河滩及河槽分开考虑。由黄河水利科学研究院水文专题论证报告,300 年一遇洪水水位取为 117.99m,再根据模型试验给出的断面形态及桥墩布置状况得知,与洪水位相应的过水面积为 6 032.35m^2,河宽约为 2 000m,平均水深 h_{cp} = 3.02m;最大水深 h_{max} = 6.8m,河槽宽度为 1 116m,河槽过水面积为 5 342m^2,河槽平均水深 h_c = 4.79m,桥孔部分冲刷前的平均水深 h_{pj} = 4.51m;与平滩水位 117m 相应的平均水深 h = 3.81m,河相系数 $\zeta = \sqrt{B}/h$,$A = \zeta^{0.15} = 1.385$。

由局部收缩系数表查出 $\mu=0.99$，由 E 值与含沙量的关系表可确定出桥位河段含沙量较小时（$S=1\sim10\text{kg/m}^3$），$E=0.66$。再根据桥墩布置，求出 $\lambda\approx0.06$，桥孔净长 $L=(1-\lambda)B_c=1\ 049\text{m}$。将有关因子代入 64—1 公式，计算得

$$h_m=\left[\frac{A\dfrac{Q}{\mu L}\left(\dfrac{h_{max}}{h_{pj}}\right)^{5/3}}{Ed_{pj}^{1/6}}\right]^{3/5}=\left[\frac{1.385\dfrac{11\ 000}{0.99\times1\ 049}\left(\dfrac{6.8}{4.51}\right)^{5/3}}{0.66\times0.23^{1/6}}\right]^{3/5}=11.2(\text{m})$$

该值加上小浪底水库拦沙期桥位断面最大冲刷下切的 2.67m，等于 13.87m，大于设计洪水位与卵石、上层沙质河床分界处高程最大差值 $117.71-110.49=7.22(\text{m})$，因而泥沙粒径需要采用下层泥沙组成资料，即将 d_{pj} 换成 36mm，由 64—1 公式求得 $h_m\approx6.8\text{m}$，加上小浪底水库拦沙期冲刷的 2.67m，为 9.47m，大于 7.22m，表明在小浪底水库拦沙期河床冲刷最大时再遇 300 年一遇洪水，深槽冲刷可穿透上层沙质河床厚度。

分析桥位下游不远处西庄断面小浪底水库调水调沙试验后观测资料，有助于确定一般冲刷深度。该断面深泓点黄海高程为 109.78m，该点位置距桥位仅 475m，因而考虑 3‱的比降后，可近似推出桥位断面深泓点高程为 109.92m，则 $h_m=117.71-109.92=7.79(\text{m})$。加上小浪底水库拦沙期桥位断面冲刷的 2.67m，冲刷深度等于 10.46m，比卵石埋深 7.22m 大。究其原因，是上述直接叠加未能考虑河床组成的变粗、抗冲性增强所致。综合上述分析，桥位断面一般冲刷深度与小浪底水库拦沙期河床冲刷最大值之和不大于 10m，但为偏于安全，可取为 10.5m。

若采用 64—2 公式进行计算，同样可以得出上述结论。

（二）局部冲刷计算

桥墩局部冲刷计算常采用规范上给出的 65—1 修正式。

当 $v\leqslant v_c$ 时

$$h_b=K_\zeta K_\eta B_1^{0.6}(v-v'_0) \tag{8-41}$$

当 $v>v_c$ 时

$$h_b=K_\zeta K_\eta B_1^{0.6}(v_c-v'_0)\left(\frac{v-v'_0}{v_c-v'_0}\right)^n \tag{8-42}$$

式中：h_b 为桥墩局部冲刷深度，m；K_ζ 为墩形系数；K_η 为河床颗粒的影响系数；B_1 为桥墩计算宽度，m；v_c 为河床泥沙起动流速，m/s；v 为一般冲刷后墩前行近流速，m/s，可用下式表示：

$$v=\frac{E\bar{d}^{1/6}h_m^{2/3}}{A} \tag{8-43}$$

式中：h_m 为一般冲刷后水深，m，考虑到小浪底水库拦沙期桥位断面河床最大冲刷时水位也将相应降低，此时 $h_m=10.5-2.67=7.83(\text{m})$；$\bar{d}$ 为河床泥沙平均粒径，即前述计算中所取 d_{pj}，取为 36mm。

$$A=(\sqrt{B}/H)^{0.125} \tag{8-44}$$

如果仍按上述河相系数进行计算，取 $\zeta=8.77$，则可得 $A=1.385$。由式（8-43）得 $v=\dfrac{0.66\times36^{1/6}\times7.83^{2/3}}{1.385}=3.42(\text{m/s})$。

v_c 采用如下公式计算：

$$v_c = \left(\frac{h}{d}\right)^{0.14}\left(17.6\,\frac{\rho_s - \rho}{\rho}d + 0.000\,000\,605\,\frac{10 + h}{d^{0.72}}\right)^{\frac{1}{2}} \tag{8-45}$$

即 $v_c=\left(\frac{7.83}{0.036}\right)^{0.14}\left(17.6\times1.7\times0.036+0.000\,000\,605\times\frac{10+7.83}{0.036^{0.72}}\right)^{\frac{1}{2}}=2.205(\mathrm{m/s})$。

对于式中的河床颗粒的影响系数 K_η，可采用下式计算：

$$K_\eta = 0.8\left(\frac{1}{\bar{d}^{0.45}} + \frac{1}{\bar{d}^{0.15}}\right) \tag{8-46}$$

即 $K_\eta=0.8\left(\frac{1}{36^{0.45}}+\frac{1}{36^{0.15}}\right)=0.627$。

v'_0 为墩前泥沙始冲流速，n 为指数。v'_0 计算公式为

$$v'_0 = 0.462\left(\frac{\bar{d}}{B_1}\right)^{0.06} v_c \tag{8-47}$$

即 $v'_0=0.462\times\left(\frac{36}{1.8}\right)^{0.06}\times2.59=1.22(\mathrm{m/s})$。

n 的计算表达式为

$$n = \left(\frac{v_c}{v}\right)^{0.25\bar{d}^{0.19}} \tag{8-48}$$

即 $n=\left(\frac{2.205}{3.42}\right)^{0.25\times36^{0.19}}=0.805$。

根据桥墩设计形状，可由《规范》查出墩形系数 K_f。若按照桩群求墩形系数，可由如下公式确定：

$$K_f = 1 + 5\left[\frac{(m-1)\phi}{B_m}\right]^2 \tag{8-49}$$

式中：B_m 为桩群垂直水流方向的分布宽度；m 为桩的排数；ϕ 为桩径。

本桥 $\phi=1.8\mathrm{m}$，$m=2$，$B_m=300+2\times\phi=660\mathrm{cm}=6.6\mathrm{m}$，则 $K_f=1+5(1.8/6.6)^2=1.372$。

将有关数据代入式(8-42)，计算得各桥位不同频率洪水下的主槽局部冲刷深度为

$$h_b = 1.372\times0.627\times1.8^{0.6}(2.205-1.22)\left(\frac{3.42-1.22}{2.205-1.22}\right)^{0.805} = 2.30(\mathrm{m})$$

一般冲刷深度与小浪底水库拦沙期河床冲刷最大值加局部冲刷深度，即可求得设计洪水时的主槽最大冲刷深度为 $7.83+2.67+2.30=12.8(\mathrm{m})$。

此外，我们还对桩承台桥墩局部冲刷进行了计算。《公路桥位勘测设计规范》(JTJ062—91)在墩形系数表中指出，对桩承台桥墩的局部冲刷，当承台底面低于一般冲刷线时，按上部实体计算；承台底面高于水面线时，应按排架墩计算；在这两种情况之间，冲刷深度 h_b 按下式计算：

$$h_b = K_\eta(K'_\zeta K_{m\phi}K_{h\phi}\phi^{0.6} + 0.85K_{\zeta1}K_{h2}B_1^{0.6})(v_0 - v'_0)\left(\frac{v - v'_0}{v_0 - v'_0}\right)^n \tag{8-50}$$

式中：K'_{ζ} 为单桩形状系数，如多为圆桩，则 $K'_{\zeta}=1.0$，可省略；K_{h2} 为墩身承台减少系数，根据 h_{ϕ}/h 和承台厚度/水深的关系确定；ϕ 为桩径；$K_{\zeta1}$、B_1 为墩形系数及墩形计算宽度，按承台底处于一般冲刷线计算；$K_{m\phi}$ 为桩群系数，可按下式计算：

$$K_{m\phi}=1+5\left[\frac{(m-1)\phi}{B_m}\right]^2 \tag{8-51}$$

式中：m 为垂直水流方向的桩的排数；B_m 为桩群垂直水流方向的分布宽度；$K_{h\phi}$ 为淹没桩体折减系数。$K_{h\phi}$ 按下式计算

$$K_{h\phi}=1-\frac{0.001}{(0.1+h_{\phi}/h)^3} \tag{9-52}$$

式中：h_{ϕ} 为承台底部以下水深，h 为总水深。

本桥位桩承台属于第三种情况，根据设计桥墩的有关数据(为偏于安全，总水深人为地取为 10.5m)，计算得到如表 8-20 所列结果。

表 8-20　桩承台局部冲刷计算

h_{ϕ}/h	$K_{h\phi}$	K_{h2}	$K_{\zeta1}$	K_{η}	h_b(m)
0.46	0.994	0.16	1.15	0.582	3.27

计算表明，存在承台时局部冲刷深度较大。

根据上述计算结果，考虑承台影响的情况下主槽总的最大冲刷深度为 10.5＋3.27＝13.77(m)。实际上，采用桩承台桥墩局部冲刷计算方法，很难确切地同小浪底水库拦沙期河床最大冲刷状况相联系。因为河床冲刷最大时水位也应下降，往往出现承台底面高于水面线的状况，此时，承台不再影响局部水流流态。为留有余地，考虑桩承台影响时主槽处桥墩最大冲深可确定为 14m。

二、新的粗沙河床桥墩冲刷深度计算方法校核

张红武通过长期研究发现，桥渡一般冲刷和局部冲刷实际上并不是独立存在的，而是相互影响、相互关联的。因此，在建立计算公式时，必须根据正确的物理图形一同考虑。局部模型试验表明，最大冲刷深度 h_m 位于墩旁，h_m 值与相应的临界稳定流速 v_{SC} 有关，其过水断面可表示为

$$A_s=K_1h_mB_s \tag{8-53}$$

式中：K_1 为过水断面修正系数；B_s 为桥墩在过水断面上对水流流场影响的宽度。

根据模拟试验结果，B_s 的平均值约为 $3.3L_r$(这里 L_r 即为计算宽度)，相应的流量可表示为

$$Q_s=3.3K_1h_mL_rv_{SC} \tag{8-54}$$

对于粗沙河床的临界流速，可采用沙莫夫公式：

$$v_{SC}=1.14\sqrt{\frac{\gamma_s-\gamma}{\gamma}gD\left(\frac{h}{D}\right)^{\frac{1}{6}}} \tag{8-55}$$

式中：D 为床沙粒径，对于非均匀沙，暂按泥沙平均粒径 D_{cp} 计算；γ_s、γ 分别为泥沙及水

的容重；h 为水深；g 为重力加速度。

将上式代入式(8-54)，取 $h=h_m$，可得

$$Q_s = 3.762K_1K_2L_r\sqrt{\frac{\gamma_s-\gamma}{\gamma}gD_{50}}\frac{1}{3}h_m^{7/6} \tag{8-56}$$

上式中以最大冲坑水深处所对应的临界稳定流流速值代替式(8-55)中的 v_{SC} 值，因而引入了流场修正系数 K_2。

对桥墩冲刷有一定影响的上游不远处单宽流量为 q_0 的流带宽为 $4.3L_r$，其流量为

$$Q_0 = 4.3K_3q_0L_r \tag{8-57}$$

式中：K_3 为断面形态修正系数。

根据水流连续条件，即 $Q_0=Q_s$，则由式(8-56)、式(8-57)联解求得

$$h_m = 1.12\left(\frac{K_3}{K_1K_2}\right)^{6/7}\left[\frac{q_0}{\left(\frac{\gamma_s-\gamma}{\gamma}g\right)^{1/2}D_{cp}{}^{1/3}}\right]^{6/7} \tag{8-58}$$

采用刘有录及张红武开展的粗沙河床桥墩冲刷模型资料率定后知：

$$\left(\frac{K_3}{K_1K_2}\right)^{6/7} \approx 1 \tag{8-59}$$

最终得出的砂卵石河床桥墩局部冲刷坑最大水深公式为

$$h_m = 1.12\left[\frac{q_0}{\left(\frac{\gamma_s-\gamma}{\gamma}g\right)^{1/2}D_{cp}{}^{1/3}}\right]^{6/7} \tag{8-60}$$

上式在工程实际中的初步应用结果表明，计算值同实测结果颇为符合。

根据模型中桥位断面测得的有代表性试验资料求主流带单宽流量，可得 $q_0=20$ m³/(s·m)，$D_{cp}=36$mm，则由式(8-60)求得(取泥沙水下相对容重为1.7)

$$h_m = 1.12\times\left[\frac{20}{(1.7\times9.8)^{1/2}\times0.036^{1/3}}\right]^{6/7} = 11.31(\mathrm{m})$$

加上小浪底水库拦沙期河床冲刷最大时的平均下切值2.67m，为13.98m，与上述计算结果相近。

对于在黄河上设置的透水桩柱式的渡槽槽墩、桥墩及过河塔的局部冲刷，张红武等已陆续开展过多次试验研究，并根据试验成果，点绘了冲刷坑最大水深 h_m 与一般冲刷完成后的单宽流量 q_m 的关系图。根据对桥位断面的分析，桥位河段最大单宽流量约为30 m³/(s·m)，由此值查图可知，冲刷坑深度为15～17m，比上述计算结果偏大，其原因是该图所依据的资料均是沙质河床条件下得到的，表明上述计算比较合理。

为研究太澳高速公路黄河大桥桥墩附近的局部冲刷问题，本项目还开展了局部模型试验研究。由于所研究问题对于桥墩附近局部流场相似性要求高，所以采用放大的正态模型进行试验，以保证水流与泥沙运动的良好相似。

三、桥墩局部冲刷模型试验

桥位附近原型河道完成一般冲刷之后河床组成为卵石，局部河床冲淤变化主要是由

卵石推移质运动引起的，但考虑到上游小浪底水库在300年一遇洪水时仍有悬移质泥沙下泄，模型设计中同时需要考虑悬移质泥沙运动的影响。因此，模型仍需按照前文给出的相似条件进行设计。

根据原型水流运动及河床组成情况，再考虑场地及水沙循环系统的条件，本正态局部模型几何比尺确定为 $\lambda_L=\lambda_H=80$。

由于局部模型几何比尺与整体模型垂直比尺一致，对于研究局部冲刷问题的正态局部模型来说，可选用与整体模型河床7.5m以下的模型沙相同级配的天然沙，来模拟河床的局部冲刷变形。因而在此不再介绍模型选沙设计过程。应该指出的是，由于本试验有条件采用天然粗沙做成粒径比尺同几何比尺接近的所谓完全正态模型，许多麻烦都可能自动消除，而且从相似论的角度讲，这类模型可以不再专门进行验证试验。

从水下休止角方面看，由张红武的试验结果可知，原型卵石水下休止角为36°～37°，模型沙相应的水下休止角33.5°～34°，后者略小于前者，表明模型桥墩局部冲刷坑的范围将比原型大些。从工程角度讲，是偏于安全的。

我们知道，当采用正态模型时，模拟黄河中的悬移质泥沙颗粒的运动是非常困难的。因本模型主要模拟小浪底水库拦沙期条件下桥墩的冲刷，进口加沙含沙量故按2～4 kg/m^3 的少沙情况控制，研究最不利条件下的主流带冲刷过程。为此可以着重考虑参与造床作用的床沙质。张红武提出的床沙质与冲泻质分界粒径公式为

$$d_c = 1.276\frac{\nu^{5/8}}{\sqrt{g}}\left(\frac{u_*^3}{\kappa h}\right)^{1/8} \tag{8-61}$$

式中：ν 为水流运动黏滞性系数；u_* 为摩阻流速；κ 为卡门常数；h 为水深；g 为重力加速度。

原型汛期，取 $\kappa=0.32$，$\nu=0.008\ 4cm^2/s$（水温28℃），并根据主流带 $h=3.5\sim4m$，$J=2.5‱\sim4‱$，代入式(8-61)中求得 $d_c=0.025\sim0.028m$。为了进一步确定床沙质粗度，我们分析了原型汛期悬移质泥沙级配资料，定出悬移质泥沙平均粒配曲线，再由上述分界粒径求出主流带床沙质泥沙中值粒径为0.04～0.05mm，设计时取 $d_{50}=0.045mm$。

黄河下游悬移质泥沙较细，可近似用滞流区公式计算其沉速。因此，可推得悬移质泥沙粒径比尺关系式为

$$\lambda_d = \left(\frac{\lambda_\omega\lambda_\nu}{\lambda_{\gamma s-\gamma}}\right)^{1/2} \tag{8-62}$$

模型沙选用与整体模型相同的拟焦沙模拟悬移质，则 $\lambda_{\gamma s-\gamma}=2.27$；原型7～8月份水温平均为28℃，$\nu=0.008\ 4cm^2/s$，再根据模型水温进行温差分析，得 $\lambda_\nu=0.8$，代入式(8-62)得（$\lambda_\omega=\lambda_\nu=8.94$）$\lambda_d=1.78$。本模型选用中值粒径 $d_{50}=0.025mm$ 的模型沙模拟主流带悬移质泥沙中床沙质的造床作用。

对于水流挟沙力比尺，仍用张红武公式计算，求得 $\lambda_S=S_{*p}/S_{*m}=1.63\sim1.91$，试验时近似取 $\lambda_S=1.8$。

表8-21列举了正态局部冲刷模型的主要比尺。

试验在长25m、宽2m的概化试验槽中进行。模型单宽流量按整体模型得到的300年一遇洪水洪峰期主槽内最大单宽流量控制，水位相应为洪峰水位。

表 8-21　正态局部冲刷模型主要比尺汇总

比尺名称	符号	比尺值	备注
几何比尺	$\lambda_L(\lambda_H)$	80	
水流时间比尺	λ_{t1}	8.94	取天然沙作为模型沙，
流速比尺	λ_v	8.94	$\gamma_s = 2.7t/m^3$
流量比尺	λ_Q	57 243	
糙率比尺	λ_n	2.06	
沉速比尺	λ_ω	8.94	
床沙粒径比尺	λ_D	80	
悬移质粒径比尺	λ_d	1.78	
推移质输沙率比尺	λ_{qs}	716	
推移质河床变形时间比尺	λ_{t3}	11	由局部冲刷稳定时间确定

由于研究的问题是河床局部冲刷问题，而一般冲刷已经发展到河床卵石层，所以按原型桥位断面主槽卵石层级配及模型床沙粒径比尺选配模型沙，如图 8-28 所示。

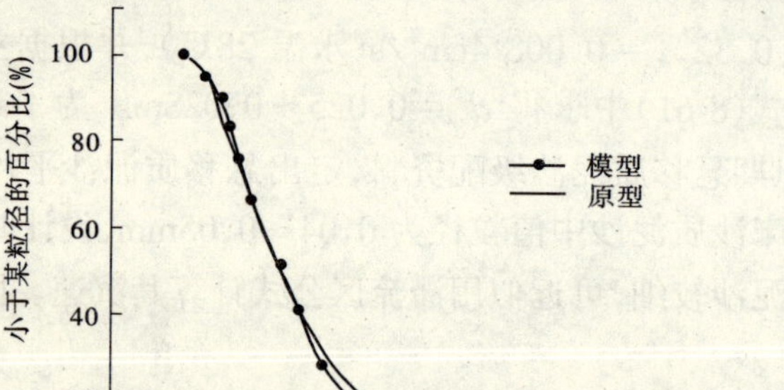

图 8-28　模型床沙级配与原型资料比较

局部冲刷试验起始高程为 109m(参照整体模型一般冲刷深度确定)。我们最关心的是设计流量下极限稳定冲刷深度，所以在试验中监测冲刷坑发展过程，当冲刷停止后形成稳定河床形态时即达到极限冲刷深度。

我们对图 8-29 所示的三种墩型进行试验，典型桥墩结构尺寸见表 8-22。

当水流行近槽墩时，因受槽墩阻碍而在墩的迎水面形成向下折冲水流，再遇墩前河床的阻碍沿河床面折向下游，形成横轴旋滚，绕槽墩而来的水流与旋滚一起，形成马蹄形旋涡系，墩后可观察出一系列涡街，如图 8-30 所示。

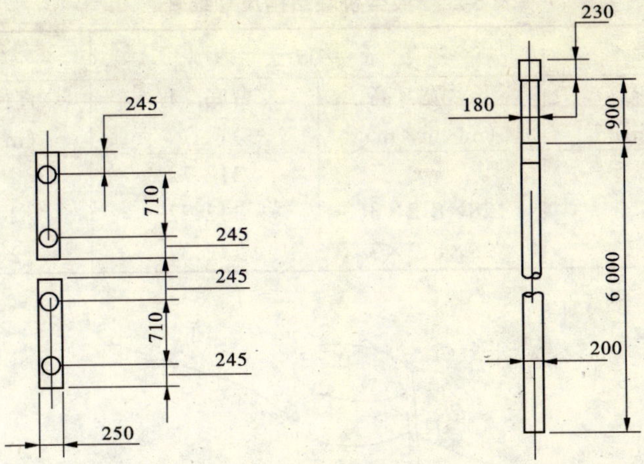

(a)墩型A

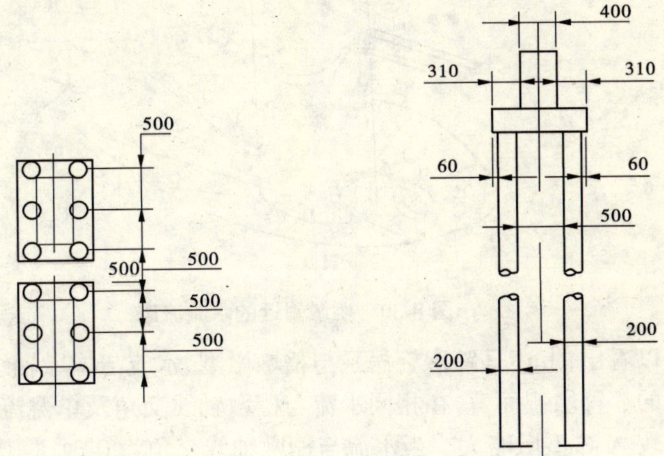

(b)墩型B

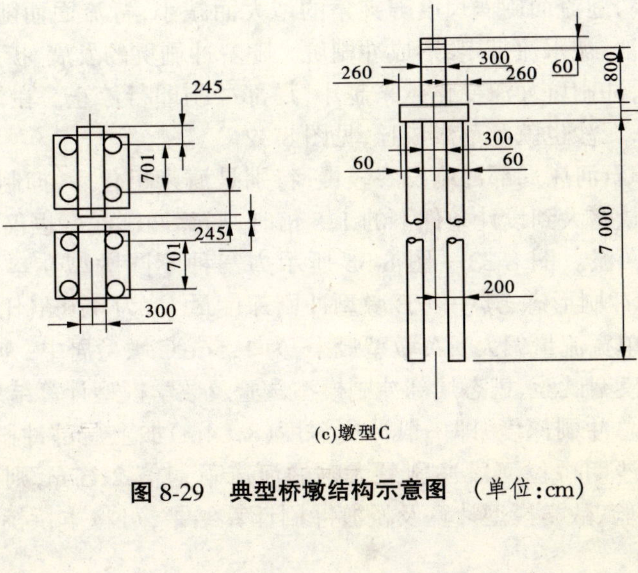

(c)墩型C

图 8-29　典型桥墩结构示意图　（单位:cm）

表 8-22　典型桥墩结构尺寸细表

墩型	墩身	承台		桩	
	长×宽（m×m）	长×宽×高（m×m×m）	台底高程（m）	直径（m）	根数（根）
A	28×2.5	—	112.32	2	4
B	28×4.0	28×8.2×3	112.32	2	12
C	28×3	28×8.2×3	112.32	2	8

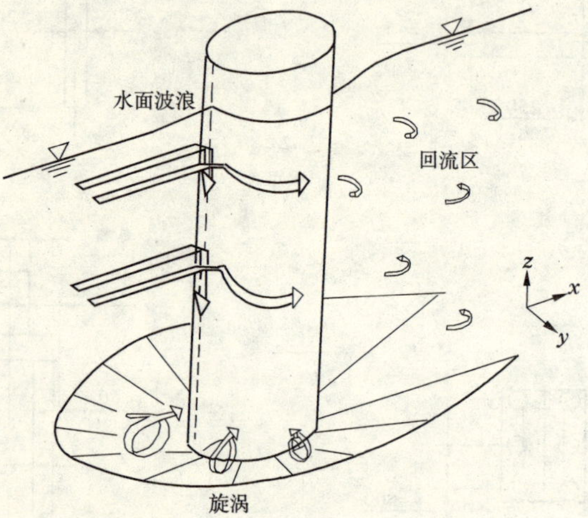

图 8-30　桥墩附近的水流流态

试验中可以看出，上述马蹄形旋涡系与槽墩墩型、水流与槽墩轴线交角及单宽流量有关。对于试验的 3 种墩型而言，在相同水流与槽墩轴线交角及单宽流量条件下，B 型墩马蹄形旋涡尺度较 A、C 型墩略大。当水流与槽墩轴线交角为 0°时，槽墩两侧马蹄形旋涡系对称分布，且随单宽流量的增加尺度不断增大（如图 8-31 所示）。当水流与槽墩轴线有一定夹角后，因水位壅高，迎流面旋涡尺度随夹角的增大而减小，背流面而随之增大。被旋涡自床面上冲起的泥沙，被水流带走，形成冲刷坑。随着冲刷坑的发展、扩大和床面粗化，冲走的沙量逐渐减少，冲刷坑冲深变化越来越小，局部冲刷即行停止。在槽墩后，随着挟带有漏水的涡旋上升，泥沙也就此落淤成丘，见图 8-32。

试验中发现，砂卵石河床局部冲刷发展较慢，特别是河床粗化后，抑制了河床的继续冲刷。即使将单宽流量增大到设计条件下的 1.5 倍时，局部冲刷深度也仅增加了 10%左右，有的甚至还有所回淤。图 8-33～图 8-35 所示为三种不同墩型在单宽流量跨大到 $35m^3/(s \cdot m)$时的局部冲刷形态，其中以 B 墩型冲刷深度最大，为 4.0m（比计算结果偏大的原因是试验所取的单宽流量偏大）；A 墩型最小，为 1.5m；C 墩型居中，为 2.5m。

根据本报告整体模型试验、正态局部冲刷模型试验及数学模型计算结果，我们可以确定出最不利条件下的总冲刷深度，即一般冲刷深度（8.04m）加上局部冲刷深度（4.0m），再加上小浪底水库拦沙期桥位河段冲刷最大时的河床下切值 2.67m，则总冲刷深度为 14.71m。综合模型试验、数学模型计算及桥渡冲刷计算结果，可将本桥桥墩最大冲刷深度定为 14～15m。

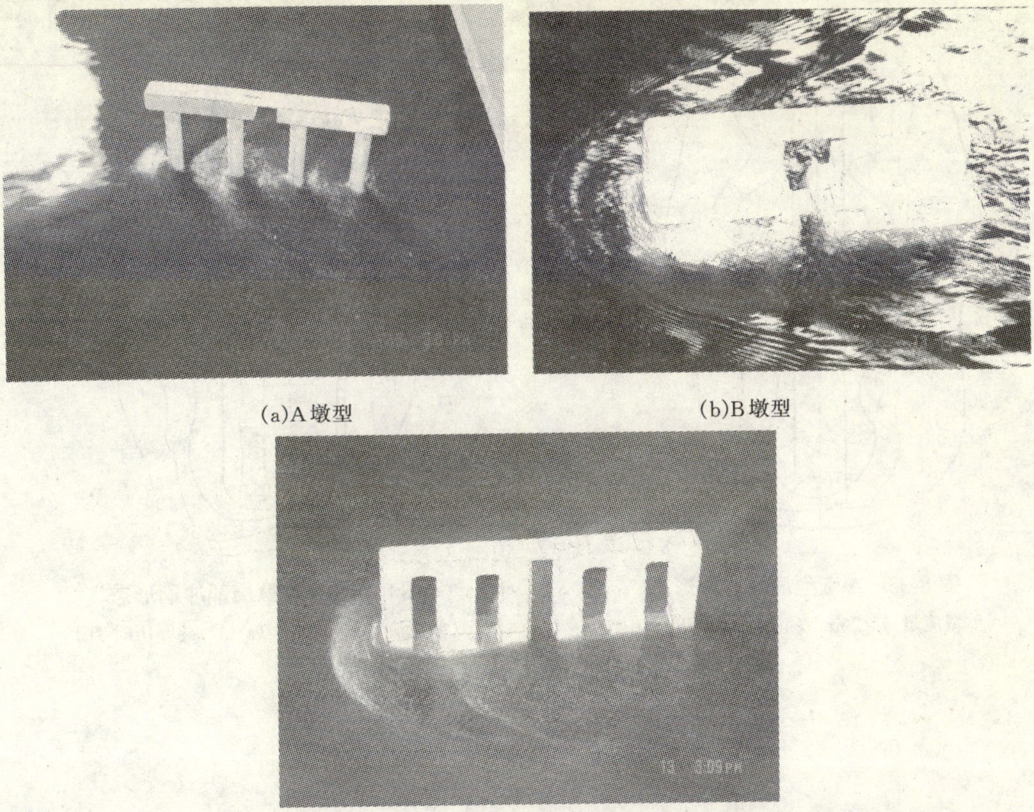

(a)A 墩型　　(b)B 墩型

(c)C 墩桥

图 8-31　桥墩附近水流流态图片

图 8-32　桥墩附近局部冲刷

实际上，桥位断面河滩与河槽的冲刷状况是有所区别的。对于滩地，由于流速小，一般冲刷很弱，冲刷主要以局部冲刷为主，考虑到洪水期滩地有所淤积，局部冲刷深度也不会很大。对于深槽部分，由于水流集中，流速大，一般冲刷和局部冲刷两者都很明显，所以两者都应计入。总结模型试验及计算结果，建议对桥墩不同位置按表 8-23 确定冲刷深度。

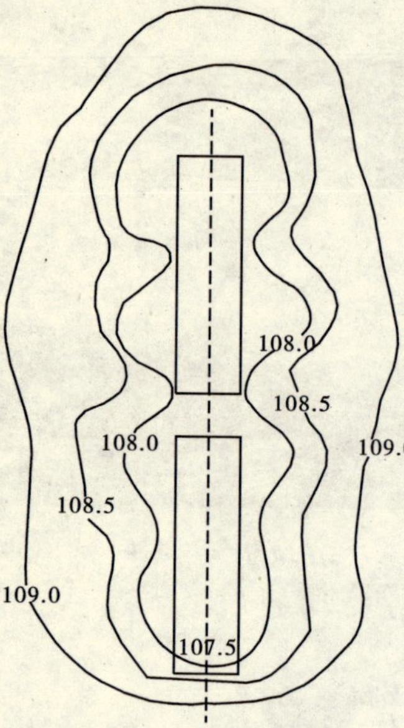

图 8-33 A 墩型局部冲刷形态

（单宽流量 $q=25m^3/(s\cdot m)$，冲刷历时 7h）

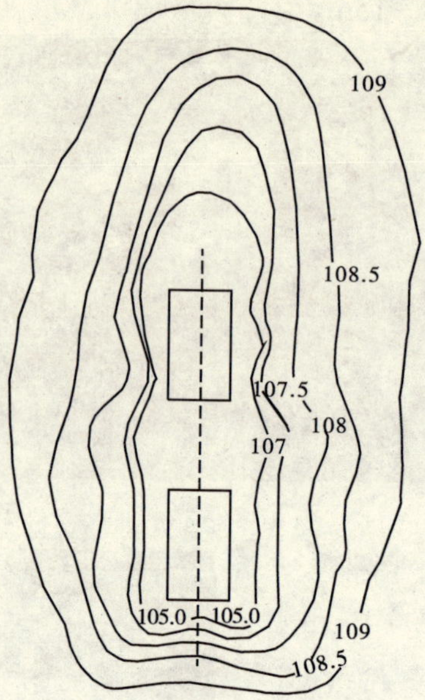

图 8-34 B 墩型局部冲刷形态

（单宽流量 $q=25m^3/(s\cdot m)$，冲刷历时 7h）

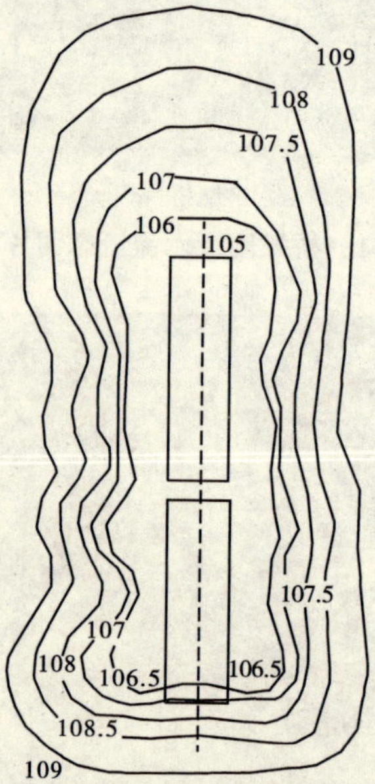

图 8-35 C 墩型局部冲刷形态

（单宽流量 $q=25m^3/(s\cdot m)$，冲刷历时 7h）

表 8-23 冲刷深度特征值

（单位：m）

位置	K45+800 以北滩地	K45+800～K46+400	K46+400 以南深槽	南岸滩地
总冲刷深度	1～2	5～8	14～15	5～8

第七节 结 论

上述在分析原型河道水流泥沙运动特性及河床演变规律基础上，按现代河工动床模型相似理论设计了桥位河段动床模型，其中在砂卵石河床条件下的复合型模型沙选择、空间上差异甚大的床沙组成的模拟、推移质及悬移质的同时模拟等方面都较常规方法有所创新。通过验证试验确定出时间比尺、推移质输沙率比尺及悬移质含沙量比尺，其验证试验结果表明，本模型在水流泥沙运动、河床冲淤变形、河势及河型等方面与原型达到了相似，为取得可靠的研究成果打下了良好的基础。此外，项目组建立的数学模型和开展的局部冲刷模型试验，都为本项研究的完成作出了贡献。由进一步开展的生产试验可得到如下结论：

(1)桥位河段现状及未来河势是基本稳定的，左、右岸都有工程相对应，河槽位置不会发生大的变化。因此，所选桥位是合适的。

(2)跨径为50m及100m的两种方案相比较，无论从壅水、淹没范围、河床冲刷，还是从对河势的影响等方面来看，其差异都不大。因而在对有影响的河道工程采取适当的防护措施后，两方案都是可行的。为尽量减少建桥对行洪及河势的影响，新桥桥墩应与上游洛阳公路桥桥墩相对应。

(3)小浪底水库运用20年内，桥位河段将遭受冲刷。若按1.6km河宽计算，桥位处河床最大冲刷时的平均下切深度为2.67m。

(4)模型试验得出的一般冲刷深度为8.04m，局部冲刷深度为4.0m；按照规范公式计算并结合资料分析，确定出一般冲刷深度与小浪底水库拦沙期河床最大冲刷值之和为10.5m，桥墩局部冲刷深度为2.3～3.27m。综合模型试验、数学模型计算及桥渡冲刷计算结果，可将K46+400以南的河槽桥墩最大冲刷深度定为14～15m；两岸滩地最大冲刷深度定为5～8m，其他部分的滩地可考虑1～2m的局部冲刷深度。

(5)现状条件下，桥位断面300年一遇洪水水位为117.71m，建桥后最大壅水高度为0.3～0.38m，壅水范围为1.5～2.0km，最大流速达4.5m/s。1 000年一遇洪水时，桥前洪水水位为118.24m，桥位上下游河段老滩均未上水。

(6)建桥后使桥位河段原有的河势下挫现象更为严重，需要采取适当措施加以改善。试验中在新桥下游以南岸工程为依托，修建一道长为400～500m的潜坝，对改善河势下挫、减轻南岸桥墩冲刷有明显效果。

参考文献

[1] 惠遇甲，王桂仙．河工模型试验．北京：中国水利水电出版社，1999

[2] 张瑞瑾，段文忠，吴卫民．论河道水流比尺模型变态问题．见：第二次河流泥沙国际学术讨论会文集．北京：水利电力出版社，1993

[3] 谢鉴衡．河流模拟(下册)．北京：水利电力出版社，1983

[4] 李昌华，金德春．河工模型试验．北京：人民交通出版社，1981

[5] 丁易．从紊流的概念谈水力物理模型的局限性．见:河南省首届泥沙研究讨论会论文集．郑州:黄河水利出版社,1995
[6] 潘庆燊,杨国录,府仁寿．三峡工程泥沙问题研究．北京:中国水利水电出版社,1999
[7] 张红武．弯道水力学．北京:水利电力出版社,1993
[8] 彭瑞善．论变态动床河工模型及变率的影响．泥沙研究,1986(4)
[9] 舒安平．水流挟沙力公式的验证与评述．人民黄河,1993(1)
[10] 朱太顺,王严平．黄河水流挟沙力公式的述评．见:第十一届全国水动力学研讨会会议文集．北京:海洋出版社,1997
[11] 陈雪峰,陈立,李义天．高中低浓度挟沙力公式的对比分析．武汉水利电力大学学报,1999(5)
[12] 张瑞瑾,谢鉴衡,等．河流泥沙动力学．北京:中国水利水电出版社,1998
[13] 张红武,马继业,张俊华,等．河流桥渡设计．北京:中国建材工业出版社,1993
[14] 李保如,阚译,等.桥渡冲刷.见:泥沙手册.北京:中国环境科学出版社,1992